BIBLIOTHÈQUE
DE PHILOSOPHIE CONTEMPORAINE

HISTOIRE ET SOLUTION

DES

PROBLÈMES MÉTAPHYSIQUES

PAR

CHARLES RENOUVIER

de l'Institut.

PARIS
FÉLIX ALCAN, ÉDITEUR
ANCIENNE LIBRAIRIE GERMER BAILLIÈRE ET Cie
108, BOULEVARD SAINT-GERMAIN, 108

1901

HISTOIRE ET SOLUTION

DES

PROBLÈMES MÉTAPHYSIQUES

AUTRES OUVRAGES DE M. CHARLES RENOUVIER

Essais de critique générale. 1ᵉʳ Essai : Logique, 2ᵉ édition, 3 vol. in-12. *Au bureau de la Critique philosophique.* (*Épuisé.*)

Essais de critique générale. 2ᵉ Essai : Psychologie. 2ᵉ édition. 3 vol. in-12. *Au bureau de la Critique philosophique.* (*Épuisé.*)

Essais de critique générale. 3ᵉ Essai : Principes de la Nature. 2ᵉ édition. 3 vol. in-12. Félix Alcan, éditeur . . . . (*Épuisé.*)

Introduction à la philosophie analytique de l'histoire. 2ᵉ édition entièrement refondue, 1 vol. gr. in-8. Ernest Leroux, éditeur . . . . 12 fr.

La philosophie analytique de l'histoire. 4 vol. gr. in-8. Ernest Leroux, éditeur. Chaque volume . . . . 12 fr.

La science de la morale. 2 vol. in-8. *Au bureau de la Critique philosophique* . . . . (*Épuisé.*)

Esquisse d'une classification des systèmes. 2 vol. in-8. *Au bureau de la Critique philosophique* . . . . (*Épuisé.*)

La nouvelle monadologie (En collaboration avec L. Prat). 1 vol. in-8. Armand Colin, éditeur . . . . 12 fr.

Victor Hugo, le poète. 1 vol. in-12. Armand Colin, éditeur . . . . 3 fr. 50

Victor Hugo, le philosophe. 1 vol. in-12. Armand Colin, éditeur . . . . 3 fr. 50

Les dilemmes de la métaphysique pure. 1 vol. in-8, de la *Bibliothèque de Philosophie contemporaine*, Félix Alcan, éditeur . . . . 5 fr.

Uchronie (l'utopie dans l'histoire). 2ᵉ édition. 1 vol. in-8. Félix Alcan, éditeur. . . . . 7 fr. 50

ÉVREUX, IMPRIMERIE DE CHARLES HÉRISSEY

HISTOIRE ET SOLUTION

DES

PROBLÈMES MÉTAPHYSIQUES

PAR

CHARLES RENOUVIER

De l'Institut

PARIS
FÉLIX ALCAN, ÉDITEUR
ANCIENNE LIBRAIRIE GERMER BAILLIÈRE ET Cie
108, BOULEVARD SAINT-GERMAIN, 108

1901
Tous droits réservés.

AVANT-PROPOS

Le présent ouvrage a pour objet le développement historique de cette partie de nos *Dilemmes de la métaphysique pure* où nous avons dû condenser en de brèves formules, certaines thèses capitales de métaphysique, inséparables des noms des penseurs illustres qui les ont les premiers ou le plus fortement soutenues. Un tel complément n'aurait pu trouver place dans la suite de notre exposition et de nos raisonnements, sans disperser l'argumentation et diminuer la saillie des points principaux des controverses. En le publiant séparément, nous y joignons des explications et des traits de doctrine qui en font un ouvrage indépendant et justifient ces termes hardis du titre que nous lui donnons : *Histoire*; *Solution*. L'histoire, c'est celle des principes les plus généraux de la spéculation métaphysique, dont dépendent tous les sujets capitaux du ressort de la philosophie : la méthode et les théories, et dont les formules nettes, historiquement connues, en nombre fort réduit, sont contradictoires les unes des autres. La solution, c'est celle de nos *Dilemmes*. Après l'avoir préparée par la critique des systèmes, au cours de l'ouvrage, nous la formulons par la brève exposition de la doctrine néocriticiste, qui le termine.

HISTOIRE ET SOLUTION
DES
PROBLÈMES MÉTAPHYSIQUES

LIVRE PREMIER

LE MONDE SUIVANT L'ANCIEN ESPRIT HELLÉNIQUE

CHAPITRE PREMIER

L'IDÉE DU MONDE DANS LA HAUTE ANTIQUITÉ

Quand on a distingué, d'un côté, la logique et la mathématique pure, sciences abstraites, de l'autre, les sciences physiques, dans l'acception la plus générale, qui comprend tout sujet accessible à l'observation, à l'expérience ou à des hypothèses vérifiables dans la sphère de l'expérience possible, on reste, en dehors de toute classification, en présence de la partie de la connaissance qui est de l'intérêt le plus grand pour l'esprit humain et pour la destinée humaine; c'est la métaphysique: elle embrasse l'étude du Cosmos en sa généralité, et celle de la conscience du moi et de ses fonctions en tout ce qui dépasse la pure observation interne et les classifications empiriques de la psychologie. Le grand et le petit monde sont ainsi sa matière, et sa méthode ne peut être que la spéculation considérée comme cet accord de la raison et de la croyance d'où procèdent les théories rationnelles qui s'étendent de la définition des premiers principes de vérité et de réalité à l'explication de l'ordre actuel des choses.

La plus métaphysique, pour ainsi parler, des idées relatives à l'univers dans son ensemble est celle qui regarde sa raison d'être quant au temps. Elle s'est présentée certainement comme la plus difficile aux penseurs des antiques civilisations, et jamais elle n'a cessé d'être une cause de trouble pour l'entendement humain. La trace en est visible dans beaucoup d'anciennes cosmogonies; on voit deux puissantes idées s'y combattre dans l'esprit de leurs auteurs : d'une part, la constante expérience et l'habitude de la succession des phénomènes dont nul ne se produit sans avoir des antécédents, et, de l'autre, le sentiment du vouloir et de la cause qui gouverne les changements et par là les précède sans être précédé. La première idée conclut à l'éternité du monde, la seconde donne lieu à la recherche de quelque chose où le monde prend son origine. De là l'imagination d'une certaine masse confuse qui aurait toujours existé, et la conception de telle ou telle puissance active qui par l'abstraction de son concept semble échapper à la nécessité d'avoir eu un commencement. Quelquefois, le Temps lui-même, investi d'une vertu productive du développement des choses, est appelé à répondre par son idée seule à la difficulté du manque d'origine, sans posséder pour cela aucun pouvoir déterminé qu'on puisse nommer. Cette fiction à part, l'embarras est ordinairement levé par l'idée éminemment antique à laquelle on donne aujourd'hui le nom d'évolution universelle. L'évolution, en un sens légitime et correct de ce mot, soit appliqué à certaines séries de phénomènes naturels, soit employé hypothétiquement pour coordonner des séries qu'on suppose, est toute loi suivant laquelle les phénomènes procèdent d'un état initial à un état final, l'un et l'autre définis. Mais nous parlons ici de l'évolution indéfinie dont le concept exempte l'esprit du devoir de chercher pour le monde un commencement.

Les deux sortes d'évolution peuvent se concilier; celle qui est une et indéfinie embrasse, pour cet effet, une infinité, en arrière et en avant, des évolutions multiples, finies et périodiques, construites hypothétiquement; mais c'est là le point de perfection du système; et nous ne sommes plus alors aux époques primitives de la spéculation.

L'une de celles-ci, et des plus anciennes, c'est en Égypte que nous la trouvons, nous offre le cas curieux et instructif d'un mythe, d'un dogme, si l'on veut, imaginé dans le dessein de poser à la fois et de nier le commencement. Nous voulons parler du concept du dieu, *double par soi, père et fils de lui-même*, le grand Scarabée, *Cheper*, qui est porté par l'Abîme, principe femelle sans origine. C'est une façon concrète d'exprimer le mystère de la causalité absolue, que des théologiens ont traduit en termes abstraits par l'idée du dieu *causa sui*. Pour les Égyptiens, le mythe bizarre de la génération réciproque n'excluait pas la divinisation des grands êtres naturels, ni celle des animaux symboliques; il marquait seulement un effort vain pour approfondir la question suprême au delà de ce que l'imagination et le symbolisme peuvent exprimer. On trouverait probablement, si on les connaissait mieux, dans les cosmogonies élaborées par les prêtres chaldéens, ou par ceux des religions sémitiques polythéistes, outre le matérialisme avec des symboles naturalistes et des mythologies variées, appropriées à des dieux locaux, quelques vues indiquant la tentative de percer le mystère ultime soit de l'origine soit de la nature des choses; mais nous n'avons du travail qui a pu se faire en certains sanctuaires que des restes informes défigurés par les compilateurs des époques de décadence. Les tendances intellectuelles, ou de sentiment, des penseurs religieux des anciens empires se trouveraient probablement originales et diverses, à mesure qu'on remonterait, s'il était possible, aux premiers initiateurs des croyances qui soutinrent selon les lieux et les temps le moral des peuples. A la distance où nous sommes, nous n'apercevons plus guère que dans leur confusion trois manières de représenter dans son fondement la nature des phénomènes.

Ce sont : 1° la méthode proprement *mythologique*, méthode de personnification des phénomènes objectifs, sensibles ou idéaux, d'où naissent des symboles développés en fables épiques et dramatiques ;

2° La méthode des *apothéoses*, divinisation directe des grands corps ou des grandes forces de la nature, des grandes idées personnifiées de souveraineté, de puissance, d'intelligence, ou d'antiquité suprême et de génération première, mâle ou femelle, et enfin des personnes mêmes, ancêtres, fondateurs ou chefs d'empire, dont la vénération et la coutume, ou la flatterie et la crainte consacrent le culte ;

3° La méthode *spiritiste*, procédé mental d'imagination des choses sensibles, objets matériels ou personnes, et aussi des classes d'objets plus ou moins caractérisés et limités, tels qu'un bois ou une fontaine, ou vastes et indéfinis, tels que le ciel et la terre, comme habités ou informés par des *esprits* séparables des êtres eux-mêmes. C'est un mode d'abstraction particulier s'élevant du fétichisme à une sorte d'idéalisme et de réalisation des idées pour des cultes spéciaux, et pour le service de toutes les superstitions possibles, morales ou immorales qu'elles soient, qui se présentent à l'esprit.

Les deux premières de ces méthodes se sont prêtées

à la conception des grandes divinités anthropomorphiques, et aussi d'une personnalité suprême, sans exclure les panthéons. La troisième a pu se borner à un culte moral dont les objets les plus élevés sont les idées d'ordre, d'élévation ou de mérite, dans la nature et dans l'humanité, sans spéculation et sans métaphysique : c'est la doctrine de Confucius, qui a régné sur le vaste empire chinois, au moins sur les classes instruites et dirigeantes qui en ont fondé puis dirigé l'administration pendant tant de siècles.

L'idée chinoise du Seigneur-Ciel (*Thien-ti*) esprit suprême, a pu être assimilée par quelques critiques à l'idée du Très-Haut du monothéisme sémitique, mais l'attribut de personnalité est aussi faible que possible en son application aux *Chin* (les esprits), et ne va guère au delà des exigences du langage, qui toujours personnifie.

Un point unique s'est rencontré, dans l'Asie entière, on ne sait à quel moment et en quel lieu des pérégrinations des antiques tribus sémitiques, où un penseur religieux, écartant toute mythologie et tout polythéisme d'âmes ou d'esprits, s'est mis en face de cette idée simple qui, transmise en quelques mots, au début du livre de la *Genèse*, est devenue le fondement métaphysique de la religion élevée sur les ruines de toutes les croyances de l'antiquité occidentale : Dieu, une volonté planant sur l'abîme et créant par la parole, au commencement, le ciel et la terre. Toute la fonction de la spéculation, quand le souverain concept devint la pensée directrice d'une nation particulière, la nation juive, consista à affaiblir la supposition de la matière préexistante et à passer progressivement de l'idée *démiurgique* au concept de la création pure.

Contrairement à l'idée de l'ordre universel, on pourrait dire abstrait, qui dans la région chinoise imprima sa forme à la morale et à la politique, ce fut l'idée de l'humanité, généralisée comme type supérieur de l'âme, et dominant tout le naturalisme, qui se posa en fondement de la religion, dans la région indienne peuplée par des tribus aryennes. Le brahmanisme unifia cette idée, qui est celle d'une multitude indéfinie d'âmes sous toutes les sortes de formes organiques, en celle de l'être universel divin, duquel elles descendraient toutes et dans lequel elles auraient toutes à rentrer à l'expiration de certaines périodes. Cette conception, dont le symbole des réveils et des sommeils de Brahma marque fortement à la fois l'anthropomorphisme, et le panthéisme qui en est la négation, resta attachée aux nombreuses sectes de l'Inde, à leurs cultes et à leurs mythologies diverses. Les âmes individuelles, émanées de la substance intégrale de l'âme, avaient toujours à parcourir, en ce panthéisme évolutif, une longue série de vies et d'épreuves suivies d'élévations ou de chutes. Elles ne gardaient ni la personnalité identique, ni seulement l'humanité, au cours de leurs existences allant du dieu à la bête, ou plus bas encore, dont chacune se terminait par l'oubli. Et cependant la question capitale pour l'orthodoxie brahmanique, et pour les écoles philosophiques indiennes, dont la spéculation se rapporta toujours au même thème, essentiellement, était celle de savoir si la fin dernière de l'âme, au terme d'un *Kalpa*, était l'inconscience pure, ou la béatitude pour les plus méritantes, et si les mêmes âmes rentraient dans le monde à chaque retour universel de l'existence : question illusoire, à laquelle se prêtait une imagination confondant la personnalité permanente, quoique sans fondement réel dans le brahmanisme, avec l'âme permanente qui n'est que l'image de quelque chose qui subsiste. Le bouddhisme, issu de celle des sectes philosophiques suivant laquelle la fin de perfection de l'âme était l'anéantissement, donna, par l'enseignement de l'extinction volontaire de la conscience, une conclusion morale bien adaptée à une doctrine de vicissitudes et de misères de toute existence possible.

Les cosmogonies indiennes portent l'étrange empreinte de ce trait caractéristique : la confusion du type humain avec la forme universelle d'où procèdent toutes les formes de la nature, quelque manque de rapport qu'elles aient avec l'humanité par leurs apparences et par leurs propriétés. Dans celle de ces compositions qui a pris place dans le plus ancien des *Védas*, on trouve *Pouroucha, âme suprême* et *premier mâle*, dépeint comme l'être universel pourvu de tous les organes humains par milliers de chaque espèce. De lui naît *Viradj*, individu premier, et, de celui-ci, *Adhipouroucha*, duquel sortent la terre et les corps. Pouroucha demeure toujours le monde en essence et en être : c'est lui que les Dévas et les brahmanes offrent en sacrifice à lui-même, et qui lui-même est le Sacrifice, et, grâce au Sacrifice, la création elle-même : Indra, Agni, le Brâhmane, le Ciel et la Terre, tous les êtres fils du Sacrifice. L'idée antique de la vertu du sacrifice se montre avec des traits plus grossiers, bien connus, dans les cosmogonies sémitiques, d'où elles passèrent dans la mythologie grecque.

La cosmogonie brahmanique du *Livre de Manou* offre plus de rapports avec une conception assez commune en ces sortes de compositions : c'est une autogénèse en laquelle s'identifient tout en s'opposant un principe passif, ou *d'obscurité*, avec un principe actif qui gouverne le développement du monde. Un œuf d'or, ou lumineux, porté sur les eaux, contient le germe d'où naît Pouroucha, qui est Brahma, qui est Naranayana, et cet œuf se sépare en deux parties qui sont le ciel et la terre, avec l'air leur intermédiaire, et avec le réservoir des eaux supérieures. En même temps paraît l'Ame Suprême, de laquelle Brahma fait émaner les principes de la conscience et de l'intelligence, de la passion et de l'ignorance, et enfin les qualités élémentaires du corps, et les âmes des Dévas et des hommes; et tous les personnages d'une mythologie d'envergure immense, et les quatre castes tirées, comme on sait, des différentes parties du corps de Brahma. Après cela, vient la théorie des Kalpas, ou évolutions périodiques allant de l'infini à l'infini du temps.

Si nous remontons au premier principe de cette spéculation, nous remarquerons que l'œuf cosmique et les eaux sur lesquelles flotte cet œuf sont eux-mêmes des productions du principe créateur qui trouve en eux les conditions de son développement. C'est, sous une autre forme, la même idée que rendaient plusieurs symboles cosmogoniques égyptiens, analogues à celui que nous avons cité. On ne sait donc s'il faut comprendre qu'il s'agit d'une génération absolument spontanée, ou d'une émanation de l'Absolu sans qualité et sans nom. Si nous descendons de trois ou quatre mille ans dans le cours de l'histoire, et jusqu'au moment de la philosophie grecque finissante, c'est la seconde interprétation que nous trouvons établie dans l'école d'Alexandrie, où revivent des traditions orientales. Mais les deux interprétations se confondent pour nous, quand nous faisons l'effort demandé, mais vain, d'adapter notre imagination au concept de l'éternité des phénomènes, qui est contradictoire en soi. Si enfin nous descendons jusqu'à notre époque, nous ne pouvons que retrouver la même idée métaphysique, illusoire, au fond des prétentieuses inventions philosophiques dont les auteurs posent sous des noms abstraits des principes impliquant l'infinité donnée des phénomènes sans commencement. Ces systèmes, considérés dans leur dernier fond, ne s'éloignent que par les mots de ceux des âges les plus lointains. Les anciens, ceux de l'Inde surtout, l'emportaient sans mesure par la force et l'étendue de l'imagination; les modernes affectent des méthodes soi-disant scientifiques, mais que la science n'avoue pas. De quel côté l'insanité est la plus grande, on ne sait, car si, chez les premiers, elle est beaucoup plus apparente, chez les seconds, elle se montre et nous choque, en chaque système, aussitôt que la mode l'a abandonnée. La plus spécieuse des découvertes qu'on ait faites pour soumettre à la raison la doctrine des phénomènes sans commencement, pour masquer la contradiction interne d'un monde dont l'évolution est autre chose que la marche d'un état initial à un état final, a consisté à découper l'éternité en tranches. L'évolution indéfinie en arrière et en avant, mais divisée en une infinité de périodes successives, et ainsi réduite, pour ses parties, à la condition scientifique, a dû paraître plus intelligible; il devenait aisé de laisser dans l'obscurité le principe primitif et intégral. Or cette idée de génie, en son illusion, est renouvelée de l'Inde, à moins qu'on se contente de remonter jusqu'au grec Héraclite (V) qui en fut le second inventeur.

Nous n'avons pas à mentionner, en cette brève revue des cosmogonies anté-helléniques, les cosmogonies du livre de la *Genèse*, autrement que pour appuyer sur les idées de commencement, de création et de personnalité du Créateur, qui en sont si caractéristiques, encore bien que les images de l'Abîme, ou d'une masse chaotique préexistante, n'aient pas pu être absentes de l'esprit de ses auteurs. Dans celle du premier chapitre de ce livre, nous avons remarqué ci-dessus l'énergie avec laquelle y est inscrit le principe actif et volontaire, en regard de l'entière dépendance de la chose créée. Ajoutons la finalité intentionnelle, accusée par la déclaration de la bonté de l'œuvre, au terme de chaque journée, l'homme et la femme faits à l'image du Créateur, enfin la jouissance et le gouvernement de la création qui leur sont donnés. Ce sont les traits de la métaphysique théiste, qui contrastent avec les vaines et contradictoires idées, impliquant la définition de l'absolu, la division de l'éternel et la numération de l'infini, fond commun des cosmogonies de l'antiquité polythéiste partout où on cherche à les approfondir et à les imiter.

La partie qu'on peut appeler physique de l'*OEuvre des six jours* est toute différente, et parfaitement séparable de la partie métaphysique, dans laquelle il n'entre rien qui ne soit susceptible d'une interprétation idéale, élevée, indépendante des termes d'un anthropomorphisme d'ordre commun que nécessite l'expression de la pensée. La suite des traits dont se compose la création, classée et distribuée en plusieurs phases, porte simplement sur l'ordre de succession et de dépendance, — que le narrateur imaginait, suivant d'antiques et la plupart puériles idées d'astronomie, de météorologie et d'histoire naturelle, — des grands phénomènes de la nature et de la production des espèces vivantes. C'est là tout l'intérêt que peut avoir pour l'histoire des connaissances humaines cette admirable composition.

La cosmogonie du second chapitre de la *Genèse* est une œuvre qui n'aurait guère de rapports avec la cosmogonie du premier chapitre, si ce n'était que la personnalité divine et créatrice n'y est pas moins accusée, pour l'être sous la forme d'un anthropomorphisme qu'on trouve d'abord grossier, mais qui, dans sa naïveté primitive, doit plus justement s'appeler mythique. Le caractère du mythe est trop apparent dans la plupart des traits de l'histoire d'Adam, d'Abel et de Caïn, et de la descendance de Caïn (composition toute du même style), et le caractère d'élévation psychologique et morale de la conception est trop manifeste, pour qu'il soit possible à un lecteur sans prévention de croire que l'idée de l'écrivain jéhoviste ait été précisément celle qu'indique le texte littéral. Au demeurant, les récits symboliques de cette cosmogonie, et ceux qui se rapportent au paradis terrestre et à la chute de l'homme sont d'un intérêt religieux profond, mais ils ne sauraient tenir lieu d'une théorie métaphysique; ils en représentent seulement l'esprit, en ce qui touche la conception du monde comme une création originalement parfaite; et il appartiendrait au philosophe qui se pénétrerait de sentiments moraux semblables à ceux de l'auteur de chercher quelle hypothèse cosmique sur la création et sur l'état du monde créé primitif, quelle idée, sur ce qu'à dû être le réel caractère d'un péché originel de l'homme et de ses suites par rapport à la *corruption de la nature*, en style théologique, aux *révolutions de la nature*, en style physique, pourraient être moralement équivalentes aux imaginations enfantines de cet antique adorateur de Jéhovah-Elohim.

CHAPITRE II

L'IDÉE DU MONDE DANS LES COSMOGONIES GRECQUES

Les idées cosmogoniques des Grecs dénotent un moindre effort d'approfondissement du mystère des origines que les imaginations des penseurs appartenant aux sacerdoces des antiques nations, l'Égypte ou l'Inde. La mythologie hellénique, à part certaines grossières traditions phéniciennes, n'offre rien de semblable à un bar-

baré symbolisme, rien non plus qui rivalise avec les imaginations démesurées du brahmanisme. Mais la sobriété des vues cosmiques, le franc caractère anthropomorphique qui, de plus en plus, éloigna la famille des dieux olympiens de la réelle représentation des grandes forces de la nature, où ils avaient pourtant leur origine, se trouvèrent être précisément des circonstances avantageuses pour l'adoption, à la place des mythes, d'une méthode philosophique, on peut presque dire, toutes proportions gardées, scientifique, d'envisager et d'expliquer les phénomènes, d'en composer des *théories*.

A l'origine de la pensée hellénique réfléchie, qui est pour l'Occident, l'origine de la philosophie, le poète prend pour le sujet premier de l'existence cela qui s'oppose le plus à lui-même et lui ressemble le moins, l'objet de forme extérieure, sensible, impersonnel; et toutefois il n'évite pas de lui attribuer du même coup la vie, de l'envisager sous un aspect de puissance génératrice et de lui prêter des fonctions physiologiques. Ainsi le lui commandent l'esprit de la mythologie, dont il n'est pas encore affranchi, et le langage commun lui-même, et il cherche à se figurer la manière dont ce sujet a donné progressivement naissance à la diversité des êtres. C'est l'époque des cosmogonies imitées de celles des religions sémitiques polythéistes. Plus tard l'esprit se replie sur lui-même, le philosophe travaille sur ses propres concepts, mais c'est encore pour les fixer hors de toute conscience et les réaliser pour son imagination en qualité d'objets externes, donnés en soi. Il compose par ce procédé une nature idéale dont il regarde les êtres comme des produits, ainsi qu'ils le sont, d'une autre part, de la nature sensible. Nous donnerons le nom de *réalisme*, par extension d'un terme scolastique désignant l'attribution de la réalité aux universaux, à cette méthode commune de réalisation des concepts qui a accompagné, à peu d'exceptions près, nous le verrons, la spéculation philosophique dans tout son cours.

Chez les Grecs, l'imagination mythologique à laquelle s'adresse la question du fondement des choses, s'efforce d'abord d'éloigner l'idée de personne ; elle se fixe sur celle du sujet universel des formes sensibles. L'indistinct et le désordonné conçus comme la matière primitive nous donnent certainement le sens du Chaos d'Hésiode, masse indéterminée, qui toutefois prend forme aussitôt dans l'esprit du poète, car il y fait succéder le solide terrestre avec sa surface et son dessous : *Gaïa* et *Tartara*. L'idée de cause est absente jusque-là ; elle apparaît comme principe de la génération physiologique dans une première personnification symbolique : *Éros*. Ce dieu ne commence pas à proprement parler, mais explique et représente les généalogies. *Erebos* et *Nux*, qui sont issus spontanément de *Chaos*, s'unissent et engendrent *Æther* et *Héméra*. De *Gaïa* toute seule naît *Ouranos*, qui doit être le séjour des dieux. Dans cette production ascendante, le mal intervient par un enfantement également spontané de *Nux*, d'où procèdent *Moros*, *Ker*, *Thanatos* et toute la suite des douleurs. L'équivalent d'une doctrine dualiste ressort assez clairement de cette partie de la *Théogonie*.

Les fils d'Ouranos et de Gaïa commencent les descendances anthropomorphiques : les Titans, Kronos et Rheia, Zeus et ses frères. Viennent enfin les mythes si vulgarisés de ces familles de dieux, prolongées dans les générations des héros et des hommes. En résumé la cosmogonie d'Hésiode nous offre un monde dont les créateurs directs sont la Terre et la Nuit ; sa mythologie, une histoire des dieux, que Xénophane et Platon, ignorants de la véritable signification des mythes naturalistes, dénoncèrent comme scandaleuse, longtemps avant que les Pères de l'Église en tirassent d'aveugles arguments contre l'esprit général de l'hellénisme. Pour un poète qui pouvait croire, comme Eschyle, mais était-ce bien sérieusement? trouver chez Homère et Hésiode un ensemble de traditions historiques et religieuses, ayant un fondement de réalité, le cosmos devait prendre un aspect analogue à celui que l'expérience nous montre dans le monde politique, où les empires s'élèvent et se renversent. Le présage était alors permis d'une révolution cosmique qui ferait monter un jour au trône d'Ouranos une dynastie de dieux justes. Mais pour le philosophe à qui le caractère de la fable apparaissait dans les fondements physiques supposés des cultes civils et moraux des cités grecques, il y avait un encouragement à demander à l'observation, et à la réflexion la véritable raison des phénomènes.

La cosmogonie de Phérécyde de Syros, contemporain de Thalès et de Pythagore, est un système intermédiaire entre ceux qui se rattachent à la mythologie commune et ceux qui relèvent nettement d'une conception individuelle de leurs auteurs. Il s'inspire de la méthode des symboles, mais on y remarque une intention philosophique dont il n'y avait pas trace chez Hésiode. Zeus y devient le premier principe; son nom est rapporté étymologiquement à l'idée de la vie (Ζεύς de Ζωή). Il préside à la constitution du cosmos sous deux aspects, que distinguent les noms d'Éros et de Démiourgos. Chtonia, la masse terrestre, forme de ses éléments, à l'aide du Temps, Gê et Ogen (la terre et l'océan). Ces éléments combinés, le feu, l'air, l'eau, produisent Noéton (l'Intelligible). Alors commencent les races divines. L'origine de l'intelligence est donc matérielle, quant à la substance, mais, au fondement de l'évolution du cosmos, règne ce principe premier double : passion génératrice et puissance architectonique.

Plusieurs des penseurs de l'époque où finissent les mythographes, où commencent les philosophes, ont marqué de l'éloignement pour le polythéisme de la religion populaire. Phérécyde fut accusé de réprouver les sacrifices. Pythagore, profond novateur, dont l'*Église* fut dispersée par la persécution et devint une école purement spéculative, avait peut-être pour Dieu la monade première. Xénophane attaqua par la raillerie les dieux anthropomorphes. Si cette tendance se fût conservée, la philosophie ne se serait peut-être pas entièrement séparée de la religion, comme elle fit pour plus de cinq cents ans, jusqu'au temps de l'école d'Alexandrie. Des philosophes auraient pu constituer, pour les religions civiles de la Grèce, une théologie, qui toujours leur manqua. Une seule secte s'y essaya, en opérant un mélange de doctrine pythagoricienne et d'emprunts aux cultes secrets, aux *Mystères*, qu'elle étayait de fausses traditions et de compositions apocryphes. Mais l'orphisme spécula, pour réussir, sur le genre des superstitions intéressées; et les orphéotélestes tombèrent dans le mépris des esprits éclairés.

La cosmogonie mise sous le nom mythique d'Orphée, mais notablement postérieure à celle de Phérécyde, porte bien plus que celle-ci le caractère d'un panthéisme matérialiste; on y distingue seulement un léger effort pour exprimer l'idée d'origine. Chronos y figure comme l'être premier : l'idée de la succession indéfinie occupe ainsi la place de l'idée du commencement, ce qui est contradictoire, et le chaos est nommé de suite après, et assimilé à l'Infini des pythagoriciens. Mais l'orphisme donne pour corrélatif à l'Infini, au lieu du Fini, notion logique, l'Æther, qui reçoit l'emploi physique de principe fécondant, sous le nom de Zeus. Les générations commencent par le symbole physiologique de l'œuf. La nuit première, entourant le chaos, porte à son lieu central cet œuf cosmique fécondé par l'Æther, où prennent leur forme les éléments des choses. L'éclosion fait apparaître Phanès, être premier, dont le nom est le symbole de la production des phénomènes, ou choses distinctes. Les âmes se dégagent du centre de la matière animée, gagnent la périphérie, et ouvrent, en s'unissant aux éléments, la suite des êtres liés généalogiquement.

Le travail se sent mieux que l'inspiration dans cette dernière des cosmogonies, qui voulut se faire prendre pour la plus ancienne; et l'imitation du pythagorisme y est évidente; car il n'est pas à supposer que l'imitateur soit Pythagore, dont la doctrine a un caractère scientifique original et éclatant. Ce qui se remarque le mieux dans l'élucubration orphique, c'est l'effacement des idées de divinité anthropomorphique, mais au profit de l'imagination d'un développement spontané de la nature, ce qui était la tendance commune des cosmogonies; et il n'est pas douteux que l'orphisme ne donnât dans ses mystères une abondante compensation mythologique pour ce qui manquait de théologie sérieuse à sa conception.

Le pythagorisme nous offre, au contraire, touchant l'origine des phénomènes, une vue religieuse manifestement liée à sa doctrine générale du cosmos. Mais cette doctrine elle-même est fondée sur des principes rigoureusement rationnels. Une philosophie rivale voudra ne faire partir la spéculation que de l'observation sensible. Mais, dès le commencement du vi^e siècle avant notre ère, la philosophie indépendante peut se dire fondée. L'écart que l'incertitude des données chronologiques laisse possible entre les moments précis où vécurent quatre grands philosophes : Thalès, Anaximandre, Pythagore, Xénophane, est trop faible, d'une part, et, de l'autre, la distance intellectuelle que met entre eux l'originalité de leur génie, en des voies étrangères les unes aux autres, est trop grande pour que ce ne soit pas parler exactement que de les nommer contemporains, et créateurs de leurs méthodes respectives. Ils ont cela de commun seulement, qu'ils subissent l'irrésistible tendance à la réalisation des idées : concepts ou qualités sensibles qu'elles soient, selon le point de vue de chacun. Le fondement de l'être et du savoir est-il dans les objets propres des sens, pris pour des sujets externes, ou dans les objets intelligibles projetés hors de l'entendement, et, dans ce cas, lesquels? c'est là qu'est le conflit principal. Des siècles, des systèmes, et même des religions doivent se succéder, avant que soit seulement conçue la possibilité de trouver dans la connaissance de l'homme ce passage à la connaissance du monde, dont Socrate posa un certain jour les prémisses en devinant le sens profond de la maxime inscrite sur le fronton du temple de Delphes.

CHAPITRE III

LA MÉTAPHYSIQUE PYTHAGORICIENNE
LA MÉTAPHYSIQUE ÉLÉATIQUE

Cette méthode de réalisation des idées qui consiste à les prendre dans l'entendement pour les porter dans la nature et la rendre intelligible en donnant à l'abstrait la fonction d'expliquer les phénomènes fut d'abord la méthode mathématique. Son application, encore bien qu'en un mode transformé, devait se prolonger pendant tous le cours des études philosophiques et scientifiques. L'idée première en appartient à Pythagore, les premiers développements à Philolaos et Archytas. L'importance en a été sans pareille. Le réalisme arithmétique de Pythagore est d'une étonnante simplicité, grâce à la forte objectivité des notions transportées dans la nature. La géométrie sert d'intermédiaire. La notion primordiale est le point, détermination élémentaire du lieu dans l'espace. Au point-unité succède la ligne droite, dont deux points fixent la direction, en sorte que, l'*un* est la limite qui la détermine, tandis que le *deux*, ou le *pair*, est l'intervalle indéterminé, par conséquent illimité quant à la division, lorsqu'on se propose d'apposer des limites intermédiaires dans la quantité linéaire finie. Les espaces superficiels et les espaces solides donnent lieu à une semblable opposition du *fini* et de l'*infini*, en considérant toujours, dans le *fini*, non le contenu, mais les limites, et, dans l'*infini*, le contenu sans mesure et sans fin dans lequel le *nombre* peut seul introduire des limites et créer l'*harmonie* qui définit l'être.

Ce point de vue géométrique est le contraire du point de vue de la composition réelle indéfinie d'où sont nées beaucoup plus tard la géométrie des indivisibles, et celle des éléments infinitésimaux de la quantité. Il est clair qu'il n'ouvre pas la voie à la *mesure des incommensurables*, et même il la ferme à ceux qui l'entendent mal, mais il exclut la fausse et contradictoire interprétation d'un calcul qui ne peut être logiquement qu'une méthode d'approximation indéfinie de la solution des problèmes insolubles; il établit la vraie théorie de l'infini quantitatif, que tant de philosophes ont méconnue depuis ou méconnaissent encore.

Ce qui achève d'éloigner de l'essence de l'être constitué dans l'espace l'idée d'une composition d'éléments similaires qui serait un assemblage infini, c'est que l'*être réel est le nombre lui-même, lui seul*, donné par la relation que l'unité pose par les limites. Il n'est pas de point plus certain dans toute la doctrine pythagoricienne.

A l'opposition du fini à l'infini, ou de l'un au multiple et de l'impair au pair, se rattachent par des analogies, dans le pythagorisme, les oppositions morales du parfait à l'imparfait, du bien au mal, d'autres encore, comme celles du droit au courbe, du lumineux au ténébreux, du repos au mouvement, du principe actif au principe passif (l'un mâle, l'autre femelle), et, universellement, de Dieu à la matière. L'Unité produit le monde en produisant le nombre.

Au point de vue religieux, la cosmogonie pythagoricienne montrait l'origine dans la monade divine, assimilée à Hestia, foyer du monde et siège de Zeus, autour duquel l'Infini s'étend. La doctrine des nombres procédait immédiatement de cette opposition, qui est celle du Fini à l'Infini. Le nombre, produit de l'un, établit progressivement les limites et marque les intervalles dans l'étendue infinie du vide spatial; les corps séparés se forment par l'effet d'un mouvement comparable à une sorte d'inspiration et d'expiration du ciel. Ils sont au nombre de *dix*. La sphère des fixes, feu périphérique, ne compte que pour un. Le Soleil, la Lune, la Terre et les cinq planètes connues des anciens en donnent huit. La décade (nombre systématique composé de la monade, de la dyade, de la triade et de la tétrade) est complétée par une planète hypothétique, l'Antichthône, située entre la Terre et le Feu central, invisible pour nous comme ce feu lui-même, qu'elle nous cache, et dont nous recevons les rayons réverbérés par le Soleil. Le monde est limité, le temps est comme l'espace un vide infini qui s'étend au delà de l'œuvre de la monade créatrice.

Il semblerait, d'après ce dernier point de doctrine, que ce qui précède l'origine des phénomènes due à ces déterminations du nombre dans l'espace et dans le temps, qui sont les choses mêmes, exprimerait une pure négation : le contraire, par conséquent, de la matière chaotique supposée par la plupart des cosmogonies, et dans toute philosophie qui admet l'éternité des corps et du mouvement. Le monde reconnaîtrait un commencement réel et une formation progressive, et c'est dans ce sens qu'il faudrait entendre ce qu'Aristote dit des pythagoriciens, qu'ils plaçaient l'*Imparfait, non le Parfait, au commencement des choses*. Le système du monde serait donc une évolution progressive, à laquelle d'autres témoignages, permettent, mais sans certitude, de supposer aussi une fin et des renouvellements périodiques. En dehors de ce monde de la multiplicité et du changement, siégerait la monade immuable, auteur de ce monde par l'organe du nombre. La monade peut se dire un principe absolu, au point de vue abstrait, ou s'appeler Zeus, en termes de religion, sans qu'il soit possible aujourd'hui d'éclaircir le sens philosophique que donnait à ce grand nom révéré dans toute l'enceinte de l'hellénisme l'inventeur du nom de *philosophie*. Ce n'était probablement pas un sens désignant expressément un être personnel. Cependant une signification qui s'approcherait de celle du panthéisme brahmanique doit être écartée, si l'on songe à la nature de l'œuvre de la monade primitive et centrale, selon la cosmogonie pythagoricienne. La monade ne fait pas émaner de son sein des âmes-substances dont l'individualité ne serait que d'emprunt ; elle les institue en posant les limites d'où naissent les nombres. Il semble conforme au concept mathématique fondamental que les âmes aient été considérées sous l'aspect de leurs qualités, et rapportées symboliquement à des nombres, en harmonie avec les éléments corporels auxquels elles devaient s'unir et qui se définissaient eux-mêmes par

des nombres, mais d'ordre géométrique en ce cas.
Cette hypothèse rend compte de la théorie platonicienne
de la création des âmes, en observant que Platon devait, dans cette imitation de la doctrine pythagoricienne, substituer en partie aux *nombres* les *idées* (VII).

L'institut pythagorique de Crotone, société aristocratique et presque théocratique qui fut persécutée et
détruite à l'époque des luttes et des victoires des partis démocratiques de la Grande-Grèce, avait sans aucun
doute une religion et un culte, mais dont les rapports
avec la doctrine métaphysique de son fondateur ne
pouvaient être que vagues. Le gouvernement de Zeus,
l'existence et l'action des démons, la transmigration des
âmes, la fonction du prêtre, enfin l'ascétisme, ou plutôt
un genre d'observances d'un caractère profondément
hellénique, tendant à l'ordre et à la beauté, se rattachaient
tout au plus par des symboles à la doctrine des nombres.
La secte pythagoricienne ne laissait pas de se présenter,
à son origine, comme en possession d'un système universel des phénomènes cosmiques et des destinées humaines, ramené à son principe. Au contraire, la seconde
des deux doctrines qui eut pour méthode la réalisation
des notions pures, et qui se produisit presque parallèlement à la première, dans la Grande-Grèce, l'éléatisme,
en ramenant toute existence à l'Être pur, qui est aussi
l'Absolu, nia tout à la fois le monde de la multiplicité et
du changement, les phénomènes comme n'étant que
des apparences, et le dieu, en tant que la conception
de la divinité impliquerait la ressemblance de l'homme.
Xénophane, en des textes formels d'un poème, qui
subsistent encore, dit que Dieu est un, éternel, immuable; qu'il est étranger à toute forme humaine, mais
tout entier vue, ouïe et pensée, et gouvernant par l'esprit toutes choses. Il est, d'une autre part, établi par

des témoignages irrécusables que ce philosophe appliquait à l'idée de l'Être, en des formules où n'apparaît pas l'idée de Dieu, un jugement qui rend l'identification des deux idées inévitable : toutes choses ne sont qu'un, et se résolvent en une seule nature partout semblable à elle-même. On a donc conclu au *panthéisme* de Xénophane ; mais faut-il entendre que, selon lui, le monde, réduit à la nature de l'Un, était cette unité divine elle-même qui est éternelle et immuable, et dont la pensée universelle doit dès lors se replier toute sur elle-même, en sorte que notre monde phénoménal soit un système d'apparences fugitives dénuées de réalité ? ou faut-il supposer que le vrai sens de cet antique panthéisme est un dédoublement de la nature divine, tel, que Dieu, éternel et immuable en sa substance, serait constitué, sous un autre aspect, par l'universel devenir des phénomènes, dont il gouvernerait le cours ? Ce dernier système ne serait rien de moins que le Spinosisme, avec, en plus, une règle divine des choses, incompatible avec l'immutabilité. C'est déjà trop d'attribuer une théorie qui d'un seul et même tout immuable fait le tout des choses qui changent au fondateur de la doctrine éléatique de l'Absolu, au maître de Parménide. Xénophane a certainement exposé en style poétique l'idée même que son disciple a rendue en style plus abstrait, quoique dans un poème encore.

Dans les termes de Parménide, l'Être est un, sans origine, parfait, et sans changement d'aucun genre, car le changement de l'Être ne pourrait se faire que pour aller au non Être, et *le non Être n'est pas*. L'Être est limité, l'infini ne pouvant être que toujours incomplet et imparfait (principe pythagoricien qui ne fut pas toujours admis dans la suite de l'école) ; et il réunit dans son unité la pensée et l'objet de la pensée, parce que, en dehors de l'Être il n'y a rien. La pensée est la pensée de l'Être. Cette identité et cette homogénéité ont pour symbole une sphère parfaite, indivisible : image qui jointe à quelques autres qu'amènent des comparaisons tirées des rapports spatiaux, a jeté des critiques dans l'erreur grossière d'assimiler ce *Sphairos* éléatique à une masse corporelle. On serait infiniment plus près de rencontrer juste, en ramenant la formule de Parménide à une signification idéaliste. Si, en effet, *la pensée est la pensée de l'Être*, ainsi qu'il le dit, il faut aussi *que l'Être soit la pensée de l'Être*. Sans cela, l'identité du sujet et de l'objet, qui est formellement affirmée, n'aurait aucun sens.

La négation de l'existence réelle du monde phénoménal, c'est-à-dire du monde de la multiplicité et du changement, résulte de la méthode réaliste, que Parménide applique au plus simple et au plus absolu des concepts, abstraction faite de toute détermination et de toute relation. Une seule relation semblerait inévitable, c'est celle que la conscience réclame entre son sujet et son objet : il la résout dans l'identité. Cette méthode prend donc le sujet, l'idée de l'être, dans l'esprit, mais pour le *réaliser* hors de tout esprit *réel*. En Dieu, que Parménide ne fait pas intervenir, mais dont l'idée ne peut manquer de se présenter ici, la pensée est supprimée, avec la personnalité, avec la conscience, qui implique la distinction du sujet et de l'objet. Quant à la connaissance humaine, à qui un idéal est offert, si semblable à ce non Être que la théorie dit ne pas exister, elle crée par sa seule nature au philosophe l'obligation de composer une doctrine spéciale de l'ordre des phénomènes, encore qu'illusoires. C'est une œuvre à laquelle se livrèrent les éléates, et Xénophane tout le premier, en se mettant pour cet effet à l'école des philosophes ioniens, leurs aînés de quelques années, et leurs rivaux en spéculation à l'autre extrémité de la région hellénique.

Le service immense qu'on pourrait dire que l'éléatisme, en son écart du sens commun, a rendu à la philosophie, si la portée de ses arguments, ou ne fût-ce que l'intelligence de leur vrai sens, n'étaient restés inabordables aux penseurs pendant deux ou trois mille ans, est la réfutation de l'étendue et du mouvement en tant que *réels sujets en soi*, quoique *objets réels*, c'est-à-dire donnés objectivement en nos perceptions. Tel était en effet le sens positif de ce que la postérité devait nommer les *sophismes* de Zénon d'Élée, disciple de Parménide, à cela près (naturelle méprise) que leur admirable auteur crut démontrer que l'étendue, le temps et le mouvement n'ont rien de réel. Ce qu'il pouvait démontrer seulement, c'est que leur réalité, matière d'entendement et de relation, n'implique pas l'existence de données absolues. La démonstration se tirait de l'impossibilité logique d'un infini de composition, et de ce fait : que la divisibilité des continus n'a point de terme, selon notre pensée, et ne permet la constitution d'aucune unité propre à en former le total, qui serait un nombre ; en sorte que s'ils étaient vraiment des sujets en soi, ils seraient composés d'une infinité de sujets partiels, leurs semblables, ce qui est absurde. Nous parlons à la fois ici de l'étendue, du temps et du mouvement, parce que Zénon n'a introduit, de son chef, aucune hypothèse sur la nature de ces idées, comme ses interprètes ont eu souvent le tort de l'imaginer. Il s'est placé seulement, comme il le devait, au point de vue de l'opinion commune qu'il se proposait de combattre : l'opinion de leur réalité subjective.

Le plus simple examen, s'il est sans prévention, des deux raisonnements principaux dont se compose l'argumentation de Zénon : l'un, la bissection indéfinie de la ligne à parcourir entre le point de départ et le but (*Achille aux pieds légers et la tortue*) ; l'autre, la nécessité qu'un mobile soit toujours en un certain lieu où il ne se meut pas (la *Flèche qui vole*), nous en révèlent la signification générale, qui ne laisse place à aucun faux-fuyant. Le premier dit que l'idée d'achever le parcours des éléments composants d'un continu qu'on suppose formé de parties réelles et en soi, multipliées sans fin, est logiquement l'idée d'épuiser l'inépuisable et de nombrer l'innombrable. Le second dit que la possibilité de passer d'un élément à l'élément immédiatement contigu, dans un continu de cette sorte, serait celle d'assigner un mouvement entre deux lieux qui ne sont qu'un lieu, ce qui est contradictoire à l'idée du mouvement.

La conclusion rationnelle à tirer de cette analyse ne doit point concerner les phénomènes ; la question reste, en effet, de déterminer leur vraie nature. C'est uniquement contre l'infini actuel que portent les arguments, et c'est aussi ce que n'ont pas compris ou voulu comprendre, plus que les anciens, les philosophes modernes : Descartes, Leibniz, et tous ceux qui, encore aujourd'hui, sont en ce point les disciples de ces grands hommes, qu'ils ont si peu suivis sur tous les autres sujets.

CHAPITRE IV

ÉCOLE PHYSICISTE [1] : LE TRANSFORMISME VITAL
LE TRANSFORMISME MÉCANIQUE. — LA THÉORIE MÉCANIQUE DU MONDE

Le plus ancien philosophe de la Grèce, le Milésien Thalès, n'est pas celui chez qui se marque le moins le ca-

---

[1] Nous nous permettons l'emploi du mot *physicisme*, emprunté au primitif positivisme saint-simonien, parce que le terme de *physiologie*, qui conviendrait ici comme étant celui dont usaient les Grecs eux-

ractère de la philosophie, par opposition avec le symbolisme. Les métaphysiciens dont nous venons d'exposer les concepts prétendaient définir l'essence du réel et, par ce moyen, expliquer la nature, ou la nier; mais c'est encore une façon de l'expliquer que de la réduire à de pures apparences, lesquelles ne sont pas niables. Thalès, lui, prend cette nature telle que les sens nous la présentent, et, sans vouloir la dépasser, pense trouver dans l'observation des signes suffisants de ce qu'elle est au fond : une chose unique de laquelle sortent toutes choses et à laquelle elles retournent. Ce principe c'est l'Eau. Sur d'autres matières, touchant les dieux et les esprits, Thalès ne semble point s'être écarté des croyances de son temps d'une manière remarquable. On le cite comme un des premiers initiateurs en géométrie rationnelle, en astronomie. Qu'est-ce donc qui, d'un consentement universel, a fait citer en tête de l'histoire de la philosophie le grand homme auteur d'une hypothèse aussi gratuite et aussi peu féconde pour nos connaissances que celle de l'eau matière universelle? C'est que, en pénétrant l'esprit d'où procède une opinion de ce genre, on reconnaît, outre cet écart des traditions qui plaçaient dans les cosmogonies certains principes premiers vagues, et, si l'on veut, absurdes, mais assurément plus profonds, un produit du même instinct réaliste, autrement appliqué seulement, auquel ont obéi les auteurs de ces cosmogonies, et qui devait régner aussi sur la philosophie. On y constate, de plus, l'emploi forcé d'une méthode qu'ont suivie de nombreuses écoles : le transformisme des éléments des corps, ou de leurs propriétés.

---

mêmes, a pris dans notre langue un sens beaucoup trop spécial; et nous ne saurions non plus appliquer la dénomination d'*empirisme* à la méthode d'une école aussi spéculative et aprioriste que l'ont été les philosophies d'un Anaximandre, d'un Héraclite ou d'un Démocrite.

Au lieu du réalisme d'un concept, tel que le nombre pythagorique, ou l'être pur des éléates, nous avons, dans l'école physiciste, le réalisme d'un objet sensible pris entre tous et appelé à rendre compte des phénomènes, c'est-à-dire des autres objets considérés comme des apparences de celui-là, qui subsiste au fond, et seul ne fait que se transformer, alors que les autres périssent. Il faut que cet objet, frappant pour l'imagination, occupe une grande place dans la nature et paraisse indispensable à la production, ou à l'entretien et à la conservation des autres, et à leur dissolution. Thalès n'a pas d'autre raison que celle-là pour juger que toutes choses viennent de l'eau et retournent à l'eau, non plus qu'Anaximène ou Diogène d'Apollonie, venus après lui, pour soutenir que c'est à l'air que ce rôle appartient. Ces deux philosophes attribuent à l'air le don de se changer, par voie de condensation ou de raréfaction, en les autres éléments desquels se forment toutes choses. Ils lui accordent, en lui-même, l'infinité, et aussi l'intelligence, de manière à en rapprocher l'idée, au moins le second, de celle du *Noûs* d'Anaxagore (V). D'autres, du même temps, pensent que c'est à quelque élément intermédiaire entre l'air et l'eau, ou entre l'air et le feu, qu'appartient le rôle d'agent universel. Toutes ces propositions ressortissent à la notion réaliste de substance; car c'est bien un concept réalisé qui, pour les physicistes comme pour les rationalistes, pose le vrai fondement de la spéculation; mais, ensuite, c'est l'impression reçue de la nature qui engage le philosophe à se demander quel est, entre les grands corps d'où paraît dépendre la vie sur le globe terrestre, celui qui *est la substance des autres*. Si le penseur grec ne songe pas au Soleil, source de vie par son rayonnement, c'est bien certainement parce que cet astre est, à ses yeux, un dieu immortel et non point un corps sujet au changement.

Lorsque Héraclite adopta le Feu pour substance universelle, il ne le considéra point comme un corps, mais comme un principe actif et divin, encore que susceptible de prendre des formes physiques et de se transformer (V).

Quand on pense que les soixante-dix, ou environ, éléments spécifiques simples de la science actuelle, ne sont indécomposables que de fait, ou d'après les méthodes connues, mais nullement démontrés tels; que les hypothèses atomistiques ne sauraient elles-mêmes descendre jusqu'à l'être radical; que les éléments, et essentiellement ceux qui importent le plus à la vie, n'intéressent la vie que dans leurs états de composition, ou pour passer eux-mêmes d'une composition à une autre; qu'il n'est pas un seul de ces composés dont l'état physique ne subisse les changements les plus complets pour nos sens et pour la génération ou la destruction de tous les êtres vivants, par le simple effet des modifications de chaleur ou de pression; et qu'enfin il n'est sans doute pas un seul de ces corps dont les éléments ne tombassent dans une entière dissociation si la température était assez élevée; quand on pense à cette effrayante complication du monde matériel dont la moindre créature est une fonction vivante, on ne voit plus ce qu'il entre de philosophique dans le parti pris du naturaliste aprioriste qui commet ce contresens de prendre pour le principe de l'univers ce composé d'oxygène et d'hydrogène, à propriétés singulières, dont certaines adaptations, certaines harmonies sont un exemple étonnant des dispositions finalistes grâce auxquelles le règne de la vie est devenu ce qu'il est sur la terre, en rapport avec la situation de cette planète dans le système solaire.

Ce qu'il entre de philosophique — nous ne disons pas d'une philosophie vraie, — dans le physicisme de l'école ionienne, c'est le transformisme, méthode pour l'application de laquelle chaque philosophe allait à la découverte du sujet le plus convenable des transformations que lui en représentaient les phénomènes. Le principe transformiste réunit plusieurs procédés que les historiens de la philosophie décrivent ordinairement, sans les rapporter à l'idée principale. Il faut d'abord remarquer son origine psychologique : elle est certainement la même que celle de la croyance aux métamorphoses, croyance commune à toutes les mythologies, portée au plus haut degré d'imagination et d'aberration dans les mythes indiens, plus modérée chez les Grecs, et fort intelligible pour nous, si nous réfléchissons à un état de l'esprit ignorant, pour lequel les changements de forme sont arbitrairement supposables, partout où l'observation ne fournit pas des séquences invariables entre des phénomènes séparés. Mais ce penchant de l'imagination survit à la cause qui le favorisa dans son origine : après même que le savant a pris l'habitude de chercher à tout ordre de changement sa loi, il peut arriver qu'on regarde la loi non point en elle-même, ou dans les liaisons qui la constituent, mais dans le prétendu fait de la transformation d'une chose en une autre chose. Un exemple frappant de cet écart de la méthode scientifique est donné à notre époque même par la doctrine du philosophe qui regarde les sensations et les pensées comme des transformations du concept réalisé et matérialisé qu'il appelle la Force (XLVIII).

Deux procédés principaux, chez les philosophes ioniens, recouvrent l'idée générale de la transformation dont ils définissent les agents. Le premier et le moins intéressant consiste à représenter les états physiques donnant lieu aux qualités sensibles principales comme des produits de la condensation ou de la raréfaction de la matière unique. A ce point de vue, on devait se contenter d'une idée vague de la densité variable des corps, et de ses rapports avec le chaud et le froid pour donner lieu aux différents phénomènes. Le dernier des ioniens qu'on peut dire matérialistes purs, contemporain de cet Anaxagore qui innova profondément en séparant de la matière l'intelligence motrice, Diogène d'Apollonie, assimilait encore à l'air la vie et la pensée, expliquait par ses modifications les âmes, leurs espèces et leurs fonctions. Une philosophie de ce genre est au-dessous des fictions des temps mythologiques. Celles-ci pouvaient au moins exprimer des pensées, tandis que la physique n'est rien et ne nous apprend rien, quand ses vues sont arbitraires et n'établissent pas des rapports vérifiables.

Le cas est différent pour une autre espèce de transformisme, celle qui considère les phénomènes comme les produits d'une essence unique qui va se transformant par son œuvre propre : on est alors en pleine métaphysique. Ce transformisme spontané de la substance peut s'appeler *vital*, quoique le précédent puisse déjà, mais à un moindre degré, justifier cette qualification, nulle doctrine, avant l'atomisme, n'ayant exclu formellement de l'idée de la matière les attributs de la vie. Mais ici l'œuvre cosmique s'offre tout naturellement à la pensée comme devant suivre un plan, aller à une fin, ce qui est le propre caractère de la vie ; et c'est à l'évolutionisme qu'on est conduit. Le monde apparaît comme le produit d'une évolution. En un sens, on pourrait dire qu'on n'abandonne pas ainsi le point de vue des transformations du sujet matériel, sujet qui est aussi le principe automoteur. Mais c'est une autre idée qui domine, une loi, qu'on cherche à définir, qui règle les passages du sujet d'un état à un autre. De plus, le monisme de la théorie se modifie en de certaines doctrines, par la division du sujet en essences distinctes dont l'union ou la séparation expliquent en ce cas les phénomènes. Cette dernière méthode fut déjà très probablement celle à laquelle recourut le premier initiateur de la doctrine de l'évolution (V), le disciple de Thalès, Anaximandre, qui donnait à l'eau, ainsi que son maître, une fonction initiale dans la constitution du monde, mais qui, regardant le sujet universel comme formé d'une infinité d'éléments, devait, avant l'existence d'aucun composé défini, attribuer à ce même sujet en tant qu'actif la faculté de les démêler, de les distribuer et de les ordonner. Il n'y a plus de transformisme là où cette méthode est nettement dégagée, comme elle le fut plus tard par Anaxagore (V).

Au contraire, nous voyons le transformisme réclamer essentiellement sa place dans une doctrine où l'on n'a pas coutume de la signaler, parce qu'on a adopté d'autres noms et d'autres qualifications applicables à la manière unique dont se peut résoudre le problème capital de toute philosophie exclusivement fondée sur les propriétés mécaniques de la matière : nous voulons parler de l'atomisme et de l'explication que l'atomisme est forcé de donner du passage de l'objet de la sensation, extérieurement réalisé, à la sensation elle-même, objet de conscience. Le mécanisme en soi devient la pensée dans laquelle il a sa représentation. Nous avons le droit de nommer ce passage une transformation, parce que, selon la théorie, il n'existe, avant la sensation en acte, que des atomes insensibles, ni, pendant et après cette sensation, autre chose encore, *au fond*, que des atomes, toujours insensibles ; et cependant la sensation s'est produite de leur fait, elle existe en eux comme par eux de quelque manière, sans que l'idée qu'on se fait d'eux en comporte aucune. C'est bien une forme nouvelle qui est suscitée en eux. De là vient que Démocrite n'a pu faire autrement que d'admettre l'inexplicable identité du senti et du sentant. Il est vrai que c'est à la faveur du changement de composition des éléments entre eux, selon leurs rencontres, que se font les changements des propriétés sensibles et leurs perceptions, mais, en énonçant ce principe fondamental de l'atomisme, on pose seulement la condition de la transformation des rapports du genre mécanique en rapports du genre de la sensibilité ; on ne fait pas comprendre la transformation elle-même.

La doctrine atomistique qui remplace ainsi une matière aux éléments en quelque sorte vivants, définis par des qualités sensibles et tranformables les unes dans les autres, c'est-à-dire la matière de l'école ionienne, par des éléments insensibles en eux-mêmes et invariables, n'a avec cette école ni affinité ni liens nationaux et de descendance, quoique elle ait toujours partagé avec elle, dans la suite, l'opposition aux doctrines rationalistes et spiritualistes, et la prétention à ne se réclamer jamais que de l'expérience. Pourtant elle n'est pas seulement aprioriste à sa manière, en cela même qu'elle donne à la partie empirique de la perception, dans la connaissance, la place, le rôle et l'autorité des jugements aprioriques, mais encore il est certain que Leucippe et Démocrite en ont puisé les principes à la source du rationalisme, dans l'école de la réalisation des concepts, et dans la plus éloignée du naturalisme des qualités sensibles réalisées.

Les atomes de Démocrite sont des *idées*, tout comme les *nombres* de Pythagore et comme l'*être* de Parménide. Ce sont, il est vrai, d'autres idées, mais également abstraites et également réalisées : l'*étendu*, le *figuré*, le *solide*, le *mobile*. A l'atome constitué par ces abstractions s'oppose le *vide*, qui n'est autre que le *non être* de Parménide, affirmé cette fois comme réel et indispensable pour la réalité du mouvement. Le mouvement des atomes en divers sens amène les chocs, les impulsions et les enchaînements, desquels résultent, grâce à la variété des figures et des volumes, ces agglomérations plus ou moins fixes et durables qui sont les corps avec leurs propriétés. Les atomes et les corps qui en sont faits, seuls sujets réels, sans aucun rapport de nature avec les vrais objets corporels sensibles, leur sont assimilés, quoiqu'ils soient complètement imperceptibles, et ils ont la charge de produire la vraie matière empirique, celle de la sensation. Les corps émettent à cet effet des images réelles, c'est-à-dire encore composées d'atomes, mais plus subtils, et ces images ont, comme il est dit plus haut, le don de devenir des images-idées, en leur rapport avec d'autres composés atomiques, dont la composition se prête à une telle transformation.

La physique de Démocrite est en elle-même d'un grand intérêt pour l'histoire de la philosophie et des sciences. Elle est la conception qui, la première, a donné du monde une représentation, exclusivement prise des propriétés universelles des corps, abstraction faite de leur essence et de tout ce qui en eux dépasse l'étendue figurée et le mouvement. La mécanique rationnelle et son application capitale, la mécanique céleste, ont été cela même pour les savants modernes, si nous ajoutons que, dans leur pensée, toutes les branches de la physique ont le même sujet au fond et dépendent des mêmes principes. Or, la doctrine de Démocrite avait déjà ce caractère, si ce n'est que, ne connaissant des lois de ce domaine que les traits les plus simples et les plus saillants, le philosophe ne pouvait expliquer les phénomènes que par des vues sommaires et vagues. L'hypothèse moléculaire, l'impulsion et ses effets observables les plus communs, les tourbillons, les agglomérations de stabilité variable, la pesanteur, résultante empirique des mouvements régnants qui ont dû déterminer la grande agglomération terrestre, telles sont ces vues fondamentales ; elles ont suffi pour transformer et pour réduire la forme d'un mécanisme la primitive et très différente hypothèse d'Anaximandre sur la génération et la destruction des mondes, et sur leur dispersion dans l'espace sans bornes. L'Infini, dérogeant au concept indéterminé qui était sa définition aux yeux des philosophes antérieurs, tant ioniens que pythagoriciens ou éléates, prit alors formellement le sens réaliste des espaces vides séparant des mondes sans fin, de même que séparant les atomes dans l'intérieur des corps ; et cette imagination est restée, depuis ce temps, le grand rémora pour les progrès de l'idéalisme.

Le principe de l'atomisme était complété, chez Démocrite, par la loi du déterminisme universel : loi sans commencement et sans exception du mouvement des atomes, causalité unique, dont la raison ne serait point à chercher. L'éternité des phénomènes du temps passé n'était, selon lui, que le fait de leur nécessité, fondée sur l'impossibilité de leur assigner un antécédent dans l'ordre des conceptions empiriques. *Les choses ont toujours été de même*, disait-il. L'unité absolue du principe ne permettait cependant pas à Démocrite de supprimer le dualisme, qui lui-même est une donnée irrécusable : à savoir, le rapport entre le fait de la vérité (qu'on croit savoir) du *sujet* de l'expérience (le vide et les atomes), et le fait (que l'on sait) de sa représentation comme *objet*, sous condition d'une conscience donnée. Il faut expliquer le second par le premier : la conscience par une association d'atomes.

Le mystère s'éclaircit par une sorte d'identité impénétrable supposée entre l'image dans l'espace, où elle existe en sa forme véritable selon le principe de l'atomisme, et l'image plus ou moins modifiée, reproduite en forme représentative par son transport dans un organe favorablement disposé où s'opèrent sa rencontre et sa combinaison avec d'autres composés atomiques. Au point de vue du passage du subjectif à l'objectif, la solution du problème de la sensation et de la pensée est une sorte de transformisme, propriété des modes mécaniques de la matière, parallèle au transformisme des qualités les unes dans les autres, tel qu'il se présente pour les doctrines fondées sur l'hypothèse de la matière unique, essentiellement qualitative; et n'est-ce pas toujours, au fond, le même procédé de l'imagination, tirant les modes supposés d'une substance. Au point de vue de la transmission, nous avons seulement à remarquer en ce moment la confusion que la langue grecque permit, et que la métaphysique réaliste devait prolonger longtemps, entre les *espèces* matérielles qu'on supposait émises par les objets pour créer la sensation chez le sujet sensible, et les *idées* envisagées chez ce même sujet, et *objectives* en ce cas sans être matérielles. En un sens, la doctrine de Démocrite a été une doctrine des idées, et l'origine d'un certain idéalisme, à tendances, il est vrai, sophistiques (VI). La définition réaliste des idées était prise de l'ordre empirique des phénomènes, en opposition avec l'idéalisme platonicien qui ne la demandait qu'aux purs concepts (VII).

CHAPITRE V

ÉCOLE PHYSICISTE : L'ÉVOLUTIONISME. — ANAXIMANDRE. HÉRACLITE. EMPÉDOCLE. ANAXAGORE

Beaucoup de gens croient sans doute aujourd'hui qu'il a fallu une longue suite de siècles et de grands progrès de l'esprit humain pour arriver à la haute spéculation qui paraît être aux yeux de nombreux philosophes de notre temps le dernier mot de la connaissance et de la vérité sur ce que les anciens appelaient la Nature des choses (*rerum Natura*). Une existence unique, éternelle, et sa loi de développement, tout se réduit à ces termes. Le *monisme* est le nom de la doctrine ; l'*évolution*, le nom de la loi. On peut dire encore : une substance qui renferme une infinité de modes dont sa puissance interne est la seule cause, et que seule elle amène successivement à l'acte ; et un enchaînement des phénomènes qui est la production d'un monde (ou de plusieurs mondes) et qui se termine à leur dissolution. Mais aux évolutions accomplies, de nouvelles évolutions succèdent indéfiniment, parce que la substance est indéfectible et que sa loi est invariable. Or, cette doctrine est celle de l'Ionien Anaximandre, mathématicien, astronome, géologue et philosophe, qui vers l'an 580 avant notre ère occupait une place éminente dans le petit groupe d'hommes occupés à fonder la science et animés, avec des vues toutefois opposées les unes aux autres, du vif désir de découvrir ce qu'il fallait penser, toute religion à part, du principe et de la cause de l'univers. Anaximandre est cité comme le premier qui ait dit formellement que le principe et la cause étaient le sujet lui-même (τὸ ὑποκείμενον), lequel disposait de ses propres éléments et les gouvernait pour la production des phénomènes dans ce qu'ils ont de régulier, c'est-à-dire pour créer des mondes. Cette œuvre de coordination était-elle toute spontanée, et, comme nous disons, aveugle, ou bien son auteur en avait-il le discernement, c'est un point impossible à éclaircir et pour lequel une croyance religieuse, laissée volontairement obscure, comme nous la voyons chez d'autres anciens philosophes, pouvait intervenir.

Quoi qu'il en soit, Anaximandre donnait à la Substance, considérée dans sa nature, dans sa composition, si l'on peut ainsi parler, le nom d'*Infini* (ἄπειρον), signifiant le nombre indéterminé, illimité, de ses éléments. Il n'est pas à croire qu'il les conçût comme actuellement *sans nombre*. Inépuisables en fait, c'est ce qui est vraisemblable; car il devait les imaginer qualitatifs, conformément au point de vue de l'école ionienne tout entière, et il suffisait qu'il les supposât en aussi grand nombre qu'il le fallait pour subvenir à la constitution de toutes les propriétés par lesquelles se définissent les corps et tous les phénomènes du devenir. Ce qu'on appelle forces de la nature et leurs effets, en style moderne, étaient explicables, en ce système, par des substitutions d'éléments à d'autres éléments, les éléments n'étant autre chose que des qualités réalisées par l'imagination du philosophe. Ces substitutions elles-mêmes devaient s'opérer par la méthode de composition et de décomposition, — réunion de qualités séparées, séparation de qualités unies.. — Ce n'était plus le transformisme d'une qualité principale en toutes sortes d'autres qualités, comme dans le système de Thalès, ou dans celui d'Anaximène et de la plupart des ioniens, mais un transformisme universel seulement, c'est-à-dire considéré dans le sujet total des phénomènes, qui à la fois préside à leurs changements et les subit, pour changer d'état et produire les phases successives de son propre développement (IV).

Ce développement (en langage actuel, cette évolution) n'a pas pour matière un monde unique, suivant Anaximandre. Il a lieu en des suites de mondes disséminés dans l'espace. Ils ont tous leur commencement et tous aussi leur fin, parce que ce qui naît doit périr. La mort est une dette payée à l'être éternel, à l'égard de qui l'immortalité serait une usurpation et une injustice.

L'évolution, forme grossière de l'histoire du monde chez les mythographes, dépouillée du mythe et amenée à des termes rationnels dans la cosmogonie pythagoricienne, où la monade produit le cosmos en introduisant progressivement dans l'*Infini de la quantité* le nombre (III), et par Anaximandre, d'une autre part, qui charge l'*Infini des qualités* de débrouiller son propre chaos pour former des mondes, l'évolution revêtit par l'œuvre d'Héraclite d'Éphèse le caractère qui lui resta le plus ordinairement attaché dans la suite, grâce aux stoïciens, qui, deux siècles après lui, l'adaptèrent à leur conception panthéistique de l'univers. L'origine première étant laissée dans l'infini du temps, l'évolution fut pourvue d'un commencement relatif et d'une fin. La fin ne serait autre que le retour, par la dissolution, à l'état initial, lequel aurait été lui-même la fin d'une évolution antécédente semblable. Quand les conditions se retrouvent les mêmes, la même suite de phénomènes doit se reproduire (XIII).

Héraclite tint de ses prédécesseurs ioniens l'idée du sujet matériel vivant, et celle du transformisme portant sur le tout, d'Anaximandre. Il attribua au Feu, choisi pour être ce sujet, la double fonction constructive et destructive. Il emprunta aux pythagoriciens le développement du monde par l'opposition de deux principes, mais pour faire sortir l'harmonie de la lutte même, et non plus de l'action d'un principe ordonnateur. Les phénomènes suivraient, selon lui, la loi d'un *écoulement universel*, au cours duquel chacun viendrait comme la négation en même temps que comme l'affirmation du précédent, où réside sa cause. On ne saurait dire d'aucune chose qu'elle est, non plus qu'elle n'est pas. Tout naît de la Guerre, la Discorde est la mère des choses. Néanmoins leur ensemble est harmonique et beau. Tout est bien.

La profession d'optimisme d'un philosophe revient toujours à une pétition de principe que nous formulerions ainsi : Le bien et le mal sont indissolubles, donc le mal est un bien parce que tout est bien. Héraclite trouva une profonde expression réaliste de cette pensée, dans la double fonction qu'il prêta à la divinité sous le nom de Zeus-Polémos gouverneur du monde dont la continuelle instabilité résulte de l'incessante contradiction des phénomènes successifs sous sa conduite. Zeus-Polémos est la divine Nature, spontanément évolutive. Son œuvre est faite de la composition et de la dissolution de tout ce qui naît et meurt d'un instant à l'autre ; elle se termine à la dissolution totale, retour du Feu à son indétermination première, dans la conflagration universelle, au sein de laquelle doit recommencer le cours de la vie.

L'âme tient essentiellement de la nature du divin Feu. Elle est la première et la moins corporelle des productions de ce grand ouvrier cosmique. Elle entre dans le flux continuel du sujet vivant, et s'y connaît fluente elle-même, *le semblable étant perçu par le semblable*. Sa vie est une sorte de respiration d'air chaud, qui est aussi la participation à la raison. Temporaire pour l'âme humaine, cette vie est permanente pour le Dieu. Tout est plein d'âmes et de démons.

Une opinion aussi commune dans l'hellénisme que celle de l'existence des *démons* peuplant l'atmosphère, et en rapport avec les hommes, tenait sans doute à des croyances traditionnelles plutôt qu'à la philosophie même d'Héraclite ; on ne sait comment elles se conciliaient, en y ajoutant la survivance possible des âmes et l'existence du Hadès, avec la doctrine de la destruction périodique du monde. La pneumatologie matérialiste ne pouvait rendre compte du fait caractéristique de l'âme : la conscience du moi, tirée d'une matière animée où ce moi aurait à puiser par aspiration une essence propre, et en cela contradictoire. L'argument, fût-il en lui-même plus clair, du semblable perçu par le semblable ne se rapporterait jamais qu'à la connaissance par similitude de nature, et n'expliquerait pas l'origine du semblable en son semblable, avec le caractère d'une opposition essentielle, comme individu. Mais cet antique philosophème était une manière d'identifier le sujet de la représentation avec son objet, sur le fondement réaliste de l'idée-image, en laquelle, en effet, le sujet et l'objet se présentent en guise de semblables identifiés. La doctrine d'Héraclite exclut l'individualité réelle (XIV).

La doctrine d'Empédocle se rattache par des points divers à celles de tous les philosophes antérieurs, et ne laisse pas de former un ensemble original du plus haut intérêt. Son poème didactique inspira aux anciens la plus vive admiration. Par rapport à l'école ionienne, d'abord, il eut le mérite, en acceptant la théorie des éléments, de ne point prendre arbitrairement l'un d'eux pour le faire servir de sujet aux transformations des autres. Il en fixa le nombre à quatre, qui devaient rester pendant plus de deux mille ans les suppôts attitrés des qualités de la matière. Trois d'entre eux avaient tenu l'emploi de commun sujet des qualités, et le quatrième, la terre, l'occupait dans le système du monde phénoménal de Parménide. Empédocle les posa tous les quatre comme inengendrés à aussi bon titre que l'Être des éléates, invariables dans leurs qualités respectives, et impérissables. L'explication des phénomènes devait dès lors être cherchée dans leur union ou leur séparation, sans aucun transformisme. Il n'était pas non plus question de la demander à la division de la matière et à ses propriétés mécaniques, comme le faisait Démocrite au même moment, ce qui eût été revenir au point de vue de l'unité. Empédocle avait besoin d'un principe moteur dont les corps, tels qu'il les concevait, ne pouvaient, ni ensemble, ni séparément, lui paraître les sièges. Il rompit complètement, à cet égard, avec la tradition ionienne, il s'attacha au dualisme pythagoricien en appliquant la méthode réaliste à deux concepts opposés entre eux, mais d'un genre tout nouveau, et composa une doctrine d'évolution qui présente une grande ressemblance de forme avec celle d'Héraclite, mais qui en diffère profondément par la fin qu'elle vise, et par l'esprit dans lequel elle est conçue. Au lieu du Nombre et de l'Infini, principes abstraits d'une cosmogonie unique, Empédocle donna la direction d'une évolution périodique à deux notions du genre passionnel réalisées : l'Amour et la Haine ; et, au lieu de la dissolution universelle pour terme de la même action qui a tout produit, il conçut son *Sphairos* comme la fin de la lutte des deux agents cosmiques, et comme une ère de paix et de bonheur pour les êtres.

L'analogie n'est que superficielle, — sauf le principe de l'évolution commun des deux parts, — entre la conception d'Héraclite, Zeus-Polémos, qui est à la fois la paix et la guerre dans l'écoulement des phénomènes, et la dualité, Neikos-Philotès, imaginée par Empédocle pour l'explication de deux phases de la vie du monde, inverses l'une de l'autre. Héraclite n'admet qu'un mouvement : l'opposition et l'accord y sont des effets constants et concomitants, desquels ressort l'harmonie qui mène finalement les choses à une involution, origine d'un renouvellement général. Pour Empédocle, l'état du monde que gouvernent la Haine et l'Amour se divise en deux périodes dont les mouvements sont de sens inverse ; l'Amour règne seul au commencement, et il se fait un passage graduel de l'Amour à la Haine : c'est la chute de l'être ; puis il s'opère un retour progressif de l'Amour dans les phénomènes. Le monde est ramené à son état originaire en l'état d'union parfaite des éléments. Cet état initial est le *Sphairos* où la perfection de l'être s'obtient par l'abolition de l'individualité.

Ainsi, tandis qu'Héraclite se représentait le monde comme toujours opposé à lui-même et déchiré, n'arrivant à sa fin que dans sa ruine totale, Empédocle distribuait la vie proprement dite, celle de l'être individualisé, en deux phases, l'une de descente et l'autre d'ascension, séparées par un temps de division et d'entière anarchie des éléments qui n'était point la grande fin du Cosmos, mais son contraire. Le bien et le mal mêlés se partageaient l'ère du temps ; la vie actuelle était le résultat de la chute du *Sphairos*. Le *Sphairos* de Parménide, inventeur de ce terme, était l'être unique, éternel, immuable, par rapport auquel le monde de la vie ne serait qu'un système de formes illusoires (III). Le *Sphairos* devenait, chez Empédocle, un idéal pour les vivants, et restituait la réalité à l'ordre phénoménal considéré comme le double mouvement de composition et de décomposition d'un ordre absolu qui en est le terme. Mais cet idéal est une conception supérieure à la vie.

Les dieux et les hommes naissent, suivant Empédocle, à chaque descente du *Sphairos* dans l'existence. L'anthropomorphisme n'entre pas dans le principe du monde. La conscience est un produit, un phénomène physique, variable selon les mélanges des éléments dont elle est faite. Les actions, dirigées par l'Amour ou par la Haine, ces concepts de la passion réalisés, et placés dans la dépendance des combinaisons des éléments, n'emportent aucune idée d'obligation. La nécessité les domine. L'évolution tout entière, son ensemble et son renouvellement ont pour unique justification cette nécessité, l'*Ananké*, dont Empédocle qualifie en termes poétiques l'existence comme l'effet d'un *vaste et antique serment*. Malgré le caractère en partie physique, en partie mystique, de son système du monde il envisage la descente de l'être du *Sphairos* sous l'aspect d'une déchéance morale. L'idée du péché commis par les êtres intelligents produits de la nature sous l'influence de la Haine s'attache pour lui à la division de l'être et à la constitution des individualités.

La doctrine des transmigrations, embrassée par Empédocle, et les pratiques religieuses d'abstinence et de purification, emprunt probable aux pythagorisme, n'ont aucun rapport que nous découvrions avec la physique des éléments, avec le système de l'évolution. De même l'emploi des noms divins de la mythologie hellénique, la divinité attribuée au *Sphairos* peuvent n'avoir qu'une valeur exotérique, ou toute verbale. Dans la philosophie propre d'Empédocle, le point hautement intéressant, après la théorie de la perfection initiale de l'être et de sa déchéance, est la tentative métaphysique de séparer de la matière le principe actif des phénomènes. Ce principe dualiste est pris dans la passion, dans l'esprit, par conséquent, encore que ce ne soit pas dans l'intelligence; et la fin des phénomènes est assignée dans le bien, qui est l'amour. Nous allons voir Anaxagore entreprendre la réforme du physicisme, au profit du principe intellectuel, cette fois, et avec plus de succès, avec un sentiment tout nouveau de la causalité, non plus comme mode de liaison passive des phénomènes, mais comme pensée motrice et distributrice des éléments à mettre en ordre.

Étranger au pythagorisme et à l'éléatisme, attaché à celle des branches antiques de la doctrine ionienne qui avait manqué de disciples, celle de l'infinité des éléments qualitatifs du sujet matériel, mais ne concevant pas, sans doute, que leur ensemble pût posséder le pouvoir de les ordonner par lui-même, comme Anaximandre l'avait supposé (V), Anaxagore ne fut pas moins frappé de l'insuffisance des propriétés de tel ou tel de ces éléments, choisi parmi les autres, ou de certains groupements et de certaines transformations, pour rendre compte de l'ordre introduit dans les assemblages, tant qu'on ne mettait pas quelque part la connaissance de l'œuvre à faire et le don d'imprimer le mouvement. Il attribua cette double faculté au *Noûs*. Le *Noûs*, intelligence pure et très subtile, sait tout, disait-il, et dispose tout : les choses qui sont et celles qui doivent être. Il ne paraît cependant pas que l'intelligence impliquât la conscience et la volonté délibérative, dans ce concept d'Anaxagore, ni que l'évolution qui, suivant lui, conduisait progressivement le monde de l'état chaotique à un état de plus en plus organisé, différât à ses yeux d'une suite d'actes mécaniques. L'œuvre n'était donc pas à proprement parler celle d'un démiurge, ni l'auteur quelque chose de plus qu'une entité : l'idée de l'intelligence réalisée. La raison cessait d'être, il est vrai, l'attribut du sujet matériel lui-même ; elle devenait une essence séparée, divisible, entrant en quantité plus ou moins grande dans les corps selon le degré d'excellence de leur conformation, et leur communiquant la connaissance en même temps que leur imprimant les mouvements qui les constituent ; c'était enfin une matière active, et, au fond, avec moins d'ampleur dans le concept, le monisme de l'Infini du vieil Anaximandre ; mais néanmoins une sorte de reconnaissance spéculative opérée dans le sens de l'idée démiurgique, et qui devait souvent recevoir dans la suite une interprétation théiste.

L'idée originale qu'Anaxagore se formait de la composition de la matière passive, dont le *Noûs*, c'est-à-dire une sorte de matière active correspondante, avait à mettre en ordre les éléments, ne peut paraître aujourd'hui que bizarre. Elle nous donne, en effet, la juste mesure de tout ce qu'on ignorait alors de chimie et de physiologie pour se rendre compte des faits les plus élémentaires de la nutrition. Anaxagore rejetant le transformisme, et non moins éloigné de l'atomisme de son contemporain Démocrite, n'imagina pas que les os et le sang d'un animal fussent composés d'autre chose que de très petits corpuscules osseux, et de gouttes de sang minuscules, renfermés dans les aliments ; et ainsi des autres tissus et de tout le reste de la nature ; chaque produit organique discernable serait fait de la réunion de particules de la même espèce, qui pourraient se trouver partout. Ces atomes qualitatifs ; — c'est exactement le nom qui leur convient, — sont les éléments de l'Infini d'Anaximandre, interprétés et définis par Anaxagore. Il les suppose en nombre infini, en effet, et attribue au *Noûs* la fonction de les démêler, et d'engendrer toutes choses en formant pour chacune un groupe d'*homéoméries*, ou particules semblables. Le caractère exclusivement mécanique du système ressort fortement du fait que son auteur néglige, en imaginant ainsi de simples assemblages, la loi essentielle et constitutive de l'organisation, c'est-à-dire les rapports qui doivent exister entre les éléments divers pour qu'ils soient adaptables à des fonctions communes, et que leur association conduise à des fins telles que les présente la nature.

L'absence d'un vrai principe de finalité, ainsi que de toute action intelligente réelle — deux points inséparables, — fut relevée par Platon et par Aristote, dans le système d'Anaxagore : « Anaxagore, dit ce dernier, emploie le *Noûs* en guise de machine, il lui demande l'explication d'un phénomène, quand il n'en trouve pas d'autre ». Cette critique signifie sans doute que cherchant partout la machine dans le phénomène il prend le *Noûs* lui-même pour en tenir lieu, quand il n'en découvre pas une plus particulière. « Anaxagore, avait déjà dit Platon, dans le *Phédon*, ne voit que la cause de ce qui est; il ne voit pas cette autre chose : celle sans laquelle la cause ne serait pas cause. Il y a la matière et l'instrument; mais il y a aussi le bon, le divin, l'immortel principe, seul capable de lier et d'embrasser tout ».

CHAPITRE VI.

LES SOPHISTES. SOCRATE

L'esprit d'où partent les reproches que Platon et Aristote adressent à Anaxagore est celui d'une époque où la personnalité divine et la création (en sa forme démiurgique au moins) seraient près d'établir leur empire comme doctrine philosophique. Cependant la métaphysique réaliste va régner sous de nouvelles formes. Une période d'anarchie dans les idées, celle des *Sophistes*, suivra les efforts du génie pour donner, à des points de vue divers et contradictoires, l'explication du monde. La méthode psychologique sera créée, grâce au retour sur lui-même de l'esprit impuissant à déterminer par une vue directe le sujet universel des phénomènes. Mais cette nouvelle méthode s'arrêtera presque sans progrès dès son origine, et subira ensuite une longue éclipse. L'idéalisme trouvera un obstacle insurmontable dans le persistant instinct réaliste des penseurs.

A ce moment de la philosophie grecque qui se définit, mais très imparfaitement au point de vue intellectuel, comme le moment des sophistes, l'idéalisme, sous l'aspect que nous lui connaissons de nos jours dans l'école psychologique empiriste, était près de se produire. Mais l'empirisme scientifique ne put jamais se formuler dans l'antiquité. Il dut prendre la forme sceptique, et ce fut l'école de Démocrite qui inclina dans ce sens. La nature vraie des atomes, se disait-on, n'est pas perceptible, et leurs combinaisons en donnent à percevoir une, toute différente de la vraie, avec des qualités inexplicables ! Comment ne pas douter de la vérité d'une perception, qui change selon des circonstances et des dispositions qui devraient être indifférentes pour la connaissance de l'objet ?

La conclusion était que la nature de la chose externe est impénétrable. Des expériences, les mêmes à ce qu'il semble, ne donnent pas lieu à des impressions toujours les mêmes, ou pour tous. Tout est relatif. « L'homme, dit Protagoras est la mesure de toutes choses : de celles qui sont, pour savoir ce qu'elles sont ; de ce qu'elles ne sont pas, pour savoir ce qu'elles ne sont pas ». — « Cela est vrai pour chacun, qui paraît à chacun. »

La seconde de ces sentences est moins authentique que la première, et leur portée n'est d'ailleurs pas la même. La relativité et le jugement des choses remis à l'homme n'excluent pas l'existence d'une vérité de fait, en une relation et sous des conditions données; mais l'apparence et l'accident, regardés comme la vérité pour l'individu qui les perçoit, c'est la négation de la vérité commune à tous. Là seulement est le sophisme. Protagoras n'aurait pu en soutenir sérieusement la thèse sans accorder à l'opinion d'un adversaire autant de vérité qu'à la sienne propre, ce qui eût été la ruine de son enseignement. Mais la formule de l'*homme mesure des choses*, appliquée spécialement à la sensation, que Protagoras regardait comme la base de la connaissance et comme ne la fournissant qu'incertaine, pouvait servir à combattre le dogmatisme, parce que l'impuissance éclatait de mesurer par la sensation variable l'objet censé fixe.

Protagoras faisait un emploi logique de la thèse de l'écoulement phénoménal, empruntée à Héraclite (V), en combinant l'inconsistance du sujet de la sensation avec l'instabilité de l'objet sensible. La relation de ces deux facteurs de la connaissance, variables l'un et l'autre, ne permet à l'affirmation de se porter sur rien de fixe. L'analyse des rapports au point de vue du pur empirisme, en l'absence de la notion de loi, conduisait ainsi la critique psychologique, à son début, au même résultat, c'est-à-dire à la négation de la possibilité du savoir, où, deux mille ans plus tard, la méconnaissance de la même notion devait mener les plus hardis des psychologues empiristes modernes.

De semblables difficultés soulevées pour la définition des idées morales firent de Protagoras, et des sophistes en général, des négateurs de la justice et du droit, dont ils ne voyaient nul fondement naturel. Ils arguaient de l'expérience, qui montre l'application de ces idées variable selon les lieux et les temps, et ne reconnaissaient, avant la coutume, que des conventions, basées sur l'intérêt, pour l'origine des institutions et des lois. C'était là l'un des thèmes ordinaires de l'enseignement des sophistes ; ils en partaient pour substituer l'intérêt individuel à l'obligation, dans les maximes ; et ce fut là le point de départ de la critique opposée de Socrate, leur adversaire, que l'ignorance des conservateurs confondit avec eux. Socrate se proposa d'amener les notions morales à l'état de théorie par l'analyse, la définition, la classification des idées, et d'en faire sortir la science politique. Sur le chapitre des connaissances *physiques*, il partageait l'attitude de négation des sophistes, et tirait le même parti qu'eux des contradictions des doctrines, pour conclure à la reconnaissance de l'inscience. Tel est le sens de la déclaration socratique : *je ne sais que cela : que je ne sais rien*.

L'effet de la constatation des contradictions irrémédiables, à ce moment de l'histoire de la philosophie, fut de forcer le penseur à se replier sur lui-même, à prendre l'homme, ses idées, ses facultés, pour l'essentiel sujet d'études. De là une première époque de la critique de la connaissance : la psychologie et la morale devenues des sujets d'analyse ; mais ce n'est pas encore l'examen des principes formels du jugement et de leur autorité. Platon et Aristote, disciples de Socrate, forment, au milieu d'une grande dispersion d'idées critiques et morales, un groupe métaphysique du plus haut intérêt. Leurs travaux sont restés une source importante d'enseignement pour tous les temps. Mais après eux, deux systèmes, aussi arrêtés, aussi absolus, que l'avaient été les plus anciens, se partagèrent en grande partie la faveur publique, tandis qu'en face de ce dogmatisme divisé contre lui-même, quelques philosophes prenant conscience du pouvoir qu'ils avaient sur leurs propres opinions pour les incliner en un sens ou en l'autre des doctrines proposées, fondaient le scepticisme systématique. Pyrrhon fut le contemporain d'Aristote. Les analyses critiques de ses disciples ne rendirent pas dans la suite de moindres services à l'étude des conditions du savoir que les théories du Lycée à l'étude rationnelle des questions.

Au moment où parut Socrate, le dogmatisme était à bout de voies. Socrate tirait de la situation une juste conséquence en transportant la philosophie du ciel sur la terre, de la nature à l'homme; mais, inconscients de l'œuvre vraie à faire, les sophistes, eux, n'apercevaient dans l'esprit humain que l'insuffisance et le désordre des sources de savoir. Le principe de l'ordre était à découvrir. Les sentences décriées et mal comprises de Protagoras énonçaient deux vérités : l'une que *tout est relatif*, mais il aurait fallu montrer les relations dans les lois de l'esprit, là où elles apparaissent constantes; l'autre, que *l'homme est la mesure du vrai et du faux*, d'où il suit que c'est dans l'homme qu'on doit la prendre, mais dans ceux des rapports de ces idées que l'étude de l'homme peut révéler comme fixes. Ces conditions ne pouvaient être remplies par la doctrine empiriste des qualités sensibles regardées comme l'objet et le moyen de la connaissance. L'adéquation établie par l'atomisme entre des composés d'atomes fixes, insensibles, et des impressions sensorielles flottantes faisait de la perception un mystère. De là les sentences de Démocrite, rapportées par la tradition à côté de l'hypothèse des atomes, sur la profondeur du puits où se cache la vérité.

Le génie de Socrate, qu'on n'a point élevé trop haut, a donné à la philosophie son sujet et sa méthode. Le *sujet*, c'est l'homme, seul *objet* possible à atteindre pour une étude immédiate. C'est, au fond, ce que les anciens exprimaient en disant qu'il avait « ramené la philosophie du ciel sur la terre ». Ils voulaient peut-être parler, sans métaphore, du ciel des astronomes, dont il faut en effet laisser aux astronomes l'exploration et les théories ; mais l'autre *ciel*, on n'en peut rien découvrir qu'à travers la connaissance de l'homme. Et la *méthode*, c'est proprement la logique, c'est l'analyse et la synthèse. Socrate en est l'inventeur, aux termes d'Aristote marquant les places de ses prédécesseurs dans l'œuvre de la philosophie : « On ne se trompera pas, dit-il, en donnant en propre à Socrate le raisonnement inductif et les définitions de l'universel, deux choses qui appartiennent au principe de la science ». Et ailleurs : « Socrate traita des choses morales, et ne s'occupa nullement de l'ensemble de la nature ; mais, en morale, il chercha l'universel, et, *le premier s'appliqua à donner des définitions*. »

Quoique les vues de Socrate aient eu une direction exclusivement morale et politique, à raison de son but, qui était d'amener la morale à l'état scientifique ; sa méthode n'a pu être qu'intellectualiste ; c'est pour cela qu'il regarda *la vertu comme une science*, et les actions comme déterminées nécessairement par le savoir, chez celui qui le possède, ainsi que nous en informe un témoignage précieux d'Aristote (X).

Rapprochons des importantes déclarations d'Aristote l'enseignement qui nous est fourni par les dialogues de Platon sur la difficulté qu'il y avait pour les hommes les plus intelligents de son temps à se retrouver dans les détours du raisonnement, et à distinguer ce qu'ils pouvaient admettre et ce qu'ils devaient nier pour ne se point rencontrer en contradiction avec eux-mêmes au cours de la recherche d'une définition. Le défaut d'habitude dans le maniement des termes classés selon leurs rapports de généralité était la cause de cet embarras. De là la marche lente et compliquée de l'analyse employée pour mettre une idée générale en relation inductive ou déductive avec une autre idée générale ; et de là aussi les jeux d'esprit auxquels peut se plaire le dialecticien, et certains jeux de mots qu'on appelle des sophismes, qui n'ont de sérieux que l'apparence, le vice n'en apparaissant pas immédiatement. Une méthode nouvelle, la démonstration, remplaçait l'exposition pure et simple de la doctrine, autrefois supposée capable de porter avec elle toute sa lumière ; et il fallait, pour faire ressortir les raisons invoquées à son appui, tout un appareil qui cessa d'être nécessaire quand les esprits se furent familiarisés avec les rapports logiques des idées.

Les philosophes antérieurs ignoraient les universaux, en ce sens qu'ils ne faisaient de syllogismes qu'implicitement. Leurs créations réalistes étaient des universaux, sans être des termes de relation. Platon lui-même, quand il définit les *Idées*, les posa comme des êtres en soi, tout comme Empédocle avait posé *Philotès* et *Neikos*. Socrate avait analysé des faits de conscience, Platon voulut que ce fussent des essences, comme les *Nombres* de Pythagore.

« Socrate, dit Aristote, ne posait pas les universaux et les définitions comme des existences séparées, mais *d'autres que lui* les séparèrent et donnèrent à des êtres de cette sorte le nom d'*Idées*. Ils furent ainsi amenés à admettre des *Idées* de tout ce qui est dit universellement. »

LIVRE II

PLATON ET ARISTOTE

CHAPITRE VII

PLATON. LES IDÉES. LE DÉMIURGE. LA THÉORIE DE L'AME

Aristote nous explique nettement les origines intellectuelles de Platon, la formation de sa doctrine métaphysique. Un premier point est le rattachement de cette doctrine au pythagorisme. L'emploi que Platon fait des nombres en guise d'essences réelles pour la constitution du monde dans l'œuvre du Démiurge est une application de l'arithmétique réaliste. Après cela, il est manifeste que les *Idées*, entités nouvelles, sont une extension du réalisme à la définition de tant de choses diverses dont l'en soi ne se prête pas à des symboles numériques. D'une autre part, dès sa jeunesse, Platon était familier avec la thèse de l'écoulement universel, qu'il tenait de son premier maître, Cratyle, disciple d'Héraclite; et il resta profondément pénétré de l'instabilité des phénomènes. Disciple ensuite de Socrate, s'attachant à la méthode des définitions, il pensa qu'elle devait s'appliquer à d'autres êtres qu'à ces choses sensibles et changeantes, impropres à recevoir des définitions communes. Il appela ces êtres des *Idées*. Les êtres sensibles sont hors d'elles ; ceux qui sont synonymes entre eux leur sont homonymes : ils prennent d'elles leurs noms, à raison de leur participation d'elles (κατὰ μέτεξιν). *Participation* au lieu d'*imitation*, ce n'est qu'un mot de changé, car les pythagoriciens disent que les êtres sont à l'imitation des nombres ; et qu'est-ce qu'imitation ou participation des espèces, c'est ce qu'eux et lui ont également manqué d'approfondir.

Aristote réfuta fortement la théorie des *Idées* et fut l'initiateur du progrès de la méthode qui devait conduire à affecter le nom d'idée aux modes de conscience, par opposition à des sujets extérieurs, donnés indépendamment de ces modes, tandis que Platon faisait signifier à ce mot les sujets considérés en soi, en dehors de ces modes individuels et variables. L'idée en soi ne pouvait passer ni pour un mode de conscience, n'étant pas donnée par rapport à un sujet, ni pour un sujet parce qu'elle représentait un attribut commun de sujets multiples. Quand le platonicien Alcinoüs, cinq cents ans après la mort de Platon, admit que les idées étaient les modes de l'intelligence divine, il commença une école théologique nouvelle. En effet les *Idées* platoniciennes sont hors de Dieu. Dieu, ou *le Divin*, n'est point défini comme une conscience qui les unit. Le Démiurge, qui, lui, est un Dieu conscient, a formé les grands corps de l'univers, et créé leurs âmes sur le modèle des idées en soi, par la savante organisation d'une matière, mue jusque-là par la seule nécessité. L'espèce humaine, produit d'un travail inférieur, est l'œuvre de dieux en sous-ordre, à qui le soin en est confié. La Divinité n'est, sous aucun de ces aspects, une intelligence constituée par *les Idées*.

La théologie d'Alcinoüs fut tout autre : un Dieu, *Intelligence première*, le même que l'Un et que le Bien, et identifié par ce philosophe avec le *Moteur immobile* d'Aristote (IX), dont les pensées sont éternelles et immuables, tel serait le sujet des *Idées* de Platon, et sous lui se placerait une intelligence seconde, l'*Intelligence du ciel en acte*, qui réside dans l'Ame du monde et lui commande.

Lorsque, à la recherche de l'idée de Dieu, selon Platon, on s'élève au-dessus du polythéisme du *Timée*, on trouve le Bien, Père des Idées, « supérieur à l'être et à l'essence ». Ce Bien est la même chose que l'Un éléatique, pourvu cette fois d'un nom qui désigne un attribut moral, mais sans le motiver. C'est le principe ultime, et le produit par excellence de la méthode réaliste, le véritable terme initial de la théorie des hypostases, telle qu'elle se constitua chez les néoplatoniciens venus après Alcinoüs (XIX). Ce n'est ni une personne ni un créateur, c'est l'Absolu, ou l'Inconditionné, pur principe indéfinissable d'émanation, antérieur à tout ce qui peut être dit intelligible.

La description de l'œuvre démiurgique porte, dans le *Timée*, un caractère de fiction très remarquable, en ce que le Démiurge, *Dieu éternel* opérant dans le temps, instituant dans le temps l'Ame du monde douée de *mouvement et de vie*, ne crée cependant le temps qu'après avoir produit son œuvre. Il voulut, dit Platon, la rendre aussi semblable que possible à son modèle, *qui est un animal éternel*, et, à cet effet, « il inventa une image mobile de l'éternité. Mettant l'ordre dans le ciel, il forma, sur le modèle de l'éternité immuable dans l'unité, l'image de l'éternité marchant suivant le nombre ; et c'est ce que nous avons nommé le temps ». On ne saurait mieux marquer que par une semblable contradiction la nature allégorique du rattachement du monde du temps au monde des idées où il n'entre rien que d'éternel. C'est que le passage de l'un à l'autre de ces mondes n'est que le symbole de leur rapport.

La théorie de l'âme de Platon est aussi étrangère à la notion de conscience, comme caractère constitutif à reconnaître à l'âme, que sa théologie (si l'on peut dire que Platon en a une) est étrangère à cette même notion quand on cherche l'idée de Dieu à la place la plus élevée, au-dessus des *dieux éternels* et du Démiurge. La critique spiritualiste a reproché à Platon, toujours loué pour sa doctrine de l'immortalité de l'âme, de n'avoir pas reconnu la simplicité de cette substance ; mais il aurait ainsi beaucoup diminué la portée des arguments immortalistes. La question est plus profonde, et il n'y a presque aucun rapport entre la psychologie de Platon et la psychologie moderne, spiritualiste ou non. L'âme est décrite dans le *Timée* comme un composé physique, dans le sens de la physique pythagoricienne. La masse des choses visibles, mues désordonnément, est d'abord débrouillée par le Démiurge, qui opère la séparation de quatre éléments, formés de quatre solides géométriques réguliers dont les figures et les grandeurs doivent expliquer les phénomènes naturels. Deux essences incorporelles préexistaient, outre le chaos : l'une divisible et mobile, principe des changements sans règle ; l'autre indivisible, immuable, principe d'ordre et de raison. Le Dieu démiurge forme de ces essences une essence intermédiaire, puis, de ces trois, une combinaison dans laquelle le *Même* et l'*Autre*, idées mutuellement opposées, sont forcées de s'allier. Il divise enfin ce mélange et en dispose les parties pour se rapporter aux parties du corps du monde en des proportions analogues à celles des nombres de l'harmonie musicale. La combinaison totale forme l'Ame du monde, grand animal qui renferme tous les animaux particuliers.

On ne voit, dans ce plan de psychologie universelle symbolique, rien qui ait rapport à l'établissement de la puissance mentale. Le nombre servant à qualifier l'idée, les entités de l'Identique et du Différent employées à représenter le bien et le mal dans l'âme, ne définissent pas la *chose qui pense*. L'âme y paraît du genre des quantités comme le *Noûs* d'Anaxagore (V). La matière, puissance indéterminée, principe de pluralité indéfinie, renferme l'incorporel avec le corporel : pour les corps, elle ne se distingue pas de l'étendue, et l'étendue entre dans l'âme, puisque l'âme comporte la division locale. Une masse animée est distribuée entre les planètes qui reçoivent ainsi leurs âmes propres, et sont en outre des réservoirs de cette matière incorporelle destinée aux hommes et aux animaux. Les âmes individuelles possèdent le mouvement spontané, participent de la connaissance, sont insaisissables pour les sens, mais, en principe, elles ne sont ni individuelles ni immortelles : elles ne deviennent immortelles qu'autant qu'elles atteignent la pureté des idées éternelles. Cette théorie fait de l'intelligence deux parts : la première, où le principe que nous en connaissons dans la conscience humaine échappe à la vue du philosophe préoccupé du mélange dont il veut faire l'âme ; la seconde, où ce principe tend à s'effacer à mesure qu'on imagine l'âme s'approchant des idées éternelles qui n'admettent rien de la nature de l'*Autre*, aucune diversité.

La doctrine platonicienne a été qualifiée d'idéaliste. Quant au sens moral de ce mot, à l'élévation de la pensée, au mépris (trop loin poussé) des phénomènes de l'expérience, le jugement est exact, mais pour ce qui est de l'acception philosophique de l'*idéalisme* opposé au *réalisme*, Platon a été aussi éloigné que possible de regarder les phénomènes de conscience comme des idées capables par elles-mêmes de renfermer les éléments et les principes de la connaissance : il les tenait pour des images très altérées et obscures, représentées à des âmes qui habitent des corps.

L'origine des âmes à proprement parler animales n'est pas autrement conçue dans le *Timée* que celle du principe animal attribué aux corps célestes. Elle est décrite comme une opération mécanique de division. Des éléments du même composé dont le démiurge a formé l'Ame du monde, il a fait de nouvelles parts, en nombre égal à celui des astres. Ces parts, il les remet aux dieux subalternes qui, à leur tour, les divisent entre des corps qu'il les a chargés de modeler pour en être les habitacles. Les âmes sidérales, sur le commandement du dieu, donnent aux êtres individuels une première naissance uniforme et un corps humain, *afin que nul n'ait à se plaindre de lui*. Ce premier corps est du sexe mâle; c'est sur lui que se produit le premier effet moral des impressions sensibles, de l'amour mêlé de désir et de haine, et des autres passions : effet dont dépend, après la mort, ou l'heureux retour à la planète-mère, ou une renaissance qui, dans ce cas est féminine. La dégradation peut se poursuivre en des transmigrations successives, pour les âmes vicieuses, qu'elle fait passer en des corps d'animaux divers, selon la nature de leurs vices. Les âmes qui font retour à la planète goûtent le bonheur, mais sont plus tard appelées à rentrer dans des corps individuels. Il y a aussi des lieux de souffrance pour les plus coupables.

Les vices de l'âme sont ses maladies propres; elles ont leur source dans leurs rapports externes, mais leur essence est dans l'intelligence, affaiblie ou égarée, parce que, *là où serait la science du bien, dans une âme, il ne se pourrait pas que l'acte fût contraire au bien*. Cette thèse platonicienne, d'origine socratique, est la négation implicite du libre arbitre (X). Si la nature, telle que le Démiurge l'institue, exige la chute de l'homme dans la pure animalité, ce n'est rien qui ne soit conforme aux vues de son auteur : « Le monde ne serait point

parfait s'il ne contenait toutes les espèces d'animaux. »
C'est pour y aviser que le Démiurge en remet la production aux dieux inférieurs, dieux célestes, qu'il a créés, et que sa volonté, non leur constitution a destinés à l'immortalité : « Si, dit-il, je donnais moi-même la vie aux animaux, ils seraient égaux aux dieux. »

Les âmes ne sont pas seulement les quotients d'une suite de divisions effectuées dans les substances animées des globes célestes. Chaque âme individuelle est elle-même un composé. La composition première et universelle de l'âme par le Démiurge nous représente, chez Platon, un emploi du réalisme qu'on pourrait encore supposer tout symbolique, en remarquant la nature si abstraite des idées du *Même*, de l'*Autre* et de leur *Essence intermédiaire*, ingrédients qui expriment manifestement la fonction capitale de la pensée dans l'établissement des relations (distinction et identification); mais considérer ensuite, dans une âme particulière, trois âmes différentes : une pour le pur intellect, une autre pour la passion noble, une troisième pour les passions réputées basses; donner à la première le gouvernement des autres (qui ne lui obéissent pas, ou qui lui obéissent mal), leur donner aussi des sièges physiques distincts, et des existences séparables, c'est rendre inintelligibles à la fois l'unité individuelle de chaque âme séparée et l'unité individuelle de leurs composés. C'est, il est vrai, l'ordinaire résultat de la méthode réaliste, que les rapports de causalité s'y trouvent inexplicables. Mais de plus, ici, la place de la volonté ne se peut découvrir dans aucune des trois âmes. Le νοῦς, en effet, n'a que des idées nécessaires par elles-mêmes, et le Θυμός et l'ἐπιθυμητικόν relèvent tous les deux de la passion.

Ce composé ternaire semble conçu tout exprès pour que son principe, institué pour l'hégémonie, soit cependant incapable de faire la justice. Seul ce principe est immortel, mais il est principe d'intuition, non d'action. Il a la participation aux idées : l'intelligence, la science, l'opinion; son siège est dans la tête. La seconde partie de l'âme humaine, placée, dans la poitrine est une force mâle, un élan passionnel, irascible, déjà difficilement modéré par l'autorité intellectuelle. Mais la dernière, l'âme femelle, qui a sa place au-dessous du diaphragme, est une bête qu'il faut nourrir pour alimenter le corps; sa partie la plus basse est un siège d'appétits sensuels troublants, une source de désirs et de plaisirs, de passions irrépressibles, de dérèglements inévitables. Car nul homme n'est volontairement mauvais : « A peu près tout ce qui est reproché de mal à un homme, à titre d'incontinence dans les désirs, et comme s'il était imputable à sa volonté, est reproché à tort... Ce sont des malheurs auxquels chacun est exposé sans aucun vouloir de sa part ».

La constitution animale de l'homme est donc une prédisposition fatale au péché, selon cette théorie de la déchéance. C'est un trait de dualisme moral à ajouter à celui qui résulte de l'hypothèse de la matière désordonnée préexistante, que la critique a remarqué davantage. L'établissement des races sur le globe est l'histoire de la chute de l'homme par la division des sexes et par la métempsychose, et cette chute était le résultat de l'organisation.

Nous n'attribuons pas à cette doctrine un caractère philosophique, ou des prétentions apodictiques, auxquelles Platon a formellement renoncé pour elle ; et même nous inclinerions à la regarder comme un plan de théorie religieuse adapté fictivement à la République parfaite, objet constant de sa rêverie. Mais, en ce cas, le genre de la fiction permet de juger des tendances de ce grand esprit dans la recherche de la raison des choses. Il est remarquable que, de la nature de l'âme composée, et du caractère humain, tel qu'on doit le comprendre, si on le rapproche du principe psychologique de la vertu-science (condition de l'observation de la justice par l'homme), il résulte que l'homme ordinaire a besoin d'être gouverné par le philosophe. De là, la théorie politique d'un gouvernement où la philosophie se met au lieu d'une théocratie. Mais d'où peut venir au philosophe le privilège de la science du Juste ? Le plus haut principe de la connaissance et de l'être est tenu en dehors de la conscience et du monde humain. Entre le Bien et les *Idées*, d'une part, les dieux inférieurs et toutes les sortes d'âmes leurs créatures, de l'autre, il y a un espace vide où la spéculation n'établit point de lien. Le monde et l'homme ne descendent pas du souverain principe. Nous partons du chaos des anciens poètes, nous posons la donnée corrélative d'un dieu démiurge qui réunit pour ainsi dire en sa personne les dieux auteurs de l'ordre et de la justice, ceux de la mythologie hellénique, dégagés de tout élément impur, mais soumis, sinon comme eux au *Destin*, au moins à un ordre divin supérieur auquel ce dieu ne tient que par les obscures attaches de la participation aux *Idées*.

Ce démiurge est le constructeur d'un monde où le mal règne fatalement, non point parce qu'il fait emploi de la matière, comme on s'habitua plus tard à le dire, par une confusion de la *matière*, essence passive, avec les qualités irascible et concupiscible de l'âme, mais à cause de la nature de ces âmes elles-mêmes. Alliées à l'âme intellective, elles la vouent, en cette association, à des vicissitudes sans fin, chaque vie étant dans la dépendance de celle qui l'a précédée, et les actions, au cours de chacune, déterminées par la constitution native de l'individu et par sa condition. Les âmes les plus mauvaises sont punies par des supplices atroces dans le lieu des rétributions, quoique le mal ne puisse jamais être volontaire (Mythe de *Her l'Arménien* dans la *République*).

Ce monde positivement mauvais, que le philosophe déclare *bon*, n'est certainement pas une construction idéale, tentée en consultant les lois de la conscience, mais une imitation, et une généralisation des lois de la nature, empiriquement amendées par l'action d'une justice pénale. La psychologie fondée par Socrate, transportée, comme essai d'une science de l'homme, à un essai de science de l'univers, donnait ainsi pour premier résultat une doctrine qui pouvait, si elle eût été suivie, faire entrer la pensée hellénique dans les voies ouvertes, quelques siècles avant Platon, par les religions de l'Inde. L'esprit grec dominant était trop éloigné du mysticisme pour se laisser séduire à des croyances qui favorisent l'établissement d'un pouvoir sacerdotal et mènent à la perte de la liberté politique. Mais Platon était jeté par le dégoût du gouvernement populaire, ignorant et incapable, dans l'idéal de l'aristocratie théocratique, et croyait à la possibilité d'organiser *a priori* par la voie de l'éducation et de la sélection des esprits, si un philosophe en était le maître, une république stable et bien gouvernée. Le plan qu'il dressa de cette République ne répondait qu'à une fausse notion de la justice.

Platon, agrandissant par la doctrine des idées la doctrine des nombres, restait un libre disciple de Pythagore, que la direction, décidément prise par la civilisation grecque força, un siècle après la dissolution de l'Église pythagoricienne, de traduire en théorie socialiste la philosophie dont l'initiateur avait essayé de faire sortir une société vivante. Ainsi s'expliquent la *République* de Platon, le mythe qui termine ce dialogue, et d'autres mythes célèbres qui en accompagnent d'autres, et enfin tout ce qui, dans le *Timée* dénote la recherche d'une alliance entre les idées religieuses des Hellènes et une théorie des origines qu'un philosophe pût présenter comme probable.

CHAPITRE VIII

ARISTOTE. RÉFUTATION DE LA THÉORIE DES IDÉES. LE MOUVEMENT. LE TEMPS. L'ESPACE

Aristote, esprit d'une trempe entièrement originale, soit qu'on le compare à ses prédécesseurs ou à ses successeurs, fut à la fois capable de s'élever aux généralités dans tous les genres d'études, d'atteindre en métaphysique aux plus hautes conceptions, et de maintenir ses vues dans l'ordre de l'expérience partout où une méthode rationnelle doit commencer par l'observation. La dissidence capitale du disciple, à l'égard de Platon, porta tout d'abord sur la définition des idées générales, qui ont ce caractère d'être données dans l'individu dont elles marquent des qualités, et toutefois de représenter quelque chose de plus, en tant que commun à plusieurs et même à des nombres indéterminés d'individus. Le principe de relativité dissipe ce que, ainsi posée, la question a d'obscur. Le terme universel désigne une relation, qui est un simple concept de l'esprit; et l'être, porteur de la qualité, est l'individu qui, parmi les phénomènes qu'il réunit pour notre représentation, en compte un qui vérifie cette relation. Ainsi la blancheur de l'animal blanc est un phénomène observé entre ceux qui distinguent cet animal, et ce ne serait jusque-là qu'un fait sensible ; mais ce fait ayant été observé ailleurs avec des accompagnements variables, nous en avons le concept comme d'une qualité en relation uniforme avec telles ou telles circonstances données. L'universel est un terme de la *catégorie de la qualité*, désignant les attributs, propriétés ou modes généraux, abstraction faite de leurs sujets. Pour les philosophes qui ont réalisé ce concept, la présence du général dans le particulier, du collectif dans l'individuel a toujours été une énigme insoluble. La manière de concevoir cette présence impliquait une contradiction à laquelle on cherchait à échapper par des subtilités.

Aristote, en réfutant les *Idées* platoniciennes, a fait ressortir cette contradiction. Il est en cela l'inventeur de la thèse nominaliste, — ou du *conceptualisme*, dont cette thèse n'a jamais différé au fond, mais seulement par quelques expressions paradoxales, familières à ses défenseurs ; — et cette thèse revient, à un relativisme imparfaitement défini. Aristote réfutant les *Idées* platoniciennes enseignait que l'universel n'est pas l'être, qu'il est le principe de la science, ce qui est exact, et que, à l'égard de l'existence, il ne se sépare pas de l'individuel. Le principe de l'être est, disait-il, dans la nature, qui fait passer à l'acte la puissance, ou matière indéterminée, universelle en un certain sens, et comme une forme du général, quand on pense aux possibilités qu'elle renferme. Il n'aurait fallu qu'ajouter que cette forme, ou l'universel proprement dit, est *toujours* un concept, mais Aristote n'a point évité le réalisme dans sa doctrine ; les plus importantes notions de rapport y reçoivent des fonctions de sujets et d'agents.

Le cas fondamental de l'application de la méthode réaliste et naturaliste, dans cette doctrine, est à prendre dans la théorie du temps, parce que la conception du monde en dépend. Le temps, qui, au point de vue idéaliste, est la forme première essentielle de la conscience en acte, la condition de la mémoire et de l'intelligence, est ramené par Aristote au mouvement, défini par le mouvement, afin de pouvoir être considéré comme une réalité externe : « Le temps est le nombre du mouvement sous le rapport de l'avant et de l'après. » Cet énoncé surprend, au premier abord, car les notions de l'*avant* et de l'*après*, outre celle du *nombre*, y sont présupposées, ce qui semble ne faire qu'expliquer le même par le même. Aristote s'est bien demandé, et cela, certes, est remarquable, si l'application du nombre à l'avant et à l'après n'impliquait pas l'existence de l'âme : « de l'intelligence dans l'âme, seule capable de compter, » mais il ne s'est pas arrêté à l'objection, et il a conclu que l'antérieur et le postérieur pouvaient appartenir au mouvement en soi. C'est le mouvement, que, cédant à la puissance objective des phénomènes externes, il a subjectivé, et investi de la fonction du temps. L'espace théâtre du mouvement, devenait un sujet, du même coup, et Aristote le posa comme fini, en dépit de sa représentation qui le veut indéfini, interminable : l'espace, n'est, dit-il, ni matière ni forme, il n'est pas l'étendue de l'objet qui se déplace, puisque cet objet ne l'apporte pas quand il vient et ne l'emporte pas quand il se retire ; il ne peut être que son enveloppe et sa limite. D'une manière générale, il est donc « *la limite première immobile du contenant.* »

Dans l'espace borné, le mouvement apparaît avec sa quantité absolue et sa mesure, dont l'existence implique la donnée du mobile et du moteur, comme le remarque Aristote. Le mouvement prend ainsi, comme objet de perception, une place antérieure à l'âme qui le perçoit. L'éternité de la matière s'ensuit.

L'éternité du temps étant admise par Aristote, conformément à l'opinion de tous les philosophes ses prédécesseurs, hormis Platon, et le temps tirant suivant lui, sa définition du mouvement, il fallait que le mouvement fût éternel. Aristote donnait au surplus une démonstration de cette éternité, directement déduite de sa définition du mouvement : « Le mouvement est l'*entéléchie* (ou acte de réalisation) *du mobile en tant que mobile* ». Le repos étant, disait-il, la privation du mouvement, il faut, pour qu'il se produise, une cause ; cette cause est un mouvement antérieur ; *il y a donc toujours un mouvement antérieur*. De plus, l'existence de l'*instant* implique la relation entre un *avant* et un *après* dont l'instant est la commune limite ; *il y a donc toujours un temps antérieur*. Enfin, la nature exige en toutes choses un ordre et une raison ; entre un repos qui aurait duré un temps infini, et un mouvement qui viendrait à naître, il n'y a nul rapport ; point de différence entre un moment et un autre moment où se placerait le commencement.

Ces curieux raisonnements partent de deux principes, l'un de source empirique, l'autre rationnel, qui ont été toujours invoqués, depuis Aristote, en faveur de la thèse de l'éternité des phénomènes : le *procès à l'infini*, et la *raison suffisante*. Le premier demande à l'expérience la consécration : 1° du fait du mouvement, qui est donné ; 2° de la double loi : *succession* et *causalité*, qui énonce un rapport de conséquent à antécédent, dont les termes s'impliquent mutuellement. Il serait, en effet, illogique, en se plaçant au cours de l'expérience, d'admettre un cas de *commencement* qui ferait disparaître celui des deux termes corrélatifs qui est l'antécédent. Mais, la supposition du *premier commencement* des phénomènes étant aussi celle du commencement de l'expérience, on ne saurait la réfuter en lui objectant la loi qui en règle le cours. La question échappe à la logique, ou ne lui appartient qu'après examen de la question de l'infini. L'argument qu'Aristote a donné le premier, et que Kant a cru encore assez bon pour prendre place dans ses *antinomies*, n'est donc au fond qu'une pétition de principe.

L'argument tiré de la *raison suffisante*, c'est-à-dire du lien de raison des phénomènes, a le même défaut que l'appel au *procès à l'infini* comme impliqué par les lois de succession et de cause efficiente ; car la raison absolument première des choses exclut, par sa définition même, la supposition d'une raison antécédente. Aristote lui-même, a posé au sommet de sa *Métaphysique* la *Pensée*, sans croire qu'il fût besoin de la rattacher à rien d'antérieur. Longtemps après lui, Leibniz, en sa démonstration de l'existence de l'*Être nécessaire*, a été obligé de se contenter, pour toute *raison suffisante* d'un tel être, de sa *possibilité*, c'est-à-dire de l'absence de contradiction dans le concept que nous nous en formons. La thèse de l'absolu, ainsi considérée, mise en face de la question : pourquoi cet absolu, ou pourquoi ce nécessaire ? *pourquoi quelque chose ?* cette thèse est, quant à la démonstrativité, dans le même cas logique que la thèse du premier commencement, dont s'offusque le déterminisme. On est de part et d'autre à la limite de la connaissance. On peut poser différemment le terme limitant, mais il est contradictoire de lui chercher un antécédent ou une raison, puisque c'est vouloir la dépasser, alors qu'on la définit comme ne pouvant être dépassée.

Par suite d'une confusion de termes qui paraît être un héritage de l'École, on attribue souvent à Aristote la négation du *procès à l'infini des phénomènes*, et c'est en ces termes qu'on fait remonter à sa doctrine celle des démonstrations classiques de l'existence de Dieu qui s'appuie sur l'impossibilité d'une telle rétrogradation sans fin dans la recherche d'une cause du monde. Mais, d'une autre part, il est reconnu partout, et il est très vrai, comme nous venons de l'exposer, qu'Aristote a admis et prétendu démontrer l'*éternité du mouvement*, laquelle a pour lui le sens précis et nettement expliqué de l'éternité antérieure (*a parte ante*) de la succession des effets et des causes, et qui est la même chose que *le procès à l'infini* (en arrière) *des phénomènes*. Il y aurait donc contradiction. Mais la contradiction n'est que dans les mots, mal appliqués. Aristote admet la nécessité pour l'esprit *de s'arrêter* dans la recherche de la cause première : première dans l'ordre de primauté morale et de commandement des phénomènes (Ἀνάγκη, στῆναι) ; mais les phénomènes, suivant lui, n'ont point eu un premier commencement. Éternellement produits et successifs, ils ont éternellement obéi à leur cause éternelle. Aristote a donc admis, à parler en termes exacts, le procès à l'infini, et par conséquent l'infinité actuelle des phénomènes écoulés. En discutant les arguments de Zénon contre le mouvement (III), dont il nous a transmis des formules, il a, le premier, introduit dans la question de la possibilité du continu réel, c'est-à-dire de l'infinité réelle de l'étendue, sa célèbre distinction de l'acte et de la puissance ; et il a nié l'existence de ce continu en acte. Mais il n'a pas songé que sa propre théorie de l'éternité du mouvement impliquait la possibilité d'une semblable infinité actuelle de phénomènes successifs produits dans le passé écoulé, et toutefois sans un commencement qui permît d'en considérer le total à moins de se contredire.

La doctrine d'Aristote est donc une doctrine de l'infini, mais quant au monde, ou à la nature, seulement. Dieu, raison et fin suprême de tout être, est entièrement étranger à cette nature, qui est en rapport avec lui, quoi qu'il n'ait de son côté nul rapport à elle. Il n'est donc infini, ni en lui-même, pour qui ce mot n'a aucun sens, ni par l'intermédiaire d'attributs qui le feraient se répandre dans l'infinité des phénomènes, ou même s'identifier avec eux, comme on l'entend dans les systèmes panthéistes. Il est le Fini absolu, inconditionné, éternel, non sans qualification toutefois, comme nous le verrons, mais il n'en reçoit point qui présente le monde comme pouvant découler de son essence en aucune manière. Or, l'École a plus ou moins reconnu et déploré en tout temps l'incompatibilité du véritable aristotélisme avec les dogmes de la création et de la Providence, mais les théologiens n'ont pas remarqué que, grâce à cette négation, quelque regrettable qu'elle leur parût, Aristote avait été, plus que Platon lui-même, ou plus nettement, l'incomparable novateur qui s'éloigna profondément des doctrines d'évolution naturaliste. Ces doctrines, tous ses prédécesseurs, à l'exception des purs éléates, les avaient embrassées, et c'est à l'une d'elles que les stoïciens après lui devaient revenir. La théologie de l'Église, sans qu'on puisse dire qu'elle ait élaboré proprement un système d'évolution divine, a été et reste encore, au fond, un *panthéisme théologique* (XXIII-XXIV); elle n'a jamais pu se donner une théorie de la nature. Dieu a toujours été pour elle l'*agent réel* unique, partout où se doit reconnaître une action *réelle*. Au contraire, en éliminant toute action efficiente divine, Aristote a donné à sa doctrine de la nature un caractère logique et scientifique sans précédents, et qui, pendant plus de deux mille ans, est resté infiniment au-dessus de tout ce qu'on mettait sous son nom en invoquant son autorité. Sans doute, il faut, dans cette doctrine, passer condamnation sur tout ce qui regarde les éléments et les qualités, l'explication des actions physiques; ce sont choses mortes depuis la fondation de la physique expérimentale; mais les idées générales sur la vie, l'âme et l'intelligence dans leur rapport avec le système de la création ont conservé tout l'intérêt qui appartient à la métaphysique ou à son histoire.

CHAPITRE IX

ARISTOTE :
LA NATURE. L'AME. L'INTELLIGENCE. DIEU.

La proposition fondamentale de la psychologie d'Aristote est qu'on ne saurait définir l'âme indépendamment du sujet matériel, produit d'une puissance donnée dans la nature, ou tracer son histoire en dehors de la considération de la cause et de la fin du corps qui lui est uni. La première âme venue n'est pas propre à animer le premier corps venu, comme le système des transmigrations le donnerait à penser. L'âme n'est pas non plus une force automotrice toute spontanée; car sa venue à l'acte dépend de beaucoup de conditions; et elle n'est pas une harmonie d'éléments inanimés. L'homme tout entier, âme et corps, se développe en un tout indivisible.

Pour obtenir le point de vue le plus étendu de la nature, il faut poser d'abord la *substance* (ὑποκείμενον) dont le concept est aussi celui de la *matière* (ὕλη), dans laquelle réside la *puissance* (δύναμις), principe diversement déterminable des *formes*, et apte à en recevoir de contraires (μορφαί). Les formes sont les manières d'être des corps passés de la puissance à l'acte (ἐνέργεια). A ces relations d'ordre général Aristote ajoute sous le nom de *privation* (στέρησις) une sorte de principe négatif qu'il place entre la forme qui est et la forme qui devient, et qui lui succède. Ces définitions ont le caractère logique de termes applicables à l'expression des rapports réels, et toutefois d'abstractions réalisées, qui peut jeter de l'incertitude sur le genre d'emploi ou réaliste, ou purement logique, que le philosophe en fait pour l'explication des phénomènes. Mais la puissance et l'acte, la matière et la forme sont restés d'un précieux usage pour l'énonciation des rapports appartenant aux catégories de devenir et de qualité.

La vie s'introduit dans ce système logique en considérant la nature comme une puissance active, mue dans la direction du bien à travers les formes réalisées dans la matière. Ces formes constituent l'essence même de la nature qui repousse les formes contraires en s'avançant vers sa fin. Ce progrès universel ne dépend point d'une volonté et d'un dessein, mais d'une nécessité interne attachée à la matière, et des moyens qui sont donnés selon les temps ; il ne s'applique pas aux phénomènes sans de continuels désordres, et sans des attentes incessamment trompées, parce que la puissance dépasse l'acte et produit l'accidentel avec le nécessaire. De là l'existence du mal, mais en tout la nature vise au mieux (ἐν ἅπασιν ἀεὶ τοῦ βελτίονος ὀρέγεσθαι φαμὲν τὴν φύσιν). La fin de la nature, Aristote a pu la définir, mais il n'a pas donné de raison pour qu'elle doive se réaliser *autant que cela est possible*. Était-ce de sa part une simple constatation fondée sur les innombrables cas de vérifications de la loi de finalité dans les phénomènes naturels, alors que, d'une autre part, l'existence des obstacles accidentels au bien est si visible ? ou bien a-t-il inconsciemment personnalisé la nature, dans sa pensée, comme il faisait dans son langage ?

L'âme n'est pas, dans la psychologie d'Aristote, le sujet du changement, une substance, une matière, mais la forme du changement, la forme du corps parvenant à sa réalisation, à son acte sous un rapport donné. Elle fait la vie de l'individu considéré sous ce rapport. C'est le sens de la définition célèbre : « L'âme est cet être, ou cette forme, du corps naturel qui a la vie en puissance. Et cet être est une entéléchie, l'entéléchie de ce corps. » Ces termes appuient sur un point capital : l'âme est la réalisation de la puissance donnée dans un corps organisé, la réalisation, non pas d'un corps qui serait l'entéléchie d'une âme, mais d'une âme qui est l'entéléchie d'un corps. Cette définition remarquablement physiologique ne remonte pas jusqu'au principe d'où dépendraient et la puissance organisatrice donnée dans le corps, et le terme où parvient et s'arrête un organisme déterminé, sans pouvoir le dépasser. Elle ne touche pas à la question de savoir *d'où vient l'âme*, si ce n'est pour la regarder, d'une manière générale, comme un produit de la nature ; mais elle tient de sa limitation même un caractère scientifique que n'a pas l'hypothèse des substances animées, données hors de leur rapport à des corps.

La supériorité de la conception d'Aristote, sous cet aspect, se reconnaît à ceci, qu'il est à peu près indifférent de présenter l'histoire de l'âme ainsi définie, en termes qui supposent des âmes distinctes pour correspondre aux espèces de fonctions vitales que la nature nous montre divisées et réparties entre les espèces d'êtres vivants, végétaux ou animaux ; ou d'user d'un langage compatible avec l'hypothèse de l'unité de l'âme, partout corrélative de l'unité de l'organisme. C'est qu'Aristote étudiait des *fonctions*, plutôt que des *substances*; il évitait par là les problèmes insolubles que soulève la méthode substantialiste, ou du moins il ne rencontrait la difficulté la plus grave qu'au moment où, considérant celle des fonctions qui lui semblait se détacher de la nature sensible, l'intellect, il se croyait obligé de la séparer des formes phénoménales de la vie. Il y avait, à cet endroit, une fissure dans sa doctrine, et ses commentateurs se sont divisés sur la conclusion qu'il fallait en tirer.

Les quatre parties successives de l'âme, suivant l'ordre du progrès de l'organisation, se rapportent, dans la théorie d'Aristote, à la *nutrition*, à la *sensibilité*, à l'*intelligence* (non pas encore spéculative, mais qui raisonne en vue d'un but) et à la *locomotion*. La locomotion dépend de l'intelligence et de l'appétit. L'intelligence est avant tout l'imagination; l'appétit comprend la volonté. Une âme appétitive vient ainsi, avec la puissance locomotrice, compléter la nature de l'âme. Chez l'animal rationnel, la volonté compare pour juger et opiner, s'élève au-dessus de l'appétit et peut le dominer. La description de l'âme, chez Platon, était grossière auprès d'une telle analyse, mais elle se prêtait par sa simplicité à la doctrine de l'immortalité, tandis que la méthode physiologique d'Aristote n'offrait pas la possibilité de cette séparation des âmes, ou *parties* de l'âme, qui semble nécessaire pour qu'il y ait survivance d'une âme consciente, alors que disparaissent tous les objets empiriques de la conscience.

Toutes les puissances de ce corps humain dont une âme est l'entéléchie sont données dans un sujet matériel; la nutrition est une fonction physiologique; la sensation est « une forme du sensible, un acte commun de l'objet senti et du sentiment »; l'âme, par le moyen des sensations, « est les choses qui sont » : sorte de réalisme aussi éloigné que possible de la doctrine moderne des sensations, modes propres de l'âme. La mémoire est expliquée par les traces que la sensation laisse dans les organes. L'imagination est « un mouvement causé par l'acte de la sensation après qu'elle a cessé d'être présente », un effet laissé par l'objet sensible et qui se réveille plus ou moins exactement. *L'intellect passif est la forme de ces formes ;* il n'y a ni savoir, ni conception sans image; l'intelligible et l'abstrait sont dans le sensible. Sans doute, affirmer ou nier n'est pas la même chose qu'imaginer, et il y a de l'initiative dans nos pensées, mais toujours avec des images. L'intelligence qui raisonne, qui peut déterminer le vouloir, gouverner ou surmonter la passion, ne laisse pas d'avoir le caractère pratique ; elle opère en vue d'un but, pour un changement possible en deux sens opposés ; elle est toujours attachée à l'entéléchie du corps. Elle ne peut donc se séparer du monde sensible pour survivre à ce corps.

L'inséparabilité de l'âme et de l'organisme, leurs progrès liés dans la nature sont ainsi des points bien établis de la doctrine d'Aristote. L'individu psychique est un sujet de sentiments et de pensées qui, en supposant la conscience, suppose les images et, par les images, leurs originaux externes. Mais les dons supérieurs de l'intellect, chez l'homme, introduisent pour le philosophe la question de l'indépendance de ces nouvelles facultés. Cette question est celle de la possibilité de l'immortalité de l'âme ; elle se pose, encore que combattue par l'expérience de la liaison constante des pensées les plus pures avec les choses passagères et mortelles et avec leurs images ; car il reste toujours que l'intellect passif n'épuise pas la puissance intellectuelle. Aristote admet donc un *intellect actif,* étranger aux sensations, à l'imagination, à la mémoire, séparé de toutes les choses de l'expérience. C'est une essence indestructible, indépendante du temps, identique à son objet, acte par soi, et immortel, éternel en sa séparation. En puissance seulement chez l'individu, qui tantôt pense et tantôt ne pense pas, reçoit des impressions et en garde la mémoire, l'intellect actif est en dehors de ces propriétés, invariable, infaillible, ne jugeant que de ce qui est constant, et ne s'en séparant pas.

L'identité de l'intelligence et de l'intelligible, cette thèse qui fait, dans l'ordre spéculatif pur, le pendant de l'identité de la sensation et du sensible dans l'ordre de l'expérience, établit une inconcevable rupture (un hiatus pour la doctrine) entre la nature et la pensée parfaite. On n'aperçoit aucun lien de l'une à l'autre, aucune raison, aucun moyen de prêter l'existence à cette intelligence pure que la psychologie et l'histoire de l'homme ignorent également. D'un côté, le philosophe a commencé par méconnaître le champ de la conscience, qui est celui de toute connaissance, en identifiant les représentations sensibles avec les qualités du sujet matériel réalisé, et en enchaînant à ces qualités la mémoire, l'imagination, tous les phénomènes intellectuels qui se rapportent à l'expérience ; de l'autre, il transporte dans le domaine de l'abstraction, hors de la conscience pratique et de l'expérience possible, l'acte propre de l'intelligence. La première partie de la théorie fait plus qu'affirmer la thèse qu'on a prêtée communément à Aristote : *Nihil est in intellectu quod prius non fuerit in sensu*; elle la dépasse parce qu'elle pose le *sensus* comme identique dans l'objet externe et dans le sujet qui le perçoit, et l'*intellect passif* comme n'en offrant jamais que des *formes*. Dans la seconde partie, la mémoire, avec tout ce qui, dans la conscience, a rapport à l'expérience est bannie de l'*intellect actif* comme ne renfermant rien qui ne dépende du corps, et ne doive périr avec lui. A l'état séparé, ce dernier intellect est tout contemplatif et n'a pour objet que l'abstrait et l'universel. Il est l'essence d'une âme qui s'ajoute, chez l'homme, à l'âme sentante, mais il n'est pas comme celle-ci un produit de la puissance du corps, et seul il est immortel. La personne est périssable comme le sont tous ses objets empiriques. Ainsi la conscience n'est point par elle-même un principe suffisant de dignité et d'existence durable aux yeux d'Aristote.

L'intellect actif ne venant point à l'homme par les voies du progrès de la nature corporelle, il lui faut une autre provenance. Aristote la trouve dans les *corps célestes*, dans la région éthérée, lieu des mouvements éternels et siège des êtres divins. C'est là qu'est la source des formes, c'est de là aussi que descend le feu pur d'où procèdent toutes les semences de vie; mais, dans la région de la génération, nul individu ne possède l'immortalité comme être intelligent, non plus que comme être sensible. L'éternel seul est immortel. L'individualité est donc, comme la personnalité, exclue de l'idée qu'on doit se faire de l'intellect actif. L'intelligible étant essentiellement l'universel, l'identité de l'intelligent et de l'intelligible répugne à la division du sujet en plusieurs unités. L'immortalité de l'âme est l'immortalité d'une abstraction, un idéal proposé à l'individu, analogue à cette *Pensée de la pensée*, acte pur de l'intelligence pure qui est le dieu absolu d'Aristote, quand il est considéré dans l'universel.

Le monde d'Aristote est suspendu à ce principe divin, qui est sa cause finale. Son mouvement est éternel. Il est toujours possible de remonter du conséquent à l'antécédent dans l'ordre du temps; mais l'objet de l'attrait universel ne doit pas reculer à l'infini. *Le premier moteur*, en tant que fin, doit être un constant *moteur immobile*. On cherche vainement, en cette théorie, comment le moteur immobile est la cause d'un mouvement local, la cause de la révolution circulaire, continue, uniforme d'une sphère de matière éthérée; et d'où procède, chez un être divin, l'étrange passion de se contempler tournant éternellement, et ce qu'il y a, chez un premier moteur, un, absolu, sans grandeur, étranger à toute impulsion ou attraction matérielle, qui le rend capable de mouvoir *ainsi que meut l'objet du désir*. Il ne faut pas demander non plus l'explication du système général des sphères, la définition de leurs rapports mutuels, la cause des anomalies et des désordres qui revêtent des formes nouvelles, innombrables, en descendant au monde sublunaire, enfin des vicissitudes de la génération et de la corruption ; et on ne sait s'il faut admettre en chaque sphère un moteur particulier, immobile, incorporel, éternel, ou si tous les mouvements célestes ont une cause finale unique dans l'*acte pur*, principe de la théologie. Ce qui est sûr, c'est qu'Aristote reconnaissait la divinité des planètes comme une tradition de la sagesse antique, conservée et peut-être plusieurs fois perdue et retrouvée à travers les révolutions des empires.

Il aurait appartenu à l'auteur d'un système du monde essentiellement fondé sur le principe de finalité de se poser la question de la cause du désordre régnant au centre matériel du monde céleste tout entier (comme il le croyait), en ce lieu de séjour de l'espèce humaine à la production de laquelle la nature terrestre semble avoir employé toutes ses ressources. Il lui suffisait de constater le défaut d'exacte adaptation des puissances de la matière à leurs fins, et, en d'autres termes, le mal, comme un fait, tout en qualifiant de parfait ce ciel, ce monde dont le plein a l'espace pour limite, et auquel, en son éternité, en son incorruptibilité, « *rien ne manque de ce qui convient à sa nature et qu'il serait possible de trouver hors de son sein* ». Il n'entre aucun élément moral dans cette définition aristotélicienne du *parfait* (τέλειον). La fin que poursuivent les êtres de ce monde, ils ne peuvent comme individus l'atteindre. Dans leur ensemble, le mouvement qui les emporte implique une puissance des contraires qui contrarie plus ou moins la poursuite de sa fin dans les actes particuliers. Le progrès de la nature, action de ce désir qui tend au bien, est éternel comme la nature elle-même. Il serait contradictoire que la fin d'une marche éternelle fût atteinte.

Le progrès compris à la manière moderne, comme s'opérant d'une manière continue dans la suite des temps, et portant sur l'ensemble des choses, ou ne serait-ce que des hommes et des conditions humaines, est une idée qui semble avoir été étrangère à l'antiquité. L'idée du progrès politique dépend de la conception hellénique de la loi et de la législation, ou de la société comme organisation de la cité par le consentement des citoyens, et cette conception est le fondement de la *civilisation*, dans le sens le plus élevé et le plus complet, par opposition à la civilisation matérielle des *Barbares*. L'étude de la politique devait être pour les Grecs la recherche des moyens d'assurer la conservation de la cité, une fois organisée, contre les attaques de l'étranger, — la guerre entre les nations étant le danger constamment présent, et mortel dans les perspectives de défaite, en même temps que regardé, non sans de grandes apparences, comme le digne exercice des plus vives qualités natives de l'animal humain, — ensuite de pourvoir à la défense de l'ordre intérieur, toujours exposé aux révolutions qui naissent des passions des citoyens, de leurs rivalités, de l'avarice, de l'ambition et de l'envie, de la lutte des classes, et qui compromettent la liberté, essence du gouvernement civil. Ces passions ne semblaient pas aux philosophes de l'antiquité séparables de la nature humaine, et ils ne pensaient pas que la vertu politique des citoyens pût en dominer les effets, ou la science du législateur les rendre inoffensifs. Si un penseur admettait cette dernière possibilité (VI) c'était à la condition d'établir le gouvernement absolu des *meilleurs* (ou, mieux, de quelque philosophe, si le cas pouvait se rencontrer), mais c'était là, par le fait, écarter la liberté, avec ses dangers propres, et en risquer de pires. De toutes manières, le progrès naturel de la société politique, avec le progrès de la moralité humaine pour condition, ne pouvait être pour les anciens une perspective naturelle. Quand l'idée en est entrée dans le monde, vingt-un siècles après Aristote, on a cru pouvoir attacher le progrès moral au progrès des sciences naturelles et de l'industrie ; et on a repris, d'une autre part, en corrigeant leur grossièreté primitive, les antiques spéculations sur la marche de la nature qui s'est acheminée à faire l'homme en produisant des organismes d'abord élémentaires, mais peu à peu moins imparfaits. On est venu jusqu'à penser que la nature, atteignant un jour la perfection, y conduira l'homme avec elle, et réalisera ainsi la parfaite harmonie du dedans et du dehors des choses, aujourd'hui discordants. Mais les anciens voyaient dans la nature la génératrice universelle divinement fécondée, et non point une puissance en marche pour se constituer elle-même.

Le progrès selon la pensée aristotélique est la loi générale d'ascension vitale qui gouverne les évolutions physiologiques et préside à la production de toutes sortes d'êtres portés à différents degrés de perfection. Relativement au tout, c'est une classification des êtres dans cet ordre d'excellence ; pour les êtres rationnels seuls, une puissance de s'élever à la perfection par la vie contemplative, autant que le souffrent l'action déprimante des passions, la faiblesse des communs caractères humains, et le hasard des circonstances. Mais la nature fait incessamment les mêmes œuvres.

Le modèle éternel de la vie céleste est Dieu, non pas, dit Aristote, une idée, un simple intelligible, appelé l'Un ou le Bien, mais un être vivant, et *tout en acte*, simple, absolu, sujet d'une pensée qui est celle de soi comme objet, intelligence rapportée à elle-même, immuable, sans composition ni détermination particulières. Cet acte éternel est la vie, et Dieu qui est cet acte est un être vivant, un être parfaitement heureux. Ainsi parle le philosophe. Est-il donc vrai que le sentiment de la félicité, qui s'attache, pour certaines âmes, à la suspension volontaire du pouvoir mental, passé à l'état, contradictoire en soi, d'une sorte de néant qui se penserait lui-même, que ce sentiment ait été celui du plus grand observateur et du plus grand logicien de l'antiquité? Le penseur qui a mis l'idéal du connaître et de l'être dans la *Pensée de la pensée* sans détermination serait le même qui a placé l'étonnement et, par suite, la curiosité, à l'origine de la philosophie! Cela ne paraît point douteux. Il faut alors tenir pour purement exotérique, si ce n'est pour une interpolation des éditeurs de ses livres de morale, ce qu'on y lit : que Dieu est le principe supérieur de la raison et de la science dans l'âme humaine, comme il est, dans l'univers, *la cause de tous les mouvements*, et que nous devons le contempler et *le servir*. Ces termes, en effet, ont d'après le contexte, un sens de causalité efficiente, et non point finale. Ils favorisent, en tout cas, s'ils sont authentiques, cette interprétation de l'intellect actif universel en qualité de cause des intelligences actives individuelles, par l'intermédiaire des intelligences des sphères célestes, qui devait plus tard caractériser l'averrhoïsme.

C'est un problème qui pesa sur toute la suite des destinées de l'aristotélisme et qui motiva son alliance avec le platonisme, du côté chrétien, ou musulman, comme du côté polythéiste, que celui de remplir le vide laissé par une théorie toute finaliste entre Dieu et le monde au point de vue de la cause efficiente. Comment faire rejoindre ces deux termes éternelle░░░séparés : Dieu défini par l'idée générale de la ░░scie░ce, mais vide, repliée sur soi, toujours identique à elle-même, et la nature immense, aux puissances contraires, aux existences indéfiniment multipliées, sans unité consciente de sa fin, ni pouvoir pour l'atteindre? Ne faut-il pas ajouter à l'*acte pur* de l'être suprême l'*acte extérieur* pour produire hors de soi la vie et l'intelligence et régler le mouvement universel? Aristote ne s'étant pas posé la question, ou n'ayant pu la juger résoluble, de la manière dont il l'abordait, la partie morale de sa philosophie a dû se trouver essentiellement individuelle et pratique, bornée au point de vue de la vie terrestre. Deux points de doctrine sont liés, dont les philosophes de notre temps semblent ne pas voir la réelle solidarité : l'existence d'une vie future de l'individu (immortalité de l'âme) et l'existence d'une destinée de l'humanité (avenir de bonheur par le progrès, finalité, soit naturelle, soit providentielle). La réalité est dans l'individu, non dans l'universel. Qu'importe à l'homme qui, en tant qu'essence réelle, est toujours individu, que d'autres individus ses semblables doivent apparaître et se succéder dans la suite des temps, alors qu'aucun ne pouvant prétendre à une destinée immortelle, l'individu en général est, ce qu'il est lui-même, un éphémère, un être de vanité. Si Aristote avait admis l'immortalité de l'âme et la Providence divine, il n'aurait pu, dans sa théorie du monde, laisser entre l'homme et Dieu la causalité efficiente à l'état de lacune. Mais, prenant pour idéal, en Dieu et dans l'homme, au lieu de la conscience, et de la vie élevée à sa perfection, l'abstraction de l'intelligible intelligent, un et immuable, il a pu donner cet idéal pour fin unique à la vie mortelle; il s'est abstenu de toute spéculation sur l'humanité future, sociale aussi bien qu'individuelle, il n'a établi, entre l'absolu inaccessible, et le plus excellent produit de la nature, l'homme, d'autre lien que la contemplation, réalité parfaite chez le premier, tendance imparfaite et passagère chez le second.

CHAPITRE X

LE DUALISME OPTIMISTE DANS LE PLATONISME ET DANS L'ARISTOTÉLISME. LA DOCTRINE DE LA LIBERTÉ

L'idéal platonicien s'élève à l'absolu, comme celui d'Aristote, quand on le poursuit jusqu'au-dessus des Idées immuables, qui déjà surpassent l'ordre de la vie et ne sont accessibles aux âmes que par la voie d'une obscure participation. Mais la doctrine de Platon resta d'une importance beaucoup plus grande que celle de son disciple pour la foi religieuse et philosophique des âges suivants, à cause de la personne de ce Dieu conscient et providentiel, qu'on trouvait dans le démiurge du *Timée*, et que l'on s'habitua à confondre avec le dieu des thèses du pur monothéisme (réclamé par les penseurs à la fin de l'ère païenne) et de la création sans matière préexistante, dont les docteurs juifs apportaient la notion dans le monde. La doctrine des *Idées* pouvait, d'une autre part, se transformer, si l'on assimilait à des modes essentiels de l'intelligence divine ces objets éternels que Platon avait imaginés hors du dieu constructeur, et plus haut que lui, pour lui servir de modèles. Enfin, le monde de Platon se présentait comme un théâtre de vie des âmes immortelles, où s'accomplissent des destinées en rapport avec leurs vertus et leurs vices. On n'était pas tenu de conserver l'hypothèse des transmigrations pour se rendre compte du mode des rétributions après la mort. L'imagination pouvait se contenter de fictions plus vagues, relatives à des séjours célestes ou infernaux, selon les mérites des âmes, en se dispensant de les mettre en rapport avec les lois physiques et l'ordre de la nature. Mais malgré la supériorité que le platonisme avait ainsi sur l'aristotélisme pour son adaptation aux principales croyances qui devaient succéder à l'ancienne vue polythéiste de l'univers, les deux doctrines avaient un vice commun qui descendait des origines de la pensée hellénique, et qui aurait dû être corrigé quand l'idée de l'unité succéda à celle de la multiplicité des causes de la nature. Il ne le fut ni par les philosophes, auteurs de cette révolution religieuse, ni par les docteurs du christianisme; car la philosophie scolastique n'a jamais été qu'une application des théories plus ou moins altérées de Platon ou d'Aristote à des questions nouvelles. Ce vice est l'*optimisme doctrinal*, nous voulons dire un *jugement optimiste, systématique, porté sur la condition universelle des choses,* tandis que le dualisme, au fond professé par les anciens sur leur nature ou sur leur origine, s'oppose logiquement à l'entière justification du monde.

Les philosophes, avant Socrate, n'étaient point optimistes en ce sens, parce que les origines mythologiques de la spéculation maintenaient dans les esprits une vue dualiste des forces agissant dans l'univers sans qu'aucune doctrine d'unité théologique la vint combattre. Alors naissaient, suivant le caractère et l'humeur de chaque penseur, ou la contemplation sereine du monde, malgré la guerre qui règne dans les éléments et parmi les hommes, ou des appréciations pessimistes sur les phénomènes de la nature et de la vie; et il n'en manquait pas de celles-ci. Platon et Aristote ayant posé les premiers le Bien, en termes absolus, comme le principe suprême, mais n'ayant pas laissé d'envisager, quoique de différentes façons, dans l'univers, une dualité d'action, sans donner une explication suffisante de l'existence du mal dans un monde essentiellement bon suivant eux, introduisirent l'optimisme injustifié dans la philosophie. Platon, en posant le principe du Bien, refuse de s'expliquer sur le rapport de ce principe avec les *Idées*, ou avec le monde qui participe des *Idées*. A l'extrémité opposée du Bien, il reconnaît une autre donnée, la matière désordonnée ou rebelle, qui s'oppose à la réalisation pure des *Idées*, dans l'œuvre du Démiurge. Les âmes, animales ou humaines, sont vouées par la nécessité de leur nature à une vicissitude de biens et de maux sans terme, dans le roulement des métensomatoses. Cette doctrine a posé confusément des prémisses pour des concepts postérieurs de création ou d'émanation, de chute et de relèvement des âmes. Mais Aristote a dû regarder des théories métaphysiquement aussi peu éclaircies comme une pure mythologie. Il s'en est complètement écarté.

Le monde, prenant pour Aristote la forme d'un infini du temps, sans origine réelle et sans but réel, — car une destination dont le terme est à l'infini n'est pas une destination, un but qui reste inaccessible n'est pas un but réel, — n'a pu, à ses yeux, que remplir la fonction de fournir à la puissance des contraires, au bien et au mal, un théâtre éternel pour des actes possibles, tous et toujours transitoires en tant qu'individuels. L'individu que cette puissance favorise temporairement peut juger que la Nature, autre nom de la Puissance, *fait tout pour le mieux*, s'il consent à abandonner l'espoir en des biens futurs, conscients et permanents, pour se vouer à la contemplation du Bien pur et de l'Acte pur, exempt de toute détermination empirique. Mais ce jugement sur la vie est individuel, son auteur, est changeant et mortel, la mort continuelle et éternelle des individus incessamment produits et détruits est, à ne la considérer qu'à un simple point de vue logique, le Mal qui s'oppose au Bien prétendu de l'Un et de l'Immuable.

La contradiction si visible en théorie, Aristote devait la rencontrer en pratique, dans sa morale. La nature lui offre d'abord le tableau d'un progrès de ces êtres individuels dont l'homme est le dernier produit, et, en la personne humaine, une jouissance relative de ce Bien, qui a son terme dans l'exercice de l'intelligence, dans l'activité de l'âme rationnelle, source des plaisirs d'ordre supérieur et réalisation de la vie parfaite. Une belle analyse des conditions de la vie, des passions, de la liberté et de la vertu, des relations sociales et politiques, le conduit cependant à reconnaître la lutte comme une nécessité résultant du caractère incertain et variable et des rapports empiriques des hommes, tandis que la sagesse qui s'élève au-dessus des faits se donne pour objet l'indisputable, l'invariable et le certain. Les États se maintiennent par la guerre, et pourtant le bonheur n'est que dans la paix. Dans l'acte de la spéculation, le philosophe se détourne de ce monde mélangé et troublé, et ne s'arrête que dans la contemplation du divin, où la pensée est immédiate et adéquate à son objet. L'absolu individuel devrait alors se réaliser en s'unissant à l'absolu universel, mais il ne le peut, ni dans l'attachement, ni par le renoncement à la vie. La condition humaine, prise dans son ensemble, chez l'homme rationnel, qui, s'il vise réellement au but que la théorie lui propose, est un homme rare entre les hommes, cette condition est un mélange de l'acte pur et de la privation inévitable, par conséquent un état contradictoire. D'un côté, toutes les impuissances et toutes les imperfections que représente ce terme aristotélique : *privation*, qui devait servir un jour à déguiser le caractère positif du mal, dans les doctrines optimistes des théologiens ; de l'autre, le bien en acte, tel que le réclame la doctrine. Mais ce bien est irréalisable dans l'état mortel, empêché ou dominé qu'il est par les circonstances naturelles et sociales, et irréalisable par la mort, puisque la conscience est attachée à ces circonstances et ne survit pas à la dissolution du corps. La carrière du progrès finit au néant, il n'y a point d'*entéléchie* pour le sujet humain parvenu à l'état d'esprit philosophique.

Aristote a senti apparemment l'impossibilité de formuler, pour la vie pratique, une morale où il fût donné satisfaction à l'idéal de vie contemplative visé par sa doctrine de la fin de la nature, la même que la fin rationnelle de l'homme. Il a dû penser que cette dernière n'était à la portée que de peu de philosophes, mais, même pour ceux-là, ses préceptes sont fort éloignés de l'esprit ascétique et de renoncement d'une morale mystique ; ils sont pratiques, ils ne visent que des vertus accessibles au sage Hellène vivant dans une cité dont il accepte toutes les obligations, et qui se définissent par des moyennes entre des excès qui sont des vices.

Un point caractéristique et rare de la morale d'Aristote est la théorie du libre arbitre, d'où se tire la théorie de la vertu, considérée comme l'habitude du bien faire contractée par l'exercice constamment droit de la liberté. Socrate, fondateur de la psychologie, entraîné par l'esprit de la science, avait soumis la conduite de l'homme au déterminisme, en concluant, de ce que les vertus sont des connaissances, que celui qui les possède ne peut, sachant ce qu'il est bien de faire, agir contrairement à ce qu'il sait ; et il est clair, d'une autre part, que l'ignorant agit en esclave de ses passions. Platon avait enseigné cette même doctrine de la vertu-science, et son hypothèse de la création et des transmigrations des âmes montrait les âmes coupables penchant au mal par leur nature (VII). Aristote formula la théorie du libre arbitre en logique et en psychologie ; il nia que la nature elle-même fût un règne de parfait déterminisme.

En logique, Aristote montra que le principe de contradiction est inapplicable à l'opposition des futurs contingents mutuellement contradictoires. La formule disjonctive : *A sera*, ou *A ne sera pas*, est fausse, parce qu'il se peut que A soit actuellement indéterminé quant à l'être ou au non être. Il n'y a rien de contradictoire à penser qu'*il n'est ni vrai actuellement que A sera, ni vrai actuellement que A ne sera pas*, mais que l'événement seul déclarera ce qui n'a pu être prévu. En psychologie, Aristote formula le *syllogisme de l'action*, en constatant la possibilité que l'agent, bien informé de la conclusion d'un juste raisonnement touchant ce qui se doit faire, se porte néanmoins à l'action en sens contraire de ce jugement, parce que d'autres pensées et d'autres désirs surviennent qui sollicitent et peuvent détourner sa volonté. La reconnaissance de l'accident dans la nature se rapporte à un indéterminisme d'une autre espèce, où n'entrent ni jugement, ni liberté; c'est une spontanéité pure à l'origine de certains mouvements où nulle loi n'est saisissable (IX).

Les doctrines de Platon et d'Aristote, malgré la grande dissimilitude de leurs parties principales et de leurs applications, se rencontrent et s'unissent en une singulière harmonie des contraires, quand on considère leurs plus hauts sommets, et qu'on ne s'attache qu'à la métaphysique, en écartant toute théologie. Le Bien, qui, pour Platon, est situé à l'origine est, sous un autre nom, considéré comme la fin par Aristote; et cependant, il est à l'origine aussi pour celui-ci, en ce sens qu'il est et a été éternellement la cause finale nécessaire. D'une autre part, la puissance indéterminée, matière chaotique, organisée, selon Platon, par l'action des principes supérieurs, est pour l'aristotélisme une puissance indéterminée aussi, mais dont les produits sont l'œuvre de la nature elle-même, mue vers le bien qui est sa fin. L'une des doctrines est donc le retournement de l'autre, mais, des deux côtés, le monde est suspendu entre deux principes abstraits qui, en tant que commencement ou fin, ne servent qu'à définir la direction de l'un à l'autre, dans le mouvement éternel. Le monde est ce mouvement lui-même, les êtres qui sont les produits de ses puissances n'ont eu dans le passé et n'ont dans l'avenir aucun terme fixe et définitif de leur destinée comme individus. La vie est pour l'individu l'intervalle d'une naissance et d'une mort, à travers mille maux. Si son âme est immortelle, comme dans le système platonicien, elle a une suite indéfinie de vies à parcourir et ne peut envisager son repos, la fin de leurs vicissitudes, que dans la fin de sa propre existence, dans le non être.

Tel est l'arrêt que portent sur la vie ces grandes doctrines. Au contraire, le bien que la conscience humaine envisage dans l'aspiration au bonheur, exige une fin pour la vie individuelle, et deux limites dans l'ordre du monde, pour que toutes les fins soient garanties : l'une, à l'origine, rapportée à Dieu ; c'est l'établissement des créatures en des modes d'existence et de relations conformes à la justice et à la bonté ; l'autre, au terme dernier, à l'issue des désordres que l'usage empirique des fonctions de la vie a introduites dans l'application de ses lois, le retour du monde troublé à ses conditions primordiales, et la réalisation de la pensée divine. La seule conception du monde qui se puisse dire pleinement intelligible, et conforme à la fois au sentiment humain d'une fin de bonheur et aux lois de l'expérience possible, est celle qui le pose comme un tout, formé d'une synthèse de phénomènes entre deux limites définies.

Ce serait la tâche la plus haute et l'œuvre la plus profondément rationnelle de la philosophie, de composer une théorie du monde qui donnât satisfaction au sentiment du bien en se soumettant à cette condition de l'entendement. De grandes religions qui ont régné ou règnent encore dans le monde n'ont pu manquer de comprendre ainsi la suprême question de la connaissance, mais elles ont mêlé à leurs solutions, en partie, des superstitions ou des puérilités, en partie des abstractions et des fictions d'origine philosophique. Platon s'inspirait du même esprit, quand il essayait de combler par des mythes et par des hypothèses qui pussent paraître vraisemblables les lacunes de la métaphysique des Idées au point de vue religieux. Mais la philosophie dogmatique en général a eu d'autres visées, elle a poursuivi, au lieu du Bien, et même alors que c'était sous le nom du Bien, l'absolu et l'inconnaissable. Les penseurs ont qualifié de *bon* ou de *parfait* le monde au fond dualiste et contradictoire en soi de leurs systèmes, et, par suite, le monde de l'expérience, dont ils ne pouvaient pas épargner la responsabilité à cet absolu pris pour son principe. De là l'optimisme, qui entraîne la négation explicite ou implicite du mal universel, c'est-à-dire d'un fait qui n'a pas moins d'extension que notre expérience. Les plus illustres philosophes, depuis Aristote, depuis les stoïciens et les néoplatoniciens, jusqu'à saint Augustin, saint Thomas et Spinoza, et jusqu'à Hegel et Spencer, se sont ainsi déclarés satisfaits, dans leur idéal du bien, par le plan de l'univers tel que chacun d'eux l'a conçu. Mais, chez tous, on trouve toujours sacrifiées à la vérité prétendue d'un dogme, ou la justice, ou l'espérance du bonheur, double idéal dont la conscience humaine ne saurait pourtant se détacher, et dont elle réclame de la philosophie l'affirmation et la conciliation. La méthode réaliste est le principe générateur de la violence faite au sentiment dans leurs doctrines. C'est en subissant son empire, qui est à leur insu celui de l'imagination, mais égarée hors des voies naturelles, que les penseurs, philosophes ou théologiens, voués au culte de la Raison pure ou à la poursuite d'un dieu qu'ils disent eux-mêmes inaccessible, s'efforcent d'élever la pensée au-dessus de ses conditions et cherchent la vérité hors des lois de l'entendement, la réalité hors de la conscience.

LIVRE III

PYRRHON, STOÏCIENS, ÉPICURIENS, ACADÉMICIENS

CHAPITRE XI

LA RAISON D'ÊTRE DU SCEPTICISME

Ni l'idéalisme de Platon, d'une construction rationnelle insuffisante, mêlé à des vues morales et politiques d'une portée supérieure aux aspirations de son temps, ni le système vaste et complexe d'Aristote, avec ses abstractions puissantes à peine accessibles à de rares esprits, ne rencontrèrent des disciples capables de porter le poids de l'héritage de ces hommes extraordinaires. Les écoles rattachées à leur enseignement subsistèrent, mais avec des doctrines affaiblies, jusqu'au jour lointain où des philosophes d'un esprit nouveau devaient en reprendre, en interpréter et en combiner les principes. A dater de ce dernier moment, l'aristotélisme et le platonisme restèrent pendant quinze cents ans les deux grandes sources de lumière pour la raison humaine, hormis dans les choses qui ressortissaient à la tradition religieuse, mais dont plusieurs, et à vrai dire toutes celles qui revêtaient un caractère spéculatif, n'avaient pas elles-mêmes une autre origine.

Durant les quatre ou cinq siècles d'éclipse des doctrines qu'attendait cette grande destinée, la culture philosophique se divisa entre de nombreuses écoles dont les principales abaissaient, quoique en deux manières opposées, la recherche du bien à celle du bonheur, et prenaient le monde matériel pour le sujet unique de l'existence et de la connaissance. L'épicurisme et le stoïcisme étaient des écoles d'origine socratique, si l'on regarde à la direction éthique et pratique de leurs vues, inspirées, dans l'une, par la recherche du bien de l'individu comme fin, dans l'autre, par un concept du devoir de l'individu envers le monde ; mais ces sectes revenaient à d'anciens systèmes physiques dont Socrate avait dénoncé les hypothèses comme vaines : elles prétendaient en déduire le but de la vie et les règles morales dont Socrate n'avait entendu poursuivre la découverte qu'à l'aide de l'analyse psychologique.

Ces écoles dogmatiques étaient en rivalité avec l'Académie et le Lycée où régnait beaucoup de liberté, et où ne manquaient pas les maîtres éminents, et avec des sectes d'importance moindre, que d'anciens disciples de Socrate avaient fondées, et que la dialectique des éléates, des sophistes, et des disciples de Démocrite, ordinairement enclins au scepticisme, entraînait dans ses controverses et ses paradoxes, et éloignait du dogmatisme. Le mouvement philosophique, à cette époque de multiplication des écoles qui suit la critique socratique, témoigne de tous côtés, pour la libre recherche d'une vérité *rationnelle* capable de s'imposer absolument à la croyance, une ardeur dont la pareille ne s'est pas revue dans toute la suite des âges. C'est précisément alors que put apparaître claire à un certain penseur l'impossibilité, *rationnelle* de réduire la raison humaine à un jugement unique, universel. Nous sommes au temps de Pyrrhon.

Il y avait assez d'arguments accumulés par la dispute, et qui s'étaient montrés invincibles les uns aux autres, pour appuyer l'argument qui s'opposerait à tous. La matière du scepticisme se réduit, en effet, à deux points qui se confirment l'un par l'autre : 1° qu'à un principe invoqué pour prouver quelque proposition contestée, il y a toujours un principe logiquement opposable, c'est-à-dire une affirmation générale impliquant la négation de cette proposition ; 2° que, en fait, il se rencontre toujours un philosophe pour nier ce qu'un autre affirme, ou réciproquement, à moins que le sujet proposé ne soit le *phénomène immédiat, actuel et personnel, à constater en cette qualité dans la représentation où il est donné*. Ce mot : *le phénomène*, renferme toute l'essence de ces deux points rapprochés, et leur conséquence : c'est le *phénomène* qui, toujours certain, peut s'opposer comme affirmation ou négation à ce qu'un autre phénomène apporterait comme négation ou affirmation correspondante *avec la prétention de faire plus que se poser lui-même. Ils ont le même titre de fait à l'existence, et se neutralisent.* Le sceptique pur admet de tels phénomènes, en tant qu'il les éprouve, et il les regarde seuls comme indubitables, quels qu'ils soient. C'est là son *attitude pratique* ; *il suspend son jugement sur toute proposition à laquelle on attribuerait un autre caractère.* Telle fut l'attitude de Pyrrhon, en écartant les légendes dont la tradition a chargé sa mémoire. Rien n'est certain que le phénomène ; les jugements sont variables ; *il n'y a pas de critère*. La philosophie se résout dans *l'acte de juger qu'il ne faut point juger*.

Nous disons l'*acte*. On objecte : généraliser cet acte et prescrire la suspension du jugement, c'est émettre une proposition de théorie ; le sceptique est donc un dogmatique, ou bien il se contredit. Le sceptique n'accepte pas la conséquence qu'on veut lui imposer, parce que l'accusation d'insincérité n'est pas admise dans la controverse, et que l'affirmation qu'il maintient est uniquement celle de son état actuel, qui se prolonge dans la suspension du jugement. Cet état n'interdit point l'examen et la discussion des questions, il en est, au contraire, la résultante, par l'effet des raisons qui s'opposent les unes aux autres dans leur prétention à les trancher et qui se détruisent mutuellement.

C'est une position logique inexpugnable, chez le pyrrhonien, que le refus d'accepter un critère du jugement autre qu'une proposition qui donnerait la certitude en forçant absolument la croyance. Il ne reconnaît ce caractère à aucune proposition dépassant l'affirmation du phénomène particulier actuel, tant qu'il se pose sans être contredit. Ainsi se définit la place d'une école qui, la plus faible de toutes, pour des raisons bien sensibles, ne laissa pas de les réfuter valablement toutes, aussi longtemps que se maintint la liberté de l'esprit dans l'antiquité; car le dogmatisme n'avouait, en aucune de ses écoles, que ses principes eussent, pour s'établir, à demander quelque chose à la croyance; mais, dans chacune d'elles, il accordait au scepticisme que les principes des autres étaient de simples croyances, et fausses; les siens étaient seuls quelque chose de plus!

La nécessité logique de l'intervention d'un acte de croyance, en toute affirmation de principe, ne ressort pas seulement de la position prise *théoriquement* par le scepticisme contre le dogmatisme; elle résulte également de la situation créée au pyrrhonien pur, et de son propre fait, en cela qu'il refuse de généraliser et de définir comme constant et universellement valable son état de suspension du jugement. Autrement il ratifierait le reproche de contradiction qui lui est adressé. Mais pour ce qui est de faire acte de croyance, il ne l'évite pas *pratiquement*, car il prolonge cet état par sa libre volonté. Le sceptique fait négativement des actes de croyance sur les points où il refuse de croire, de même qu'affirmativement, en se fiant, pour la conduite de la vie, à des jugements simplement probables. Il fait plus, il consent ordinairement à tirer *empiriquement* de son point de vue certaines maximes. Elles reviennent, en ce cas, au précepte de suivre la coutume et de garder sa tranquillité d'esprit.

CHAPITRE XII

LE PHYSICISME ÉPICURIEN
LA TENDANCE ÉPICURIENNE PESSIMISTE

Au fond, ce n'est point à des arguments tirés de principes de raison pure qu'ont dû leur origine les doctrines qui ont régné sur des sociétés, ou tout au moins appartenu à des sectes considérables, et ce n'est pas de là qu'elles ont tenu ce qu'elles ont eu de force et de durée. La manière de comprendre le monde et sa cause dépend essentiellement de la manière de sentir la vie, ses joies, ses obligations et ses douleurs, et de résoudre la question de la conduite par rapport au bien et au mal. C'est ainsi que la cosmogonie et la physique furent chez les épicuriens et chez les stoïciens, des recours de l'esprit à des hypothèses déjà connues, afin de se donner des vues sur le monde qui fussent d'accord avec leurs sentiments sur le bonheur. Ces deux sectes, rattachées au principe socratique de l'investigation morale, s'éloignèrent des analyses trop savantes de l'idéalisme platonicien et de la physique d'Aristote, et voulurent néanmoins, contre l'opinion de Socrate, définir, en dehors des communes croyances déistes, le rapport de l'homme à l'univers. Elles recoururent aux systèmes antésocratiques pour trouver une assiette à leurs théories de la vie. Chacune d'elles adopta, dans son retour au substantialisme matérialiste, l'espèce de sujet et de cause des phénomènes qui convenait à ses vues sur la place de l'homme dans la nature.

Il existait, parmi les disciples immédiats de Socrate, deux tendances quant à la morale, non seulement opposées, mais violemment tranchées, dont on peut juger par le constraste de deux caractères humains, qu'on n'imaginerait pas autres, si l'on avait à définir des types pour une classification de théorie : Aristippe, l'homme qui vise à accommoder systématiquement les circonstances, quelles qu'elles soient, à son avantage personnel, et ne cherche partout que le plaisir présent, vu l'ignorance de l'avenir et l'incertitude du calcul des événements; Antisthène, le créateur de la morale du devoir, enseignant le mépris des jouissances et l'empire sur soi pour se conformer à ce qui doit être, à ce qui sera. L'épicurisme et le stoïcisme naquirent de ces deux directions opposées de la volonté portées dans la philosophie. L'épicurisme joignait seulement à la recherche une science du plaisir, ce calcul qu'Aristippe avait jugé vain.

Le système épicurien de l'intérêt et du bonheur a été, en effet, dès l'origine, ce qu'on l'a toujours connu depuis dans les écoles *utilitaires* : il a donné à l'hédonisme un caractère scientifique relatif, en étudiant la question du plaisir sous ses différents aspects, pour découvrir ce que la jouissance actuelle peut entraîner de peines à d'autres égards, et dans l'avenir; ou encore ce qu'une peine qu'on accepte peut promettre de satisfactions futures, et pour régler en conséquence les appétits et les désirs en toute occasion, de manière à augmenter le bien possible, à diminuer le mal possible. C'est donc une théorie des moyens d'atteindre le bonheur ; mais peut-elle le promettre ?

L'application sérieuse, pleine de difficultés, de la méthode épicurienne bien entendue au règlement des passions, qui d'elles-mêmes sont toujours portées à des fins plus simples, moins réfléchies, éloignerait incontestablement beaucoup de maux de l'individu et de la société, dans l'hypothèse (ordinairement sous-entendue) où l'agent serait animé d'un sentiment général de bienveillance, dans le jugement des rapports de son intérêt propre à l'intérêt du prochain ; mais elle aurait des suites plutôt négatives, à l'égard des maux à craindre, que positives pour les biens désirés, et ce sont là des résultats fort différents. Le calcul de la vie a pour matière plus de dangers à éviter que de plaisirs à goûter, parce que l'individu voit s'ouvrir pour lui de tous côtés, une voie plus facile au mal qu'au bien à rencontrer en suivant ses goûts. De là des préoccupations, une inquiétude toujours justifiée, et, pour le plus grand nombre des désirs, l'abstention au lieu de l'abandon, une vie qui serait décidément triste, si l'épicurien n'avait la ressource des passions désintéressées, sans aucune fin d'utilité positive et sans danger par elles-mêmes : l'amitié, les goûts esthétiques, quelques plaisirs tempérés d'espèce commune. Mais ce sont des satisfactions qui supposent une existence matérielle assurée, à l'abri des troubles extérieurs : cas exceptionnel, imparfaitement réalisable, sans garantie contre les maux non provoqués qui viennent de la nature et des hommes.

Dans son application au caractère humain le plus commun, la morale épicurienne se distingue, contrairement à ce que semble supposer sa fin de plaisir, par des maximes de prudence et de tempérance, qui sont des empêchements de jouir, et ne reposent que sur la crainte. Elle nous défend de suivre librement nos goûts. Elle donne la formule du tempérament épicurien : un composé d'égoïsme, pour éviter le mal provenant de liaisons et d'obligations contractées, et d'*ataraxie* pour faire face aux maux inévitables. L'ataraxie, ou la tranquillité de l'âme, qui en est la forme adoucie, sont des préceptes difficiles à suivre, qui conviennent mieux au stoïcisme. L'égoïsme est loin d'être une source de plaisirs. L'enseignement épicurien, quand il est accueilli par une âme noble, la porte à un jugement pessimiste de la valeur de la vie à cause de la vanité de la fin qu'il y assigne. En regard des épicuriens qui altérèrent bassement la pensée du maître sur la fin de plaisir, il faut mettre le cyrénaïque Hégésias, qui substitua le conseil du suicide à la poursuite du bonheur inaccessible, et qui fut surnommé *Conseille-la-mort* (πεισιθάνατος). Il eut des disciples aussi ; mais la preuve décisive des sentiments d'amertume et de tristesse inspirés par la méditation d'un épicurisme approfondi, sur le fond de la vie et des passions, est écrite dans l'œuvre du poète sublime qui opposa la réalité de la mort éternelle aux illusions d'une vie mortelle. C'est une doctrine pessimiste par elle-même, que celle qui se condamne à trouver le bonheur de l'individu dans l'affranchissement du devoir et dans la répudiation des croyances auxquelles tiennent, à côté des craintes, les hautes espérances ouvertes à la raison humaine; car elle ne peut rien sur les lois et les liens infrangibles de la nature et de la société, sur la solidarité du mal, sur les accidents dont presque toute la vie de chacun est faite. Le hasard substitué au destin laisse toujours plus de maux à prévoir qu'il n'apporte de biens assurés, et ses sectateurs s'interdisent volontairement dans leur dogmatisme les espérances, si ce ne sont que des espérances, que leur permettent d'autres doctrines.

Pour soutenir en sa plus grande généralité la thèse de

l'indépendance morale de l'homme à l'égard de l'univers, il fallait un système du monde qui fît de la personne humaine un simple accident. Épicure fut certainement frappé de la facilité qu'entre toutes les doctrines physiques de l'époque antésocratique, celle de Démocrite offrait pour son plan, en expliquant la constitution du corps par un assemblage d'éléments bruts qui viennent à se rencontrer. Il fallait seulement conjurer le spectre de l'*anankè*, et donner à la *tuchè* l'empire entier des atomes, pour leur propre affranchissement. Démocrite avait enchaîné les phénomènes en attribuant leur production à la pesanteur et aux impulsions atomiques, forces nécessaires (IV). Épicure, indifférent aux lois mécaniques, se figura la pesanteur comme un mouvement éternel des atomes portés de l'infini à l'infini dans le vide, en un même sens. C'était là, mathématiquement, ce mouvement étant commun à toutes les particules des corps, et uniforme, établir sans y songer la même chose que la parfaite stabilité. Mais, en ajoutant que chaque atome, à tout instant, était susceptible d'une déviation légère, sans règle ni raison, de leur direction générale, — c'est le *clinamen* atomique, — Épicure leur ouvrait à tous les chances de s'accrocher à la faveur de leurs différentes figures, et de former, par leur union, des corps plus ou moins stables, produits ou détruits au hasard des rencontres. Il devenait inutile de chercher l'explication des phénomènes par les lois du mouvement, tout comme par les qualités des éléments; il n'y avait qu'à prendre les choses pour ce qu'elles paraissent, à constater leur production les unes par les autres, et, à juger de la nature des combinaisons soustraites à l'observation: l'âme et l'esprit, par des analogies.

Cet atomisme absolument empirique, éloigné du caractère rationnel de son origine, resta fidèle au transformisme mécanique des images émanées des corps et portées en de certaines autres combinaisons atomiques, dans les organes. Là s'engendre la double propriété du *percevoir* et de l'*être perçu*, suivant la vaine imagination familière à la grande classe des esprits que le puissant réalisme matérialiste trouve plus accessibles que ne fait la théorie idéaliste de la projection intuitive des représentations mentales. Et pourtant, de ces deux choses : l'existence de l'atome, et sa représentation objective, ou idée, il n'y en a qu'une, c'est cette dernière, qui soit indéniable ; la supposition de la première en dépend, sans réciprocité.

L'aberration logique qui consiste à renverser l'ordre suivant lequel s'impliquent les phénomènes est commune aux différentes formes du matérialisme, c'est-à-dire aux différentes définitions de la matière en tant que sujet indépendant de l'esprit; mais c'est dans la forme mécanique dont l'épicurisme a fourni le patron qu'elle s'est le mieux accusée. La subordination de la conscience et, par suite, de la notion de *personne* à l'idée générale du monde considéré comme *chose*, est donc la plus complète possible, dans la physique épicurienne. L'atomisme peut, il est vrai, subsister sans avoir cette conséquence, mais seulement dans une physique où s'opère une sorte de retournement de la méthode, c'est-à-dire dans laquelle la science de l'univers matériel ait pour objet la construction théorique des rapports généraux de figure et de mouvement inhérents à la représentation du monde dans l'espace, abstraction faite des autres rapports constitutifs de l'ordre universel. La prééminence est alors rendue à l'esprit constructeur.

Épicure, en introduisant le *clinamen* des atomes dans le système mécanique de Démocrite, ruinait l'intérêt scientifique de la théorie. Il croyait par là donner la liberté à l'homme, mais ne faisait qu'introduire dans les actes volontaires l'accident, pour ou contre la raison indifféremment, selon les rencontres atomiques, fortuites par définition, tandis que le libre arbitre humain exige, en regard des possibles indéterminés, la délibération de la raison, qui exclut le hasard. Ce n'est donc pas le libre arbitre mais le déliement tout seul qui était l'idée maîtresse de la secte. On était logique en repoussant le devoir en morale ainsi que la nécessité en physique.

L'hypothèse de l'infinité des atomes et des mondes, et celle de l'éternité des phénomènes de composition et de décomposition des éléments indestructibles de la matière, achevaient de dépouiller de tout ordre rationnel le monde d'Épicure. C'était le déliement universel des phénomènes. Il pouvait toujours en survenir de nouveaux, sans autre motif que l'accident des rencontres, et il n'y avait pas de production en résultat qui ne dût paraître possible, et même à quelque moment certaine, pourvu que l'imagination lui concédât un laps de temps suffisant pour arriver. Là où la raison introduit des conditions, elle pose en regard l'*impossible* : les miracles, les métamorphoses subites, etc. ; mais, s'il est admis en principe qu'un être vivant peut résulter d'une combinaison d'éléments inertes, et qu'il n'y a pas de combinaison qui ne se puisse opérer dans la suite éternelle des mouvements sans loi des atomes infinis projetés dans l'espace, tout devient *possible*, et tous les possibles doivent se produire et se répéter à des intervalles immenses. La production d'un monde est une vérification donnée par le hasard à la chance posée par ce problème connu du calcul des probabilités : quelle est la probabilité de réussir à composer le poème de l'*Iliade* au moyen de l'extraction successive des lettres de l'alphabet d'une urne qui contient une infinité de chacune de ces lettres ? La *possibilité* d'obtenir l'*Iliade* étant mathématiquement admissible, dans la supposition de tirages poursuivis pendant un temps *indéfini*, puisque la probabilité n'est pas *nulle*, la *réalité* de la production du monde doit être accordée à la nature, à qui ne manquent ni le temps ni les moyens d'y atteindre, quand on admet l'infini à la rigueur, les propriétés des atomes et la vertu des combinaisons fortuites.

Il était aisé de comprendre, dans l'hypothèse, que les dieux stables et bienheureux admis par la doctrine épicurienne fussent des produits, en des circonstances exceptionnellement favorables à leur solidité et à leur durée, de ce tirage continuel de la loterie des atomes, portés éternellement en tous sens les uns contre les autres. La difficulté n'était pas d'un ordre supérieur à celle de la production des animaux terrestres, et de la chance, dont quelques-uns jouissent en fait, de conserver l'existence pendant de longues années en un lieu où règnent bien plus de causes de troubles pour les composés une fois obtenus, qu'il n'y en a sans doute dans les *intermondes*. Les êtres pérennes, ou dieux, en leur détachement personnel de toute affaire, leur extranéité, leur indifférence à l'égard des hommes, représentaient à merveille l'idéal d'ataraxie modérée de l'épicurien qui voulait, sans devoir, sans lien et sans crainte, savourer la paix et la joie de sa nature mentale, au moins pendant que le sort lui épargnait la douleur physique :

Nonne videre est
Nil aliud sibi naturam latrare nisi ut, cum
Corpore sejunctus dolor absit, mente fruatur,
Jucundo sensu, cura semota metuque !

CHAPITRE XIII

LE SENTIMENT STOICIEN. L'IDÉE STOICIENNE DE LA NATURE.

Le sentiment moral du stoïcien, opposé à celui de l'épicurien, lui dicte une conception contraire du monde et de la divinité. La vie, quelque dure qu'elle puisse être pour lui, le trouve intrépide. Il y voit des sujets d'exercice, de lutte et de supportance, sans penser que le repos et les jouissances lui soient dus, ou permis, s'il pouvait les atteindre. L'exclamation du poète épicurien : *O miseras hominum menteis! ô pectora cæca!* Ce n'est pas la pensée de l'incertitude des événements (*Qualibus in tenebris vitæ*), ou la peur de souffrir (*quantisque periclis, Degitur hoc œvi, quodcumque est*) qui pourraient la motiver pour le philosophe stoïcien, mais bien la faiblesse de cœur et la mollesse des hommes qui fuient la peine à prendre, se lamentent dans la douleur, et voudraient tant savoir quelle compensation ils ont à attendre pour n'avoir pas fait le mal en cette vie. Le dégoût que leur causait cette manière de prendre le destin est la source de l'humeur méprisante et du dénigrement qui dominent dans les propos et les sentences que la tradition nous a conservés des cyniques, précurseurs des stoïciens, les Antisthène, les Diogène, et de la raillerie qu'ils faisaient de ce qu'il y avait de plus honoré dans les cités, de la faveur qu'ils témoignaient pour le travail servile, de leur dédain des superfluités et des vanités, enfin de leur parti pris de réduction des besoins au minimum. La morale épicurienne est, comme la leur, opposée à l'ambition, mais d'après une vue différente, à cause du manque de satisfactions sérieuses à attendre, et des dangers à courir, dans la carrière des honneurs;

tandis que l'idée du devoir, en prenant la forme stoïcienne, sortit de l'individualisme cynique et devint compatible avec l'acceptation des fonctions civiques. Les difficultés nées de ce que la Raison d'État a de répugnant pour le sage, soulevèrent des questions de casuistique, mais n'empêchèrent pas l'école stoïcienne de s'élever à des principes de morale politique et à la conception du cosmos sous un gouvernement divin.

Les philosophes cyniques et les cyrénaïques, disciples immédiats de Socrate, mais demeurés étrangers aux vues de morale sociale et de science politique, sont individualistes en leurs idées respectives de la perfection humaine, ou du bonheur, objet commun pour eux, et unique de la recherche spéculative. L'épicurien reste essentiellement individualiste aussi, tout en composant un système du monde à son usage, c'est-à-dire qui justifie sa morale, mais le stoïcien lui, diffère du cynique par le dogmatisme qu'il professe sur l'ordre divin des choses, cherchant non plus seulement ce qui fait la dignité de l'homme, mais quelle est sa place dans le monde, et ce qu'il doit faire pour la reconnaître et s'y tenir, se mettre au service de l'univers, remplir la fonction que la nature lui a destinée. Cette application de la notion du devoir aux fins divines et humaines s'oppose au jugement pessimiste de la vie, auquel est condamné l'épicurien, qui n'a égard qu'à l'intérêt individuel et ne voit de tous côtés qu'obstacles à la satisfaction de l'individu. La généralisation des fins peut seule justifier les empêchements à la poursuite du bien des particuliers. Elle donne un fondement à l'optimisme en se prêtant à la fausse croyance, que tout mal est un bien dans le fond. Le sentiment du *Sage* peut partir de la simple résignation, s'élever au consentement, et atteindre à la fin ce degré suprême qui est l'*amour intellectuel* de l'œuvre du destin, quand il parvient dans sa doctrine à identifier l'idée qu'il s'est formée du monde avec l'idée de l'Être universel parfait. Le trait caractéristique du stoïcien est l'effort qu'il fait sur lui-même pour renfermer sa conception du bien dans les bornes de la nature embellie de sentiments moraux, et conformer sa vie à ce modèle.

Le principe générateur d'une philosophie du cosmos est, au fond, la solution qu'elle donne du problème du mal. Le rapport de l'homme à Dieu est la question principale pour la composition d'un système intégral des choses, Dieu étant conçu comme la raison universelle dont la connaissance rendrait compte de tout. La nature est un intermédiaire entre cette raison quelle qu'elle soit et l'homme. Il faut donc que l'explication de la nature soit celle de l'action de Dieu, du devoir de l'homme et de sa destination, ce qui implique l'idée à se faire du mal, et des règles de morale. Pour le stoïcien, la nature est Dieu même, en la considérant sous le double aspect d'une matière animée et gouvernée, et d'un principe dirigeant qui se distingue de ce vaste corps, en cela seulement qu'il en détermine tous les modes possibles, en qualité d'auteur immanent de ses transformations et de son évolution. On reconnaît à ces termes ce qu'était déjà, chez Anaximandre, puis chez Héraclite, ce que sera chez Spinoza la *natura naturans* opposée à la *natura naturata*, avec une métaphysique également réaliste, seulement plus abstraite.

Les différences entre ces systèmes, au sujet de l'infini, par exemple, ne touchent pas l'idée de la nature divine et de son mode d'action. Il s'agit toujours d'un Inconscient. Les stoïciens en prennent chez Héraclite le modèle; ils réduisent l'un des deux principes agents : *Polemos*, au concept de la nécessité du mal, corrélatif du bien, et donnant tout son développement à l'autre : *Zeus Logos* (V), père de toute harmonie, générateur d'un monde parfait. L'œuvre et les attributs de ce dieu sont exaltés dans une hymne célèbre du philosophe Cléanthe en des termes qui conviendraient à la définition d'un véritable créateur. Le langage théiste de ce disciple de Zénon se retrouve dans l'écrit de l'empereur Marc-Aurèle, quatre siècles plus tard, avec des traits tels qu'en pourrait inspirer la foi en une Providence divine attentive aux intérêts des particuliers; en sorte que la piété stoïcienne s'approche dans sa forme du sentiment qui conviendra à l'époque où la foi devra s'adresser à un dieu de volonté et d'amour. Cependant c'est bien toujours la nature, ce n'est pas la conscience, qui est le sujet de la personnification suprême consacrée par la philosophie stoïcienne; c'est la nature, dont par un souverain précepte, elle recommande l'imitation à l'homme, et qu'elle déifie, en s'alliant à la religion populaire par la reconnaissance d'un culte des éléments symbolisés. L'éther, sous le nom d'Athéna, l'air, de Héra, le feu, d'Héphaistos, etc., tous unis dans la vie universelle sous le nom de Zeus qu'on supposait dérivé de Zoé, la vie, étaient les objets de ce culte.

La psychologie, chez les stoïciens, semble au premier abord, en s'éloignant du réalisme platonicien des idées, se prêter, — et ce serait la première fois dans l'antiquité, — au sens moderne de l'idée, comme pure représentation mentale; car c'est bien dans l'homme lui-même qu'ils voyaient le siège de l'idée, ils n'en faisaient pas un sujet supérieur propre, donné en soi. Mais ils ne laissaient pas d'en faire un sujet : un sujet corporel, objet lui-même du sujet corporel plus compréhensif qui est le corps humain. Tout est corps, selon cette théorie : le corps humain se perçoit lui-même et perçoit les impressions qu'il a reçues dans certaines de ses parties, par l'opération d'une autre partie. Pour se figurer cette relation, il faut se rappeler que la substance universelle est une matière qui est pour elle-même son principe moteur et directeur. L'homme est de même son propre principe, distinct de celui de l'univers dont il est cependant inséparable. Ce principe, l'ἡγεμονικόν, est un corps, il se connaît par un sens interne, une espèce de toucher, comme il connaît, par d'autres sens, les objets externes. Les sens reçoivent des impressions dont les images s'impriment dans le corps particulier qui est l'âme, et c'est là que la représentation se produit.

Les stoïciens relevaient cette théorie formellement matérialiste de la connaissance par des définitions originales, et d'un genre fort différent, qu'ils donnaient du jugement et de la volonté. La sensation ne portant pas toujours l'image exacte de l'objet, ils admettaient le *consentement* comme un élément distinct de la simple perception, et, pour échapper à l'incertitude qui semble inséparable de ce point de vue, ils supposaient un *criterium de certitude* fourni par l'énergie de la détermination, par une certaine tension de l'âme qui est le signe auquel le sage reconnaît la *perception réellement compréhensive* du vrai. La pensée qui se saisit et qui s'affirme ainsi est *la science* et diffère essentiellement de l'*opinion*.

Le réalisme matérialiste, l'unité du perçu et du percevant, de l'image et du voyant, réalisée au profit du terme objectif et passif, serait une théorie commune au stoïcisme et à l'épicurisme, n'était le concept stoïcien du principe hégémonique qui s'oppose diamétralement au système des sensations infaillibles par elles-mêmes et de l'échappement de l'esprit à la nécessité par le hasard. Le matérialisme stoïcien ne nous fournit que mieux la preuve de l'impuissance où était la philosophie des anciens d'envisager l'idée comme un phénomène mental, en rapport avec d'autres de la même nature, dont l'ensemble, ordonné par les lois, compose un sujet intelligent et intelligible, une conscience avec ses modes. La conséquence de cette inaptitude à former le concept d'une synthèse d'idées a été, pour les anciens plus que pour les modernes, la subalternisation des notions directement issues de l'observation de la conscience aux inductions tirées des lois physiologiques. De là le sacrifice de la personne et la divinisation du monde, le panthéisme matérialiste.

CHAPITRE XIV

LE PANTHÉISME STOICIEN ET LE DÉTERMINISME

Cet asservissement des doctrines à l'idée de matière a dû être bien lourd, pour ne pas trouver une exception dans celle de toutes où la liberté de l'âme, la sujétion des passions, et jusqu'à l'impeccabilité du sage étaient regardées comme des puissances réelles du principe hégémonique. Quelle idée peut-on se faire d'un tel principe, qui ne soit pas étrangère à celle d'un sujet de qualités qui n'ont pas le don de se connaître elles-mêmes ? Cette vertu du vouloir et du commandement, sur laquelle les stoïciens mettaient si éminemment l'accent ; cette autre faculté qui recevait d'eux le nom de raison (λόγος), qui s'emploie à former, à manier, à combiner des idées variables ; les notions du genre et de l'espèce, celles de l'espace et du temps, qu'ils distinguaient eux-mêmes des choses corporelles ; enfin, la connaissance des rapports supérieurs du cosmos et la prévision des futurs, que pouvaient-ils entendre au fond, ces philosophes, en envisageant dans tout cela les opérations d'un corps ? Un panthéisme naturaliste, allié au déterminisme du développement spontané du grand Tout, nous fait seul comprendre la doctrine matérialiste embrassée par de grands esprits tels que Zénon et Chrysippe. Un corps individuel arrivant à la pensée grâce à l'action d'une partie de la matière sur d'autres de ses parties n'aurait eu aucun intérêt spéculatif sans la considération de l'agent total comme nature naturante, et de son œuvre comme une essentiellement et pour le but à atteindre. L'âme elle-même, cette partie à laquelle ils attribuaient spécialement la fonction dirigeante dans l'organisation, et qui ne devait ce privilège qu'à l'idée plus subtile qu'ils se faisaient d'elle comme d'un corps insaisissable inclus dans le corps sensible, en sorte qu'ils se figurassent comprendre son action sur lui, l'âme individuelle ne devait pas être, à leurs yeux, séparée de la grande âme, non plus que le corps individuel n'a d'existence hors du grand corps de l'univers. La matière et l'esprit forment, à ce point de vue, le sujet unique et solidaire, l'indivisible nature.

La raison, selon la doctrine stoïcienne, ne peut pas être individuelle, parce que, descendant chez tous de la même source, qui est un seul Feu vivant, une seule âme et une raison séminale universelle (λόγος σπερματικός), les pensées de l'individu sont des termes successifs d'une série d'antécédents et de conséquents invariablement liés, et tous compris dans la chaîne indissoluble des causes et des effets que régit universellement la divine providence (Θεῖα πρόνοια). Or, cette liaison et cet enveloppement suppriment à la fois l'individualité réelle, et toute action réellement séparée de l'agent particulier qui est le sujet d'un groupe de phénomènes physiques et de phénomènes mentals dont l'ensemble dépend strictement de la cause la plus générale : Zeus, ou la vie du monde. La question de savoir lesquels de ces phénomènes, de ceux qu'on dit matière et de ceux qu'on dit esprit, forment la substance des autres, n'a qu'une signification nominale et s'évanouit au fond. La substance est une pour le stoïcisme, aussi bien qu'elle devait l'être un jour pour le spinosisme, où les deux attributs sont séparés tout en étant unis, quoique les modes de l'un ne soient pas appelés les causes des modes correspondants de l'autre.

Quand on écarte de l'idée de l'évolution d'une substance unique l'idée d'un commencement et d'une fin de cette évolution, — ce qui se peut faire en conservant le concept capital de l'enchaînement universel et nécessaire des phénomènes, — il n'importe plus en rien que les modes de la substance évolutive soient exprimés en termes d'un phénoménisme abstrait sous une dénomination unique, comme on peut le faire aujourd'hui, ou nommés d'après la commune distinction de l'esprit et de la matière, qui sert à les classer. Le système de la dualité des substances, celui de la dualité des attributs dans l'unité de substance, et celui qui n'admettrait que des phénomènes enchaînés d'une seule nature répondent à une seule et même conception métaphysique, s'il est entendu que les modes de l'existence soient tous indissolublement liés entre eux, tels qu'on les observe, de quelques qualités qu'ils soient pourvus, à quelques catégories de la pensée qu'ils se rapportent, et invariables dans leur ordre soit de coexistence, soit de succession, de telle manière que l'avenir se trouve à tout moment et en toutes choses *écrit* dans le passé. Les questions, quoique fondamentales encore, qui subsistent ne regardent plus le matérialisme, ou le spiritualisme, ou l'idéalisme. Ce sont les suivantes :

L'ordre universel des choses dans le temps est-il une loi de développement allant d'un état initial définissable à une fin déterminée, ou bien est-ce un système unique et sans commencement impliquant un développement nécessaire et éternel de phénomènes toujours transitoires et non périodiques? Dans la première hypothèse il y a une division essentielle à introduire, selon que le système de l'évolution revêt un caractère moral en supposant une intention et une finalité dans la substance évolutive, ou qu'il n'est constitué que par des rapports de fait, et par une loi ou purement logique, ou physique et mécanique. La seconde hypothèse, excluant toute finalité en ce qui intéresse les êtres particuliers, ne peut avoir pour eux une valeur morale qu'à raison de l'attitude et du jugement de l'individu en regard du monde dont il ne s'estime que le produit éphémère.

L'évolution, selon la doctrine stoïcienne, est une évolution fermée, qui a dans la nature divine son origine, sa fin et des recommencements indéfinis pour la production d'un monde, toujours le même, avec les mêmes phases, les mêmes phénomènes et les mêmes individualités passagères. Les périodes sont liées entre elles par l'unité de la substance universelle, et par un même dessein qui préside à chacune ; mais l'intelligence et la volonté, c'est-à-dire, au témoignage de la conscience humaine, les conditions préalables d'un dessein, d'une conception et d'une œuvre, ne sont pas des attributs de ce dieu qui n'est pas une personne, qui est la substance évolutive elle-même : un Feu artiste, agent unique et fini, situé dans le vide infini, tour à tour condensé et dilaté et prenant toutes les formes. De feu, il se fait air, et d'air il se fait eau, et, dans les eaux, dépose les semences des êtres, puis s'épaissit en bas, comme terre, tandis qu'en haut il redevient feu éthéré et engendre les dieux sidéraux. Un transformisme de marche renversée ramène également le monde à l'Éther, mais alors pour une conflagration universelle où se retrouvent dans l'unité les éléments d'une production semblable à la précédente. Le Phénix renaît de ses cendres.

Il est clair que ce dieu qui se fait, se défait et se refait en forme de monde, et de toutes sortes d'animaux habitants de ce monde, sans avoir en sa nature propre et totale la perfection d'une simple personne, est le dieu d'une théorie de la production du conscient par l'inconscient, malgré ce que nous avons dû remarquer sur le peu d'importance qu'a la forme matérialiste donnée à l'explication d'une doctrine déterministe et panthéiste. L'individu personnel, ce produit de l'Éther, mais si différent de son auteur, — et qui déchoit de sa perfection si l'on admet que l'individuel est un abaissement pour l'universel, — se voit refuser la destinée propre qu'en tant que conscience il est enclin à se proposer; car il n'a pas droit à la durée. Les stoïciens niaient l'immortalité de l'âme, sauf peut-être de l'âme du sage, qui devait, après la mort, selon quelques-uns, s'unir à Zeus jusqu'à l'heure de la dissolution du monde.

CHAPITRE XV

L'OPPOSITION DE LA NOUVELLE ACADÉMIE
L'OPTIMISME STOICIEN

La doctrine de l'immortalité n'avait pas obtenu dans les écoles philosophiques la place qu'on aurait pu lui croire assurée par le génie de Platon. Après les premiers successeurs du maître dans l'Académie, le dogmatisme pythagorico-platonicien, qu'ils enseignaient, entra dans l'ombre. La méthode qui ne tarda pas à s'établir, et dont le premier représentant fut Arcésilas, est celle qui déjà dans les *Dialogues* de Platon pouvait se nommer *sceptique*, au sens que son étymologie devrait donner à ce mot, et que d'ailleurs les sceptiques revendiquaient pour eux, entre plusieurs autres noms. Les critiques de ce temps affectèrent de confondre cette méthode avec le pyrrhonisme ; mais peut-être, en qualifiant d'*acatalepsie* la conclusion que lui donnait l'enseignement d'Arcésilas, prirent-ils la thèse de l'impossibilité de prouver, qui était la sienne, pour celle de l'incognoscibilité, qui est fort différente, et qui n'est point le pyrrhonisme; car le pyrrhonien ne *nie* point la *possibilité* de connaître : ce serait une affirmation. C'est que l'examen et le doute devaient produire le même effet que la négation, en face des grandes sectes dogmatiques, dont les fondateurs étaient contemporains d'Arcésilas et niaient l'immortalité de la personne. Aristote ne l'avait point reconnue. L'aristotélisme, beaucoup plus dégénéré que la doctrine de Platon, avait alors pour chef le successeur de Théophraste, Straton, dit le *physicien*, qui remplaçant la physique d'Aristote par une théorie mécanique « des poids et des mouvements », et la cause finale universelle par le « hasard » cause du monde (probablement par le procès à l'infini des phénomènes, sans cause qu'il y eût à rechercher) pouvait passer pour le vrai théoricien de la doctrine naturaliste à laquelle Épicure donnait une forme moins savante à la même époque.

Non seulement, il n'est pas certain qu'Arcésilas n'ait point enseigné l'immortalité de l'âme, tout en abandonnant les faibles preuves que Platon en avait réunies dans le *Phédon*, et ne se chargeant pas d'en fournir de décisives, mais encore il est probable qu'il resta platonicien de tendances, soit par une exposition libre des vues psychologiques du maître, soit surtout en réfutant les tendances opposées qui allaient aboutir à la fondation des écoles de Zénon et d'Épicure, dont l'une était la restauration du panthéisme cosmologique, et l'autre celle du matérialisme mécanique. Si notre conjecture était fondée, l'écart ne serait pas grand entre cette *Académie* d'Arcésilas, qu'on nomma la *moyenne*, ou la *deuxième*, et celle de Carnéade, près d'un siècle plus tard, appelée la *Nouvelle*, qui devait elle-même être suivie d'un retour de plus en plus marqué des successeurs de Carnéade à ce platonisme plus dogmatisant, dit *éclectique*, dont le terme dernier fut le néoplatonisme alexandrin. La différence d'Arcésilas à Carnéade tiendrait alors à ce que ce dernier fit ressortir, nonobstant l'impossibilité de démontrer, confondue avec l'impossibilité de savoir avec certitude, une sphère de vraisemblance suffisante pour légitimer l'affirmation du sage. La Nouvelle Académie n'a été tenue pour sceptique que d'après le jugement de critiques inconsciemment acquis au dogmatisme de l'évidence, quoique ordinairement sans savoir lequel; et ce jugement est d'autant plus illogique, que les Nouveaux Académiciens ne mettaient point en doute les dogmes qu'ils attaquaient; ils les niaient, ainsi que la possibilité de démontrer en général. Le vrai sceptique ne nie pas, il doute, en opposant raison à raison, croyance à croyance : regarder la négation comme le comble du scepticisme, c'est montrer l'inintelligence des noms et des questions.

Les négations de la Nouvelle Académie furent essentiellement dirigées contre les deux points principaux de la doctrine stoïcienne, l'un de méthode et de logique : le droit d'affirmer; l'autre le concept transcendant du monde et de sa providence immanente. La certitude était, pour le stoïcien, le témoignage qu'il se rendait d'une certaine *compréhension ferme* de la vérité ou réalité de l'objet, saisi et pour ainsi dire serré de toutes les forces de l'entendement. En tant que formule d'une forte croyance, en effet, ce critère était on ne peut mieux exprimé : il portait la marque de l'énergie, ou *tonos*, dont notre profond historien de l'aristotélisme, F* Ravaisson, a montré l'application caractéristique à toutes les parties de la doctrine stoïcienne. Mais la valeur d'un critère se mesure sur le pouvoir qu'il a de communiquer la croyance, avec les raisons qui la peuvent soutenir ; or, la vertu de celui-là ne dépassait pas les limites d'une secte. Le philosophe de la Nouvelle Académie faisait voir qu'il n'en est aucun qui impose invinciblement la foi, même alors que la réelle appréhension de l'objet a toutes les qualités que les sens et l'imagination confèrent à son apparence. Dans une autre sphère de la conviction philosophique, il est naturel de supposer que les arguments célèbres, mais restés inconnus, de Carnéade pour et contre la justice, dont les Romains se montrèrent, dit-on, scandalisés, n'était autre chose qu'un dangereux exemple de la méthode qui autoriserait à tout contester si l'on n'acceptait que la parfaite et absolument irrécusable vision d'identité d'un rapport affirmé, pour consentir. De là l'assimilation fausse de ce criticisme anticipé au scepticisme ; mais, au vrai, le critère du *probable*, ou du *vraisemblable*, substitué au critère de certitude des écoles dogmatiques. Cette première attaque dirigée, dans l'antiquité, contre le droit de ce que nous appelons aujourd'hui la Raison pure ne pouvait pas alors être de grande conséquence. Elle montrait chez quelques philosophes un esprit de finesse très nouveau, mais qui ne régna que passagèrement dans la société éclairée. Tout convergeait secrètement vers la constitution d'un vaste syncrétisme dogmatique qui devait, deux ou trois siècles plus tard, envelopper la philosophie.

Le débat de la question cosmologique entre les stoïciens et les nouveaux académiciens porta sur un point plus intéressant que ces querelles touchant *le critère*, dont les anciens n'avaient pas encore les moyens d'approfondir le véritable sujet. La controverse sur la liberté et la nécessité put, au contraire, s'établir entre deux vues principales de part et d'autre, desquelles notre problème actuel et très vivant du déterminisme ne s'est pas éloigné sensiblement. Et la discussion se fixait là au vrai nœud de la difficulté, dans la polémique contre la doctrine stoïcienne, parce que l'œuvre mondiale du Feu artiste, sa providence, l'évolution dont la marche et la fin sont réglées pour qu'elle se produise et reproduise éternellement en une même série de phénomènes composent une hypothèse totale dépendante de la loi de l'enchaînement invariable (XIV). Ce prédéterminisme universel est déjà celui qui devait s'imposer, grâce au dogme de la prescience divine absolue, à la théologie du christianisme. Les docteurs chrétiens prétendaient le concilier avec la liberté humaine, et les stoïciens avaient la même question à traiter, quoique leur Providence fût le Destin, et non l'arrêt éternel d'une volonté consciente. Ils estimèrent, eux aussi, que la vraie liberté ne pouvait être celle qui s'emploierait à des actes contraires à la loi souveraine de l'univers, qu'elle devait, loin de là, s'élever et se fortifier, dans la mesure où s'obtenait la connaissance de cette loi, et où la volonté de l'individu se réglait pour s'y conformer. L'argument capital de la Nouvelle Académie est celui qui se résume dans la revendication d'un sens différent, donné de tout temps à la liberté morale, ou libre arbitre, par ses défenseurs, et que le déterministe n'a pas le droit de méconnaître en usurpant l'emploi du mot pour une signification contraire. Le libre arbitre est le pouvoir mental d'opter entre des déterminations de la pensée (ou de l'action) contradictoires entre elles, indépendamment de la conformité qu'elles peuvent avoir ou non avec la loi souveraine de l'univers. Si une telle loi décide certainement et infailliblement de tout événement avant qu'il soit accompli, avant même que l'agent qui doit l'accomplir ait vu le jour, l'agent n'est que l'instrument d'exécution de la loi. On ne peut donc pas dire de l'homme, en cette hypothèse, et s'il est vrai qu'il soit un simple anneau, conjointement avec tout ce qui le touche, de l'enchaînement des phénomènes, que quelque chose au monde soit en son pouvoir. Il n'est pas *libre*.

Avoir quelque chose en son pouvoir, cette formule consacrée du débat favorisait, dans les mots, la cause des stoïciens; car ils répondaient à l'objection en alléguant que l'homme était bien véritablement le siège de l'action qui était la sienne : de cette action et de ses causes dans ce qui le concernait, de son caractère, de ses décisions antérieures qui la lui commandaient, enfin qu'il ne sentait aucune contrainte en son vouloir, et que sa volonté était toujours bien sa volonté, modifiable à son gré, quelque préparée qu'elle fût toujours. Cette apologie stoïcienne de la *séquence invariable* a été exactement reproduite de notre temps, à l'effet d'établir une distinction entre le déterminisme absolu, dont elle n'est que l'une des formules, et la *nécessité* qui en a été le nom dans tout le cours historique des idées philosophiques. Mais ce sont là de vaines questions de mots. Au fond la nécessité la plus parfaite est justement celle qui fait être éternellement notre vouloir en nous en conférant l'exercice qui est parfaitement nôtre en apparence.

Les Nouveaux Académiciens ne semblent pas avoir compris ou connu la théorie logique d'Aristote sur les futurs contingents, s'il est vrai que leur principal dialecticien ait accordé aux stoïciens que tout événement qui se produit a eu sa futurition certaine : opinion manifestement inconciliable avec le libre arbitre. Les stoïciens eurent aussi l'avantage sur leurs adversaires en répondant à l'*argument paresseux*, ainsi conçu : que sert de délibérer et d'essayer de prévenir les événements, s'il ne s'en peut produire qui n'aient été certains d'avance et inévitables? La réponse, en vérité facile, est que la délibération, ses causes et ses effets, font partie de ce cours unique et inévitable des choses : elles ne sont pas *fatales* simplement, mais *confatales*.

C'est toujours à la vue universelle des choses, et de l'évolution dans son ensemble et dans sa cause, qu'il faut s'attacher pour avoir la pleine intelligence de la doctrine stoïcienne. Le sentiment de cette divine nature exige que la liberté vraie ne soit qu'une adhésion aux éternels desseins de Zeus immanent, et explique l'optimisme du philosophe contemplateur de l'œuvre parfaite. Les stoïciens se firent de l'optimisme une religion. C'est un fait capital de l'histoire des idées morales, que ce parti pris célèbre de présenter systématiquement le monde comme *bon* aux seuls êtres, les hommes, qui soient appelés à en apprécier la valeur, et, pour cela, de leur en soumettre un plan contraire à leurs constantes aspirations au bonheur et à leurs espérances en un autre état. Le déploiement matériel d'ordre et de beauté du Cosmos justifie l'admiration du philosophe qui contemple, au point de vue intellectuel, ce grand spectacle qu'il prend pour l'expansion de l'essence divine. Cependant le mélange du mauvais et du laid ne se peut pallier par aucun raisonnement, dans un ordre de choses dont le trait capital est la destruction de tout ce qui s'engendre, et des êtres les uns par les autres.

Le retour périodique des êtres à la vie par le renouvellement des évolutions de la substance universelle est une organisation peu satisfaisante des destinées individuelles ainsi répétées à l'infini. La perspective est triste de cette réapparition à termes fixes des mêmes animaux dévorants et dévorés, et des mêmes hommes, suivant leurs mêmes carrières, jouant leurs mêmes rôles joyeux ou affligeants, plus ordinairement affligeants, éprouvant les mêmes affections contrariées, s'enchantant des mêmes illusions, et passant par les mêmes vicissitudes que peu d'entre eux voudraient traverser une seconde fois, s'ils étaient consultés. Il est vrai que, dans l'hypothèse, ils n'ont pas à consentir. Zeus a dû, pour chaque retour à la vie, leur épargner la mémoire de la vie précédente, le sentiment de l'identité personnelle : il le fallait pour assurer l'invariable destin, l'immobilité de l'éternel devenir, la borne fatale opposée à tout progrès dans le monde et dans la vie du tout, puisqu'il n'en est laissé aucun de possible pour les vies particulières. Ce qui a été erreur ou crime, et douleur, est destiné à le redevenir dans les mêmes conditions et, pour ainsi dire, à le demeurer à perpétuité, suivant la même loi, au même titre d'immuable nécessité que la vérité et la vertu. La justice ne se fait pas pour l'Éternel, non plus que le bonheur.

Les stoïciens se montrèrent, en logique et en morale, conséquents à cette manière de comprendre un monde bon, car ils enseignèrent que le bon ou le mauvais n'ont de sens qu'en l'opposition mutuelle des phénomènes, qu'il n'y a pas de mal qui ne serve à un bien, et que par là tout est bien. Le Zeus-Polémos assure l'harmonie sous ces conditions à l'écoulement universel, comme dans la doctrine d'Héraclite. Au reste, Aristote n'avait pas imaginé pour le monde un genre de perfection beaucoup mieux justifié, à ne regarder que le partage entre le bien et le mal, lorsque, supposant dans la nature un éternel attrait vers le bien, il avait nommé *aussi bonne que possible* une œuvre de production universelle dans laquelle la *puissance* est continuellement arrêtée par la *privation* dans le cours de la génération des *formes*. Au moins n'était-ce pas un recommencement perpétuel du travail cosmique. Mais les deux systèmes ont cela de commun qu'un jugement optimiste de leurs auteurs y accompagne des croyances touchant la loi du monde qui s'accorderaient mieux avec un dualisme moral qu'avec l'unité d'intention et l'amour à l'origine des choses. Aussi ne placent-ils pas la Personne d'un créateur à cette origine. Le jugement optimiste sur le tout leur est dicté par l'esprit hellénique, où l'aspect intellectuel du cosmos et le culte de la beauté dominent presque toujours le sentiment du mal.

La nature offrant, dans l'application de ses lois, un assemblage de biens et de maux, de maux qu'elle inflige à ses créatures, ou qu'en suivant ses procédés et son exemple ils s'infligent les uns aux autres, le précepte souverain de la morale stoïcienne : *Suivre la nature*, posait, pour le choix des modèles à imiter, un problème à résoudre, pour le moins indéterminé. La logique de l'évolution appliquée au développement de la raison, qui est une partie si considérable de l'œuvre du monde, envisagée dans l'humanité, permit aux stoïciens de tourner la difficulté provenant de l'opposition entre la morale humaine et l'indifférence morale, caractère saillant des appétits naturels. Ils considérèrent la raison, nature propre de l'homme, comme la production par excellence de la grande nature rectrice. La bienveillance, la justice, la conduite la plus favorable à l'utilité générale des hommes se présentèrent à eux avec le caractère de vertus, c'est-à-dire de qualités relatives aux fonctions à accomplir dans l'ordre universel des choses, dans la partie la plus belle de cet ordre et la plus digne d'être recherchée.

La notion stoïcienne de la perfection humaine, ou

sagesse, est faite de deux éléments d'importance égale : l'un tient au sentiment de la force morale de l'individu, et s'élève jusqu'à l'identification de l'esprit du sage, type accompli de l'Homme, avec l'esprit recteur universel aux décrets duquel il s'associe par sa volonté. Là se rattachent les paradoxes célèbres sur l'unité et l'indissolubilité de la vertu, sur la suprématie morale de la personne qui se rend supérieure, en un sens, à Zeus, parce qu'elle se fait elle-même, au lieu que Zeus est la nature éternelle et ne se doit pas sa propre existence : curieuse réclamation involontaire en faveur du principe de personnalité, que la doctrine stoïcienne excluait de la cause suprême ! Le mépris du plaisir, comme impliquant relâchement et faiblesse, et la fameuse déclaration, *que la douleur n'est pas un mal*, procédaient du même et contradictoire effort de ces grands *naturistes* contre la nature.

L'autre élément de l'idée stoïcienne de la perfection est tout social; c'est la notion du devoir, dans le sens de commandement de la raison concernant l'action *droite*, l'action *convenable*, la *fonction à remplir* pour mettre *l'ordre* dans les choses. Là est la source d'un travail de psychologie qui a mérité de se conserver traditionnellement dans l'École, et, là aussi, la première formulation des applications politiques du devoir. Le stoïcisme a donné au monde romain la théorie des *officia*, vertus administratives, une science des hommes de gouvernement, non la science que réclamait d'eux Socrate, mais celle que pourtant les grands hommes de la Grèce n'avaient pas connue, et qui défendit quatre cents ans l'Empire contre une dissolution à la fin inévitable.

CHAPITRE XVI

FORME DERNIÈRE DE LA MORALE STOÏCIENNE

L'imitation stoïcienne de la nature n'était pas si exclusivement tournée vers ce côté de l'évolution divine qui produit la raison dans l'homme, qu'elle ne prît de la nature aussi quelques leçons sur des points scabreux des coutumes humaines. Les premiers maîtres du Portique, surtout, paraissent avoir encouru en partie les mêmes reproches que les cyniques, et Zénon et Chrysippe s'être écartés, plus encore que n'avait fait Platon en sa *République*, des mœurs domestiques des anciens. Leurs opinions spéculatives sur ce sujet, où leur école ne les suivit pas, sont moins à noter que le caractère constant de celle-ci pendant toute sa durée : la lutte morale contre la sensibilité. Ce fut encore là, de la part de ces philosophes, une imitation de la nature, non pas directement, ou en son indifférence pour le sort des individus, car en ce cas ils auraient, par insensibilité, contredit les qualités, naturelles aussi comme qualités humaines, de la sympathie et de la pitié, mais indirectement, par un acte de volonté; pour reconnaître la fatalité des choses, et s'y soumettre. C'est pour ne se pas révolter contre le destin, l'ordre de Zeus, que le sage stoïcien poursuit cet idéal d'apathie, ou d'ataraxie, qui, chez d'autres écoles, invoquait d'autres motifs : ceux de l'épicurien, par exemple. Il s'agissait de réprimer les manifestations du sentiment, pour garder l'empire sur soi et la paix de l'âme, et combattre, comme contraires aux dispositions de la Providence, des émotions excitées par les événements *qui ne dépendent pas de nous*.

La distinction de ce qui dépend et de ce qui ne dépend pas de nous (τὰ ἐφ' ἡμῖν, τὰ οὐκ ἐφ' ἡμῖν) est capitale dans le stoïcisme, surtout durant la dernière période de cette philosophie. D'un côté, la liberté de la personne, de l'autre, un domaine des choses où sa puissance ne s'étend pas. La liberté, quand elle s'exerce, est l'adhésion que l'agent donne à ce qu'il estime dogmatiquement être *en soi une nécessité*, en même temps que, pratiquement, *une résolution qui est la sienne*. L'universel enchaînement embrasse l'état mental avec l'acte dans ses causes. Le commun adage nécessitaire : *Fata volentem ducunt, nolentem trahunt*, est incorrect et ne marque qu'une médiocre intelligence de la doctrine du destin ; car la résistance du non vouloir n'est pas moins sous l'empire de la nécessité que l'accession de la volonté. Cependant il est vrai que l'attitude de l'âme stoïque se présente sous deux aspects différents quand elle est caractérisée par l'orgueil du penseur fastueux qui pense vouloir ce que veut Zeus, comme étant lui-même le type achevé de ce que Zeus ne peut devenir que dans l'homme, en son évolution ; ou quand elle se réduit au consentement résigné de l'humble philosophe dont l'optimisme, commandé par la doctrine, est un sentiment pieux encore plus qu'un dogme.

L'espèce d'insensibilité prêchée par Epictète est à distinguer de la satisfaction béate, au fond découragée et transigeante de Marc-Aurèle. Les préceptes inflexibles du philosophe esclave ont quelque chose de douloureux et de doux, dans la négation de la douleur. Par le contraste même de la force de l'âme et de l'impuissance de la condition, elles font à l'effort de la volonté le plus puissant appel et donnent dans la résignation la plus haute leçon d'énergie morale ; tandis que l'optimisme de l'empereur fait tristement apparaître l'insuffisance du maître devant la tâche que la Providence, à ce qu'il croit, lui à confiée.

L'impression que laisse la comparaison de la morale des stoïciens avec leur physique est le sentiment de l'impossibilité de concilier la divinité de la nature, sa providence supposée, cause immanente de ses indissolubles phénomènes, avec les maux qui accablent la vie, et avec les notions humaines de la justice et du bien. Il faudrait séparer totalement l'idée de Dieu de celle de la bonté considérée comme attribut. Ce dieu des stoïciens est *une nature*, il est vrai, non *un créateur*, il n'arrive à la connaissance du juste que dans la personne humaine, on ne saurait donc lui reprocher de ne l'avoir point possédée avant d'être parvenu à ce point de son évolution; mais on peut toujours constater que ce dieu n'est pas bon, en cette nature qui est *la Nature*. Il disait plus vrai qu'il ne pensait peut-être, ce disciple exalté de Zénon qui élevait le Sage au-dessus de Zeus. Mais pour être logique il aurait dû refuser son approbation à l'œuvre de Zeus et ne se point avouer satisfait du monde comme il est. L'optimisme représente l'effort que, dans son ambition d'atteindre à l'imperturbabilité, le penseur fait sur soi pour se procurer le contentement que les choses en elles-mêmes ne se prêtent pas à lui donner. Le stoïcien ne se demande point si, dans la conscience et dans les lois de la raison, il ne pourrait pas trouver l'idée d'un autre dieu, et le fondement d'un autre jugement sur l'origine et la fin du monde de l'expérience. L'option entre la *chose* ou la *personne* à prendre pour principe ne se pose pas. La puissance objective de la chose opprime le penseur.

LIVRE IV

LA THÉOLOGIE NÉOPLATONICIENNE

CHAPITRE XVII

TRANSITION DE LA PHYSIQUE A LA THÉOLOGIE

La substitution du pessimisme à l'optimisme dans l'appréciation de la valeur morale du monde empirique, et l'introduction de l'hypothèse, plus formellement et dogmatiquement envisagée qu'elle ne l'avait jamais été jusque là, de la chute, dans l'histoire de l'âme et de la vie, caractérisent le passage du sentiment que représentait le stoïcisme, ce produit éminent de l'esprit hellénique, à celui qui devait prévaloir dans le néoplatonisme, et surtout dans le christianisme. Cette révolution morale est un acheminement de la *physique* à la *théologie*, en donnant à ce terme : *physique*, le sens qu'il avait, ou qu'avait celui de *physiologie*, appliqué aux systèmes de l'école ionienne : le sens d'une théorie de la nature.

La critique de la Nouvelle Académie et les arguments des sceptiques avaient porté contre les thèses de la *compréhension ferme* et de l'*enchaînement invariable* des stoïciens (XV) sans amener rien de plus que des résultats négatifs. Les stoïciens n'abandonnèrent pas leurs thèses capitales mais délaissèrent peu à peu la partie dialectique et les controverses de leur école. Plusieurs se rapprochèrent des platoniciens ou des péripatéticiens de leur temps. Les derniers se renfermèrent dans la morale. On voyait paraître des philosophes qui, comme Potamon d'Alexandrie, dont le nom a survécu, croyaient pouvoir composer une philosophie à l'aide d'un choix de doctrines empruntées à différentes écoles. Mais vers la fin de cette époque il se produisit un mouvement de retour à Aristote et à Platon, en dehors de l'enseignement, d'ailleurs variable, des philosophes qui avaient conservé les titres de disciples du Lycée ou de l'Académie. L'effort de la pensée se fit dans le sens du syncrétisme, et non plus de l'éclectisme, qui en est à peu près le contraire.

Du côté d'Aristote et de ses œuvres, longtemps négligées, ce ne fut d'abord qu'un travail de restitution et de correction de manuscrits, et de commentaires visant à l'exactitude ; mais, du côté de Platon, l'influence commençante de la théologie judaïque et des Juifs hellénisants d'Alexandrie, jointe à l'obscurité des dialogues platoniciens sur le rapport de Dieu aux Idées, et des Idées aux âmes, servit de préparation à un système nouveau du monde qui pût passer pour représenter la pensée du maître. La part d'Aristote était toute préparée pour un rapprochement, grâce au dieu suprême de sa métaphysique. Celle du stoïcisme se trouva dans la définition de la nature divine, amendée seulement et subalternisée comme Ame du monde. L'esprit syncrétiste est celui qui préside à l'élaboration d'un système de ce genre, avec la conviction qu'il répond à la pensée commune des plus grands hommes de religion et de philosophie de toutes les nations et de tous les âges. Des traditions religieuses, une mythologie, avec son exégèse, puis des superstitions, le spiritisme et la démonologie, se greffent sur la métaphysique la plus transcendante. Le caractère esthétique et moral de la philosophie alexandrine reste toujours hellénique, et les principales visées spéculatives des écoles dogmatiques (l'épicurisme excepté) y ont leur aboutissement; mais la doctrine néoplatonicienne, dans laquelle s'opère la synthèse, est nouvelle, en ce qu'elle embrasse un concept qui manquait au substantialisme antérieur pour faire droit à la pleine idée de Dieu, sinon comme Personne et Créateur, au moins comme existence suprême opposée au monde, et éviter la pure et simple immanence divine et l'universelle identité de l'être.

Cette idée de Dieu avait été atteinte par les plus grands philosophes depuis Xénophane d'Élée, mais tantôt laissée dans une obscurité voulue, tantôt réduite à une abstraction qui ne permettait plus de lui concevoir aucun rapport avec le monde phénoménal. Quand elle s'offrit aux penseurs avec ce caractère absolu, d'un côté, mais comme principe réel du monde, de l'autre, prenant, sous ce dernier aspect, une valeur et une importance religieuse qu'elle n'avait pu présenter dans les théories abstraites des philosophes à habitudes d'esprit polythéistes, on vit aisément que le rapport d'un tel dieu au monde devait être ou la création *e nihilo*, contrairement au commun préjugé antérieur : *E nihilo nihil*, ou l'émanation de l'Éternel, un et indéfinissable. Le néoplatonisme prit ce dernier parti, le seul conséquent à l'ensemble de la philosophie hellénique.

En dehors de ces deux vues sur le principe de l'univers : — ou l'image, le symbole du passage de l'indéterminé de l'Être pur et de la Pensée pure à la détermination de l'objet définissable, — ou le concept apriorique du commencement des phénomènes, par l'acte d'une Volonté qui est la limite de la connaissance possible, — il n'y avait rien à concevoir pour le philosophe, rien qui ne supposât un dieu du même genre que les suites et les composés de phénomènes. Mais les deux grandes hypothèses ont cela de commun, qu'elles conduisent, quand on réunit sous une seule et même idée la perfection et le principe, à admettre, à l'origine des choses, une chute de l'être. Si on embrasse l'idée de l'émanation, c'est l'acte de production du monde lui-même qui est la descente, ou la déchéance, parce qu'il est logique de regarder l'émané comme déchu de l'état d'indéfectible perfection par lequel on définit l'émanant; et si on donne la préférence au concept de la création, il faut croire à la bonté initiale du monde créé, ou renoncer à l'idéal divin du créateur unique, entièrement bon et exempt de tout assujetissement qui proviendrait de causes externes. Cet idéal exige que la chute soit considérée comme un fait appartenant à l'histoire du monde, et non comme le fait de l'apparition du monde lui-même. La déchéance de la créature est en ce cas la déchéance de l'homme, car en la reportant à une créature supérieure à l'homme on n'arrive seulement pas à reculer la question, qui demeure identique quel que soit le sujet déchu. Mais c'est bien, au fond, l'homme qu'on se représente, et même le seul qu'on se puisse représenter, en lui donnant d'autres noms, et en l'imaginant placé en d'autres conditions, qu'on ne saurait définir. Ajoutons que la déchéance de cette créature est pour elle un *péché originel*, à cause de la liaison établie dans notre esprit entre le mal moral et la peine.

Les deux manières de comprendre la chute originelle, si on les réunit, forment l'essentielle différence entre le néoplatonisme et le christianisme, pris ensemble, et es doctrines helléniques antérieures. L'optimisme naturaliste pur finit avec le stoïcisme. Le néoplatonisme et le christianisme s'opposent ensuite l'un à l'autre : le premier, prenant la déchéance dans l'émanation, la considérant comme inhérente à l'existence éternelle du monde, par conséquent ; le second, la reconnaissant comme le péché de l'homme qui entraîne le monde, créé pour lui, dans sa chute.

Les théories cosmogoniques d'Héraclite et d'Empédocle n'étaient nullement des doctrines de déchéance dans le sens émanatiste, car elles supposaient des évolutions du monde périodiques, et toutes similaires entre elles, et prenaient chaque fois l'origine des phénomènes dans un état bienheureux, ou divin, sans que l'ensemble des périodes cosmiques fût dominé par un être différent d'elles-mêmes ou de leur nature. La conception de l'universel était toujours celle de l'agent immanent, consubstantiel à sa matière, comme l'*Infini* d'Anaximandre, avec l'idée de l'infini en moins seulement. La doctrine de la chute se rencontre, il est vrai, chez Empédocle ; elle avait dû appartenir au pythagorisme, en rapport avec celle des transmigrations. Elle occupe une grande place dans les mythes de Platon, et figure dans son *Timée*. Mais c'est alors la chute des âmes, sans aucun rapport défini, soit avec l'origine du monde comme étant lui-même une déchéance, soit avec une chute morale que la créature de forme humaine aurait subi et fait partager à la nature entière après avoir été créée en des conditions internes et externes de perfection définie et de bonheur. La doctrine de l'émanation conserva l'hypothèse de la chute des âmes individuelles, sous cette forme platonicienne ; mais, au-dessus de ces âmes et des vicissitudes attachées à leurs métensomatoses, par delà les conditions de la vie entrée dans la matière, cette doctrine regarda le monde comme le produit de la descente de l'être absolu.

CHAPITRE XVIII

DOCTRINE ALEXANDRINE DES HYPOSTASES. PHILON LE JUIF

L'idée d'une émanation de la divinité est née de l'élaboration du problème du rapport de Dieu au monde en en soumettant la solution à deux conditions mutuellement contradictoires : 1° que l'essence divine n'admette *absolument* aucun changement; 2° que le monde des phénomènes, le monde du changement, soit l'œuvre de Dieu, si tant est seulement qu'il soit quelque chose de réel actuellement en dehors de l'acte divin. Ce travail d'exégèse théologique avait de grandes raisons de se faire : du côté de l'hellénisme, à cause de la tendance de certaines doctrines à porter l'idée de Dieu à l'absolu : unique moyen, semblait-il, de se séparer de l'anthropomorphisme polythéiste ; et, du côté des Juifs, parce que le principe du plus absolu monothéisme les inclinait, par l'effet même de leur forte croyance au gouvernement du monde par la divinité, à rapporter à un ministre émané du Très-Haut tout attribut qui pût sembler rapprocher Dieu de l'homme. Il se pouvait donc que l'œuvre désirée eût aussi bien des Grecs judaïsants que des Juifs hellénisants pour auteurs. Mais elle était surtout du ressort de la philosophie, et le penseur Juif qui en fournit le premier modèle, l'Alexandrin Philon, en prit chez Platon les traits essentiels. Il définit les hypostases, intermédiaires imaginés entre Dieu, immanifestable en soi, et Dieu manifesté, et leur donna une forme symbolique appropriée au génie de sa nation.

La personnification poétique de la Sagesse comme création première, et organe du Très-Haut, telle qu'on la trouve qualifiée dans les livres des *Proverbes de Sa-*

lomon, et de la *Sagesse de Jésus, fils de Sirach*, qui avaient pour auteurs des Juifs palestiniens, ne constitue pas précisément une *hypostase*, quoiqu'on ait dû plus tard l'interpréter en ce sens ; mais, dans l'ouvrage grec d'un Juif d'Alexandrie, la *Sapience* (ou *Sagesse de Salomon*), la même fiction réaliste reçoit les noms de Souffle de la puissance de Dieu, Émanation de sa Gloire, Reflet de la lumière éternelle, Principe d'intelligence, pour les esprits, Principe invariable et tout puissant. Cette entité bien caractérisée reçoit un emploi analogue dans quelques passages des écrits de Philon, mais c'est le *Logos* et ce sont les *Idées* de Platon qui, chez Philon, et pour tout le développement ultérieur de la méthode des hypostases, prennent le rang intermédiaire essentiel entre le Créateur et la création, pour que le Créateur lui-même puisse être dépouillé de ses attributs au profit de son émanation personnifiée.

La doctrine de Platon était restée obscure sur plusieurs points. Nul encore n'avait essayé de la systématiser. Le premier principe, le Bien, présenté en termes mystérieux comme au-dessus de l'être et de l'essence, — en d'autres termes, sans attributs qu'on pût penser et nommer, — y était dit le Père des *Idées*, et aucune explication n'était fournie sur la nature du rapport désigné par l'image de la paternité (VII). Si ce Bien ou cet Un était le même que l'Être des éléates, dont il rappelait l'indétermination absolue, comment pouvait-il engendrer ce prodigieux multiple : les *Idées*, qui renferme pour l'intelligence une matière aussi abondante et variée que le sont les phénomènes perçus, les choses pensées, imitations de ces types immuables ?

On ne voyait pas, dans la doctrine de Platon, l'origine de cette intelligence, qui pourtant y recevait le pouvoir de participer des *Idées* afin de percevoir. Sans elle, les *Idées*, qui sont essentiellement les intelligibles, n'ont pas de sens. Il fallait en placer le siège dans l'âme universelle, que l'harmonie du monde implique, et puis dans les âmes individuelles, tant humaines que divines, tirées de l'universelle. Comment comprendre cette entité et ce partage, ou, si l'entité est un sujet en soi, son application aux *Idées*, qui sont aussi des sujets en soi ?

Enfin l'âme, qui, dans la doctrine de Platon, est le principe du mouvement spontané, et qui applique, en sa mobilité, l'intelligence aux idées immobiles, éternellement stables, est l'œuvre du Démiurge, selon le *Timée*. Les âmes inférieures sont les résultats de la division des plus élevées. La description de ces opérations, réelles ou symboliques, laisse dans l'obscurité le principe individuel et automoteur dans ces âmes, substances composées dont les éléments (*l'autre, le même* et *l'essence intermédiaire*) ne répondent pas au caractère spécifique de l'animalité.

Telles sont les explications que réclamaient la métaphysique et la psychologie de Platon. L'être suprême de Philon est *Celui qui est,* aux termes de la Bible, un Dieu vivant ; mais nominalement, sans attributs qui puissent le rendre définissable et le mettre en rapport avec le monde. Il correspond à l'Un des éléates et au Bien de Platon. Le *Logos* est une émanation de ce Dieu et le monde est une émanation du *Logos*. L'émanation est définie par l'application des noms variés d'*ombre*, d'*image*, de *forme*, de *caractère*, ou même de *vêtement* de Dieu, à cette essence seconde qui est *de Dieu sans être Dieu*. Ni le *Logos*, ni le monde, d'ailleurs, ne sont séparés et en quelque sorte retranchés de Dieu. Dieu se communique sans rien perdre, comme fait la lumière d'un flambeau (*lumen de lumine*), ainsi qu'on le répéta plus tard en un symbole célèbre de théologie chrétienne.

Le *Logos*, premier principe émané, réunit les *Idées* de Platon, dont l'ensemble constitue le monde intelligible. Il sert aussi au philosophe juif à former un seul corps mystique des anges, ministres de Dieu, et à définir les sujets divins des théophanies de la Bible. Mais il n'est point d'autre démiurge que le *Logos*, point de puissances célestes créatrices. Dieu est seul créateur par le *Logos*, Raison et Parole ; le monde émane du *Logos*, et c'est du rayonnement du *Logos*, à son tour, que procède un nouvel organe intermédiaire par lequel le monde est animé, un esprit saint (πνεῦμα ἅγιον) âme universelle qui descend dans les âmes individuelles et atteint les corps, à la rencontre de la matière.

La méthode des hypostases éclaircit par cette trinité : — Dieu, l'Intelligence, formant un sujet unique, et le Principe animateur des âmes, — les vagues rapports indiqués par Platon : la subordination des Idées au Bien et la dépendance du Démiurge à l'égard des Idées, dans les combinaisons symboliques d'où naissent les âmes. On n'y aperçoit pas mieux le fondement de l'individualité et de la personnalité. La personnalité divine, supposée partout dans le langage de Philon, se perd dans la triple abstraction réalisée par laquelle il représente Dieu et son action. Un quatrième principe, la matière, obstacle à la production d'un monde adéquat à son auteur, est pour Philon, comme pour Platon, un être indéterminé, ou une masse confuse d'éléments mobiles désordonnés, et peut, de cette acception à la fois négative et renfermant une puissance des futurs, passer au sens de principe actif du mal ; car empêcher, c'est agir. Il y a dualisme forcé, au fond, pour toute doctrine qui n'a pas son point de départ en une création sans conditions externes ou antérieures.

CHAPITRE XIX

LES HYPOSTASES DE PLOTIN

Les premiers auteurs, après Philon, d'une théorie de l'émanation et des hypostases admirent, comme l'avait fait Platon, un principe matériel, et l'éternité du monde : celle-ci tout au moins vraisemblable, chez eux, à cause du caractère symbolique de la démiurgie. Ces philosophes furent donc des dualistes, et Ammonius Saccas, fondateur de l'école néoplatonicienne, Plotin, qui en fixa la doctrine, ne parvinrent pas, comme ils l'auraient voulu, à justifier leur optimisme par la perfection du monde, tel qu'ils le concevaient, c'est-à-dire, en dépouillant la matière de tout caractère positif ; car la descente de l'être par voie d'émanation, et son retour possible à son principe, après les vicissitudes de la vie de l'âme, ces termes, premier et dernier d'une loi nécessaire, répondent à une conception qui pose *a priori* la contrepartie du bien. Le mal est impliqué : 1° à l'origine, en ce que le Bien est le premier principe, que l'Être est ce qui déchoit et s'oppose, et que ce fait constate par lui-même l'introduction de la contradiction pour constituer le monde ; 2° dans l'ensemble des êtres, en tant que placés dans des conditions de plus ou moins grande déchéance, par le fait de vivre seulement, c'est-à-dire d'être limités par une matière dont la nature, quoique négative, est symbolisée par les ténèbres et fait obstacle à l'affranchissement de l'âme. La carrière donnée à parcourir à l'âme a, comme celle du monde brahmanique et du monde stoïcien, — quoique ce ne soit pas là ce qui attire le plus ordinairement l'attention dans le néoplatonisme, — un caractère évolutif et périodique. Plotin admet la doctrine que les anciens nommaient de la *grande année*, suivant laquelle le monde revient à son principe, en ressort, et se renouvelle, à de longs intervalles astronomiques. Il croit qu'il est donné à des âmes de rentrer temporairement, par l'extase, à certain moment d'une vie sainte, dans l'âme universelle dont elles émanent, et de s'élever même plus haut, jusqu'à l'Un pur, première hypostase ; mais celles-là sont singulièrement favorisées, et le monde, suspendu entre ses limites supérieure et inférieure, ne peut réaliser le Bien ni en lui-même, ni dans rien qui lui ressemble, hormis à ce point de départ ou d'arrivée dont l'idée s'atteint par l'état mental que les indiens ont nommé le *véhicule de la délivrance*.

Le néoplatonisme ne pouvait pas plus que le stoïcisme, et nul système d'émanation et de résorption des phénomènes ne doit être admis à motiver, sur le monde, un jugement optimiste ; ou du moins c'est un acte personnel et volontaire de satisfaction, et qui est contradictoire, dans le renoncement, que d'accepter comme une bonne et belle destinée universelle un cours éternel des choses où l'ordre et le désordre, les joies et les douleurs, la vie et la mort forment un si misérable tableau qu'on ne trouve rien de mieux que d'imaginer l'univers ramené au néant dans son état final, le même où il était avant qu'il commençât d'être.

Il semble que, fidèle à la première exigence de l'idée d'émanation, d'après laquelle l'émanant, pour ne pas déchoir lui-même, doit ignorer l'émané, Plotin aurait dû chercher une raison de vivre pour le monde, indépendamment de toute action efficiente de son principe et, par exemple, en n'attribuant à celui-ci que la cause finale au cours de la période de retour des êtres descendus. Mais au lieu de suivre en cela la doctrine d'Aristote, il se jeta dans une contradiction qui fit de son système un vrai panthéisme. Sa troisième hypostase, l'Âme universelle, est supposée exister entière et indivisée dans chaque âme particulière qui en est émanée, et les âmes individuelles ne sont ainsi que les phénomènes de l'universelle, car c'est cela seul qu'on peut comprendre pour allier les deux genres d'existence. De même, les Idées données dans les âmes, avec un rôle semblable à celui des *raisons séminales* des stoïciens, remontent à l'Intelligence, qui les possède en son unité, et existe tout entière en chacune de ses formes divisées et localisées du monde sensible. Le tout est dans chaque chose. L'Intelligence, identique à l'Être, remonte enfin au Bien, ou à l'Un, au-dessus de l'Être, sans attribut et, à vrai dire, sans nom, car ce nom lui-même, l'Un, comme corrélatif du multiple, ne lui convient plus. Une définition négative est la seule qui convienne à l'acte absolu, où finissent tous les rapports.

Le dernier mot du néoplatonisme est une définition commune donnée à la puissance indéterminée, qui est la matière des phénomènes, néant placé à l'extrémité de la descente de l'Être, et à la puissance indéterminée, autre néant, origine et essence de toute existence réelle. Chacun de ces concepts est, en tant que réalisé, contradictoire à lui-même. Le premier affirme ce qu'il nie, le second nie ce qu'il affirme : l'un, la matière, fournit, à titre de condition de toute chose sensible, la détermination de tous les objets de la nature ; l'autre, l'acte suprême, écarte par définition toute qualité par la pensée de laquelle il pût devenir intelligible comme sujet en soi, et il est, en son rayonnement, la source unique des êtres et leur providence universelle. Ainsi le terme logique de la spéculation réaliste, au sommet de la généralisation ascendante de l'être, et à sa base, est la réalisation du néant.

CHAPITRE XX

LA THÉORIE NÉOPLATONICIENNE DE DIEU ET DU MONDE

Le système alexandrin des hypostases ne peut éviter de faire apparaître le monde comme un état de l'Être déchu, en dépit de la contradiction qui montre l'Être absolu partout présent et agissant, et donne ainsi l'entrée à l'optimisme. Mais la déchéance métaphysique des consciences émanées de cet inconscient, et l'hypostase de l'Intelligence où elles ont leur unité ne répondent qu'à une imagination réaliste qui ne saurait prendre pour le philosophe un vrai caractère de chute morale ou de péché; et, d'un autre côté, la satisfaction esthétique qu'il éprouve en contemplant les beautés de l'ordre émané est si grande qu'il peut se laisser aller à regarder les phases de descente du Bien comme autant de créations excellentes. Il faut après cela qu'il aborde l'histoire de l'évolution universelle sous un autre aspect, pour s'approcher de la réalité vraie. En ne songeant qu'aux hypostases, on pourrait voir dans leur système une construction logique, une suite de phases idéales et de tableaux des grands ordres de rapports généraux dont l'ensemble composerait un monde éternel. Ce serait, au fond, le panthéisme statique plutôt qu'une forme d'évolution réelle. Mais à un autre point de vue, c'est la conception brahmanique des âmes, qui nous vient chez Plotin. La transition de l'abstrait au concret s'opère par un passage des Idées aux âmes, qu'on leur assimile afin de les rattacher à la déduction hypostatique.

Les âmes individuelles étant contenues dans l'Ame

universelle, et l'Ame universelle, dans l'Intelligence universelle, laquelle renferme une multitude immense d'Idées, chaque âme correspond à une Idée, et s'unit à elle. La différence entre l'âme et l'Idée est que l'Idée est fixe, invariable en son rapport avec les autres Idées, et inséparable, au lieu que l'âme contracte une alliance avec l'étendue divisible et mobile. L'âme en cet état contemple sa beauté propre ; entraînée par l'orgueil et le désir, elle rompt l'harmonie, cherche l'individualité. Telle est la chute de l'âme, les tentations et les passions naissent avec la vie, et c'est l'entrée du mal dans le monde : la faute, la peine, le châtiment. La matière, non plus en un concept abstrait et négatif, cette fois, mais avec la qualité sensible de la pesanteur, s'attache aux corps que l'âme se donne, et qui sont plus ou moins lourds et plus ou moins difformes, selon la profondeur de la chute. Enfin la doctrine des métensomatoses vient concilier le fait de la vie mortelle avec le concept de l'âme immortelle et responsable, punie ou récompensée selon ses fautes ou ses mérites acquis au cours de chacune de ses existences corporelles. La philosophie grecque revient ainsi, après de longs détours, à une vue de la destinée semblable à celle que Pythagore avait reçue de la tradition orientale, et que Platon, après Empédocle, avait accueillie. Le génie hellénique a accompli en philosophie son évolution propre.

La situation de l'âme dans le monde se présente, pour la doctrine néoplatonicienne de l'émanation, à peu près comme pour la religion brahmanique, à l'égard de chacune de ces phases qui se répètent éternellement et que les Indiens appellent des *Kalpas*. Il y a, indépendamment de la loi commune des transmigrations, des lieux de punition spéciaux pour les âmes les plus coupables. D'une autre part, une âme peut, durant une de ses existences particulières, se rendre digne par sa pureté, et par la pratique de la contemplation et de l'extase, de se réunir immédiatement à son principe divin. Là se place, comme on sait, la scission entre le brahmanisme (au moins l'orthodoxe) et le bouddhisme, selon que l'ascète espère une renaissance d'ordre plus ou moins élevé, ou son retour à l'Âme universelle, ou, plus absolument, son affranchissement définitif des vicissitudes de l'existence et la fin de tout mouvement de la pensée.

Le néoplatonisme se distingue éminemment des sectes philosophiques de l'Inde par l'élévation esthétique et morale de son idéal de vie, et par la théorie qui affecte à chaque âme sa place, en tant qu'Idée, dans l'Intelligence dont elle est descendue, en sorte qu'elle pourrait se sentir appelée à la reprendre, parce que c'est là qu'est la conscience toujours conservée de son vrai moi. Il faudrait pour cela que la dualité mystique de l'âme n'eût pas plutôt cette signification : que l'existence phénoménale et le moi empirique sont de simples apparences destinées à s'évanouir dans la réalité unique où l'indivision et l'immutabilité ne permettent d'existence qu'à l'universel. Mais Plotin n'arrête pas à l'Intelligence la rentrée de l'âme dans l'identité, il conduit l'âme, en son retour, jusqu'à l'Un. D'accord avec ce trait de doctrine, la description qu'il donne de la nature de l'extase, ou des moyens d'y parvenir, ne nous défend pas de confondre cet état mental avec le nirvana des bouddhistes : c'est, de part et d'autre, la recherche de l'évanouissement de la conscience par voie de suppression de tous ses modes de détermination connus. La fin dernière de l'amour, l'acte de la divinisation, serait donc, selon Plotin, l'extinction de la pensée.

La philosophie néoplatonicienne s'en tint à une esquisse de cette théorie des transmigrations sur laquelle les sectes religieuses de l'Inde avaient multiplié les mythes et greffé toute une vaste cosmothéorie des mondes célestes ou infernaux, et des lieux de séjour des dieux et des âmes. L'imagination populaire n'allait pas de ce côté, en Occident. Il est cependant probable que, sans le progrès du christianisme, sans la persécution qui ne tarda pas à les menacer, après la conversion de Constantin, les néoplatoniciens, — qui étaient aussi des façons de néopaïens — auraient entièrement rajeuni le polythéisme et fondé, par la combinaison de la mythologie gréco-romaine avec l'orphisme et le néopythagorisme, avec les soi-disant révélations chaldéennes et les prétendus mystères égyptiens (les livres hermétiques) une religion universelle, un catholicisme hellénique, dont l'émanation, la chute et les métensomatoses des âmes auraient fourni le dogme capital. L'envahissement rapide du syncrétisme le moins intelligent, dans l'école d'Alexandrie, après Plotin et Porphyre, la magie et la théurgie, les superstitions spiritistes accueillies par le très religieux Jamblique et par ses successeurs, la dévotion polythéiste de l'empereur Julien, son attachement à la théologie symbolique et aux sacrifices déposent avec certitude de ce qu'eût été le règne de la théologie issue du platonisme émanatiste sans la concurrence d'un autre système d'hypostases dû à l'alliance du monothéisme juif et du culte de Jésus-Christ. Mais la philosophie néoplatonicienne, arrêtée dans son expansion religieuse par la croissance bientôt irrésistible des sentiments nouveaux, épuisa ses forces dans l'élucidation du problème général de l'émanation.

La théorie de l'absolu divin et de l'acte divin de l'émanation impliquait contradiction par elle-même, car elle exigeait la conciliation du premier principe sans qualité et sans nom, étranger aux hypostases successives et à la nature relative du monde intelligible et des âmes, avec l'existence de la causalité providentielle du bien dans l'univers. La question, logiquement insoluble, était la même que de concilier Aristote et Platon, et on aurait tenu à se convaincre que ces deux grandes autorités avaient enseigné au fond la même doctrine. Beaucoup le croyaient en effet. Cependant, pour suivre Aristote et son naturalisme finaliste, il fallait abandonner le dogme de la Providence et toute la spéculation sur les âmes et sur leur destinée, rattachée à leur source divine. L'immortalité de l'âme, supposé qu'on la tînt pour admissible en elle-même, ne remontait pas à l'origine et au principe.

Si on évitait de faire descendre l'absolu dans le relatif, si l'on identifiait le Bien et l'Un de Platon avec la Pensée de la Pensée d'Aristote, qui n'émane pas, qui n'est que la *cause finale* de la nature, on devait sacrifier la thèse de la constante présence du supérieur dans l'inférieur qui en porte en soi l'idée affaiblie. Si, au contraire, on suivait Platon, on ne connaissait aucune explication rationnelle de ce lien de causalité entre le Bien, les Idées et les âmes ; on se trouvait sur la voie d'un panthéisme qui simplifierait la question, mais en menaçant de la supprimer ; c'est-à-dire que la causalité tendrait à se résoudre dans l'identité, les Idées et les âmes à se présenter comme les modes de la divinité. L'Un n'apparaîtrait plus que comme le composé infini des multiples, l'Intelligence comme l'ordre entier des genres et des espèces descendant de l'universel au particulier pour constituer les qualités de l'individu formé dans la matière. L'individualité réelle serait alors plus formellement bannie du principe des choses que dans les doctrines-mères de Platon et d'Aristote. La personnalité divine perdrait ce qu'elle avait gardé d'apparent, ou pour le langage elle se définirait par le *genus generalissimum* de l'Être. Les personnes ne seraient plus regardées que comme les images transitoires des exemplaires éternels, modelées suivant la loi vivante du grand tout. La croyance à la Providence divine pourrait se conserver en s'unissant à un concept de la loi universelle. La Providence implique, il est vrai, dans l'Être suprême, la conscience en principe ; mais la logique est moins consultée qu'on ne croit pour la composition des doctrines.

La dégénération du platonisme, dont nous indiquons ici la marche, ne se produisit pas dans l'antiquité, mais les principales hérésies opposées à la personnalité divine et à la création, pendant le moyen âge, furent inspirées par cette interprétation de la théorie des Idées avant que l'Aristotélisme interprété par les philosophes arabes ou juifs eût introduit en Occident une autre source de conceptions panthéistes, au fond peu différentes.

Les débats sur la théorie de l'émanation et sur les rapports du platonisme et de l'aristotélisme en leurs concepts de Dieu et du monde se prolongèrent longtemps après Plotin dans l'école d'Alexandrie, puis dans l'école d'Athènes, où prit fin par un acte d'autorité impériale, sous Justinien, la philosophie hellénique. Le platonicien célèbre de cette dernière école, Proclus, porta à l'extrême tous les traits de doctrine que les successeurs de Plotin et de Porphyre, à Alexandrie avaient déjà si fortement poussés dans le sens du syncrétisme, des superstitions et des opérations théurgiques, et de la multiplication des entités théologiques. Orphée, Zoroastre, Hermès, les prêtres chaldéens étaient préconisés comme ayant donné, dans la haute antiquité, le même enseignement que Platon et que Pythagore ; cet enseignement, selon Proclus, ne se transmettait pas tant à l'Intelligence par une méthode rationnelle, que les fruits ne s'en obtenaient par la foi ($\pi i \sigma \tau \iota \varsigma$), et on entrait dans la foi par la théurgie. Ce philosophe avait des songes prophétiques, des apparitions, il conversait avec les dieux de différentes nations (celui des chrétiens excepté). Son biographe Marinus rapporte de lui des miracles. Mais on en avait aussi attribué à Plotin.

Les superstitions de ce genre vulgaire, qui peuvent s'approprier à toutes les religions, s'alliaient, dans le néoplatonisme, à la plus haute et à la plus ardue métaphysique, grâce à la chaîne des hypostases, des dieux, des démons, et des âmes, qui descendent de l'unité suprême et vont s'enfonçant dans la matière. L'un était conçu par Proclus comme ineffable, à un degré dépassant, s'il se pouvait, le degré d'incompréhensibilité de l'Un de Plotin; car il est *imparticipable :* il n'est ni intelligent, ni intelligible comme la pensée, qui peut se penser elle-même ; ni essence, ni être, ni cause, mais il est, pour cela même, d'autant plus cause, car tous les effets sont ses effets. Ce mystère est éclairci par une contradiction : le genre d'émanation qui appartient à l'Un est un *abaissement,* mais, où l'Un n'entre lui-même pour rien ; c'est sa nature nécessaire qui déchoit, devient multiple ; et c'est des multiples, ce n'est pas de l'Un que participent les intelligences. La deuxième et la troisième hypostase étant dans ce même rapport, chacune avec ses productions respectives, il n'est besoin nulle part de l'action démiurgique, si ce n'est en un sens qui n'a plus rien de commun avec une création. Elles connaissent leurs effets en se connaissant : l'Un (qui est immuable), en connaissant les changements de sa nature déchue ; l'Intelligence (qui ne pense pas), en connaissant les Idées, et l'Ame unique en connaissant les âmes. Chaque hypostase ne connaît et n'aime que soi, et l'inférieur ne connaît le supérieur que dans ce qui en émane. Toutes ces contradictions passent pour profondeur.

Les hypostases forment une trinité, mais de chaque

hypostase, à son tour, une trinité dérive. Ainsi, dans la première, c'est de la Limite et de l'Infini, ou matière, que dérive la nature des choses, et ceci est un trait de doctrine venu des pythagoriciens. Dans la seconde, la même opposition et la même synthèse du limité et de l'illimité donnent l'Être, et au-dessous de l'Être la Vie, et au-dessous de la Vie l'Intelligence. C'est un ordre descendant qui suit l'ordre de généralité des phénomènes dans la nature, conformément à l'esprit de l'idéalisme platonicien.

Les Idées ne sont point, pour Proclus, des concepts, humains ou divins qu'on les envisage, mais de vrais sujets en soi, des substances, des causes à la fois efficientes et finales. L'être intelligible de l'Intelligence, pur, d'un côté, indépendant et séparé, forme de l'autre, une procession d'entités partout et tout entières présentes pour servir à l'élévation de l'Ame vers la connaissance.

Aux premières trinités de Proclus, il s'en rattache une multitude d'autres qui font de son système une immense construction dialectique de sujets à la fois idéaux et réels, analogue en ceci à la logique réaliste d'un disciple célèbre de Kant, et fondée comme elle sur la synthèse de l'être et du non-être (la même en effet que celle de l'affirmation et de la négation, de l'Infini et de sa limite). L'Un, ce *sur-être* de Proclus, est aussi un non-être au commencement du système. Sa meilleure définition, telle que la perfectionna Damascius, le dernier de ses successeurs à l'école d'Athènes, le présente comme une nature qui ne peut être pensée parce que toute pensée pose une relation ; aucun nom ne lui convient, on ne peut que dire ce qu'il n'est pas, et ce qu'il n'est pas, c'est toute chose qu'on peut dire. Et, à la fin du système, là où se place le plus bas degré de l'émanation, c'est le non-être qu'on retrouve, sous le nom de la Matière, ce *sous-être* dont la définition est précisément celle du sur-être, qui est l'Un. La Matière n'est ni être ni essence, elle est sans qualités, indéfinissable, non pas, dit Proclus, parce qu'elle est au-dessus, comme l'Un, mais parce qu'elle est au-dessous de ce qui se peut définir. Cette différence, n'en étant pas une qualifiable, de genre ou d'espèce, ne change intrinsèquement rien à l'idée de ce sujet qui serait la Matière. Elle demeure nulle. Le point de départ et le point d'arrivée de l'évolution dialectique de l'Un se rencontrent donc dans le même concept, et ce concept est celui du néant. La fin proposée à l'homme, la rentrée dans l'Un son principe, est la même que la fin de la descente universelle de l'Être. Damascius ne craint pas de la nommer la Nuit, le Chaos, l'Abîme, *d'après les oracles chaldéens*. En tant qu'elle ne serait pas, en dernier mot, le non être, on pourrait donc l'assimiler au chaos que Platon, dans le *Timée*, pose pour la matière du monde, avant l'action du Démiurge. Entre les deux termes extrêmes, que rapproche ainsi la commune impossibilité de les définir comme quelque chose, mais qu'éloignent infiniment l'un de l'autre le pur concept de *ce qui est* et le pur concept opposé de *ce qui n'est pas*, il s'agit de placer un intermédiaire qui soit l'univers. Il n'y en a point, mais Proclus le voit sans peine dans ce que, en dehors de la métaphysique de l'absolu, on appelle justement l'être. Avec le goût subtil qu'il a pour abstraire et multiplier les rapports, qu'ensuite il réalise, il définit l'âme universelle, les âmes individuelles, divines et humaines, et de plus un paradigme et un démiurge, qui sont encore des abstractions servant à rattacher les âmes à l'intelligible de la deuxième hypostase, et par celle-ci à la première : trinités élevées les unes sur les autres.

L'âme se distingue essentiellement des hypostases,

en ce qu'elle ne possède pas cette éternité qui concentre le temps dans l'instant, mais seulement celle du temps mobile, le devenir, avec l'incorporéité et l'incorruptibilité. Les âmes prennent des corps, tombent dans la génération, et en parcourent tous les degrés, montant ou descendant, s'approchant ou s'éloignant de Dieu. Proclus semble plus que les autres philosophes de son école admettre un libre arbitre *réel* comme fondement de la responsabilité des âmes, mais ce n'est chez lui qu'une apparence, parce qu'il n'en donne pas la *réalité* comme indépendante de l'usage bon ou mauvais qu'en peut faire l'agent ; et c'est une manière de la nier.

S'il n'y a pas de limite fixe à la possibilité de descente des âmes dans la matière, il y en a une, au contraire, à leur ascension vers le bien ; le retour de l'âme à son premier principe qui est celui de l'émanation s'opère par l'extase, dans la doctrine de Proclus, comme dans celle de Plotin. L'extase est cet état volontaire de dénudation du *logos* où l'objet et le sujet de la pensée, se confondent et s'évanouissent. On y parvient par des actes progressifs de renonciation aux sensations, à l'imagination, au désir, et en se dépouillant de l'opinion et de la science, afin de s'appliquer à la contemplation de la pure essence de l'Intelligible. La rentrée dans l'Un est pour l'âme une *enthéose*. La méthode pour y parvenir est celle des bouddhistes pour atteindre au *nirvana*.

Si nous comparons ce système néoplatonicien à celui que l'école de Kant devait donner tant de siècles après pour le dernier mot du savoir humain, en une suite d'entités de logique réaliste, nous remarquerons que, avec des termes différents, le point initial est des deux parts le même : la synthèse de l'affirmation et de la négation. Chez Proclus, le devenir est la descente de l'être du non être. Il traverse les hypostases, entre dans la nature et, en atteignant l'homme a le pouvoir de remonter à son principe et de s'*enthéoser*. Le cercle de l'existence peut ainsi se fermer. Le devenir, chez Hegel, est une ascension, le terme initial n'étant point caractérisé comme la perfection divine, mais il n'a pas, comme la logique le voudrait, un terme final, qui correspondrait en ce cas à la fin de la descente universelle, où se place la pure matière pour le platonisme. La progression s'arrête en réalité à l'homme. Mais l'homme, en tant qu'individu, est, pour l'hégélianisme, un être éphémère, et, en tant qu'appartenant à l'universel, il est borné à la simple prise de connaissance, à laquelle il peut s'élever, — s'il est philosophe hégélien, — de l'ordre nécessaire des choses dans lequel il se reconnaît sacrifié. On voit que le cercle ne se ferme pas logiquement. Ou bien il faudrait dire que l'aboutissement du progrès à l'homme est un aboutissement au néant. La comparaison n'est pas à l'avantage du génie moderne. Des deux côtés, le sacrifice de l'individuel à l'universel est la fin de la spéculation, et, sous ce rapport, Hegel se classerait dans le camp des philosophes néoplatoniciens, si ce n'était que l'universel est pour lui une abstraction doublement morte où la destinée de l'individu est de s'absorber *sans se diviniser*.

La différence de l'esprit platonicien et de l'esprit aristotélicien, dans les derniers siècles de la philosophie hellénique, consiste en ce que le premier envisage surtout le monde comme formé et régi par l'universel en sa descente de l'Un : d'où la tendance panthéiste. Le second regarderait plus volontiers le principe au point de vue de la fin qu'Aristote place dans la *pensée de la pensée*, et pourrait, s'il était logique, imaginer, au lieu d'une émanation du Bien, une ascension des puissances de la Nature vers le Bien, sous l'action de cette pensée suprême comme cause finale ; mais alors la doctrine de la Providence perd son fondement, l'idée de la cause efficiente s'affaiblit, la réalité semble devoir se transporter de l'universel à l'individuel. Malgré une si notable opposition, les combinaisons, les interprétations et les subtilités des commentateurs autorisaient la croyance à la possibilité de concilier les deux méthodes qui, sous l'autorité des deux plus grands noms de l'antiquité se disputaient l'empire de la philosophie. Sur la fin, les commentateurs d'Aristote semblaient gagner la prépondérance, mais Boèce, au commencement du vi[e] siècle, en son *Introduction aux Catégories*, prenait encore avec ses lecteurs l'engagement de démontrer l'accord fondamental des doctrines d'Aristote et de Platon. C'est une promesse qu'il n'a pas tenue.

LIVRE V

LE NÉOPLATONISME CHRÉTIEN

CHAPITRE XXI

LE SYSTÈME DES HYPOSTASES DANS LE CHRISTIANISME

En ce qui touche les concepts inventés pour la conciliation de l'absoluité divine avec l'ordre des relations qui est le monde, œuvre de Dieu, la différence n'était pas grande entre un philosophe polythéiste et un chrétien philosophe, à la fin du IIe siècle, à l'époque où Ammonius Saccas, chrétien de naissance, retourné au paganisme, avait dans son école des disciples des deux religions. Il leur enseignait, sous le sceau du secret, ce qu'il appelait peut-être le mystère de Platon, et qui n'était autre chose que la doctrine des hypostases, déjà connue sans doute à Alexandrie, depuis le temps de Philon le Juif, mais non pas fixée et enseignée comme elle le fut par Plotin, disciple de cet Ammonius. Sur l'hypostase du Père, d'abord, un chrétien ou un Juif, un gnostique ou un platonicien s'entendaient pour déclarer la nature divine *première* hors de l'atteinte de la connaissance. Dans cette vue, très expressément et de tous côtés, une deuxième hypostase avait paru nécessaire pour représenter un dieu connaissable, sous les attributs caractéristiques de la nature humaine : l'intelligence, ou les idées, la raison, la parole. On se les représentait portés à leur perfection et formant une entité sous un terme convenu, le *Logos*, distingué de Dieu. Il restait seulement à expliquer le rapport de ce Dieu second avec le Dieu premier, inconnaissable. Une troisième hypostase devait ensuite répondre au besoin d'appliquer la seconde, stable par définition, à la vivification du monde et des âmes, sans que son immutabilité propre eût rien à souffrir. La même notion réaliste qui, pour un certain panthéisme vague, est l'esprit universel (*spiritus intus alit*), pour le stoïcisme, l'Ame du monde (reconnue et spiritualisée par le néoplatonisme), pour Philon l'Esprit saint, devient pour le christianisme, en gardant ce dernier nom, l'agent mystique qui accomplit dans les âmes l'œuvre de la rédemption, et auquel est attribuée dans la totale essence divine une valeur hypostatique. Ainsi, à ne considérer que la conception logique, il y aurait à reconnaître au christianisme et au néoplatonisme une seule et même application de la métaphysique réaliste à la constitution de l'idée de Dieu.

Mais la signification des hypostases, polythéiste en la forme, passe, dans le christianisme, au sens voilé de ce que la théologie greffée sur la religion a nommé un *mystère*. Les fondateurs du dogme catholique visèrent à conserver ces entités en accordant la méthode qui les crée avec les croyances essentielles du christianisme. Elles s'imposaient à eux, parce qu'il n'y avait plus pour les penseurs, après le premier siècle, et pour longtemps, qu'une seule méthode philosophique. Cette méthode en commandait l'emploi aux docteurs chrétiens, et devait en même temps les engager en d'inévitables contradictions, différentes de celles qu'impliquait la doctrine de l'émanation, mais plus choquantes, parce qu'elles n'étaient plus du seul ressort de la métaphysique. La foi chrétienne est inséparable de la croyance à la personnalité de Dieu, et la théorie des hypostases semblait inventée pour remplacer la personnalité par des symboles. Elle n'était même pas autre chose au fond.

Sur les deux points fondamentaux de la religion : la nature de Dieu, l'origine du mal, la séparation était profonde entre le christianisme, à sa naissance, et le polythéisme antique résumé et condensé par le néoplatonisme. Sur tous deux, la méthode réaliste, que les docteurs chrétiens ont embrassée comme les alexandrins, a fait dévier la doctrine chrétienne de sa voie logique. Le monothéisme et la personnalité de Dieu créateur du monde, croyances qui, réunies, étaient l'héritage du prophétisme israélite, régnaient au premier siècle parmi les chrétiens ; ils y ajoutaient, sans songer à les démentir, la filiation divine de Jésus le Christ, c'est-à-dire le Messie, avec un sens mal déterminé qu'ils attachaient à l'idée de filiation. Pendant ce même siècle, et par l'œuvre de l'*Apôtre des nations*, s'introduisit dans le christianisme la doctrine du péché comme inhérent à la nature humaine, mais dont la peine, qui était *la mort* (inhérente à cette même nature), était rachetée par la foi du Christ chez ceux qui s'unissant par l'esprit à son sacrifice obtenaient après cette vie la résurrection en lui. Cette religion toute relative à l'homme naturellement mortel, à sa condition terrestre et à sa fin individuelle, était très opposée au mythe de la chute des âmes. Elle ne l'était pas moins, *dans l'origine*, à l'idée que l'état de pécheur fût imputable à l'individu autrement que comme homme et membre de sa nation, et lui méritât une peine éternelle à titre d'expiation d'un certain acte de prévarication de l'ancêtre commun des hommes.

La méthode réaliste a rendu, par l'introduction des hypostases dans le monothéisme, la personnalité divine inconcevable dans son sens intégral, et, par la concentration du péché sur une tête unique, le caractère de la faute insaisissable chez les autres hommes, sa transmission incompréhensible. La peine ne pouvait, à ce point de vue, paraître juste qu'en donnant un sens réel à la fiction des personnes humaines réduites à l'unité, ce qui est contradictoire à l'idée morale de personne. Ce double effet du réalisme s'explique en ce que cette méthode, visant partout à faire passer les propriétés de l'individuel à l'universel, tend à annihiler l'individuel, et porte atteinte à la réalité de la personne en séparant d'elle des attributs pour les ériger en entités métaphysiques.

L'acceptation de l'Évangile selon Jean par les Églises, au commencement du second siècle, identifiant le *Logos* hypostatique de l'alexandrin Philon avec le Messie, Fils de Dieu, de la tradition des prophètes palestiniens, fut une alliance du christianisme avec la philosophie de ce temps, sous la forme qui était et allait être de plus en plus en vogue pour représenter l'essence intelligible de Dieu, sans toucher à la dignité supérieure, incognoscible de sa nature. Ce dut paraître une meilleure invention d'exégèse, de pouvoir dire aux païens : votre *Logos*, dont vous faites un arcane de spéculations abstraites, est un être vivant ; c'est lui, descendu dans le monde, ce Messie Jésus, que vous méconnaissez, dont l'œuvre théurgique incomparable atteste la mission divine. Le succès de cette imagination d'un disciple de l'apôtre Jean, dans l'Église d'Éphèse, a rendu pour jamais impossible l'accord logique de la personnalité de Dieu avec la personnalité du *Christ, Homme-Dieu*. On nie logiquement ou le monothéisme, ou la distinction des personnes, en donnant un sens confus à l'idée de personne que les religions avaient toutes et toujours assez défini en regardant les dieux comme doués de connaissance et de volonté. D'une autre part, l'incarnation du *Logos* était le recul de la foi judaïque à une mythologie de bas ordre.

S'il se fût agi d'une franche mythologie, telle que le vichnouisme avec ses avatars, ou le vieux polythéisme hellénique avec ses métamorphoses, l'idée de l'incarnation n'aurait point créé d'embarras. Mais, pour le christianisme, issu théologiquement du judaïsme, il était également difficile de comprendre l'union de l'être de Dieu avec un corps borné et misérable, le passage de l'un dans l'autre, ou d'avouer qu'il ne fallait entendre la chose qu'au sens figuré. On crut, dans une certaine secte, que l'auteur de l'Évangile selon Jean n'avait voulu attribuer au *Logos*, venu parmi les siens, les *fils de Dieu*, les amis de la *Lumière*, que l'apparence d'un corps humain. Et après qu'il eut été convenu que le Logos était venu au monde en une vraie chair d'homme (*caro factum est*), la question logique demeura sourdement insoluble. Un docteur scolastique célèbre, le *Maître de sentences*, au cœur du moyen âge, demandait, naïvement peut-être, comment on devait entendre ces expressions orthodoxes : *Dieu a été fait homme, le fils de Dieu a été fait fils de l'homme ?* Est-ce qu'il se peut *que Dieu ait été fait quelque chose ?*

Le mot latin *persona* s'était étendu peu à peu de l'idée de masque à l'idée de rôle, ou de personnage tenant un rôle, et, de celle-ci, à l'acception devenue commune de personne. Ce dernier sens existait déjà au IIe siècle et fut employé par les jurisconsultes, dans la suite, pour désigner l'agent, par opposition à l'action ou à la chose faite. Il n'y eût eu rien de plus simple, puisqu'on professait le monothéisme, que de regarder les hypostases définies par les philosophes émanatistes comme les noms des attributs principaux du dieu unique et créateur ; mais il fallait en ce cas définir la divinité du Christ, non comme l'identité avec Dieu par consubstantiation, mais comme la participation aux attributs, ou sous quelque mode du genre de ceux dont le prophétisme juif s'était servi pour se représenter la personne du Messie dans le plan du monde, dès son origine (*à la droite de Dieu*, en termes symboliques usités). Cette doctrine, logiquement défendable, ne put prévaloir sur le fanatisme. D'un autre côté, l'attribut de la personnalité ne pouvait pas, pour les chrétiens, se détacher de la notion d'hypostase, parce que le Fils, unissant la *nature humaine* à la *nature divine*, devait nécessairement posséder, à titre d'homme, la conscience personnelle. En outre, l'idée du Père s'éloignait trop peu de celle de Dieu absolument parlant, et elle était trop personnalisée par la forme consacrée du dogme de la rédemption, suivant laquelle le Père commandait au Fils (ou acceptait du Fils) le sacrifice requis pour le salut des hommes, pour qu'il fût possible de réduire la première hypostase, plus que la seconde, à l'impersonnalité. Ne pouvant donc ni renier le monothéisme, ni éviter de personnifier les hypostases, les évêques fondateurs du dogme décrétèrent une théorie d'après laquelle Dieu, l'Éternel, qui était une personne, devait être uni substantiellement à une autre personne, éternellement engendrée par elle, et ne formant qu'un seul et même dieu avec elle, et si différente d'elle, cependant, qu'elle devait se faire homme, et subir le dernier supplice en qualité d'homme, sans que la première personne, sa consubstantielle, reçût aucune atteinte en son immutabilité. Cette étrange conception, imaginée tout exprès pour être un mystère, comme ces docteurs la nommèrent, humainement irrévélable, dut à son tour donner l'entrée, par voie de *procession*, fut-il dit cette fois, et non plus de *génération*, à la troisième hypostase; et celle-ci reçut la même qualification de personne, sans que l'on vît comment son caractère et sa fonction comportaient une personnalité distincte.

Le sens particulier que la théologie aurait à donner au terme de *personne* pour éviter la contradiction n'a jamais été défini. Les termes de *nature* et de *substance*, également employés dans l'énonciation des dogmes, ne l'ont pas été davantage. La doctrine orthodoxe est une sorte de philosophie dont la terminologie est fixée sans que la signification des termes soit éclaircie. L'autorité ecclésiastique, qui décrète ce que le fidèle doit croire, a toujours condamné les interprétations de la foi, dans le dogme de la trinité, quand elles ont tendu à le formuler en termes logiquement acceptables. Ce dogme systématiquement irrationnel, avec la prétention de ne l'être pas, et qui se trouve en somme incompatible avec l'application de la notion de personne à Dieu, à Dieu absolument parlant, a été fatal à l'humanité par la séparation et l'hostilité permanente qu'il a rendue inévitable entre des nations fanatiques. La supériorité que le pur monothéisme pouvait s'attribuer à bon droit sur la triple hypostase du polythéisme platonicien, en réclamant pour la Personne suprême le titre de la divinité usurpé par des abstractions, fut annulée par la proscription de l'arianisme. Il est vrai que la croyance à la personnalité divine se conserva populairement, en dehors de la théologie, par le culte de l'Homme-Dieu, Jésus-Christ, à peu près substituée au culte du Père; mais le dogme de la trinité consubstantielle devint une cause d'éloignement pour les hommes de raison, et celui de l'incarnation la source d'un nouveau genre de polythéisme qui a pris son centre dans le culte de Marie, mère de Jésus.

CHAPITRE XXII

LES DEUX DOCTRINES DE L'ORIGINE DU MAL

Après la question de la nature de Dieu, celle de l'origine des âmes vient immédiatement et amène avec elle celle de l'origine du mal, parce que toutes les âmes sont souffrantes : et toute douleur est la souffrance d'une âme. *Omnis natura ingemescit.*

La doctrine platonicienne des *Idées* et des âmes n'avait trouvé que dans l'hypothèse de la *chute des âmes* une vue générale qui répondît au problème de l'origine d'un ordre de créatures auquel pût se rattacher l'espèce humaine en ses qualités morales, avec l'explication des maux et des peines dont elle est accablée, tandis que les individus sont possédés d'une idée constante du bien *qui devait être*, à laquelle l'expérience donne le démenti. Le concept de la substance psychique était sorti, pour la religion et pour la philosophie, des plus anciennes imaginations mythologiques. L'idée de la chute avait un fondement dans les mythes de la haute antiquité, communs à plusieurs nations, qui ont trouvé leur forme hellénique dans la révolte des Titans, suivie de leur punition dans le Tartare. Le polythéisme, les cosmogonies, les traditions fabuleuses des familles favorisaient la croyance à l'unité physiologique originaire des hommes et des dieux. La doctrine de l'émanation ne s'éloignait donc pas de l'esprit de l'antiquité grecque, mais plutôt le traduisait philosophiquement en plaçant dans le troisième degré de la descente de l'Un, celui qui conduit de l'Ame du monde aux âmes individuelles, un péché originel, une tentation à laquelle elles auraient cédé plus ou moins, et qui aurait eu pour conséquence une division et un classement des formes des êtres, dieux, esprits, hommes et animaux de toutes espèces, et, pour loi de transformation selon les mérites, la métempsychose. En ce qui touche le péché et la punition, on reconnaissait encore là la démiurgie du *Timée*; mais l'émanation, en substituant au mythe démiurgique une évolution descendante, rattachée au premier principe, pouvait remettre la doctrine qui avait séduit jadis Pythagore et Platon sur la voie du panthéisme brahmanique, d'où peut-être elle était jadis venue jusqu'à eux.

La question de l'origine des âmes et du mal se présentait au christianisme sous des termes bien différents, au moins du côté de la tradition judaïque. Là, dans la haute antiquité, il ne s'était pas agi d'âmes séparables des corps, mais d'hommes terrestres punis ou récompensés par leurs dieux. L'œuvre des prophètes répandit chez les juifs l'enseignement de l'unité de Dieu et de la loi morale. Puis les emprunts au mazdéisme introduisirent la doctrine de la résurrection des corps et de la rétribution après la vie. Ce fut aussi, avec la loi d'amour substituée à la loi rituelle et au formalisme judaïque, le thème principal du messianisme de Jésus. L'Apôtre des nations enseigna la corruption et la mortalité *naturelle* de l'homme, la rédemption, la résurrection par la foi, et ne mentionna point de peine autre que la mort pour le pécheur. Le péché originel était, à ses yeux, le vice inhérent à la nature animale de l'homme, vice *hérité* du protoplaste, en ce sens, qu'il est commun à ceux de la race, tout ainsi qu'il a été le fait de l'ancêtre. Si l'Église eût suivi la doctrine pauliniste, au lieu de l'interpréter grossièrement, et même à la fin dans un sens odieux, le problème de l'origine première de l'inclination au mal serait resté dans le recul obscur de la création de l'âme, où l'Apôtre n'avait pas tenté de pénétrer, et le christianisme n'aurait pas été engagé, par une application fatale de la métaphysique réaliste, dans la doctrine augustinienne, la plus grande aberration peut-être du sens moral dont on puisse accuser le dogmatisme.

L'influence du platonisme sur les docteurs de l'Église, après le premier siècle, fit accepter peu à peu la formule de l'*immortalité de l'âme*, au lieu de celle de la *résurrection* strictement entendue (celle des Juifs et de saint Paul), pour exprimer la foi chrétienne en la vie future. Mais la théorie des âmes, sauf une grande exception, dans l'origénisme, qui fut proscrit, et, après de longs efforts, exterminé, allait aisément au panthéisme polythéiste : on le voyait par l'exemple du néoplatonisme. En effet, l'hypothèse de la chute des âmes faisait sortir l'origine du péché de l'enceinte de l'espèce humaine; la création de l'âme elle-même se présentait avec une généralité qui franchissait les bornes hors desquelles la tradition biblique ne fournissait aucun moyen de s'éclairer sur l'origine et la destinée de l'homme. Le mythe de la révolte des anges occupait une trop petite et obscure place dans les livres saints pour supporter une construction dogmatique en se liant au mythe de la tentation dans le paradis terrestre. Le rapport du second de ces documents au premier ne vint que de l'assimilation du Serpent symbolique du livre de la *Genèse* à l'un de ces esprits mauvais, ou envieux, dont les traditions, si communes dans l'antiquité, sous diverses formes, rapportaient les tentatives d'usurpation sur la divinité.

En somme la question générale des âmes était écartée, et les anges laissés à l'arrière plan mystérieux et sacré d'une création d'une autre nature que celle de l'homme, parce qu'on craignait les hypothèses transcendantes des néoplatoniciens. Les Pères de l'Église, ceux de l'Église latine surtout, qui l'emportèrent sur les Pères grecs, après une lutte prolongée, avaient adopté une méthode de limitation des dogmes à définir, qui retint le christianisme sur un chemin dont ils croyaient voir l'issue dans la philosophie alexandrine, c'est-à-dire dans la croyance à l'éternité des carrières de la vie avec les vicissitudes de la transmigration. Ils eussent été en cela bien inspirés, s'ils n'étaient tombés dans une imagination pire : l'éternité des peines pour la plus grande partie du genre humain. L'état de la question, après la mort d'Origène, pour les penseurs de ce temps qui, tout en combattant avec ardeur l'opinion que les âmes seraient des émanations du principe divin, tombées dans la matière, — la matière qui serait le mal, — ne trouvaient dans leurs livres aucune doctrine positive à opposer aux vues de cette espèce, l'état de la question, disons-nous, était le choix laissé entre trois hypothèses :

Croire que les âmes humaines, toutes antérieurement créées, viennent, par ordre divin, animer les corps à un certain moment de la génération physique ; — ou que Dieu crée séparément les âmes, chacune au moment seulement où le requiert l'acte de la conception d'un corps humain ; — ou qu'elles descendent toutes de l'âme du premier homme par une transmission parallèle à celle de la vie animale ; qu'elles en descendent et qu'elles en portent la coulpe et en méritent la punition. Ces opinions épuisaient réellement le sujet, dans les limites convenues, et pourtant pas une des trois n'était conciliable avec la situation faite au penseur chrétien par l'acceptation littérale ou par une interprétation plausible des légendes de l'origine de l'homme et du péché originel.

La première avait contre elle, outre la difficulté physiologique du choix du moment, l'embarras de savoir que faire des âmes entre l'époque de leur création et les temps où elles sont appelées à entrer dans les corps, alors qu'on ne connaissait aucune hypothèse, — en dehors de celle d'Origène, qu'on repoussait, — qui permît de lier la vie humaine terrestre à une vie antécédente, et de trouver un lieu autre que la terre où placer l'habitation et les conditions de vie de l'homme, et le lieu du péché, et le théâtre de la corruption de la nature.

La seconde opinion rompait l'unité de la création sur le point principal : la création de l'homme, en supposant les âmes créées accidentellement, sans rapport entre elles, sans aucune raison donnée qui les destine à un corps plutôt qu'à un autre, et placées dans des conditions inégales et arbitraires; car le péché originel, dont le concept implique une liaison entre les individus qui en portent le poids, ne se comprend plus si chaque particulier doit avoir le sien et subir l'épreuve dans des circonstances qui lui sont particulières. Cette hypothèse, imaginée en réaction absolue contre celle d'Origène, par un des plus illustres Pères de l'Église, qui avait d'abord été origéniste, compose l'humanité d'âmes créées hors de son sein, et ne fournit aucune explication de la destinée qui les soumet de prime abord aux misères de l'existence humaine en les créant.

Le troisième système prend le contrepied du second, tout en restant dans un égal éloignement de l'origénisme. A l'individualité de l'âme il oppose l'unité de la race. L'âme d'Adam, premier géniteur, est aussi l'âme de ses descendants : son péché est leur péché. C'est un réalisme à la seconde puissance, qui tire des subtances d'une substance, des individus d'un individu, comme le réalisme ordinaire fait sortir d'un sujet des attributs et des modes! Nous étions tous, dit saint Augustin, *dans cet un*, et *nous étions cet un* qui, tenté par la femme, a péché. Les individus n'étaient pas encore là à l'état séparé, mais cette *nature séminale* y était qui, corrompue par le péché, nous a voués tous à la perdition éternelle. Ce péché est ainsi actuel chez chacun, et le condamne personnellement, ainsi que solidairement.

Thomas d'Aquin devait, bien des siècles plus tard, trouver le moyen de matérialiser cette fiction réaliste, en imaginant que la *volonté* du protoplaste, en son péché, continuait de mouvoir par le canal de la génération, ainsi que l'âme meut les membres, les volontés des descendants, sans préjudice d'ailleurs de leurs autres péchés ! péchés individuels qui n'ont pas été le péché d'Adam. Mais celui-là suffit pour que les enfants d'Adam naissent tous coupables, et voués de ce fait aux peines éternelles.

La théorie du péché de saint Augustin et son déterminisme absolu ont introduit dans la théologie scolastique des *articles de foi* qui, consacrés en grande partie par les Conciles œcuméniques, et toujours maintenus par l'autorité ecclésiastique, doivent passer pour acceptés, tout au moins dans les contrées catholiques. S'ils n'étaient pas devenus lettre morte, encore bien qu'ils n'aient nullement fait place, dans le christianisme, à une théodicée et à une eschatologie bien éclaircies, il faudrait dire que cette grande religion de l'Occident enseigne des dogmes *plus manichéens* que ne faisait la religion de Manès, ou de ses maîtres Mazdéens, au temps où elle luttait encore contre le catholicisme et avait saint Augustin lui-même pour adhérent; car cet ancien manichéisme admettait la réconciliation finale du monde déchu avec Dieu, tandis que la doctrine chrétienne traditionnelle enseigne que le monde du châtiment et de la douleur doit prolonger sous les yeux de Dieu et des saints une existence sans terme après l'expiration des jours de l'épreuve.

On n'a qu'une idée abstraite et décolorée d'un tel dogme, à une époque où l'on ne sait plus bien ce qu'on croit et ce qu'on ne croit pas, où l'on ne tient pas à le savoir, mais où le mensonge est devenu de toutes parts coutumier et officiel. Il faut se figurer la croyance orthodoxe avec ses anciens accompagnements d'imagination, avant la froideur positiviste de notre âge, aux temps d'affolement de la foi, quand le partage du monde entre Dieu et Satan avait presque l'autorité d'un fait, chacun croyant son âme disputée entre le bon et le mauvais ange, et, d'un côté ou de l'autre, sa conscience aliénée d'elle-même; quand on tenait pour voué aux flammes éternelles l'homme mourant non baptisé ou sans l'absolution du prêtre, et qu'on voyait l'action du démon dans les membres convulsionnés d'un fou, et le corps de la seconde personne de la Trinité, faite homme, miraculeusement substitué à d'innombrables fragments de matière à la fois, sans se diviser. Les croyances magiques donnaient la vie à la doctrine des sacrements et annulaient l'autorité de l'expérience et de la raison. La démonologie, autre fléau, descendu de l'antique Chaldée, passé dans le mazdeisme et dans le judaïsme, introduit dans le monde hellénique, avait présidé, dans l'Étrurie, dès la haute antiquité, a la conception sacerdotale d'un enfer peuplé de démons difformes et cruels, auxquels la divinité souterraine aurait confié la mission de supplicier les impies. C'est cet enfer des croyances populaires de l'Italie, qui, allié à la mythologie grecque du Tartare et aux superstitions démonologiques des juifs, s'imposa par tradition au christianisme.

Pour n'avoir jamais été dogmatiquement définie peut-être, l'attribution de la forme matérielle aux peines infernales et à leurs agents d'exécution ne laisse point d'être confirmée, et non pas seulement dans les imaginations, par l'histoire de l'Église. Les abominables procès de sorcellerie, les bûchers, les exorcismes, dont les formules ne sont nullement périmées, témoignent de l'inhérence de la doctrine démonologique la plus grossière au catholicisme. La croyance à la criminalité de l'hérésie, l'inquisition et les supplices pour la découvrir et pour la punir, tout autant que cette Église a pu en obtenir ou en conserver le pouvoir, montrent l'idée que le sacerdoce se faisait de la justice de Dieu. C'est celle qu'il exerçait en son nom. Voilà ce qu'il faut se bien représenter comme le développement naturel d'un système de dogmes que nous n'observons aujourd'hui que du point de vue d'une époque où l'indifférence, d'un côté, la satire, de l'autre, les ont gravement atteints et peuvent nous les faire paraître abandonnés, ce que certainement ils ne sont pas. Leur sincérité littérale s'est affaiblie, mais ils conservent leur racine dans la disposition réaliste de l'imagination. Le réalisme naïf a produit dans l'antiquité un spiritisme qui personnifiait le principe du mal en des êtres imaginaires, auteurs ou tentateurs secrets d'œuvres mauvaises, tourmenteurs des hommes, employés tantôt à les pousser au mal et tantôt à les punir de l'avoir fait. Le caractère d'agent moral s'est altéré, pour l'homme qui a rapporté ses passions à des suggestions (tout comme ses douleurs à des intentions nuisibles externes), au lieu de se reconnaître à lui-même des pensées et des sentiments dont il lui est possible de se rendre maître, et dont il est reponsable. Un réalisme profond et laborieux a fait ensuite une entité du péché en soi, que le théologien a supposé transmissible d'une personne à d'autres qui en deviendraient en commun les supports, sans aucun acte personnel de leur part, et s'identifiraient tous ainsi, comme pécheurs, avec la personne d'un pécheur unique. Pourquoi pas alors avec la personne du diable, premier suppôt du péché? Il eût été logique, à ce point de vue, d'étendre l'identification jusqu'à celle du Père de l'humanité avec le Père du péché, ce qui d'ailleurs ne contredisait pas un langage consacré.

Le monde que cette doctrine déclare éternellement préparé, dans les conseils divins, pour le règne partagé des principes du bien et du mal, est le même que le théologien est obligé de tenir pour l'œuvre du Dieu parfaitement bon et tout-puissant. L'optimisme est donc imposé au théologien, et il est aisé de juger à première vue qu'il ne trouvera pas d'autre moyen d'éviter la contradiction que de soutenir l'une de ces deux thèses : ou que ce qu'on appelle le mal est une partie du bien, ou que le mal n'est rien. La première n'a pas été tout à fait dédaignée par l'orthodoxie, elle est cependant mieux adaptée à des systèmes qui n'admettent pas la création et la perfection initiale ; la seconde est plus intimement liée à la théorie absolutiste. Sous une forme mitigée, sa formule est que le mal, dans le monde, n'est que la *privation*, tout ce qui se trouve de positif et de *réel* dans le monde devant être regardé comme l'œuvre de Dieu, et comme bon, par conséquent. Pour le panthéisme néoplatonicien, tout être et tout bien descendent par degrés des hypostases divines ; le mal est la limite, et sa définition est dès lors négative. Pour la théodicée catholique, la *privation* s'allègue pareillement : en cet argument, que la créature ne pouvant être que finie, puisqu'elle doit se distinguer du Créateur, le monde ne peut être qu'imparfait. Mais l'argument est sans valeur. L'expérience des êtres sensibles témoigne irrécusablement que la douleur physique est autre chose qu'une imperfection ; et la conscience nous crie que le mal moral est autre chose que de l'ignorance. Il y a donc un mal positif.

La forme simple et hardie de la négation du mal, dans les doctrines optimistes, est que *le mal n'est rien.* Elle appartient à un certain panthéisme théologique (XXIII-XXIV). Si rien n'est admis comme réel qui ne soit l'œuvre même du Créateur, le philosophe est condamné par la logique à cette proposition violente ; car si le mal était quelque chose il faudrait que Dieu en fût l'auteur.

LIVRE VI

LE PANTHÉISME THÉOLOGIQUE

CHAPITRE XXIII

L'UNIQUE DISTINCTION DU DÉTERMINISME UNIVERSEL ABSOLU ET DU PANTHÉISME THÉOLOGIQUE

La qualification de panthéisme chrétien ne fait point difficulté quand il s'agit de certaines sectes mystiques ; elle ne serait pas moins justifiable en son application à une théologie que les Pères et les docteurs les plus orthodoxes ont enseignée depuis saint Augustin, si dans leur théorie des rapports de Dieu au monde, on ne regardait que *le côté de Dieu*. Ce qui distingue, en cette théorie, le fond de leurs idées d'avec la doctrine des panthéistes hérétiques, c'est qu'ils laissent à ces derniers la logique ; pour eux-mêmes ils n'en usent qu'autant qu'il leur plaît. Prenant les mêmes questions *du côté de l'homme*, ils défendent des propositions contradictoires de celles qu'ils tiennent pour démontrées, de *l'autre côté*. Le *tout-être* et le *tout-faire* du Créateur ont chez eux pour contrepartie l'essence propre de la créature individuelle et la libre direction de la volonté de l'homme. En ce qui concerne la nature divine, ils formulent un système d'attributs métaphysiques excluant toute limitation dans l'objet auquel s'appliquent, et sur lequel s'exercent, dans une éternelle actualité, la puissance et l'intelligence divines; et ils admettent en Dieu, d'une autre part, une conscience et une connaissance qui supposent relation, détermination et limitation du sujet et de l'objet : conditions inséparables de tout ce qu'on peut entendre par la fonction de la personne.

Toutefois ce panthéisme théologique s'éloigne, par son abstraction, de celui qui s'applique au monde dans le système néoplatonicien, parce que la création substituée à l'émanation, l'unité divine sérieusement maintenue en dépit des hypostases et à raison du double caractère, divin et humain, de la seconde, ont exigé une vue de la divinité plus anthropomorphique. Le monothéisme s'est affirmé dans le langage commun et dans l'exégèse philosophique de l'École avec autant de force que si le dogme judaïque eût régné dans sa pureté : au lieu que l'émanatisme néoplatonicien avait à traverser, pour s'élever à l'Un, divinité vide d'ailleurs, la suite des hypostases et celle des dieux et des esprits qui n'étaient autres que les objets de l'ancien culte polythéiste. La supériorité de la doctrine chrétienne, à cet égard, tient donc au monothéisme, en dépit de ce que la dégradation du culte et les superstitions ont pu pour en affaiblir le sentiment. Elle tient, sous un autre rapport, à la différence des idées sur la chute et le péché, et sur la valeur de la nature et de la vie.

Le christianisme n'a point fait, et surtout la tradition hébraïque ne faisait pas de la vie la suite d'une chute de l'âme dans la nature, *dans la matière*, suivant les termes de la descente platonicienne des âmes. Elle ne séparait point l'âme du corps pour l'idéal de la vie. Les chrétiens, tout en adoptant le langage spiritualiste de l'hellénisme, ont cru, avec la Bible, à la nécessité de l'organisme et à l'excellence de la nature créée pour l'homme, altérée seulement par les suites du péché de l'homme. Le monde créé *bon*, l'homme heureux et libre, placé, au commencement, dans ses conditions normales propres, dans un milieu adapté à sa constitution et à ses besoins, et maître d'y accomplir sa destinée ; puis, l'homme pécheur et corrompu par son œuvre, entraînant la nature dans sa chute ; la douleur et la mort entrées dans le monde, mais la destinée des mortels régie par une loi céleste de réparation finale : telle est certainement, dépouillée de ses traits poétiques et légendaires, et réduite à sa plus simple expression, la théorie chrétienne de l'homme. Elle ouvre, entre une origine positive, la création, et une fin dernière, le bien par prédestination, des vues plus satisfaisantes pour le cœur que les perspectives infinies en arrière et en avant du monde de l'émanation spiritualiste, ou du monde de l'évolution matérialiste de l'univers.

La question souveraine de la théologie, au-dessous des points primordiaux ainsi établis, est de définir un rapport du Créateur à la créature, qui s'adapte à cette doctrine et en dissipe les obscurités. Le panthéisme théologique, ainsi que nous le nommons, s'est donné pour une solution de cette difficulté. Il a eu, comme cela devait être, le prédéterminisme absolu pour fondement. L'esprit simpliste et absolutiste, uni à l'ardeur de la foi religieuse, est porté à amplifier l'idée de la *cause première et suprême* jusqu'à en faire l'idée de la *cause unique*, sans songer, que s'il s'agit du *Créateur*, la confusion n'est logiquement possible qu'en refusant à la *créature* la qualité et le pouvoir d'une *cause actuelle réelle*. Mais alors le Créateur n'a pas vraiment créé, il n'est pas sorti de lui-même, et le monde n'est que ses modifications.

Le déterminisme et le prédéterminisme répondent à une seule et même conception, quand la loi de l'enchaînement invariable des phénomènes est prise absolument et universellement. Ce qui trompe et donne lieu à de vaines distinctions, c'est qu'on a coutume, quand c'est de la liberté qu'on dispute, d'envisager l'enchaînement au point de vue psychologique et de l'individu, dans la supposition où ses actes seraient tous rigoureusement déterminés par leurs antécédents de toute nature et les circonstances. On voit bien s'ensuivre de là un entier prédéterminisme en ce qui touche ce sujet particulier, mais on ne se rend pas aussi bien compte des rapports forcés que cette vue, quand elle est généralisée, implique entre les états et les actes des individus d'espèce semblable qui existent en même temps, et entre eux tous et les choses dont les propriétés et les fonctions sont tenues aussi pour nécessairement déterminées. En effet, chacun de ces sujets, animés ou inanimés, étant regardé, *séparément*, comme déterminé par les antécédents et les circonstances, il faut que, *considérés ensemble*, leur état général à chaque moment soit également l'unique qui ait pu faire suite à la somme de leurs états au moment précédent, de même que leur état, au moment suivant, sera la suite unique des données actuelles. Il y a donc entière *solidarité d'existence* pour les phénomènes *dans le temps* ; pour leurs coexistences et pour leurs successions, qu'il y ait d'ailleurs, ou qu'il n'y ait pas entre eux de rapports d'autres genres.

Le déterminisme universel bien compris a pour véritable expression le concept de l'*équation du monde* dont Laplace a formulé parfaitement l'idée : si une telle équation était connue d'un esprit infini, la valeur de la fonction qui est le monde serait calculable, pour cet esprit, pour un instant quelconque, passé ou futur, de l'éternité, à l'aide de la simple connaissance de sa valeur à un seul instant. Dans l'hypothèse du déterminisme, il n'est point logique d'admettre (comme l'a fait l'ingénieux philosophe, Cournot, discutant le principe du calcul des chances) des faits accidentels, ou de hasard, qu'il définit, non comme des cas d'indéterminisme partiel, mais par la rencontre des effets de causes mutuellement indépendantes. Il n'est point, toujours dans l'hypothèse, de causes indépendantes du temps ; il faudrait pour qu'il y en eût dont les rencontres ne fussent pas prédéterminées comme elles-mêmes, qu'il en survint certaines en dehors des séries sans commencement ni fin dont les termes sont tous des effets en même temps que des causes. Mais ce seraient alors des causes libres, les seules en effet qui puissent expliquer l'existence d'un fondement de réalité pour un calcul dont l'essence est de supposer des futurs possibles qui ne soient pas aussi des futurs nécessaires. L'unique différence entre le déterminisme et le prédéterminisme est celle qui s'établit dans le concept du prédéterminisme selon que l'on *conçoit* l'équation du monde, et le monde lui-même, comme sans fondement et sans commencement *concevables,* ou qu'on le regarde comme l'œuvre d'une volonté créatrice qui en a disposé les éléments de telle manière que toute existence, toute relation et tout acte fussent invariablement fixés pour chaque instant à venir de la durée sans fin, et que rien ne se pût produire en dehors ou en s'écartant de cet enchaînement. Le plan divin selon la monadologie de Leibniz est un exemple d'un tel ordre institué, loi prédéterminante, en un sens, suite prédéterminée, dans l'autre, de tous les phénomènes. Si nous comparons l'idée de ce préétablissement universel des choses à celle que nous pouvons nous former d'une action continuelle de Dieu par laquelle, au lieu de préordonner les phénomènes qui doivent spontanément se produire comme il vient d'être dit, il les produirait lui-même, ou comme ses actes, ou comme ses modifications propres, nous ne trouvons rien de changé, rien d'ajouté ou de retranché, ni à la dépendance du monde par rapport à Dieu, ni à la pure et simple exécution de sa volonté dans les événements naturels, la marche du monde et la vie des êtres. Seulement, c'est alors la définition du panthéisme théologique que nous rencontrons, dont le concept n'est autre chose en effet que cette substitution de l'être divin et de l'agir divin lui-même à l'inéluctable volonté législatrice en vertu de laquelle toutes choses seraient et se feraient, grâce à un automatisme divinement construit, avec spontanéité. C'est la différence unique, et c'est l'identité en ce qui concerne le fait et le destin.

Nous pouvons donc regarder le prédéterminisme absolu comme une thèse bien adaptée à celle du panthéisme théologique, pour l'expression de la nature universelle. Quelle est alors, devant la logique, la position d'un théisme philosophique traditionnel qui garde l'héritage des fondateurs du panthéisme théologique, à savoir la doctrine des attributs infinis de Dieu dans l'ordre du temps. Ce théisme admet en Dieu la prescience infaillible, actuelle et totale des phénomènes compris dans un avenir éternel. Or, il ne peut y avoir en fait de futurs certains, ou infailliblement *prévisibles*, que des futurs prédéterminés. Affirmer une futurition, c'est affirmer l'existence antérieure des conditions qui la déterminent. Prétendre que les phénomènes à venir peuvent s'offrir à une intuition, qu'on appellerait en ce cas parfaite, en forme de phénomènes présents, c'est dire que le temps n'est point réel et que la succession des phénomènes est une apparence propre à des modes de sensibilité illusoires. La prescience certaine ne pouvant donc pas être autre chose que la connaissance de la prédétermination, — car c'est analytiquement la seule idée que nous puissions nous en faire en supposant la réalité de la succession des phénomènes, — il est clair que la doctrine de la prescience divine est la même que celle du prédéterminisme divin, au point de vue de l'intelligence, la même, par suite, au point de vue de la puissance, c'est-à-dire le panthéisme théologique. Ce serait contrevenir à l'idée d'un sujet capable d'embrasser par la vision l'étendue sans bornes du prédéterminisme absolu, que de placer hors de lui l'acte même des déterminations infinies, qui lui serait alors nécessairement imposé et le dominerait. De pareilles distinctions ne sont de mise qu'entre des hypostases.

CHAPITRE XXIV

LA THÈSE DE L'ÉTERNITÉ SIMULTANÉE ET LA THÈSE DE LA PRESCIENCE ABSOLUE

La possibilité d'accorder le libre arbitre humain, — ainsi d'ailleurs qu'une mesure quelconque d'indéterminisme dans la nature, — avec la prescience divine absolue a été soutenue à l'aide de quelques sophismes d'ordre courant, chez les scolastiques; mais les penseurs profonds, parmi eux ou depuis, n'ont trouvé qu'un moyen sérieux de rendre un tel accord intelligible en sa forme, c'est-à-dire dans le sens où peut l'être une thèse impliquant la négation du fondement de réalité d'une loi essentielle des phénomènes de conscience. C'est une définition de l'existence éternelle, empruntée à la théorie de la vie et du monde de Plotin, rapportée à Dieu par saint Augustin, formulée enfin par Boèce en des termes que le moyen âge a résumés sous le nom d'éternité simultanée (*tota simul*). Le thomisme surtout l'a faite sienne, mais elle lui a survécu, et on la trouve fréquemment mise en avant, depuis Fénelon, et répétée dans la chaire, pour l'éblouissement d'un public ignorant auquel elle donne des profondeurs métaphysiques une idée insondable.

Plotin a défini la vie infinie en ramenant à l'unité et immutabilité de la deuxième hypostase considérée en soi les principes qui doivent en descendre divers et changeants pour constituer le monde émané : « En opérant la synthèse des principes du monde intelligible pour n'en former qu'une vie unique, on supprime leurs différences, on considère leur durée inépuisable, l'identité et l'immutabilité de leur action, de leur vie et de leur pensée, pour lesquelles il n'y a ni changement ni intervalle. Quand on contemple ainsi ces choses, on contemple l'éternité, c'est-à-dire une vie permanente en son identité, qui possède toujours toutes choses présentes... Cette vie contient toutes choses à la fois comme en un seul point, sans qu'aucune d'elles s'écoule... L'éternité peut donc être définie la vie qui est actuellement infinie, parce qu'elle est universelle et ne perd rien, puisqu'il n'y a pour elle rien de passé, rien de futur... C'est ce qu'on entend par la vie actuellement infinie » (*Ennéades* III, vii). Il y a dans cette définition une contradiction latente, en ce que l'idée de l'absence de tout changement et de toute différence entre le passé, le présent et le futur est la négation implicite de l'idée de la vie, laquelle n'est ni ne se peut penser sans la succession.

Boèce, qui prit de Plotin la théorie du destin et de la Providence, résuma à merveille cette conception, contradictoire en soi, de la vie éternelle réduite au point et à l'instant : *interminabilis vitæ tota simul et perfecta possessio.* L'opposition directe des termes *tota* et *simul* à *interminabilis* détruit la pensée qu'elle semble exprimer; car *interminabilis* ne signifie rien s'il n'exprime l'idée de l'écoulement du temps, et cette idée, c'est que la vie ne possède pas ses moments simultanément. Il est vrai que la définition de Plotin, s'appliquant à la sphère de l'Intelligible pur et des idées éternelles, était plus éloignée encore de l'idée de vie que la définition de Boèce. Boèce, quoique n'étant peut-être pas chrétien, pensait, lui, à une réelle personnalité divine, et pouvait se représenter, au moins verbalement, la connaissance des choses dans l'esprit divin comme assimilable à la vision que Dieu aurait de toutes, *comme si elles lui étaient présentes*. La suppression de ce *comme* fait tout le mystère du dogme de l'anéantissement du temps : « Si vous voulez penser cette présence par laquelle Dieu connaît distinctement toutes choses vous y parviendrez mieux en vous la représentant comme la science d'un fait qui est toujours là (*numquam deficientis instantiæ*) que sous la forme d'une prescience telle que celle d'un futur. Il suit de là qu'il faut plutôt la nommer *providence* que *prescience* ». Ces derniers mots de Boèce transportent assez clairement la difficulté, de la question de la perception en Dieu à celle de l'action de Dieu, ou du temps à la cause. En ce cas, Dieu connaîtrait les choses futures bien plutôt parce qu'il s'en connaît d'avance et de tout temps l'*auteur* (Providence absolue), que parce qu'il les *voit présentes* encore bien qu'elles *soient* futures. Nous arrivons ainsi formellement au panthéisme théologique, ce qui ne doit pas nous étonner.

Boèce était mis sur la voie de cette analyse et de ces définitions, par l'examen assez étendu auquel il s'est livré (*Consol. phil.*, V) de l'objection : Comment est-il possible que des événements prévus par Dieu comme futurs, et qui ne peuvent par conséquent ne pas arriver, puissent pourtant ne pas arriver quand ils dépendent d'une libre détermination de l'homme. La définition de l'éternité donne, selon Boèce, à cette difficulté, une réponse définitive et de la plus inébranlable vérité, quoique à peine accessible à d'autres qu'à un profond contemplateur du divin (*divini speculator*). « Un seul et même événement futur, dit-il, s'il est rapporté à la connaissance divine, se présente comme nécessaire, et, s'il est considéré au point de vue de sa nature, apparaît comme entièrement libre et absolu ». Les deux points de vue sont celui du temps et celui de l'éternité simultanée. Entre deux vérités *de point de vue*, et contradictoires l'une de l'autre, il doit y en avoir une, ce semble, qui est la vérité pure et simple, et l'autre qui serait une erreur au fond. Mais le besoin logique de prendre ainsi la question n'a jamais assez touché les théologiens; ou bien ils se sont aveuglés pour n'être pas forcés de renoncer au dogme de la prescience. Soit qu'on admette, en effet, l'éternité successive, ou l'éternité simultanée, la prescience certaine, d'un côté, l'intuition immédiate, de l'autre, auront toujours la même signification eu égard à la Providence : à savoir, la certitude du futur, l'impossibilité que le futur soit différent de ce que Dieu, de manière ou d'autre, connaît, comme devant appartenir à tel moment du temps, parce que le temps n'est rien de réel.

En effet, soit que la loi de succession appartienne à l'esprit créateur comme sa propre condition de connaissance, soit que l'acte créateur ait institué cette loi comme une simple apparence pour les créatures, dans le premier cas, le Créateur *qui voit en créant et crée en voyant* tous les faits à venir en tous leurs rapports ne peut pas plus, sans contradiction, en laisser un seul incertain avant le moment où il doit devenir l'acte de la créature, que si cet acte lui-même et la création intégrale avec tout ce qu'elle contient étaient pour lui (c'est le second cas) l'œuvre du même instant, l'instant de l'éternité simultanée.

Ainsi la conséquence du dogme de la prescience divine, qui semble de prime abord s'arrêter au prédéterminisme intellectuel, s'étend au parfait déterminisme de l'action divine, sans que le théologien ait besoin de toucher à la réalité du temps, parce que l'agent ne cesse pas d'être l'auteur de l'acte quand il en établit la certitude à travers le temps, au lieu de le produire immédiatement, pourvu qu'il en ait le pouvoir indépendant, et la connaissance certaine avant l'événement. Le panthéisme théologique est imposé logiquement au penseur qui voit quelquefois, dans la prescience infinie, un simple idéal de l'intelligence portant sur l'avenir. Il est vrai qu'on peut essayer de maintenir une distinction entre l'idée du Créateur comme *auteur de tout acte*, et l'idée de Dieu comme *être unique de tout être*, admettre l'une et rejeter l'autre; mais l'identité, en Dieu, de l'*être* et de la *cause*, de la *substance* et de la *volonté*, de l'*intelligible* et de l'*intelligence* ne sont par des thèses propres aux théologiens partisans de l'éternité simultanée, tels que Thomas d'Aquin. Les attributs infinis ne pourraient pas s'envisager unis dans une essence unique possédant en même temps ceux de la personnalité sans y ajouter cette identité fondamentale de l'externe et de l'interne. C'est un besoin reconnu de la théologie orthodoxe. Le panthéisme s'achève, en se conformant au même point de vue de l'unité intégrale, par l'identification du général et du particulier, soit dans la représentation, soit dans la réalité. Dieu étant l'Universel constitue les individus en toutes les gradations par lesquelles se déterminent les essences. Dieu, suivant la définition de Scot Erigène, au IXe siècle, est à la fois le genre, l'espèce et le tout des choses créées, l'*être unique et véritable de toutes les choses qu'on dit être.*

CHAPITRE XXV

L'ANARCHIE INTELLECTUELLE DE LA RENAISSANCE.
LE SCEPTICISME.
PASCAL ET DESCARTES.

Le panthéisme théologique a régné durant tout le cours du moyen âge, malgré les réserves et les contradictions de ses propres adhérents et l'hostilité, sévèrement contenue, des nominalistes ou des conceptualistes à partir du xiie siècle. Le principe logique de cette théologie était, en effet, le réalisme, soit que les entités par lesquelles elle expliquait les phénomènes prissent l'aspect platonicien des essences et des idées, et que sa méthode tendît à représenter le monde comme un ordre d'enveloppement des espèces suivant la loi de généralité croissante jusqu'au *genus generalissimum* de l'être, qui serait Dieu, soit qu'un emploi équivalent fût donné aux formes de l'intelligence divine descendues dans la nature, comme l'établit l'interprétation averrhoïste de la doctrine d'Aristote. Les principales hérésies, les plus redoutables pour le réalisme, et qui furent réprimées très cruellement, étaient des extensions téméraires de sa propre doctrine, avec des applications sociales bien souvent auxquelles il n'entendait pas se laisser mener par la logique.

— A l'époque de la décadence de l'aristotélisme défiguré de l'École, la philosophie se sépara de la théologie par prudence et pour se donner plus de liberté. On essaya de rentrer en d'autres voies de spéculation ouvertes par les anciens, et ce fut un progrès pour la critique, mais sans profit pour le renouvellement des idées. Les deux doctrines les plus populaires, les deux sectes capitales du monde antique, l'épicurisme, le stoïcisme, ne pouvaient se prêter à une restauration autre que d'érudition et d'histoire des idées; le premier, parce que si l'on ôtait, et il le fallait bien, la négation formelle de la Providence et de la vie future, il n'y restait d'intéressant que la physique atomistique, système demeuré aussi arbitraire en ses explications qu'il l'avait été au temps d'Epicure, et dont la méthode des sciences expérimentales commençantes, au xvie siècle, était encore fort éloignée; le second, parce que la physique transformiste et évolutioniste des stoïciens avait un caractère encore moins scientifique, en son histoire spéculative de formes et des opérations du Feu artiste, que l'atomisme des épicuriens, dans ses hypothèses sur les figures et le mouvement des atomes en rapport avec les propriétés des corps. La forme matérielle de l'immanence divine dans le monde ne pouvait trouver aucun appui du côté de la science et de l'histoire des phénomènes. La tendance matérialiste, en philosophie, pour ce qui concerne la théorie du cosmos, dut remonter plus haut que Zénon et Epicure, et jusqu'à une doctrine physique, d'origine éléatique, proposée en son temps à titre d'explication des apparences du monde empirique. Telesio s'illustra comme novateur en renouvelant la doctrine des phénomènes de Parménide, parce qu'il s'éloignait ainsi le plus possible de l'aristotélisme et du platonisme, Bacon put l'appeler *le premier des hommes nouveaux*. Mais, pas plus que Bacon, Telesio n'entendait nier Dieu et la création. Le dogme officiel soutenait avec sa physique un rapport analogue à celui de l'Être pur avec la physique de Parménide.

Telesio repoussait comme de pures abstractions les principes de la nature d'Aristote, mais lui-même se donnait pour principes des entités plus injustifiables, qu'il prétendait devoir à l'expérience : l'une passive, et en soi négative, la Matière, qui ne devenait sensible que grâce à l'action des deux autres, et celles-ci, des qualités sensibles réalisées, le chaud et le froid, causes des phénomènes : le chaud, comme principe céleste; le froid, qui est le même que la terre, comme principe d'immobilité qui lui est opposé. Ces *nouveautés* étaient encore enseignées du vivant de Descartes par Campanella, disciple de Telesio, génie original, quoique si arriéré, et adversaire de Galilée. Réfutant les systèmes antérieurs par les arguments des anciens sceptiques, Campanella prenait le fondement de la connaissance dans la sensation, d'où il s'ouvrait, grâce à la Révélation et à la Foi, d'un côté, aux hypothèses réalistes, de l'autre, une double carrière : en métaphysique, pour donner le gouvernement du monde aux trois Puissances divines d'Être, de Savoir et d'Aimer; en physique, pour multiplier les qualités occultes, les applications arbitraires d'un vitalisme universel; et il accordait sa confiance aux superstitions des astrologues et aux rêveries des cabalistes, à la magie, à la sorcellerie.

Bacon, à qui la postérité fit une réputation si durable, ne se distinguait beaucoup, comme penseur, d'un Telesio ou d'un Campanella, ni par une idée plus juste qu'il se serait faite de la méthode scientifique, et de la nature réelle des principes physiques à opposer aux abstractions aristotéliques, mais seulement par la vive imagination et par la promesse enthousiate des découvertes auxquelles la méthode expérimentale et l'induction *vraie* devaient, suivant lui, conduire la science une fois délivrée de la logique syllogistique et du gouvernement d'Aristote. Bacon ne portait pas un jugement éclairé de l'état et des progrès, à son époque même, de cette méthode de l'observation et de l'expérience qu'il préconisait ; il ne s'en faisait point une idée précise, il ne se rendait pas compte de la marche réelle de l'esprit dans la découverte, et de la différence à mettre entre l'induction formelle de la pure logique et l'induction dans les sciences, inséparable de l'hypothèse. En fait, ses *inductions* propres restaient dans le vague. Il n'était pas *au courant de la science* de son temps. Son originalité et sa pénétration se montrent seulement, avec son génie d'écrivain, dans les observations d'ordre général, en de très brillants aphorismes, qui, loin de favoriser une philosophie esclave des sens, sont une préparation de la philosophie critique, et de celle-là même qui doit aboutir à l'idéalisme (XXX). Il joignait à une profonde défiance du pouvoir de l'esprit pour combler l'intervalle de ses perceptions et des choses, une ardeur extrême à annoncer les bienfaits que l'humanité devait obtenir d'une science toute tournée à la recherche des liaisons empiriques des phénomènes. Quant aux sujets d'une portée supérieure, dans les doctrines philosophiques, Bacon s'en remettait aux croyances théologiques en termes généraux, et les glorifiait sans entreprendre de les discuter.

Les spéculations les plus hardies, en apparence du moins, qui firent sensation au xvie siècle, et qui paraissaient ouvrir des voies nouvelles parce qu'elles étendaient avec audace, sans méthode rigoureuse et sans respect de l'autorité, les applications des plus anciens procédés de l'esprit humain, le symbolisme et le réalisme, ces spéculations auxquelles se mêlait du génie chez les Paracelse, les Van Helmont, Cornelius Agrippa, et d'autres moins célèbres, n'enrichirent, contrairement à l'ambition de leurs auteurs, le savoir humain que dans la partie qui devait leur sembler relativement infime : la physique la plus empirique, l'alchimie en passe de devenir la chimie. Elles représentèrent si bien le dernier effort, et le plus déréglé, d'un genre de conceptions devenues étrangères à l'esprit moderne, qu'on a de la peine aujourd'hui à les traduire en termes accessibles et clairs. Au fond, malgré l'anarchie intellectuelle témoignée par de nombreuses excentricités de doctrine, en ce temps de décadence de la scolastique, la philosophie restait toujours éminemment représentée par le néoplatonisme et l'aristotélisme en leur rivalité, et cet état de choses devait se prolonger jusqu'au moment où une vérité nouvelle, d'ordre universel, obtiendrait assez de crédit pour supporter le poids d'un système entier, logiquement déduit.

Le néoplatonisme, à son réveil au xve siècle, — il n'avait été qu'endormi pendant le moyen âge, — avait jeté un si grand éclat, et si peu alarmé l'orthodoxie, en Italie, qu'on put croire un moment à la restauration d'une sorte de paganisme dont aurait eu à s'accommoder la tradition catholique ; il resta pendant le xvie siècle, et encore après, le centre commun d'inspiration des systèmes dont les auteurs, comme Patrizzi, le plus ardent et le plus illustre des *adversaires d'Aristote*, remettaient en honneur le syncrétisme et tout le fatras des superstitions des successeurs de Plotin, dans l'antiquité : les sciences occultes et les révélations d'Orphée, d'Hermès et de Zoroastre. Les élucubrations de ces philosophes avaient, malgré l'émanatisme qui en faisait le fond, une affinité réelle avec le panthéisme théologique, et il suffisait que sincèrement, ou par le parti pris d'une accommodation forcée, ils fissent profession de croire à la création, à la divinité du Christ et aux mystères, pour qu'ils pussent échapper à la persécution ecclésiastique. Il en fut autrement de Giordano Bruno et de sa doctrine, quoique semblable au panthéisme théologique du cardinal de Cuss, son précurseur à cent cinquante ans de distance, qui n'avait point encouru la condamnation. La cause en était, que cette doctrine, chez Bruno, ardent propagateur de la croyance nouvelle, illégitimement conclue des découvertes astronomiques, en l'existence d'une infinité de mondes, ruinait, en même temps que le système scolastiquement consacré des sphères d'Aristote, la croyance commune à l'unité de la création, si naturellement adaptée à l'unité du créateur, à sa personnalité, à sa Providence.

Selon Nicolas de Cuss, Dieu, l'unité absolue, réunit en lui l'infini de grandeur à l'infini de petitesse, et enferme entre ces deux infinis la création. Nous connaissons la création par le nombre, seul accessible pour nous, tandis que le créateur et la création, identifiés dans l'Un qui est Tout, constituent l'Inconnaissable, objet de cette *docta ignorantia*. Bruno embrasse avec enthousiasme ce panthéisme mystique, auquel il n'adapte pas, comme son prédécesseur, une théorie de la trinité catholique ; mais tout en ramenant comme lui le monde au principe inconditionné des conditions, qui est aussi la cause formelle et finale de tous les êtres, et en qui le pouvoir et l'exister, le possible et le nécessaire se confondent, il nous incline à voir la réalité vraie dans ce qu'il appelle l'*ombre* de ce Dieu : la matière, les productions infinies qui, descendues de l'abstraction suprême où tout s'opère simultanément dans l'éternel instant, s'étendent dans le temps et dans l'espace sans bornes. Et toutefois, entre ces deux termes extrêmes, l'un absolu et l'infinie division, il est bien vrai que ce panthéisme réduit les individus à des ombres et ne laisse aucune place à la personnalité dans l'univers, non plus qu'à la conscience dans l'idée de Dieu.

Il faut reconnaître que l'aristotélisme, en butte aux attaques passionnées des adversaires de la scolastique, tant des novateurs à l'esprit scientifique comme Pierre la Ramée, que des penseurs à idées chimériques, tels que Patrizzi, était encore au xvie siècle, et avant le *Discours de la méthode*, au xviie, la plus rationnelle d'entre les écoles. Cet aristotélisme est celui qui, échappé aux formules de l'École, s'appliquait à commenter directement le maître et à rechercher sa véritable pensée. L'interprétation du point resté le plus obscur dans la doctrine de l'Intelligence, divisait ses partisans en deux classes : les averrhoïstes et les alexandristes. Ils étaient tous également opposés à l'orthodoxie catholique : les premiers, — dont Cesalpini fut le plus éminent par ses mérites comme savant naturaliste, — parce qu'ils regardaient l'intelligence de l'homme comme une parcelle de l'intellect universel émané des sphères célestes : opinion qui cependant les rapprochait du panthéisme théologique, mais les éloignait de l'idée propre de l'âme; les seconds, tels que Pomponazzi, critique exact et raisonneur sévère, parce que la négation de l'immortalité de l'âme résultait à leurs yeux de l'esprit de la psychologie d'Aristote.

Les philosophes de cette école, professeurs dans les chaires les plus célèbres en Italie, furent des agents très sérieux du progrès de la critique en philosophie. Constamment persécutés par l'Église, ils introduisirent l'usage excusable, longtemps continué après eux, et à leur exemple, de distinguer, dans les opinions qu'ils professaient, l'aspect de la foi d'avec l'aspect de la raison. On put, sans tromper au fond personne, se dire soumis aux décisions de l'Église, là même où l'on prétendait établir rationnellement des thèses qui en impliquaient la contradiction; mais on était ainsi forcé de s'interdire la discussion des dogmes en eux-mêmes, et l'habitude se perdit par suite de regarder comme du domaine de la philosophie, à aussi juste titre au moins que de la théologie, les questions qui avaient été le sujet continuel des débats de la scolastique. Il advint delà que la méthode et la doctrine de Descartes, quand elles se produisirent en obtenant plus ou moins l'adhésion de beaucoup de ceux que leurs attaches dogmatiques traditionnelles semblaient devoir en tenir éloignés, si elles ne furent pas à l'abri des accusations d'hérésie, se trouvèrent cependant n'avoir introduit d'une manière positive aucune déclaration sur les points fondamentaux qui, depuis quatre siècles, avaient le plus passionné, et qui occupaient encore les esprits fortement en ce temps, qui était celui de Pascal.

Le philosophe réformateur, très formellement orthodoxe, avait eu soin, en confirmant les souverains principes de théorie contre les *libertins*, de laisser aux *théologiens* les thèses réputées spécialement théologiques. Il avait élevé celles qui sont le plus inévitablement communes à la philosophie et à la théologie à une hauteur d'abstraction qui empêchait qu'on n'en vît des conséquences semblables à certaines doctrines scolastiques des plus disputées. Son but était de faire recevoir sa méthode et sa physique dans l'enseignement, dont les jésuites étaient en bonne partie les maîtres. Sur d'autres points, il avait préparé des solutions en posant des principes. Elles tendaient au panthéisme théologique par certains côtés de ses tendances personnelles, quelquefois contradictoires peut-être, et surtout grâce à la puissance des traditions (XXVI), et ses illustres disciples ne manquèrent pas de les apercevoir et de les dégager. Mais les historiens de la philosophie et les critiques superficiels ont profité de l'apparente lacune pour ignorer que l'école cartésienne a été dans ses rapports avec la théologie une continuation donnée, quoique à l'aide d'une méthode entièrement renouvelée, à une doctrine d'absolutisme divin dont le thomisme avait été le plus grand représentant dans l'École jusqu'à ce moment.

L'orthodoxie théologique de Descartes nous tromperait singulièrement, si elle devait nous fermer les yeux à l'originalité et à l'importance de l'introduction de la méthode rationnelle et synthétique en philosophie. Ce fut plus qu'une réforme, une révolution, avec des apparences de conservation, et dont le point de départ était et ne pouvait être, *pour la philosophie*, que le scepticisme. On a fort mal compris le *doute méthodique*. Méthodique, le doute devait l'être; car il est assez clair qu'on ne peut pas procéder à la recherche d'une vérité première, — comme Descartes l'entendait, — sans mettre en suspicion les vérités qu'on a tenues jusque-là pour légitimement acceptées, mais dont on n'a point découvert le fondement certain; et réel, le doute l'était aussi, à ce point de vue tout rationnel, puisque Descartes nous dit, dans le *Discours de la méthode*, qu'il n'a rien appris de certain de ses maîtres, et que c'est lui qui a reçu, un jour, à la suite de ses réflexions sur la méthode des mathématiques, l'illumination d'un principe d'où toute science pouvait tirer sa démonstration, et toute découverte être attendue, par la voie de la déduction. L'ignorance de la question a seule fait dire aux adversaires de Descartes qu'il était assuré par avance des propositions dont il voulait mettre la vérité sous l'artificielle sauvegarde de cet *aliquid inconcussum*.

Il n'est nullement certain d'ailleurs que la pensée de Descartes n'ait point traversé dans sa jeunesse une période de scepticisme proprement dit, ou philosophique, en mettant seulement à part la reconnaissance des lois géométriques, et probablement des « vérités de foi », qui ne passaient pas pour incompatibles avec le pyrrhonisme ; bien au contraire. On lisait beaucoup les *Essais*, en ce temps où on lisait si peu de livres ; et Montaigne enseignait, tout comme Pyrrhon, que nous ne savons rien, hormis *le phénomène*, mais qu'il est toujours sage de suivre la coutume. C'est justement ce que Descartes dit, dans le *Discours*, en posant les préliminaires de ce *Cogito ergo sum*, par lequel il passe du phénomène à la substance. Après Montaigne, il y avait eu Charron, qui vivait encore, et publiait son *Traité de la Sagesse* au moment où Descartes naquit ; et à ce même moment, le pédant Levayer, précepteur de princes, avec son *Dialogue à l'imitation des anciens* sur les contradictions des opinions humaines ; et Sanchez, dont le livre très répandu : *De prima universali scientia, quod nihil scitur*, paraissait en deuxième édition l'année même d'avant le *Discours*. Vers le temps où Descartes publiait les *Principes de la philosophie*, le plus illustre de ses contemporains, Pascal, esquissait dans ses *Pensées* une démonstration mathématique de cette thèse : que Dieu ne pouvant être démontré à la raison, le plus sûr parti pour un homme, né en pays catholique, est de se faire croire à lui-même ce que l'Église catholique lui prescrit de croire, et pour cela de pratiquer le culte avant d'avoir la foi.

On peut rattacher au scepticisme, quoique en dehors de toute philosophie, l'attitude des incrédules, ou *libertins*, qui étaient nombreux et hardis, animés du même esprit que ceux qu'on vit, à l'issue du régime oppressif du « grand roi », attaquer ouvertement le dogme, et, de là, la métaphysique, parce qu'elle était alliée à la théologie, c'est-à-dire à l'Église.

Pour rester dans le domaine de la philosophie, il suffit de remarquer que les tentatives de restauration des doctrines antiques, depuis la Renaissance, donnaient par leur impuissance et leurs divergences une force particulière aux arguments de celle d'entre elles, le scepticisme, qui se fondait sur les contradictions mutuelles des autres, en y joignant le rappel des difficultés du dogmatisme, auxquelles pas une encore n'avait su répondre. De là partait, comme une déduction du scepticisme lui-même, une méthode d'apologétique des « mystères de la foi », qu'on disait inaccessibles à la raison, mais non pas plus que ceux de la nature et de l'esprit, dont disputent les philosophes, et qui procurent aux croyants de grands avantages. C'était donc bien là le réel et très sérieux point de départ d'un métaphysicien s'offrant à faire voir que la raison était capable de donner un fondement nouveau, très certain, aux connaissances humaines, qui serait aussi un moyen de les promouvoir. Enfin, ce point de départ, Descartes ne l'a point nié, il a dit au contraire, ayant à préparer le siège de ce principe du savoir, dans l'inscience antécédente, et répondant à Hobbes qui lui reprochait d'avoir, en publiant de « nouvelles spéculations » remâché « des choses si vieilles », que ces choses lui avaient toujours semblé très nécessaires pour « préparer les esprits des lecteurs à considérer les choses intellectuelles et les distinguer des corporelles » et pour faire valoir comme fermes et assurées les vérités capables de résister à des doutes si généraux et si extraordinaires.

Depuis Pyrrhon, depuis l'époque d'Aristote, environ, le scepticisme avait duré, sans changement, appuyé sur des arguments dont on avait formulé des tropes inflexibles qui, pour être nettement irréfutables, devraient peut-être s'énoncer en trois points seulement, qui en donnent d'ailleurs un résumé exact :

1° Il n'y a possibilité de démontrer, sans cercle vicieux ou sans pétition de principe, aucun critère de jugement proposable pour les assertions qui dépassent le phénomène actuel et immédiat de chacun. C'est l'argument logique ;

2° Il y a contradiction entre les critères de jugement soutenus par différents philosophes ; il est toujours possible d'opposer des raisons aux raisons apportées à l'appui d'un critère du jugement ; et il n'existe pas de moyens sûrs de produire la conviction du philosophe qui conteste la valeur de ce critère. C'est l'argument tiré de l'expérience ;

3° L'intervalle entre les mots, ou idées, et les choses dont on parle est infranchissable ; leur rapport n'admet pas de vérification. Le désaccord des jugements est donc invincible. C'est l'argument métaphysique.

De ces arguments réunis ressort, en fait, la condition du penseur qui se prononce sur une question d'après un certain critère : il est dans l'état intellectuel dit *de croyance*, dont le sens pratique est assez clair. Celui qui, après examen de toute croyance à sa portée, déclare son parti pris de n'en accepter aucune, hormis celles qui dépendent pratiquement de ses impressions actuelles et de son expérience, celui-là est le sceptique. Sa position philosophique est inexpugnable ; il y a erreur logique, *ignoratio elenchi*, refus de comprendre, à lui objecter ses propres opinions, ses arguments, l'étalage qu'il en fait : il ne les nie point, ce sont ses phénomènes.

L'école sceptique de l'antiquité a produit, outre sa propre et invariable doctrine, des analyses critiques sur différentes notions des plus communément disputées entre les écoles rivales. Ce sont de curieuses anticipations sur la critique moderne, et dont la similitude deviendrait frappante si l'on substituait au réalisme, toujours très accusé, des idées métaphysiques des anciens le langage psychologique de Hume ou de Kant. En dépit de l'obscurité ou de la subtilité de la forme, on sent que les mêmes difficultés ont toujours apparu à l'analyse, et celles qu'Ænésidème a réunies sur la cause et l'effet mettent bien en évidence l'inintelligibilité de la *transitivité* des causes. Mais tout cela fut de nul emploi pour la philosophie de l'antiquité ; quand le scepticisme dut disparaître du théâtre des idées, parce que des croyances générales s'établirent dans le monde, et que l'incrédulité, — qui d'ailleurs est tout autre chose que le scepticisme, — fut obligée de se dissimuler, toute recherche dut être abandonnée qui aurait eu pour objet de mettre en question le fondement de la certitude. On croyait savoir parfaitement *où* était ce fondement, et qu'il n'était que *là*.

Ce fut donc seulement quand l'incrédulité osa se montrer, à l'issue des siècles de foi, que le scepticisme reparut aussi, et on le trouva d'un emploi très avantageux alors pour abattre les prétentions de la raison, opposée aux dogmes de l'Église. On fit valoir ces derniers, non plus en eux-mêmes, c'eût été se contredire, mais à titre de coutume infiniment recommandable, comme principe de conservation sociale, pour ceux qui n'attacheraient peut-être pas une valeur pratique sérieuse aux preuves de la révélation par les prophéties et les témoignages. Pascal est au xviie siècle le très éminent représentant de cette « démonstration évangélique » par le scepticisme; non pas qu'il ait pris nettement position devant ses contemporains, le temps ne lui en a pas été laissé, mais pour nous qui avons ses *Pensées*, complètes, au sens moral du mot, avec la franchise et le relief qu'il leur donnait, ne les écrivant que pour lui-même, et qui pouvons établir un parallèle instructif entre cette œuvre interne de son esprit et l'œuvre de création philosophique de Descartes.

Et d'abord, la question de ce qu'on a appelé le « scepticisme de Pascal » est inutile et posée en termes puérils. Nous connaissons sa vie, ses tourments d'esprit, ce qu'il regardait comme ses égarements, sa conversion, sa fin conforme à la sainteté chrétienne, le sentiment qu'il avait de la charité comme d'un ordre incomparable à l'ordre de l'intelligence. Il ne s'agit de rien de cela, mais de ce qu'il a écrit en termes énergiques et absolus sur les rapports de la raison humaine avec la vérité, comparativement aux vérités que Descartes formulait dans le même temps comme *évidentes*, pour être le fondement rationnel des croyances théistes. Pascal a écrit : « La raison confond les dogmatiques », et rien n'est plus exact, comme nous venons de le montrer. Et à côté : « La nature confond les pyrrhoriens », ce qui n'est pas moins vrai, en ce sens, apparemment, qu'elle ne souffre pas qu'il en existe pour la pratique. Mais la nature, — et la société, — suggèrent aux hommes toutes sortes d'opinions, opposées les unes aux autres : « L'un dit que mon sentiment est fantaisie, l'autre que sa fantaisie est sentiment. Il faudrait une règle. La raison s'offre, mais elle est ployable à tous sens; et ainsi il n'y en a point ». Cette raison dont parle Pascal est la raison que le péché originel a corrompue, et on sait qu'il en avait étudié les produits historiques dans les *Essais* de Montaigne. Il pensait qu'elle est incapable de dicter un ordre social de gouvernement et de mœurs; que la justice ne saurait se définir et se rechercher qu'au plus grand détriment de la paix et du bien des hommes; que la force doit décider de la justice, et non pas la justice prétendre à disposer de la force; enfin, que la coutume est essentiellement ce qui gouverne le jugement et la conduite du peuple. Ce sont des principes de pratique tels que les dicte ordinairement le scepticisme.

Ils n'empêchaient point Pascal d'admettre, sous les titres du *sentiment*, ou du *cœur*, des principes qui s'appliquent à des notions de haute généralité, et d'autres, *délicats et nombreux*, qu'on ne démontre pas ; car « ce serait une chose infinie de l'entreprendre… on les sent plutôt qu'on les voit ». C'est pour ceux-là qu'il réclame du penseur un certain *esprit de finesse*, qu'il oppose à *l'esprit géométrique*, applicable, celui-ci, « aux principes nets et grossiers ». D'un autre côté, il consacre une partie importante des pensées, qu'il prépare pour une apologétique projetée, à rappeler ces *preuves*, classiques dans l'espèce, de la révélation, qu'on a coutume de demander au *miracle* et à la *prophétie*. Là, il se montre à nous sous un aspect de crédulité et de manque de critique qui peut paraître étonnant, même pour son époque, chez un tel penseur. Dans tout cela, Pascal semble fort loin du scepticisme. Il sent cependant, en qualité de géomètre, et en qualité d'observateur aussi, car il connaît l'état d'esprit des libres penseurs de son temps, qu'il ne dispose pas d'une démonstration, et que le moyen lui manque de forcer décidément la conviction en faveur de la foi catholique.

Nous arrivons à un point de la question de l'apologétique et du scepticisme, où Pascal serre de près ce qu'il faudrait appeler la démonstration *de la foi par le doute*, ou, plus exactement, d'une vérité par son inintelligibilité, qui, pour un esprit ordinaire, serait plutôt la plus topique raison de la croire fausse. Pascal était l'un des géomètres de son temps qui touchaient à la découverte de cette méthode générale d'analyse des rapports des quantités variables indéfiniment décroissantes, à l'aide de laquelle on obtient la solution de problèmes dont l'étude synthétique des relations géométriques n'ouvrait pas l'entrée. Mais Pascal ne regardait pas simplement la division indéfinie de la quantité comme le point de vue mathématique correct à faire porter sur l'intuition sensible du continu (espace ou temps), et les divisions infinitésimales comme des auxiliaires, êtres fictifs à réaliser pour l'imagination et le calcul ; il posait ces divisions comme réelles, et les envisageait dans la nature. Un pouvoir d'abstraire, déjà merveilleux chez lui, mais que redoublait une extrême ardeur de l'absolu, le porta, dans cette direction de la pensée, jusqu'au dernier fond des contradictions que recèle le concept de l'infini actuel. Il serait difficile d'en trouver un plus complet et caractéristique spécimen que l'impossible « *effet de nature* » que Pascal signale à ceux qui rejettent les mystères sacrés pour ne les pouvoir comprendre : « Croyez-vous qu'il soit impossible que Dieu soit infini, sans parties ? Oui. Je vous veux donc *faire voir* une chose infinie et indivisible ; c'est un point se mouvant partout d'une vitesse infinie ; car il est en tous lieux, et est tout entier dans chaque endroit » !

Dans cette formule, le mouvement est nié, car l'idée que nous en avons est celle d'un mobile situé successivement en plusieurs lieux, et non point partout à la fois. L'espace est nié, car la représentation propre de l'espace veut qu'un point ne puisse être *ici et là*, à moins qu'entre *ici* et *là* l'intervalle soit nul ; et, si le point est partout à la fois, ou il n'y a plus d'espace, ou il n'y a plus de point ; et le point ne se meut pas. Il n'y a donc pas de vitesse, puisque la vitesse serait le rapport de l'espace parcouru au temps, et qu'il n'y a plus d'espace ; et la vitesse ne peut pas être infinie, à moins qu'elle ne soit le repos, qui en est le contradictoire. La thèse de Pascal ne nous parle que de ces rapports, qu'elle-même supprime, en se donnant pour les appliquer ; et, sans eux, elle n'a plus aucun sens.

C'est l'incompréhensibilité du monde, que Pascal pense soutenir ainsi, mais qui n'est que celle des notions, perdues dans l'absolu, qu'il applique à la représentation des souveraines relations mécaniques du Cosmos. Elles doivent, d'après lui, servir d'apologie à d'autres incompréhensibilités, œuvres de théologiens. Si du point de vue abstrait de ces relations, il fût passé au point de vue concret du monde infini de Giordano Bruno, — et, pour le mathématicien, le concept de l'infini dans la division, s'il est réalisé, a pour corrélatif nécessaire celui de l'infini réel de la multiplication, — Pascal serait allé à la rencontre des doctrines infinitistes positives, c'est-à-dire de l'infini matériel, que l'Église condamnait. Mais son objet était plutôt négatif, et c'est le doute qui devait résumer son plan préparatoire de l'apologétique.

Il fallait définitivement trouver le joint d'une démonstration d'espèce nouvelle qui échappât, chose en apparence impossible, aux objections dont le scepticisme avait trouvé la place en toute affirmation de théorie. Elle ne devait pas être théorique, mais forcer en quelque sorte l'acte de conviction sans donner la conviction elle-même, et prendre pied dans le scepticisme pour s'élancer dans la certitude : marche inverse de celle que dépeint le bon mot du pyrrhonien de l'antiquité, éliminant, disait-il, le vice logique de *sa certitude que tout est incertain*, de la manière dont un purgatif s'échappe du corps avec la matière peccante qu'il entraîne. L'agent de l'opération orthodoxe devait avoir pour mobile l'intérêt, non la raison, pour objet le bonheur, non le savoir, et prendre le possible au lieu du réel pour la donnée de la connaissance. Ces propriétés singulières lui étaient fournies par la méthode qu'applique aux problèmes où il entre de l'accident le calcul des chances, calcul, alors tout nouveau, qui mettait l'ingéniosité des mathématiciens à l'épreuve, et qui avait pour fondement ce postulat : que certains événements envisagés dans l'avenir peuvent arriver ou ne pas arriver, et que la possibilité qu'ils arrivent comporte une mesure mathématique basée sur certaines données actuelles susceptibles de mesure. Il est clair que toute preuve du fait sur lequel porte la spéculation doit être tenue *a priori* pour inaccessible ; ce n'est qu'à cette condition qu'on peut le regarder comme simplement possible. De là ce principe du pari, que les *partis* doivent être proportionnels aux valeurs respectives des possibilités comparées. Sous ce rapport, c'était la place marquée pour l'application des plus fortes expressions parmi celles qu'on trouve dans les *Pensées* à l'appui du pyrrhonisme, comme celle-ci : « le pyrrhonisme est le vrai. » Aussi lisons-nous dans l'explication préliminaire du morceau célèbre où Pascal exposait les termes du pari et que les éditeurs falsifièrent : « Nous ne connaissons ni l'existence ni la nature de Dieu », et, au début de l'exposition même : « Dieu est, ou il n'est pas. Mais de quel côté pencherons-nous ? La raison n'y peut rien déterminer. »

On reconnaît, à la plus simple lecture, que ce morceau n'a été amené, ni à la correction mathématique qu'il aurait exigé, ni même à une rédaction grammaticale nette et faite pour rester, par son auteur, le plus grand des maîtres de l'expression forte et claire. Il n'est donc pas de nature à être discuté dans le détail, mais on peut en noter les traits essentiels qui n'auraient pu manquer d'être conservés parce qu'ils tiennent aux concepts que Pascal se formait de Dieu et de l'Église. Il y en a trois : 1° le dilemme du sujet dont on parie pour ou contre l'existence, 2° le dilemme de ce qu'on peut gagner et de ce qu'on expose en pariant, 3° la nécessité de parier.

1° Le sujet en question est Dieu : « Il se joue un jeu à l'extrémité de cette distance infinie », — celle où nous sommes de la connaissance de Dieu, — « où il arrivera croix ou pile ». *En prenant croix* on parie *que Dieu est*. Pascal a expliqué auparavant que « Dieu est *infiniment incompréhensible*, puisque n'ayant ni parties ni bornes *il n'a nul rapport à nous* », mais que cependant « on peut connaître qu'il y a un Dieu *sans savoir ce qu'il est* ». Cette connaissance de l'existence de Dieu, c'est l'Église qui la donne. Parier pour l'existence de Dieu, au sens de Pascal, c'est manifestement parier pour la vérité de ce que l'Église enseigne sur Dieu, et sur les récompenses qu'elle promet à ceux qui croient en lui et qui suivent les commandements qu'elle prescrit en son nom. C'est ce qui résulte de la manière dont Pascal comprend le deuxième point, que nous allons voir. Or il y a une incorrection logique frappante à placer le sujet du pari dans une telle confusion, comme si elle était toute naturelle. L'existence de Dieu et la vérité du dogme en tant que révélation divine réclameraient du parieur une distinction.

2° La vie éternelle, « une infinité de vie infiniment heureuse à gagner », est le gain ; un enjeu fini est la perte possible, selon qu'on décide un jeu où il entre un hasard de gain, pour le moins, contre un ou un nombre en tout cas fini de hasards de perte. Cet enjeu fini, que Pascal sous-entend plus qu'il ne l'explique, est la vie mondaine avec ses avantages, quels qu'ils soient, auxquels celle-ci doit renoncer pour vivre selon les prescriptions de l'Église. Le sujet du pari est donc bien la vérité de la doctrine et du culte. On parie *pour*, en la reconnaissant par le fait qu'on y croit et qu'on en subit les obligations. Dans ces termes, Pascal est irréfutable, quand il décide que le pari est raisonnable. C'est le fini à risquer contre l'infini à gagner : *tout est parti*, dit-il, mais à une condition sur laquelle il insiste fortement, car tout le nœud de la question est là : il faut qu'on soit forcé de parier. Nous avons eu l'occasion de mentionner plus haut la méthode au moyen de laquelle Pascal se fait fort d'amener par la pratique volontaire et systématique du culte à la foi sincère le penseur une fois persuadé de l'intérêt qu'il a à parier « croix, que Dieu est ».

3° La nécessité de parier. Toute doctrine, et non pas seulement la catholique ou la musulmane, mais hypothétique ou imaginaire, qui par elle-même, en se formulant et sans que j'y prisse aucune part, serait telle, que par le fait seul de ma manière de vivre je ne pusse faire autrement que suivre ses prescriptions ou les violer, me mettrait dans cette *nécessité de parier* que la thèse du pari de Pascal exige. « Vous êtes embarqué », pourrait-on me dire, au nom de cette doctrine, comme Pascal le dit au nom de l'Église, aux libres penseurs, qu'il a raison de regarder comme obligés de parier implicitement en croyant ou ne croyant pas à la Messe, et se conduisant en conséquence. Mais toute doctrine pouvant *a priori* me constituer dans un cas pareil, comme nous venons de le remarquer, il faut que celle qui se trouvera en position de m'offrir le pari, pour que je l'accepte en connaissance de cause, me présente un titre spécieux, une raison d'examiner ; il est trop clair autrement que nous serions égarés dans l'arbitraire. Une raison d'examiner qui est à reconnaître, c'est un commencement d'examen. Pascal la suppose, la rappelle au cours même de son argumentation : c'est le thème de l'apologétique commune : « les prophéties et les miracles » ; mais le libre penseur auquel il a affaire la rejette. Nous voilà forcés à un débat préliminaire du pari; et cependant il nous est logiquement interdit d'y entrer ; Pascal n'a-t-il pas déclaré, en commençant, que la décision du dilemme : « Dieu est ou n'est pas », était, *pour la question posée, c'est-à-dire en ce qui touche la raison*, remise au hasard, parce que « la raison n'y peut rien déterminer » ? Et n'a-t-il pas confondu la réalité de l'existence de Dieu avec la vérité de la doctrine de l'Église ? Ce serait donc sortir de la question que d'examiner cette dernière, pour savoir si nous agirions raisonnablement en acceptant le pari dans les termes posés par l'Église.

Il n'en serait pas de même d'un pari moral, tel qu'en ont accepté la donnée des philosophes, Locke, Rousseau; qui n'ont gardé de l'idée mathématique du hasard en pareille matière que la thèse, à titre de possibilité, mais sans preuves, d'un état de la personne, après la mort, en des conditions de vie dépendantes de sa conduite en la vie actuelle. Au lieu du dogme et du culte d'une Église pris pour déterminer la conduite à laquelle s'attache l'espoir de la vie bienheureuse, ils ont alors envisagé ou la loi morale, avec le caractère d'obligation par lequel elle se témoigne à la conscience, ou la croyance naturelle au bien moral dans l'univers et au rapport de la conduite avec la destinée heureuse ou malheureuse. Il a été permis à ces philosophes d'ajouter le désir du bonheur, dont une espèce inférieure prend le nom d'intérêt, aux motifs de sentiment et de raison qui portent l'homme à l'observation de la justice.

L'examen du *pari de Pascal* démontre l'irrationnalité de la méthode demandée à l'aveu du scepticisme pour aller à la foi. Il dévoile le cercle vicieux qui consiste à chercher dans l'intérêt un motif de s'assujettir à des pratiques et de se forcer à une croyance réputée avantageuse pour une vie future, au cas où cet intérêt serait véritable, alors que l'on ne peut évidemment songer à recourir à de tels moyens que dans la mesure où l'on peut déjà croire à l'efficacité de ces pratiques. Croyance pour croyance, il y avait un moyen plus simple, si le fanatisme catholique n'y eût mis obstacle, de donner à l'esprit sceptique la juste satisfaction exigée par l'impossibilité de démontrer les premiers principes de la connaissance ; c'était de les poser eux-mêmes à titre de croyance primordiale à la tête d'une philosophie rationnelle. Pascal lui-même les reconnaissait et réclamait pour eux la foi du cœur : « La connaissance des premiers principes, comme qu'il y a espace, temps, nombres, est aussi ferme qu'aucune de celles que nos raisonnements nous donnent. Et c'est sur ces connaissances du cœur et de l'instinct qu'il faut que la raison s'appuie et qu'elle y fonde tout son discours. Les principes se sentent. » — Et puis : « La volonté est un des principaux organes de la créance. » Il restait seulement à discerner les principes, à nommer le premier de tous, à le suivre dans ses conséquences logiques, à lui rattacher autant que possible les souveraines vérités de la raison, l'ordre du monde intelligible. Cette philosophie synthétique fut l'œuvre de Descartes, et son vrai fondement fut bien la croyance rationnelle ; car l'*évidence* n'est qu'un mot.

Si Descartes, définissant le principe irrécusable, interprétant le caractère logique qui lui est propre, et celui auquel il doit sa fécondité, eût nommé *lois de l'entendement* les concepts principaux qu'il y rattachait, et *foi rationnelle*, au lieu d'évidence, leur ultime fondement mental, Descartes, se fût montré sous l'aspect d'un théologien, non d'un philosophe, à ses contemporains accoutumés à n'employer l'organe de la foi que pour ce qui est inintelligible. Cependant, quand du *cogito*, au sens empirique, ou phénoméniste, on passe au *sum*, substantialiste, sans pouvoir fournir de l'*ergo* une justification logique, on ne peut s'appuyer que sur une croyance dont l'objet réel est la permanence du moi identique, ou conscience de la personne ; et peut-être Descartes donnait-il secrètement ce sens à l'affirmation d'un lien dont il ne pouvait rendre un compte satisfaisant, et de quelques autres principes dont il regardait l'évidence comme du même ordre que celle-là. (LII).

LIVRE VII

LA PHILOSOPHIE SYNTHÉTIQUE

CHAPITRE XXVI

DESCARTES. LA PENSÉE ET L'ÉTENDUE. L'EXISTENCE DE DIEU. LA CRÉATION

La question de la substance, la difficulté de justifier la signification substantialiste du *Cogito ergo sum* détournent l'attention de l'importance de ce principe du cartésianisme, comme expression d'un fait mental qui, bien posé et compris dans ce qu'il implique, est la rupture méthodique entre l'idée de la pensée et l'idée de l'étendue en soi. Oublions la question métaphysique de l'existence d'un sujet en soi de l'étendue représentée ; la seule possibilité de mettre cette existence en doute éclaire le principe dont nous parlons. Nous sommes, en effet, assurés immédiatement *de l'idée*, que ce soit celle de la pensée, ou celle de l'étendue, mais l'idée que nous avons de l'étendue ne peut que par hypothèse, ou en qualité de croyance, passer pour quelque chose au delà de la représentation que les êtres sensibles en ont, tandis que l'idée de la pensée s'affirme et se suffit comme représentation en embrassant l'autre aussi comme telle. Descartes et ses disciples ont introduit dans la philosophie cette vérité radicale.

Si nous rassemblons sous le nom d'esprit tout ce qui est du genre de la *pensée* et a des *idées* pour modes, l'objet de l'idée peut être ou n'être pas extérieur à l'esprit, mais, en tout cas, il n'est point en nous une connaissance que nous puissions affirmer comme étant celle de l'étendue, essence ou qualité matérielle, donnée hors de toute pensée, et cause de nos perceptions de l'étendue et de ses modes ; non plus qu'il n'est rien, en nos pensées, qui nous explique certaines d'entre elles comme causes des modifications que nous désirons qui s'opèrent dans nos représentations de l'étendue, de la figure et du mouvement. De la reconnaissance de cette vérité est sorti, avec le cartésianisme, le progrès capital que la philosophie a fait depuis l'antiquité.

Par la séparation de la matière, c'est-à-dire de l'étendue en tant que concept, et quoi qu'il en fût de son existence en soi, à laquelle il croyait cependant, et à laquelle il réduisait toute l'essence de la matière, Descartes a institué le sujet propre de la physique et de ses théories, où n'entrent comme variables, dans les relations qu'elle étudie, que les modes de l'étendue ou ceux qui s'y peuvent ramener, et le temps. Et cette physique est la physique moderne.

Par cette même séparation, et en ramenant les qualités sensibles des corps à des modes de penser, quoique sans réduire encore l'étendue à sa forme intelligible, Descartes a été le véritable initiateur de l'idéalisme embrassé par les grands philosophes ses successeurs ; Malebranche, Leibniz, Berkeley. Spinoza lui-même est étranger aux idées des anciens sur l'essence de la matière.

Le réalisme substantialiste ne soulevait aucun doute, au siècle de Descartes. Le pyrrhonisme lui-même, gagné secrètement peut-être par l'influence si particulièrement puissante de l'imagination pour matérialiser l'idée logique d'un support de qualités, ne s'était pas, semble-t-il, attaqué à cette fiction autant qu'à celle de la cause transitive, quoique ses arguments généraux ne l'atteignissent pas moins. C'est apparemment pour cette raison que Descartes ne se sentit pas obligé de justifier l'emploi réaliste de l'idée de substance, mais seulement d'en diviser les applications pour donner à l'esprit la prééminence, au point de vue de la certitude. Dans tout le cours des explications dont il accompagne sa démonstration de l'existence de Dieu (voyez *Les méditations métaphysiques. Méditation* 3ᵉ), il tient le lecteur attentif à remarquer qu'il se considère lui-même exclusivement comme *une chose qui pense*, pendant que, tout à la recherche de Dieu, il demeure dans le doute sur la réalité des sujets externes qui pourraient correspondre à ses différentes idées, ou sur leur origine. L'idée qu'il a de Dieu est celle d'un être, ou substance, qui posséderait *formellement ou actuellement*, comme cause de celles de nos idées dans lesquelles nous reconnaissons de la perfection, *toute la réalité ou perfection* qui se rencontre *seulement objectivement, ou par représentation, dans ces idées*.

La définition de cet être qui serait la cause d'une *première idée, patron ou original*, en lequel serait contenue formellement et en effet toute cette perfection que nous n'avons que représentée dans nos idées, est ainsi conçue :

« Une substance infinie, éternelle, immuable, indépendante, toute connaissante, toute puissante, et par laquelle moi-même et toutes les choses qui sont (*s'il est vrai qu'il y en ait qui existent*) ont été créées et produites. »

Cette définition ne diffère pas sensiblement, au premier aspect, de celle des théologiens, courante dans l'École, et reproduite encore par Kant comme spécimen d'un *idéal de la raison pure* (XXVI); mais, mieux considérée et prise expressément de la manière dont l'idée de Dieu est déduite par Descartes, elle appelle des remarques qui lui donnent un sens différent.

1° L'idée de Dieu se pose, pour Descartes, dans le rapport unique établi entre le moi et ses idées, imparfaites et douteuses qu'elles sont en leur origine et leur cause, d'une part, et, de l'autre, la pensée d'une cause où elles auraient leur source en l'état d'intégrité et de perfection dont le moi borné qui prononce le *Cogito ergo sum* n'envisage que la possibilité. En cette abstraction de toutes les choses qui lui sont représentées, et dont la réalité est incertaine, ce moi atteint l'idée de Dieu par une méthode rigoureusement idéaliste. Observons de plus que cette position de la question nous éloigne de la preuve la plus commune de l'existence de Dieu, la preuve *cosmologique*, *a contingentia mundi*, puisque nous ne savons pas encore si ce monde est quelque chose de plus que notre représentation. Et en effet, la démonstration cartésienne est, comme nous allons le voir, étrangère à la considération des phénomènes dont la régression dans le temps exigerait un premier terme, c'est-à-dire une première cause. Ce sont les idées qui, au point de vue de Descartes, réclament l'existence d'une *idée première :* première en nature et parfaite.

2° La filiation platonicienne du cartésianisme s'impose ici à notre attention; mais le principe est complètement changé, ainsi que la raison de la descendance des idées. Au lieu du Bien, Père des Idées en un sens vague et symbolique (VII), c'est la Cause proprement dite que nous trouvons, c'est l'auteur de l'être des idées; et, au lieu de la participation, terme inexpliqué qui, en s'éclaircissant, devint l'émanation, avec des hypostases, nous avons les idées elles-mêmes en tant que créées : comme le sont toutes les choses qu'elles nous représentent, « s'il est vrai qu'il y en ait qui existent ».

3° La notion de *substance* est donc essentiellement remplacée par la notion de *cause*, dont la déduction cartésienne de l'idée de Dieu, et la thèse de la création, qui s'y joint, marquent suffisamment que c'est de la cause au sens psychologique de volonté et de personnalité qu'il s'agit, d'autant plus qu'il ne saurait être question d'une causalité d'ordre physique, l'existence réelle des phénomènes externes n'étant pas encore supposée.

4° La définition de Dieu, telle qu'elle est formulée, ne laisse pas d'être sujette aux interprétations substantialistes qui, dans les attributs divins d'*infinité*, d'*éternité*, d'*immutabilité* de *toute connaissance* et de *toute puissance*, font entrer la considération de la quantité, — de la quantité portée à l'infini et regardée comme une perfection, — et introduisent ainsi, dans les concepts la contradiction à laquelle les attributs moraux ne sont point par eux-mêmes exposés. L'immutabilité, en particulier, n'entraîne pas des contradictions comme celles qui naissent de la supposition d'un genre de connaissance et de puissance, dans la nature divine, qui atteindrait des objets dont l'existence actuelle est logiquement impossible, et épuiserait l'inépuisable ; mais cet attribut, s'il est posé comme absolu psychologiquement, et non pas entendu en un sens moral seulement, est incompatible avec les attributs de la personnalité qui supposent une réciprocité des rapports de la créature au Créateur, et une réceptivité chez ce dernier. Mais il est remarquable que la définition cartésienne, en sa déduction et ses accompagnements, n'implique point un sens quantitatif de la perfection divine, et ne touche nullement à l'infinité des phénomènes dont Descartes a tenu partout ailleurs à éviter le concept. Le concept de l'indéfini lui a suffi. On pourrait donc entendre en un sens tout moral, en dehors des phénomènes sensibles, cette théorie célèbre de la primauté du concept de l'infini sur le concept du fini, dont les termes, pris en ce sens, deviennent extrêmement remarquables :

« Encore que l'idée de la substance soit en moi, de cela même que je suis une substance, je n'aurais pas néanmoins l'idée d'une substance infinie, moi qui suis un être fini, si elle n'avait été mise en moi par quelque substance qui fût véritablement infinie.

« Et je ne me dois pas imaginer que je ne conçois pas l'infini par une véritable idée, mais seulement par la négation de ce qui est fini, puisque au contraire je vois manifestement qu'il se rencontre plus de réalité dans la substance infinie que dans la substance finie; et partant que j'ai en quelque façon premièrement en moi la notion de l'infini, que du fini, c'est-à-dire que de moi-même : *car comment serait-il possible que je pusse connaître que je doute, que je désire c'est-à-dire qu'il me manque quelque chose, et que je ne suis pas tout parfait, si je n'avais en moi aucune idée d'un être plus parfait que le mien, par la comparaison duquel je connaîtrais les défauts de ma nature* (Méd. mét., III, 27).

Il est manifeste que cette idée de l'infini est celle dont l'expérience elle-même nous rend témoignage dans notre sentiment de la vie, aux moments où la jeunesse, la force, la joie, l'absence actuelle de toute idée de privation et de toute crainte, nous donnent une idée du moi pur et sans bornes, et comme une apparence de l'être éternel, auquel vont, tout à l'heure, s'opposer les phénomènes révélateurs du pouvoir des choses externes et de notre propre défaut d'être. C'est la *substance infinie* de Descartes, précédant logiquement la *substance finie*. Son concept est tout actuel, indéterminé en son application, et il n'y entre aucune idée d'extension quantitative de la connaissance, ou de la puissance, à des objets *sans fin*.

5° On pourrait aller plus loin, dans cette explication de la vue fondamentale de la métaphysique cartésienne, et remarquer que l'idée de substance ne diffère point, dans l'usage qu'en fait Descartes, de la simple idée d'existence, et que, le point de vue où il se tient étant tout idéaliste, comme nous l'avons dit, il n'y aurait aucun changement apporté à la doctrine, si l'on admettait que, laissant à l'imagination le secours de la fiction d'un support des idées, — qu'on ne saurait lui-même se représenter par aucune idée, hormis cette sorte *d'image abstraite* à laquelle nul sujet ne répond. — Il faut convenir que le concept de la pensée, dans ce qu'il a d'intelligible comme réalité, se réduit à la synthèse des attributs qui la définissent. N'est-ce pas au reste ce qu'on entend, lorsque au lieu de parler de la *substance* on parle de l'*existence*, dont le nom cette fois a coutume de se prendre pour un terme universel et abstrait ?

La démonstration cartésienne de l'existence de Dieu n'est pas vraiment double, quoique on la présente habituellement ainsi, et que Descartes lui-même ait paru le faire. Car il en reconnaît deux, et deux seulement de possibles: l'une qui se tire *de l'essence*, l'autre *des effets*. Au fond c'est de l'argument de la causalité que la première, la preuve ontologique, tient tout ce qu'elle a de force, et cet argument est mis en évidence dans la seconde. La preuve ontologique s'énonce en ces termes d'une grande simplicité :

« Lorsque la pensée qui se connaît soi-même, dit Descartes, fait une revue sur les diverses idées ou notions qui sont en soi, et qu'elle y trouve celle d'un être tout connaissant, tout puissant et extrêmement parfait, elle juge facilement, par ce qu'elle aperçoit en cette idée, que Dieu, qui est cet être tout parfait, est, ou existe : car encore qu'elle ait des idées distinctes de plusieurs autres choses, elle n'y remarque rien qui l'assure de l'existence de leur objet, au lieu qu'elle aperçoit en celle-ci, non pas seulement comme dans les autres une existence possible, mais une, absolument nécessaire et éternelle. Et comme de ce qu'elle voit qu'il est nécessairement compris dans l'idée qu'elle a du triangle, que ses trois angles soient égaux à deux droits, elle se persuade absolument que le triangle a trois angles égaux à deux droits ; de même, *de cela seul qu'elle aperçoit que l'existence nécessaire et éternelle est comprise dans l'idée d'un être tout-parfait, elle doit conclure que cet être tout-parfait est, ou existe* » (*Les principes d. l. phil.*, I, 14).

On n'avait pas attendu Kant, de qui la *Critique* a ajouté beaucoup d'importance à la remarque, pour s'apercevoir que le contenu nécessaire d'une idée n'est toujours qu'une idée, et n'a pas le don de prouver l'existence externe de son objet[1] ; et peut-être est-ce là un indice du caractère de *croyance* dont Descartes n'aurait pas entendu, au fond, que l'*évidence* dût entièrement se

---

[1] La preuve *ontologique* est communément attribuée à Anselme de Canterbury, qui toutefois ne la présenta que sous une forme grossière, et ne sut pas y éviter une pétition de principe. Le vice logique de l'argument fut relevé, du temps même d'Anselme, par le moine Gaunilon, qui montra habilement que le concept d'un objet n'en saurait jamais démontrer l'existence. Thomas d'Aquin rejeta pour cette même raison la preuve *ontologique*. Descartes, en la reprenant (purgée de la pétition de principe d'Anselme) maintint, contre l'auteur des *Premières objections* à ses *Méditations métaphysiques*, que, en matière de perfection, le concept implique l'existence de son objet. C'est là une confusion manifeste entre une forte pensée objective et la supposition du sujet externe correspondant ; et c'est ce qu'on appelle une croyance. Descartes avoua seulement qu'il est aisé de prendre pour un sophisme cette démonstration par l'essence, et qu'il avait hésité d'abord à s'en servir, mais qu'enfin, ayant développé l'autre, la démonstration par les effets, il n'avait pas cru devoir omettre celle-là. (Voir les *Objections premières*, n° VII, et les *Réponses*, n° VI.)

séparer (XXV, LII) ; mais, quoi qu'il en soit, il n'a pu ne pas sentir, après tout, que l'idée elle-même avait besoin d'une justification pour sa présence en notre pensée, pour son origine, et pour le motif d'où elle tient le pouvoir de nous persuader de l'existence de son objet. Ce motif n'est autre que la reconnaissance de sa cause, et là précisément est le principe de la seconde démonstration de l'existence de Dieu : « La cause des idées doit être d'autant plus parfaite, que ce qu'elles représentent de leur objet a plus de perfection. »

« Pource que nous trouvons en nous l'idée d'un Dieu ou d'un être tout-parfait, nous pouvons rechercher la cause qui fait que cette idée est en nous : mais après avoir considéré avec attention combien sont immenses les perfections qu'elle nous représente, nous sommes contraints d'avouer que nous ne saurions la tenir que d'un être très parfait, c'est-à-dire d'un Dieu qui est véritablement ou qui existe, pource qu'il est non seulement manifeste par la lumière naturelle que le néant ne peut être auteur de quoi que ce soit, et que le plus parfait ne saurait être une suite et une dépendance du moins parfait ; mais aussi pource que nous voyons par le moyen de cette même lumière qu'il est impossible que nous ayons l'idée ou l'image de quoi que ce soit s'il n'y a en nous ou ailleurs un original qui comprenne en effet toutes les perfections qui nous sont ainsi représentées. » (*Les Princip. d. l. phil.*, I, 18).

Descartes développe amplement dans les *Méditations métaphysiques* les raisons de penser que ce n'est point *de nous*, qui ne sommes point cause de nous-mêmes, que vient cette idée, ni de plusieurs causes concourantes, et enfin que l'idée de la perfection a nécessairement une cause et ne peut avoir que l'être parfait pour cause, parce que, comme il est dit déjà dans le *Discours de la méthode* : « il n'y a pas moins de répugnance que le plus parfait soit une suite et une dépendance du moins parfait, qu'il y en a que de rien procède quelque chose. »

L'impossibilité que *de rien procède quelque chose*, admise par le philosophe à qui la doctrine de la création interdisait celle de l'éternité du monde, se joignait à cette thèse caractéristique de la *causalité éminente*, qu'il substituait à la *nature nécessaire*, ou substance éternellement donnée en soi, plus commune chez les philosophes de l'École, pour lui faire envisager la Personne, ou cause consciente souveraine, essentiellement, comme le principe des choses. Mais la logique, alors, semblait soulever le problème de l'application du principe de causalité à l'existence de la cause des causes elle-même. De là vint à Descartes, bien certainement, la pensée de reprendre la thèse scotiste de Dieu considéré comme *causa sui*. Elle aurait coupé court à la difficulté du procès à l'infini des causes, mais il ne s'y tint pas strictement, ne pouvant la défendre, parce qu'elle implique *une existence antérieure à l'existence*. Il n'y faut voir de sa part qu'une importante marque du dessein philosophique de poser la personnalité, la volonté, comme le caractère essentiel de l'être premier. Une autre marque du même esprit nous frappe dans le cercle vicieux célèbre du *Grand Trompeur* ; l'évidence prouvant Dieu, de qui la perfection morale, à son tour reconnue, prouve que l'évidence ne trompe pas. Le Dieu dont le métaphysicien invoque la véracité ne saurait être une abstraction. Le cercle vicieux est comme la forme d'une croyance qui se confirme moralement par la contemplation d'un objet qui ne s'est d'abord offert que sous l'aspect intellectuel ; et la thèse de Dieu *cause de soi* se réduit à l'expression rationnelle de la possession entière de soi, et de la pleine indépendance de tout pouvoir externe, si l'on renonce, le jugeant contradictoire, à l'effort de scruter l'origine de la cause première. Comment se peut-il qu'avec de tels précédents de doctrine chez son fondateur, l'école cartésienne ait été conduite par ses plus profonds continuateurs au panthéisme théologique?

L'origine de cette déviation de l'esprit d'une doctrine personnaliste, dans le cartésianisme, fut la découverte d'un fait presque toujours méconnu par le dogmatisme, fait négatif d'une importance sans pareille : le défaut de lien de causalité sensible entre les phénomènes de l'étendue et du mouvement, d'une part, et ceux de la sensation et de la perception, de l'autre. Il en sortit une doctrine, extraordinaire en sa forme, dont le thomisme, toujours vivant, dut être le secret inspirateur, et qui, à son tour, fit reparaître, chez un disciple, ce même thomisme, décidément reconnaissable.

Puisque la communication de l'âme et du corps était insaisissable, que la cause de leur rapport était entièrement cachée, et qu'il en fallait une, où la supposer? Mais quelle question ! puisque Dieu est la cause suréminente des choses, s'il n'y a pas de raison d'ordre sensible pour que l'état du corps change quand change l'état de l'âme, ou réciproquement, c'est que Dieu est le réel auteur du changement, et que c'est lui qui opère l'un *à l'occasion* de l'autre, ou réciproquement. C'est la doctrine dite des *causes occasionnelles* que Descartes indiqua sans l'approfondir, et que Geulincx, philosophe hollandais, et Malebranche formulèrent.

Selon Geulincx, l'âme est capable de se modifier elle-même, mais tout mode d'être qui lui survient en conséquence d'un fait externe, ainsi, d'autre part, que tout fait physique conséquent à une volonté de l'âme, sont l'ouvrage de Dieu qui établit la correspondance. Le spectacle du monde est donc une vision, que Dieu donne à nos esprits, des modes réels que corrélativement il produit dans l'étendue. Malebranche va plus loin et refuse à l'âme l'action sur elle-même. C'est alors uniformément en toutes choses, que Dieu produirait en nous nos impressions et nos idées, à l'occasion des mouvements que lui-même produit dans les corps; et *vice versa*. A prendre cette idée à la lettre, Dieu serait donc l'auteur des occasions des actes ou changements des deux espèces qui se correspondent, et l'auteur des actes faits à ces occasions, et, par là, l'auteur des *occasions des occasions* à l'infini! La pensée du philosophe doit évidemment s'interpréter dans le sens d'une théorie de la *Providence générale*, qui était d'ailleurs la sienne, d'après laquelle Dieu aurait institué cet ordre de relations sous la forme d'une loi destinée à régir la création; mais le Créateur ne laisse pas d'appliquer la loi lui-même, en qualité d'unique auteur réel de tous ses effets. Il s'agit en définitive d'une théorie exactement équivalente à celle de Thomas d'Aquin, selon qui Dieu est présent et agent partout où se produit un mode d'être réel (XXIII).

La théorie se complète et s'éclaircit par la thèse, que Descartes avait acceptée aussi, de la *création continuée* : identité de l'acte de la création, et du fait de la conservation ou durée du monde. Cette identité, l'acte universel étendu à la production de tout effet particulier, tel qu'il se produit à chaque instant, et qui s'évanouirait si la cause cessait de s'y appliquer, ne doit paraître à celui qui en pèsera bien la signification, qu'un autre mode plus subtil d'exprimer l'équation permanente entre *l'être de l'œuvre faite* et *l'être de l'action qui fait*. L'idée de la création, prise en son sens ordinaire, n'y trouve pas son explication mais bien sa contradiction. Il y a probablement un départ à faire, quoique difficile, dans l'esprit de Descartes, entre les idées nouvelles et hardies, d'une part, qui lui suggéraient, comme philosophe, les vues favorables au principe de la personnalité, et, de l'autre, les tendances contraires, en partie peut-être religieuses, qui s'ajoutaient à tout ce que la force du dogme orthodoxe lui commandait de ménagements pour des formules consacrées très imposantes, et munies d'une haute autorité traditionnelle. Le dogme de la prescience divine des futurs contingents, par exemple, était dans ce cas, qui n'est pas bien loin d'impliquer à lui seul tout le système du panthéisme théologique (XXIII). C'est ainsi que des doctrines capitales, telles que celles de l'âme, ou de son individualité, du libre arbitre, et de la distinction du vrai et du faux ne répondent pas, dans les explications qu'en donne Descartes, au sens net et absolu que leurs premiers énoncés portent avec eux, et sur lesquels se sont fondés les jugements erronés de la plupart des historiens de la philosophie.

On ne saurait imaginer des déclarations plus nettes que celles de Descartes touchant l'âme, son existence, son essence, sa distinction d'avec le corps : « De cela seul que je connais avec certitude que j'existe » — (*Cogito ergo sum*) — « et que cependant je ne remarque point qu'il appartienne nécessairement aucune chose à ma nature, ou à mon essence, sinon que je suis une chose qui pense, je conclus fort bien que mon essence consiste en cela seul que je suis une chose qui pense, ou une substance dont toute l'essence, ou la nature, n'est que de penser. Et quoique peut-être, ou plutôt certainement (comme je le dirai tantôt), j'aie un corps auquel je suis très étroitement conjoint, néanmoins pource que, d'un côté, j'ai une claire et distincte idée de moi-même en tant que je suis seulement une chose qui pense, et non étendue, et que, d'un autre, j'ai une idée distincte du corps, en tant qu'il est seulement une chose étendue et qui ne pense point, il est certain que *moi, c'est-à-dire mon âme*, par laquelle je suis ce que je suis, est entièrement et véritablement distincte de mon corps, et qu'elle peut être, ou exister sans lui » (*Méd. métaph.*, VI, 18).

Ailleurs, « Nous connaissons manifestement que nous sommes par cela seul que nous pensons, et par conséquent que la notion que nous avons de *notre âme* ou de *notre pensée*, précède celle que nous avons du corps; et qu'elle est plus certaine, vu que nous doutons encore qu'il y ait au monde aucun corps, et que nous savons certainement que nous pensons.

« Par le mot de penser, j'entends tout ce qui se fait en nous de telle sorte, que nous l'apercevons immédiatement par nous-mêmes; c'est pourquoi non seulement *entendre, vouloir, imaginer*, mais aussi *sentir* est la même chose ici que penser. » Descartes mentionne, pour complément de la définition de l'entendement, des notions *a priori*, qu'il n'a pas prétendu nier, dit-il, en établissant le premier principe de sa méthode, mais qui « ne nous font avoir la connaissance d'aucune chose qui existe ». Cette dernière observation est exacte, et fondamentale en ce qui concerne les relations d'ordre universel auxquelles nous rendons aujourd'hui le nom aristotélicien de *catégories*. Descartes, en cette partie de ses principes, montre un esprit nominaliste, ou intellectualiste, très décidé (*Les princip. d. l. phil.*, I, 8-10, 48 sq.).

Il ressort de la démonstration de l'âme distincte du corps que l'*âme*, *la chose qui pense*, et le *moi* sont la même chose. Ce moi comprenant des suites de phénomènes de pensée, dont Descartes énumère les espèces, constitue un être complexe, donné empiriquement dans le temps, et il est individuel à ce titre, c'est-à-dire empirique toujours, grâce aux distinctions que l'expérience permet de constater entre cet être et d'autres êtres qui lui sont plus ou moins semblables, et toute la multitude des objets qui ne sont pas ses propres représentations. Mais tout s'arrête là et nous n'apprenons rien de ce qu'on a coutume d'attacher à l'idée de l'âme : de son origine en tant qu'individuelle, de son identité et de sa permanence en dehors des circonstances temporelles présentes, et sa fin. Nous restons libres de supposer que les modes d'entendre, de vouloir, d'imaginer et de sentir qui nous semblent particulièrement ceux de cette âme, sont plus généralement les modes de penser d'une chose qui pense universelle, dont la chose qui pense individuelle n'est qu'une partie : une partie du tout de la pensée et un moment de l'éternelle durée.

C'est ainsi que Spinoza interpréta les principes du cartésianisme. La substance cartésienne de l'étendue devait, avec la substance de la pensée, réduites l'une et l'autre à la condition d'attributs, se fondre avec une infinité d'autres attributs encore, dans la véritable substance, unique, immuable et indivisible en soi, qui est la nature de Dieu. Descartes était sans doute fort éloigné de ce sentiment, mais rien ne s'y pouvait opposer formellement dans sa méthode, excepté un recours à la doctrine des théologiens, laquelle ne procède pas de la philosophie, et n'est point exempte de contradictions. La métaphysique de Descartes ne nous offre dans l'idée de la création, telle que la définition de Dieu la comporte, aucun principe d'individuation des âmes.

Une théorie du libre arbitre aurait pu combler cette lacune, sinon pour la question d'origine, où elle semble irrémédiable, au moins pour caractériser l'individualité dans l'état actuel des personnes, quoi qu'il en puisse être avant et après leur vie. Mais la théorie de Descartes est, en dépit d'une opinion très répandue sur ce sujet, conforme aux errements de l'École, c'est-à-dire des théologiens, et nullement établie sur une vue directe de la libre option de l'homme entre des opinions mutuellement contradictoires et pareillement possibles. Il assure que la conscience que nous avons du libre arbitre est une preuve suffisante de sa réalité : c'est une opinion fausse, quand il s'agit de la réalité intrinsèque, et non pas seulement de ce que nous nous représentons ; elle est très commune chez les partisans du libre arbitre, et fait très tort à leur cause, mais elle est plus particulièrement mal venue chez Descartes, qui ajoute, à l'exemple des théologiens, quoique sur un fondement différent du leur, que la connaissance de Dieu qu'il a acquise par ses démonstrations lui « assure que sa puissance est si grande que *nous ferions un crime de penser que nous eussions jamais été capables, de faire aucune chose qu'il ne l'eût auparavant ordonnée...* La toute-puissance de Dieu, par laquelle il a non seulement connu de toute éternité ce qui est ou ce qui peut être, *mais il l'a ainsi voulu*, est infinie ». La conclusion de l'antinomie formulée en ces termes a été souvent reproduite depuis Descartes. Elle porte que nous sommes assurés des deux points contraires ; « car nous aurions tort de douter de ce que nous apercevons intérieurement, *et que nous savons par expérience être en nous*, pource que nous ne comprenons pas *une autre chose que nous savons être incompréhensible* de sa nature. » L'incompréhensibilité, c'est celle de l'infini. Mais pourquoi le philosophe se croirait-il obligé d'affirmer ce que non seulement il ne comprend pas, — c'est-à-dire l'infinité de Dieu avec des applications qui recèlent des contradictions internes dans ce concept qu'il dit précisément pour cela *ne point comprendre*, — mais encore *ce dont il est forcé de comprendre l'énoncé comme contradictoire*, et qui le condamne à nier cela même qu'il prétend savoir par expérience.

Ajoutons que Descartes, en expliquant par l'incompréhensibilité de Dieu l'impossibilité où nous sommes de comprendre l'accord de la Toute-Puissance divine avec la liberté humaine, laisse subsister une autre contradiction irrémédiable ; c'est celle qui apparaît au simple point de vue de l'homme, dont les actes futurs pourraient être actuellement certains, comme prévus et voulus de Dieu, et à la fois indéterminés, comme n'excluant pas la possibilité de leurs contradictoires, puisqu'on les dit libres.

La notion du libre arbitre est elle-même faussée dans les définitions qu'en donne Descartes, et dont l'une cependant paraît avant toute explication, d'une incomparable clarté. Observons (et ceci constitue si l'on n'avait autre chose à considérer, une rare, une éclatante supériorité de vues sur la généralité des philosophes) que Descartes envisage la liberté dans son siège premier et radical, dans l'acte mental de la volonté qui décide en toute matière de jugement. La question du vrai et du faux n'est pas moins de son ressort que celle du bien et du mal, et du choix délibéré des motifs d'action; et elle est expressément posée sans limites : « Je l'expérimente si ample et si étendue qu'elle n'est renfermée dans aucunes bornes. Et ce qui me semble ici bien remarquable, est que, de toutes les autres choses qui sont en moi, il n'y en a aucune si parfaite et si grande que je ne reconnaisse qu'elle pourrait être encore plus grande et plus parfaite. Car, par exemple, si je considère la faculté de l'entendement qui est en moi, je trouve qu'elle est d'une fort petite étendue, et grandement limitée, et tout ensemble je me représente l'idée d'une autre faculté beaucoup plus ample, et même infinie, et de cela seul que je puis me représenter son idée, je connais sans difficulté qu'elle appartient à la nature de Dieu. En même façon si j'examine la mémoire, ou l'imagination, ou quelque autre faculté qui soit en moi, je n'en trouve aucune qui ne soit très petite et bornée, et qui en Dieu ne soit immense et infinie. Il n'y a que la volonté seule, ou la seule liberté du franc arbitre, que j'expérimente en moi être si grande que je ne conçois point l'idée d'aucune autre plus ample et plus étendue : en sorte que c'est elle principalement qui me fait connaître que je porte l'image et la ressemblance de Dieu. Car encore qu'elle soit incomparablement plus grande dans Dieu que dans moi, soit à raison de la connaissance et de la puissance qui se trouvent jointes avec elle, et qui la rendent plus ferme et plus efficace, soit à raison de l'objet, d'autant qu'elle se porte et s'étend à infiniment plus de choses, elle ne me semble toutefois pas plus grande si je la considère formellement et précisément en elle-même.

« Car elle consiste en ce que *nous pouvons* faire une même chose, ou ne la faire pas (*c'est-à-dire affirmer ou nier, poursuivre ou fuir une même chose*)... » il semble qu'on pourrait arrêter là la définition et que Descartes entend par ces mots, *nous pouvons* : nous pouvons d'une possibilité réelle ; mais de suite il ajoute : « ou plutôt *elle consiste seulement* en ce que, pour affirmer ou nier, poursuivre et fuir les choses que l'entendement nous propose, nous agissons de telle sorte que *nous ne sentons point qu'aucune force extérieure nous y contraigne* ». Or l'absence de ce sentiment de contrainte est unanimement reconnue, les adversaires du libre arbitre ne sauraient ne pas l'accorder ; mais ses partisans entendent de plus que la puissance des contraires, chez l'agent libre, est réelle, parce que cette puissance existe *in re*, pour les phénomènes dépendant d'un acte libre, et que ces phénomènes, futurs pour notre pensée, mais futurs en une manière ambiguë, sont actuellement indéterminés. La question véritable est ainsi posée depuis Aristote, en dépit des efforts faits en tout temps pour l'esquiver (X). Descartes, s'il eût admis des futurs imprédéterminés, des possibles réels, en fondement de la définition du libre arbitre, aurait implicitement nié que la toute connaissance dût les connaître comme déterminés, c'est-à-dire *autres qu'ils sont*. Il a préféré ne définir que l'apparence du libre arbitre.

La suite de sa théorie est conforme aux errements théologiques; elle nous présente, au lieu d'un libre arbitre qui, étant essentiellement le pouvoir de délibérer et de résoudre, implique, avec des motifs opposés, l'indécision antécédente à l'acte, une liberté, qui serait la plus entière quand elle ne suppose chez l'agent aucune hésitation : « Afin que je sois libre, il n'est pas nécessaire que je sois indifférent à choisir l'un ou l'autre des deux contraires ; mais plutôt, d'autant plus que je penche vers l'un, soit que je connaisse évidemment que le bien et le vrai s'y rencontrent, soit que Dieu dispose ainsi l'intérieur de ma pensée, d'autant plus librement j'en fais choix et je l'embrasse. De façon que cette indifférence que je sens lorsque je ne suis point emporté d'un côté plutôt que vers un autre par le poids d'aucune raison est le plus bas degré de la liberté, et fait plutôt paraître un défaut dans la connaissance qu'une perfection dans la volonté ; car si je connaissais toujours clairement ce qui est vrai et ce qui est bon je ne serais jamais en peine de délibérer quel jugement et quel choix je devrais faire ; et ainsi je serais entièrement libre sans être jamais indifférent. »

Peu de mots suffisent pour montrer en quoi ces formules pèchent contre le sens à la fois théorique et pratique du libre arbitre : il n'y a lieu de supposer aucun *arbitre* du vrai ou du bien, là où pour une raison quelconque, humaine ou divine qu'elle soit, il n'y a pas lieu à délibérer pour juger du vrai ou du bien, ni un *libre arbitre*, par conséquent. Et quant aux cas d'indifférence, ils n'admettent point la délibération proprement dite, parce que dès le premier et le plus simple motif indiquant un commencement de délibération, l'indifférence aurait pris fin. Les jugements ou les actes qui sont indélibérés et qui, à tort ou à raison, ne passent point pour nécessaires, ne sont pas libres pour cela; ils soulèvent seulement la question de l'indéterminisme pur, ou de l'existence réelle de ce qu'on nomme accident et hasard. L'acte libre est toujours l'acte final d'une délibération.

En rapportant l'idée de la liberté au bien en soi, ou au vrai en soi, que l'agent essentiellement libre affirmerait par son acte, tandis que l'indifférence et l'ignorance seraient plus ou moins la marque de l'agent moins libre, Descartes a transporté l'idée de l'erreur hors de la condition pratique de l'homme qui délibère, qui se trouve, tant que la délibération se prolonge, dans un état d'incertitude également éloigné de l'évidence et de l'indifférence, et qui, moins que jamais indifférent quand il se résout, n'atteint que rarement l'évidence réclamée par Descartes, encore bien qu'il puisse y prétendre. Cette idée de l'erreur s'énonce dans des termes simples dont le profond dogmatisme ne se découvre pas à première vue : « D'où est-ce donc que naissent nos erreurs, c'est à savoir, de cela seul, que la volonté étant beaucoup plus ample et plus étendue que l'entendement, je ne la contiens pas dans les mêmes limites, mais je l'étends aussi aux choses que je n'entends pas, auxquelles étant de soi indifférente, elle s'égare fort aisément et choisit le faux pour le vrai et le mal pour le bien. Ce qui fait que je me trompe et que je pèche. » Il n'est pas douteux que la volonté d'affirmer ou de faire ne s'étende beaucoup plus loin que l'entendement appliqué au jugement des motifs et des fins de la personne, si l'entendement signifie la raison instruite, et surtout la raison infaillible. Mais rien ne serait plus faux, si l'entendement désignait la raison individuelle avec l'ensemble des conceptions et des jugements dont l'agent libre dispose en un milieu d'opinions et de passions, des siennes et de celles d'autrui. Mais Descartes donnait à l'entendement le sens absolu d'une faculté de juger dans laquelle le libre arbitre ne conservait en réalité aucun rôle.

L'interprétation spinosiste de la théorie cartésienne de la liberté, de la vérité et de l'erreur est de nature à jeter un grand jour sur le vice de cette théorie. Le plus haut degré de la liberté est l'entière détermination de la volonté par l'évidence où l'homme peut atteindre de la vérité adéquate; et par la connaissance et l'amour de Dieu : Spinoza et Descartes sont d'accord en ce point, la nature de Dieu n'étant pas d'ailleurs en question. C'est le degré supérieur du déterminisme humain. Spinoza l'appelle la liberté ; il y ajoute les degrés inférieurs, qui ne sont point le règne de l'indifférence, comme l'appelle Descartes, mais bien du jugement nécessaire sur des notions inadéquates, et la servitude des passions.

CHAPITRE XXVII

LE MONDE DE MALEBRANCHE. LE MONDE DE SPINOZA. LE MONDE DE LEIBNIZ

La philosophie du xviie siècle est comme un premier lieu de conflit du principe de relativité, fruit encore latent du progrès de l'esprit scientifique, avec la doctrine théologique, dont l'influence se prolongeait après le discrédit des méthodes scolastiques. C'est bien ce principe, en effet, qui pouvait seul affranchir le philosophe de l'obligation de découvrir de nouveaux modes de réalisme des causes, après l'abandon des espèces émises et des formes substantielles, quand on reconnut que nul intermédiaire ne rendait logiquement compte du rapport de la cause à l'effet, dans celui des faits de causation qui les domine tous : l'action des corps sur la pensée, et de la pensée sur les corps. En rejetant toutes les entités, en reconnaissant, au moins implicitement, qu'il ne pouvait plus être question que de rapports à découvrir, dans l'ordre du monde, on remonta au point originaire d'attache de tous les effets possibles, donné par l'idée universelle de cause, c'est-à-dire à Dieu, sous l'acception de cause première. De là, redescendant, il y avait à reconnaître de nouveau la cause dans la volonté, en son siège principal, la personne humaine, à la définir, à remettre enfin à l'expérience la constatation ou la découverte des rapports de déterminant à déterminé, dans la nature, et des lois de leurs enchaînements. De ces deux définitions des origines ou causes des séries de phénomènes, il n'y en eut qu'une de dogmatiquement posée, dans toute sa force. L'autre, avec des réserves le plus souvent, mais vaines, vit son vrai sujet sacrifié, pour satisfaire à la passion de l'Un et de l'Absolu.

Le recours à Dieu était logique et répondait bien à la notion de cause en la suivant jusqu'au point initial où elle doit remonter pour être épuisée, et qui est celui du commencement des phénomènes en tant que créés. Puis, la relation causale réciproque des phénomènes de la pensée et de ceux de l'étendue, dès lors qu'on attribuait à ces derniers une existence indépendante de la pensée, ne laissant apercevoir en sa généralité aucune origine intelligible, il était logique d'en rapporter l'institution à Dieu, à l'instar de celle des autres grands rapports dont la connaissance nous est donnée en des synthèses indécomposables. On posait donc là, dès avant Leibniz, une véritable *harmonie préétablie*, et qui n'était point une hypothèse, mais bien la formule générale d'un fait constant, rattachée seulement à la croyance en un dieu créateur, sans autres attributs de ce dieu que ceux dont demeure d'accord toute doctrine théiste. Il s'en faut de beaucoup que l'harmonie préétablie de Leibniz ait été ainsi comprise, et qu'elle ait reçu un accueil favorable en conséquence, quoique elle ne fût en réalité qu'une théorie dont le cartésianisme avait été la préparation en ce qui touche le problème de la « communication des substances ». D'où vient cette différence ?

La question peut se poser au sujet de la théorie de Malebranche, qui était bien une sorte d'harmonie préétablie aussi, puisque sa vraie formule, était comme nous l'avons vu (XXVI), celle d'une loi générale de la création, et d'une loi de correspondance, en vertu de laquelle tout mode de changement de chacun des deux genres se produit, par la volonté de Dieu, en concordance préordonnée avec chaque mode de l'autre, au même temps. Cette théorie du disciple de Descartes fut loin d'obtenir un succès en rapport avec l'importance que les principes généraux du cartésianisme avaient prise dans les esprits. L'explication la plus naturelle de la différence des destinées entre ces principes et les doctrines qui en étaient des applications, c'est que les doctrines prenaient l'origine de la causation et de toutes les séries causales de phénomènes, exclusivement, et même immédiatement, en Dieu. La liberté était donc entièrement bannie du monde phénoménal, et, à vrai dire, toute cause originale et réelle. Or, quelle que soit la pente des esprits vers le déterminisme, elle n'a jamais été à ce point prononcée que des systèmes entiers et absolus composés sous son inspiration aient pu obtenir la moindre popularité.

Sans doute, Malebranche faisait entrer verbalement

l'existence du libre arbitre dans son système ; et c'était de très bonne foi. Il se porta à la défense de cette partie orthodoxe d'un panthéisme également orthodoxe, contre le P. Boursier, son disciple, auteur d'un livre sur la *prémotion physique* dans lequel le problème était traité comme un corollaire de la doctrine, souvent si bien nommée par les mystiques, du *néant de la créature*. La prémotion physique est le nom d'un prédéterminisme réduisant la volonté humaine, *quand elle est portée au bien*, à une action de Dieu, qui en pénètre la nature, et la meut, mais qui fait aussi, *quand la volonté est portée au mal*, l'être de ce mal, — car tout ce qui est de l'être est de Dieu, selon le P. Boursier. — Mais il existe aussi du non-être, ajoute ce théologien, et c'est ce non-être qui est le propre de la créature, et dont l'existence est cause que le mal de l'action n'est pas imputable à Dieu. La thèse de Boursier implique l'*être du non-être*, contradiction formelle ; à la proposition plus connue : *le mal n'est rien*, elle substitue cette autre : *le mal est quelque chose, mais l'agent ne le produit qu'en tant que l'être propre de l'agent n'est lui-même rien.*

Cette théorie de la prémotion physique diffère-t-elle sérieusement de la doctrine de Malebranche, voilà maintenant ce qu'il faut examiner. La thèse vraiment fondamentale de Malebranche, celle que combattit vigoureusement Arnauld, plus fidèle à Descartes, c'est que les idées n'appartiennent point à l'homme, à son *âme*, qu'il ne connaît point, et ne dépendent pas de sa *conscience*, qui n'est qu'un certain sentiment de son être, que Dieu lui donne. Les idées sont de Dieu, nous en avons en lui la *vision* : l'idée de Dieu lui-même, d'abord, ou de l'infini, que nous avons sans pouvoir nous la représenter ; celle de l'*étendue intelligible*, ensuite, la seule étendue que nous percevions, avec ses propriétés, car la matière est insensible pour nous, incapable de toute communication avec nous, et l'existence réelle du monde ne nous est assurée que par la foi dans la révélation; enfin, les notions générales d'ordre, de perfection et de justice, rapports généraux qui sont de l'essence de Dieu et auxquels nous participons en lui. Les idées sont donc essentiellement intelligibles et vues en Dieu. Les sentiments, qu'il faut distinguer des idées, sont des effets de l'action que Dieu exerce sur nous pour nous instruire de l'existence et des rapports des choses, en accompagnant nos idées de formes sensibles. Nous verrons que, selon l'idéalisme de Berkeley (XXX), les sensations ne sont pas des affections de l'esprit qui perçoit, mais lui sont communiquées par Dieu qui les produit. Toutefois s'il n'existait qu'une seule espèce d'*idées*, selon le sens le plus étendu de ce mot, la différence serait légère.

Dieu, selon Malebranche, n'est pas seulement l'auteur de toutes nos impressions passives, mais de toutes les *inclinations de nos volontés*, qui seraient toujours droites et bonnes, en tant que des parties d'une inclination générale vers le bien, qui vient de Dieu. Mais l'esprit humain a le pouvoir de détourner cette inclination générale vers les biens particuliers; c'est la liberté. Sans doute, c'est encore Dieu qui est l'auteur de ces mouvements de la volonté, mais l'homme est libre soit de s'y arrêter, de suspendre sa décision jusqu'au moment où il pourra juger si elle est ou non conforme à l'ordre, et alors se résoudre pour le vrai bien. De là le précepte, admirable en soi, d'exercer une liberté si précieuse. Mais pour la résolution finale, qu'elle soit pour le bien, qu'elle soit pour le mal (c'est-à-dire pour ce qui est contraire à l'inclination générale), qui est l'agent réel? Dieu, auteur de toutes les inclinations particulières et « cause de tous les effets », dit Malebranche. Mais alors Dieu serait l'auteur du mal?

La réponse est que Dieu n'est l'auteur que de ce qui est réel dans le monde, et que « le mal n'est rien ». En ce cas, ni le bien dans l'action n'est *propre* à l'homme, puisque il est de Dieu, auteur de ses bonnes inclinations, ni le mal, qui n'est rien. Le système de la prémotion physique n'exprime que la même pensée en enseignant que le propre de l'homme n'est rien. Au reste, ce système n'est pas demeuré sans autorité en théologie. Bossuet l'a recommandé, et lui-même, de son chef, il n'a pas dit autre chose, en ces termes imités de saint Augustin : « Dieu, qui peut tout ce qu'il veut, veut que *son action*, certaine et invariable, soit en même temps *notre action*, libre, incertaine avant l'événement. » Notre action est donc l'action de Dieu et ne nous est point propre. Contradiction à part, cette vue sur la prescience divine, dont l'acte serait identique à l'institution de l'acte prévu de la créature, nous montre aussi combien la distinction de ces deux actes, quoique on la fasse ordinairement dans la doctrine absolutiste est vaine ; ou insincère, ou puérile.

L'assimilation du mal au rien n'est que la forme paradoxale de l'expédient commun des doctrines de théodicée optimiste, dont les auteurs réduisent la nature du mal à la privation, ou à l'imperfection, qui elles-mêmes se présentent à eux sous l'aspect du bien quand ils les considèrent au point de vue d'un ensemble conditionné. La privation n'est rien en soi. Pour Malebranche, très enclin à ne voir partout que des causes générales, en dépit de la croyance aux miracles, obligatoire pour son caractère de prêtre, l'existence du mal dans le monde est le résultat de ces sortes de causes. Ce sont elles qui impliquent les imperfections, et les imperfections sont des conditions de la perfection du tout.

La pensée de Leibniz est la même ; qu'il a seulement

beaucoup plus travaillée : « Dieu, dit-il, porté par la suprême raison à choisir, entre plusieurs suites de choses ou de mondes possibles, celui où les créatures prendraient telles ou telles résolutions, quoique non sans concours, a rendu par là tout événement certain et déterminé une fois pour toutes, sans déroger à la liberté de ces créatures ; ce simple décret de choix ne changeant point, mais actualisant seulement leurs natures libres qu'il voyait dans ses idées. » On saisit mieux qu'en toute autre, en cette formule, le concept de l'*actualisation des possibles* et de la *prédétermination des actes libres*, au sein de l'éternité ; et l'on comprend mieux que la contradiction peut y être évitée, à une condition : c'est de regarder le temps comme un mode illusoire de la création, successivement développée pour la créature, une et simultanée pour Dieu. On obtient ainsi une vue logique du panthéisme théologique chez Leibniz ; car le prédéterminisme est lui-même un mot qui le désigne mal, une forme de langage temporelle, trop littéralement créationiste, qui seule fait du libre arbitre un problème insoluble en mettant entre la volonté divine et l'acte humain un intervalle : accommodation à l'infirmité de la vue des hommes et source de contradictions. Spinoza refusa cette concession à la métaphysique cartésienne, et ce ne fut pas lui qui manqua de logique.

Leibniz s'est toujours exprimé si brièvement dans les exposés, d'ailleurs assez nombreux, qu'il a donnés de ses premiers principes, que le sens le plus profond en échappe ordinairement à la critique. Il ne prend pas le terme initial de la métaphysique, comme Descartes, dans la pensée individuelle, empirique, seule certaine, *le moi*, mais dans une idée universelle et absolue, celle du *possible*, qui, posée en cette abstraction parfaite, est exactement celle de l'*inconditionné* de Kant avec le signe du futur. Leibniz remarque, en premier lieu, que l'hypothèse de l'éternité du monde ne dispense pas le philosophe de chercher la raison des choses au delà de la succession donnée des états sous lesquels elles se présentent en leurs changements : « la raison ultime doit être, dit-il, en quelque chose qui soit d'une nécessité métaphysique..... Or, de cela seul que quelque chose existe, de préférence à rien, nous devons reconnaître qu'il y a dans les choses possibles, dans la possibilité même, *dans l'essence, une exigence d'existence*, pour ainsi parler, et que, en un mot, *l'essence tend par elle-même à l'existence.* » Leibniz fait sortir immédiatement, de cette idée du possible, l'idée du nécessaire, qui pour une philosophie de la contingence en serait tout l'opposé. Il ne lui convient pas de penser à des possibles d'égale possibilité, contradictoires dans l'acte seulement, quand il se produit :

« Il suit de là, dit-il en effet, que toutes les choses possibles, c'est-à-dire qui expriment l'essence ou la réalité, tendent à titre égal à l'existence, dans la mesure de la quantité d'essence ou de réalité, autrement dit à raison de la quantité d'essence ou de réalité qu'elles renferment : car *la perfection n'est autre chose que la quantité d'essence.* » L'essence est, dans ce langage, la réalité considérée en son idée.

Cette théorie nous rend compte de l'adhésion donnée par Leibniz à la preuve *ontologique* de l'existence de Dieu (l'*essence du parfait* implique l'existence), et aussi de l'objection qu'il fait à la formule cartésienne de cette preuve : à savoir, que Descartes aurait dû établir la possibilité avant de conclure à l'existence. Cette possibilité, selon Leibniz, est réelle, parce que *l'essence tend à l'existence*, comme on vient de le dire. Il suffit que l'idée n'implique pas contradiction. La correction réclamée se borne là et ne touche point la difficulté capitale soulevée dès le temps d'Anselme de Canterbury, inventeur de ce mode de démonstration (XXVI).

Leibniz complète l'idée du monde déduite de cette *Origination radicale des choses* (*De rerum originatione radicali*, c'est le titre d'un très important opuscule de 1697, resté inédit jusqu'à notre temps) en posant comme une vérité qui en ressort manifestement : « que de toutes les combinaisons et séries infinies des possibles, celle-là seule existe par laquelle une plus grande quantité d'essence ou de possibilité (*plurimum essentiæ seu possibilitatis*) est amenée à l'existence. » Il formule, à l'occasion de l'énoncé de cette thèse métaphysique, une loi qui fut plus tard divulguée sous le nom de *Principe de la moindre action*, et qui porte en effet sur certains maxima et minima de détermination des choses, d'après laquelle *le plus grand produit* serait toujours obtenu *aux moindres frais*, dans les œuvres de la nature. Il rattache à cette loi d'intéressantes propriétés géométriques, et « on voit par là, dit-il, comment, dans l'origine des choses, une certaine mathématique divine, un certain mécanisme métaphysique s'exerce pour la détermination d'un maximum... Comme tous les possibles tendent à exister, à égal titre, à raison de la réalité (qu'ils renferment), ainsi tous les corps tendent à descendre, à raison de la gravité ; et, de même que ce mouvement se produit par lequel il y a le maximum de descente des graves, de même ce monde se produit par lequel a lieu le maximum de production des possibles.

« La nécessité physique se déduit ainsi pour nous de la nécessité métaphysique ; car encore bien que le monde ne soit pas métaphysiquement nécessaire, en ce sens que le contraire implique contradiction, absurdité logique, il est nécessaire physiquement, c'est-à-dire déterminé en telle manière que le contraire implique imperfection, absurdité morale. Et de même que la possibilité est le principe de l'essence, ainsi la perfection, ou degré d'essence, est le principe de l'existence. On voit aussi par là comment il y a liberté chez l'auteur du monde, quoiqu'il fasse déterminément toutes choses, parce qu'il agit d'après le principe de la sagesse ou de la perfection. Car l'indifférence naît de l'ignorance, et plus on a de science plus on est déterminé à ce qu'il y a de plus parfait. »

Après avoir ainsi établi le principe métaphysique de l'optimisme, Leibniz tire la conséquence, qui est la loi du progrès universel, la perfection du monde ne pouvant être que la tendance constante à la perfection. A tout instant, par le développement des possibles dans la mesure de leurs degrés d'essence, le plus grand bien possible se réalise, et, d'antécédents à conséquents, toutes choses étant conditionnées, le mal n'est au fond qu'un moindre bien (XLI). En un tel système, qui rappelle celui d'Aristote, auquel on ajouterait le concept de la création éternelle et du déterminisme providentiel, qui en est une sorte d'ordre renversé, il est assez clair que la doctrine d'un commencement réel et d'une ultime fin réelle de la vie ne peut s'introduire que du dehors. La théologie établissait, par ses dogmes, ce dehors avec lequel Leibniz avait à chercher des accommodements. L'accord était particulièrement difficile en ce qui concerne le rapport de la création au temps et à l'espace.

L'espace et le temps n'étant pas des choses en soi, mais des *ordres de l'existence*, l'un pour les rapports de position des choses comme externes, l'autre pour les rapports des phénomènes comme successifs, par conséquent des modes et formes pour nous de la représentation des êtres, Leibniz appliquait correctement le principe de relativité à la question de la création, en soutenant que le lieu et le moment de l'acte créateur ne sauraient être définis par rapport à ces idées générales de quantité temporelle ou spatiale, dont la nature n'admet point d'unité de mesure qui ne soit relative, ni par rapport à Dieu, dont nous n'avons pas non plus la connaissance en soi, mais seulement par rapport au monde son œuvre. Il n'y a possibilité de définir aucune limite en dehors des objets relatifs empiriques soumis aux catégories. Mais le point de vue change quand la question est de considérer les phénomènes, leurs rapports de position et de succession, et d'imaginer le calcul qui, à l'aide d'une unité de temps prise à volonté dans le champ de certaines de nos observations (telle que nous en employons pour nos calculs astronomiques, et si d'ailleurs la mesure, qui se conçoit bien, était matériellement possible, par quelque moyen) nous permettrait de remonter le cours des phénomènes écoulés et, parvenu à leur limite, de déterminer la quantité de durée qu'ils mesurent depuis le moment de l'acte qui les a commencés. L'idée de ce moment, entendue de la sorte, est parfaitement intelligible. Leibniz, niant avec raison la possibilité de la déterminer par rapport à l'ordre universel, mais obligé de la reconnaître par rapport à nous et aux phénomènes accomplis, fut acculé à la contradiction par Clarke, son adversaire dans une polémique célèbre (V^e *écrit de Leibniz*, n° 55; V^e *réplique de Clarke*, n° 55-63). Leibniz se trouvait ainsi mis en demeure de confesser que sa doctrine était celle de l'éternité des phénomènes *a parte ante*. Venons maintenant aux questions de la *substance* et de la *communication des substances*.

L'objet du problème fondamental, dit de la communication des substances, était au fond, pour la méthode cartésienne, de définir le *système des relations constitutives du monde en ce qui concerne la causalité*. Il s'y agit de la loi de succession des phénomènes comme déterminés les uns par les autres, que ce soit en vertu d'un ordre éternel de la nature, ou par l'effet de la préordination d'un Créateur. Spinoza et Leibniz se sont rencontrés, — si Spinoza n'a pas été le premier auteur de cette vue — à donner un sens général et mathématique à la relation générale de causalité, sujet réel des tâtonnements auxquels se livraient les partisans des causes occasionnelles. Ils ont différé, est-ce dans l'expression seulement, est-ce au sens le plus profond ? sur la question ou de commencement réel, ou d'éternité du système universel des rapports ; mais ils se sont accordés, formellement cette fois, sur l'affirmation de la donnée d'un ordre invariablement déterminé des phénomènes de tout genre de l'univers, en leur total enchaînement. C'était, au point de vue d'une fonction mathématique, car l'idée d'une telle fonction est celle qui s'adapte le mieux à la nature de la question, le parti pris de n'admettre dans une équation portant sur des relations définies aucune variable indépendante, ou dont la valeur ne fût pas donnée par une autre équation, elle-même envisagée sous la même condition que la première ; et ainsi de suite à l'infini. Rien n'est plus contraire à l'objet positif envisagé dans un calcul quelconque, car il n'en est aucun, portant sur le général, où l'on n'envisage des valeurs possibles, arbitraires ; mais le prédéterminisme avait dans la tradition théologique des racines trop profondes, par lesquelles les deux philosophes étaient tenus, le juif comme le chrétien, en dépit des apparences.

Le système de rattachement de la chaîne des phénomènes à Dieu fut différent, chez Leibniz, de ce qu'il était chez Spinoza, et mieux adapté à la solution logique du problème des relations causales, incomparablement supérieur en cela, il faudrait dire définitif, si la place de l'indéterminisme y eût été réservée. Spinoza partant de la division méthodique des modes de *la Substance* selon qu'ils se rapportent à la pensée ou à l'étendue, ne se posa pas la question de savoir si l'étendue, ne rentre pas dans la pensée qui nous la représente ; il les considéra comme n'étant que deux des attributs de Dieu : de Dieu qui est la « substance formée d'une infinité d'attributs dont chacun exprime une essence éternelle et infinie ». Ce sont les modes respectifs de la substance divine, prise sous ce double aspect, qui, réunis en elle, se développent en constante correspondance mutuelle dans l'ordre des causes naturelles. L'âme et le corps de l'homme appartiennent respectivement à deux séries formant un parallélisme phénoménal de ce genre, et remontant à l'infini de cause en cause, dont les termes, pensée d'un côté, figure et mouvement de l'autre, sont substantiellement, ou en Dieu, la même chose. En somme, l'harmonie du monde de Spinoza est la relation constante de deux développements de propriétés, l'un objectif, l'autre subjectif, unis en soi, mais, pour nous, séparables aspects de l'être éternel et immuable, modifié sous les apparences de l'espace et du temps. C'est par l'identité, non par la subordination de l'un à l'autre, que le problème du rapport de l'objectif au subjectif est résolu dans ce système, où leur unité est d'autant plus nécessaire que la multiplicité et la division, ces conditions de toutes les distinctions réelles, n'y sont pas regardées comme applicables à la Substance.

Abandonnant ce dualisme des attributs, dont la thèse, en tant qu'exprimant la réalité, ne devait pas résister au progrès de la méthode inaugurée par le philosophe même qui avait cru devoir le poser comme fondamental, Leibniz aborda l'idée de l'être par sa nature essentiellement donnée dans la conscience, théâtre unique où elle se présente à nous immédiatement, objective et subjective à la fois, sans incertitude. Il définit cette nature par des qualités constitutives internes, par des relations psychologiquement observables (Force, Perception, Appétition), en sorte que, la nommant *substance*, il ne laissa pas de caractériser l'être, en dehors du procédé réaliste suivi jusqu'alors, par ses fonctions. On peut dire qu'il appliqua ainsi le principe de relativité à cette définition et à l'idée de la réalité première, soit que cette idée se prenne au sens collectif, et qu'elle convienne alors à un être individuel quelconque, soit qu'elle s'envisage dans l'unité de l'être souverain, ou Dieu, monade centrale. Le monde de Leibniz se présente ainsi sous un aspect bien opposé à celui que lui donne la théorie des possibles sortant de l'essence infinie pour former la chaîne universelle et nécessaire des choses.

L'inventeur de la *monadologie* avait, en effet, dans sa psychologie, le concept d'un monde profondément différent d'une substance développée en attributs, modes et propriétés, émanation d'un principe supérieur inconnaissable; il pouvait trouver, dans ses définitions, le fondement d'un franc théisme de personnalité créatrice et de liberté. Mais la passion du déterminisme, de l'infini et du continu, de la solidarité des phénomènes, la puissance des traditions de l'Église et de la scolastique, changèrent du tout au tout le caractère et l'esprit du leibnitianisme. Le monde de Leibniz, son système de la nature, est peut-être plus éloigné que ne semblait l'être aucun des édifices antérieurs construits suivant la méthode des idées éternelles ou des formes substantielles, de satisfaire au principe de la création, d'un côté, et de la liberté, de l'autre.

L'harmonie préétablie n'était plus, comme dans la doctrine des causes occasionnelles, un accord maintenu par Dieu entre des modes mutuellement corrélatifs des deux substances, l'âme et le corps, dont il restait à savoir dans quelle mesure Dieu lui-même était l'agent réel des modifications. L'*étendue* n'était plus la *matière*, mais l'ordre des coexistants, loi de nos perceptions. La *matière* était la masse des monades composant les corps bruts et les corps organisés de tous les degrés à l'infini. Les âmes étaient des monades. Tous ces êtres simples qui, suivant le système leibnitien des monades, forment par leurs groupements en multitudes sans fin tous les composés de la nature, étaient aux yeux du philosophe, autant de substances, similaires quant à la définition générale de la substance, mais qui auraient été instituées par le Créateur avec de telles dispositions à l'acte, réparties entre elles, que chacune dût éprouver nécessairement, à chaque moment du temps, une modification spontanée en rapport exact avec chacune des modifications de chacune des autres en nombre infini survenant au même moment.

Des termes d'exposition de cette loi, plus simples, et dont Leibniz se servit le plus ordinairement, la présentaient, en style cartésien, comme la constante rencontre des modes d'être respectifs de *deux substances*, séparément développées, mais préordonnées dans leur marche, à la façon de *deux horloges* qu'un merveilleux ouvrier aurait construites et réglées pour toute la durée des temps. Cette forme de l'hypothèse était trompeuse, puisque Leibniz n'admettait ni l'existence des corps, autrement que comme des composés de monades, sans étendue en soi, ni la donnée des substances, si ce n'est toutes incorporelles, infinies en nombre, et pareilles aux *âmes*, qui excellent seulement par un plus haut degré de perfection spirituelle. L'idée commune de corps, quoique bien justifiable d'ailleurs, employée à l'explication de la théorie idéaliste, la faisait paraître bizarre, incroyable; elle déguisait la supériorité que donnait au monadisme, sur le concept cartésien de la substance, la doctrine de l'harmonie entre tous les êtres de l'univers sous leur double aspect d'unité de nature et d'individualité réelle.

Sans l'infinitisme et sans le prédéterminisme absolu et universel, que l'harmonie préétablie des monades n'aurait exigé nullement, cette doctrine appuyée sur l'idée générale de relation et de loi, définissant la liaison de la cause à l'effet comme le rapport constant de telle modification de tel être à telle modification de tel autre, suivant l'ordre institué de la nature, aurait pu être comprise sans difficulté par d'autres encore que par des philosophes. Faute de se présenter sous son vrai jour de fonction universelle et de loi naturelle des phénomènes liés dans le temps, — loi inséparable de la création, et qui ne saurait être ni plus ni moins accessible à l'entendement que les autres lois fondamentales et irréductibles établies par l'acte créateur, — l'harmonie préétablie passa tout d'abord pour une conception peu sérieuse. Bayle, le plus intelligent des critiques de cette époque, n'en pénétra pas le vrai sens, et c'est ainsi que l'unique explication possible de l'action des causes a gardé jusqu'à notre temps un aspect paradoxal, et que l'idéalisme est resté incompris.

LIVRE VIII

LA PHILOSOPHIE CRITIQUE

CHAPITRE XXVIII

TRANSITION DU DOGMATISME A LA CRITIQUE DES IDÉES

La métaphysique alliée à la théologie parut avoir fait son suprême effort, qu'un public de plus en plus nombreux allait regarder comme un avortement, après le temps des dernières œuvres de Malebranche et de Leibniz, qui était déjà celui de la jeunesse de Voltaire. La spéculation apriorique ne pouvait, en effet, aller plus loin, avec les alliances d'idées ou de croyances qu'on s'imposait. Des dogmes dont l'origine réelle était antique, stoïcienne ou alexandrine, nullement judaïque ou chrétienne, élaborés et propagés longtemps avant qu'existât telle chose qu'une église dogmatisante, par des philosophes au fond polythéistes, ou dont le monothéisme partait d'un esprit opposé à la personnalité divine et à la création, avaient eu à s'accorder avec l'Évangile, avec l'anthropomorphisme de l'enseignement populaire, avec la foi à l'incarnation, aux mystères et aux sacrements. C'étaient deux ordres d'idées visiblement séparés par les thèses capitales du panthéisme théologique, et dont la jonction de théorie s'opérait à l'aide des *quatenus* et des *distinguo* dont les sommes théologiques sont remplies. Le public ne pouvait s'y tromper que grâce à l'absence de l'esprit critique et scientifique chez tous, et du manque de sincérité intellectuelle chez les docteurs. Ceux-ci vivaient d'ailleurs sous la terreur des autorités ecclésiastiques; des pièges leur étaient tendus dans les questions *de foi*, les dénonciations toujours prêtes de la part des adversaires et des rivaux. Ce qu'il y eut d'incrédulité secrète, ou d'hérésie dans les âmes, durant le long règne du terrorisme clérical servi par l'autorité civile, on peut le conjecturer. S'il avait pu se produire, à certain moment du xii° ou du xiii° siècle, par exemple, un pouvoir politique assez fort et assez entreprenant, aidé par une classe influente semblable à celle qui a contenu et à la fin abaissé la puissance romaine après les mouvements de la Renaissance et de la Réforme, il serait sorti de la doctrine métaphysique de l'Église, en opposition à ses commandements et à son culte, une philosophie religieuse ouvertement panthéiste, ici naturaliste (averrhoïste), et là mystique, en grande partie dualiste (manichéenne), conforme aux tendances albigeoise ou vaudoise de cette époque. Alors se serait rompue l'alliance forcée de la théologie des Conciles avec la religion populaire, le peuple n'y ayant jamais rien compris, et, d'un côté, des écoles se seraient produites qui auraient formellement rejeté l'immortalité de l'âme et le théisme, de l'autre, se seraient constituées des églises chrétiennes, divisées par des croyances diversement définies en Dieu et la vie future.

La réforme philosophique, venue à son heure, ne revêtit un caractère beaucoup plus rationnel que ce n'eût été possible trois siècles auparavant, que grâce à l'ascendant de la méthode nominaliste et aux progrès des sciences. La métaphysique qui se produisit alors mêla néanmoins les concepts rationnels issus d'une spéculation libre aux thèses traditionnelles, et subit l'empire des contradictions qu'elles impliquaient. Ces contradictions ressortirent à mesure que diminua le respect porté à la tradition qui les défendait. Le principe théiste, anthropomorphique, de la doctrine fut alors le plus atteint, soit parce qu'il paraissait moins proprement philosophique, soit surtout parce qu'il était plus lié aux intérêts de l'Église, que la libre-pensée commençait à menacer. Le principe panthéiste souffrit du même discrédit, mais seulement dans ses anciennes formes; il en prit de nouvelles, qui se trouvèrent être bientôt plus qu'indépendantes de tout esprit religieux. L'idée de l'infini, l'idée de l'universelle nécessité ne changèrent qu'en leurs applications. Elles se conservèrent en se *laïcisant*, même alors que les philosophes prétendaient se borner à des analyses et éviter les grandes généralisations. Les idées générales qui avaient produit depuis deux mille ans et imposé au christianisme le panthéisme théologique régnaient toujours et tendaient à le remplacer par un *panthéisme naturaliste*. Ces deux derniers mots ont leur alliance fondée sur un sens vague de *natura naturans*, pour lequel on peut employer le nom de Dieu dans un sens analogue à celui de l'*Éthique*, mais qui se réduit le plus souvent au sens d'un matérialisme sans élévation et sans philosophie.

Locke entreprit une œuvre semblable en un point à celle de Descartes, comme s'il eût voulu la reprendre en espérant y mieux réussir que lui; car le titre de son livre : *Essai sur l'entendement humain*, signifie ce que signifiait cinquante ans auparavant le titre du *Discours de la méthode pour bien conduire sa raison* : une étude, un examen des fondements de la connaissance, une critique de la raison. Mais Locke ne comprit pas que son examen manquait d'un principe assez compréhensif et assez profond, de cela seul qu'il prenait dans ceux des phénomènes de la pensée qu'on appelle des sensations le point de départ de la connaissance philosophique, et non dans le fait de la pensée, en général. Les analyses et les raisonnements auxquels il se livra à la suite de cette erreur capitale sont dénués de précision scientifique et de rigueur. Il n'en fut pas moins l'initiateur d'une sorte de méthode critique en philosophie, parce qu'au lieu de s'arrêter à un principe capable de porter de grandes conséquences, et de procéder ensuite synthétiquement à la composition d'une doctrine, il laissa les questions séparément ouvertes à l'examen, ou n'en proposa que des solutions sans lien entre elles et qui ne pouvaient recevoir de démonstrations sérieuses.

La source de celles de nos idées qui s'élèvent au-dessus de l'expérience ne peut être que dans les relations constitutives de l'entendement, la première desquelles, dont toutes les autres dépendent, est la relation constitutive de la conscience elle-même : le rapport mental du sujet à l'objet. Les philosophes qui ont pris l'« origine des idées » dans la sensation externe se seraient montrés conséquents s'ils avaient regardé ce rapport lui-même, c'est-à-dire *le dedans*, comme une sensation aussi, et donnée par *le dehors* ; l'absurdité n'aurait pas été plus grande que d'assimiler à des représentations sensibles les rapports fondamentaux de succession, de causation, de quantité, de qualité ; car la perception de ces rapports est une fonction de l'entendement impossible à suppléer par l'existence toute seule des objets externes à percevoir, de quelque nature qu'on les suppose. Locke, en ajoutant la réflexion à la sensation pour l'œuvre de l'élaboration des idées, ne s'aperçut pas qu'il restituait la source mentale, et par conséquent l'innéité, des jugements synthétiques. La réflexion n'est qu'un des noms de l'entendement dont les opérations consistent à appliquer sciemment aux objets les idées générales de rapport dont la sensation fournit seulement une matière.

On doit accorder que, en substituant l'analyse à la synthèse, Locke ouvrit à la psychologie une carrière de recherches critiques, d'où devait sortir, par un chemin différent de la méthode cartésienne, l'immatérialisme dont ce philosophe était, comme Descartes, mais d'une autre manière, fort éloigné. En somme, et, malgré ses propres opinions, formellement déistes, il servit la cause du pur matérialisme, en enseignant que le principe de l'être et du connaître réside dans l'objet empirique des sens, que les idées générales sont des idées imparfaites et obscures, et que l'utilité des termes généraux réside toute dans leur emploi comme signes.

CHAPITRE XXIX

LES ANALYSES PSYCHOLOGIQUES DE LOCKE

L'étude des idées les plus importantes traitées dans l'*Essai*, nous montre Locke à la fois sur la voie d'une certaine méthode phénoméniste, et très en retard sur les cartésiens dans l'intelligence des principes qui pouvaient passer pour acquis, ailleurs qu'en Angleterre. Le premier de ces principes est la différence radicale à reconnaître entre deux grandes classes de phénomènes, désignées par les noms de *pensée* et d'*étendue*, qui sont telles, que la première est certainement réelle, et renferme l'autre, au moins quant à sa représentation, qui sans elle ne serait pas donnée ; tandis que la réalité de la seconde, en tant que différente de sa représentation même, est niable, jusqu'à plus ample examen. Il est, en tout cas, profondément illogique de poser celle-ci comme embrassant celle-là. Locke ne connut pas cette vérité capitale, origine de la méthode rationnelle, et soutint la possibilité que la *faculté de penser* eût été attachée par Dieu à un certain arrangement d'organes, à la *matière*, moyennant certaines dispositions. Nous ignorons, disait-il, la *nature de l'âme, cette chose pensante*. Un cartésien répondait aisément, sans pour cela renoncer au réalisme substantialiste, ni se croire en état de définir l'âme en tant que substance individuelle, que la nature de la chose pensante devait en tout cas se définir comme le sujet propre de la pensée, non comme un sujet étranger et inconnu, supposé capable d'acquérir cette propriété de penser.

Mais Locke se croyait instruit de la nature de la matière, il lui attribuait les qualités, dites *primaires*, des corps, tout en lui déniant les qualités dites *secondaires*. Il admettait que celles-ci seules se rapportent à la pensée, et se regardait comme le premier qui eût découvert qu'elles s'y rapportent, ce qui prouve qu'il ne connaissait pas la physique de Descartes.

Touchant l'idée de *substance*, Locke soutint que nous ne pouvions la tenir ni de la sensation, ni de la réflexion; il remarqua qu'elle signifiait un sujet indéterminé de qualités, lesquelles nous sont seules connues, mais il ne songea pas que cette signification suffisait pour une certaine manière (qui est la bonne) d'*avoir cette idée* : à savoir, dans l'usage logique que nous en faisons pour rapporter des qualités à un sujet empirique, c'est-à-dire à un groupe donné de phénomènes, ou dans nos raisonnements sur les relations de ces groupes variables. Il confondit la question de l'*idée de substance*, avec la question de l'*existence réelle du sujet en soi, indéterminé, dénué de qualités en lui-même*. Ce n'est probablement pas de la substance, en tant que chose inconnue, support des phénomènes, que Locke entendait mettre la réalité en doute. Sa critique ne s'appliquait qu'à l'existence réelle du pur indéterminé. Mais c'était là le point le plus important, et Locke mit ainsi les psychologues ses successeurs sur la voie d'une critique plus décisive.

La position prise par Locke dans la question de l'infini, donne lieu à une remarque analogue, et son opinion sur ce point, comme sur le précédent, eut des suites dans son école. Il passa pour avoir poussé le doute, ou la négation, plus loin qu'il ne l'avait réellement fait. L'idée de l'*infini* est, dit-il, une *idée négative*, mais il n'en conclut pas qu'elle ne saurait qualifier aucun sujet positif, dans l'espace ou dans la durée. Il estime que l'idée de l'espace nous vient de la vue et du toucher, que le prolongement possible de ces sensations, auxquelles nous n'imaginons pas de bornes, nous oblige à « conclure nécessairement » qu'elle répond à l'existence d'un sujet étendu sans fin; de sorte que « l'espace est actuellement infini ». Il explique en même temps que cette idée d'un espace infini est, comme celle d'un nombre actuellement infini, une contradiction « dans l'esprit », mais il croit échapper à la difficulté en distinguant pour la pensée les deux termes contradictoires que l'actualité du sujet, si elle est admise, oblige à confondre : l'infini et l'indéfini : l'infini qui dénote un sujet intégralement donné, et l'indéfini qui dénote l'inépuisable et le non-intégrable, c'est-à-dire le propre contradictoire du sujet réalisé. Si, par l'infinité de l'extension, c'est l'indéfinité qu'on entend, c'est un concept qui exclut la possibilité de constituer le sujet correspondant, puisqu'il implique contradiction quand on le suppose constitué.

Le cas est pareil pour la durée. Or, Locke n'admet pas seulement l'éternité en acte, il veut la démontrer. Il s'appuie sur ce principe, qui couvre un paralogisme : *que l'absence de tout être ne peut produire quelque chose*. La thèse d'un premier commencement des phénomènes signifie l'absence de phénomènes antérieurs ; mais nier leur éternité, ce n'est point dire que leur absence a été la cause de leur apparition ! Locke n'a pas entrepris la critique de l'idée de cause. Il dédaignait, s'il ne vaut pas mieux dire ignorait, les arguments des sceptiques. Ses croyances étaient déistes, mais comme il ne modifiait en rien ceux des points qu'il admettait de la théologie dite *naturelle*, et que ses analyses psychologiques tendaient plutôt à les affaiblir, son œuvre s'est trouvée favorable au progrès des doctrines négatives depuis son époque. Le déterminisme surtout, qui, dans la philosophie du continent, revêtait la forme du prédéterminisme divin, prit dans la psychologie de Locke, et de là chez ses successeurs, — à la grande exception de Berkeley, — le caractère analytique et abstrait d'une étude du jugement et de la volonté. Cette doctrine se tourna dès lors, dans le monde protestant, contre les croyances qu'elle avait favorisées au temps de la ferveur de la foi ; car la puissance prédéterminante de la volonté de l'homme était transportée de Dieu à la nature.

La théorie déterministe ne se fixa pas, chez Locke, en une formule nette, mais il ne varia jamais, au cours des débats où il fut mêlé, sur le point essentiel : l'absence, selon lui, de l'élément de la volonté dans le jugement motivé qui termine une délibération. La philosophie dominante en Angleterre est restée fidèle à cette vue. Anthony Collins et d'autres contemporains de Locke donnaient déjà aux arguments tirés d'une insuffisante analyse psychologique une forme pareille à celles qui ont cours aujourd'hui dans l'école associationiste. Clarke, défenseur de l'orthodoxie anglicane, ne savait leur opposer que la thèse insoutenable de la scission entre la volonté et le motif, dans l'acte de la résolution.

La spiritualité et l'immortalité de l'âme étaient combattues à la même époque par les libres penseurs anglais. Elles devaient l'être, peu après, par leurs disciples de France. Les théologiens n'étaient en possession d'aucune théorie psychologique capable de résister à leurs assauts, depuis que la doctrine des substances, ébranlée, semblait devoir entraîner la croyance à l'existence de l'*âme* dans sa chute, tandis que la croyance à la *matière* conserverait pour sa défense la force objective des représentations sensibles, avec l'instinct réaliste qui s'y attache. Le cartésianisme avait, il est vrai, représenté la notion du sujet pensant avec une clarté logique que l'idée de l'âme n'avait pas dans le platonisme, auquel le christianisme, autrefois doctrine de résurrection, non d'immortalité naturelle, avait emprunté la doctrine de l'âme substance. Mais cette clarté était celle d'une idée générale, elle ne touchait pas au problème de l'individuation, n'enseignait rien sur la nature ou l'origine de la pensée comme individuelle, point essentiel à l'idée propre de l'âme. Nous prenons le terme de *pensée* avec l'extension que lui donnait Descartes : désirer, sentir, juger, vouloir. La substance individuelle, sujet en soi indéterminé, dont on n'a aucune idée quand on cherche à se la représenter sans aucun attribut, on se se figure l'avoir définie quand on l'a nommée le *fondement*, ou encore le *lien de ses attributs*. Mais on ne pense ainsi qu'à de nouveaux attributs sans sujet, ajoutés à ceux que la conscience connaît sans avoir à chercher plus loin que l'unité empirique de l'individu. C'est pourquoi il faut aider l'imagination en y joignant, presque toujours l'idée d'une matière subtile qui serve de support, et c'est ainsi que le spiritualisme en tout temps s'est constitué et vulgarisé. Si ensuite l'illusion vient à se dissiper, si l'on reconnaît que le sujet indéterminé est un pur concept logique dont la réalité imaginaire n'est qu'une matière prêtée à la fonction intellectuelle, constamment en exercice, par laquelle nous rapportons à des sujets déterminés des qualités déterminées dans l'objet de l'expérience, l'idée de l'âme paraît s'évanouir, et avec elle s'écrouler le fondement des idées d'unité, d'identité et de permanence qui s'attachaient à cette idée.

L'idée de Dieu soutient avec celle de l'âme un rapport évident, car elle réunit universellement dans un sujet unique, en les élevant à la perfection de leur nature conçue, les attributs essentiels de l'âme. La question de l'âme étant celle de la personnalité, la question de la personnalité divine est liée à la théorie de l'âme. Au fond, il s'agit de la nature et de l'existence de *la personne*, d'un côté comme de l'autre. Historiquement, les croyances théistes et les croyances immortalistes ont marché le plus souvent unies, mais quoi qu'il en soit, la question de la personne est philosophiquement une ; car la division la plus tranchée dans l'ordre spéculatif se place entre les systèmes naturalistes qui envisagent le monde comme une évolution de phénomènes dont les lois ne permettent à rien d'individuel une existence stable et des fins propres, et la doctrine qui pose la personnalité à l'origine et à la fin des choses, et reconnaît l'individuation comme un principe de finalité, dont l'univers est lui-même le théâtre d'application, en affirmant la durée des êtres personnels. Dieu et l'âme sont, à ce point de vue, une seule et même idée : là, dans l'unité et dans la perfection ; ici, dans la multiplicité, à tous les degrés du sentiment et de l'intelligence.

CHAPITRE XXX

HOBBES ET BERKELEY. L'IMMATÉRIALISME. THÉORIE DE LA PERCEPTION DES IDÉES

La crise de la notion de substance, car on peut bien désigner ainsi la situation créée en philosophie par la marche de la critique psychologique, s'est, comme on vient de le voir, étendue aux idées de l'âme et de Dieu. Cette critique datait, en Angleterre, à peu près du temps de la publication des *Méditations* de Descartes en France, pour ne pas remonter plus haut et jusqu'à Bacon, qui, dans son *Novum Organum*, avait nié que l'esprit humain pût atteindre à la connaissance des choses en soi. La philosophie de Hobbes est un système dont il est plus difficile qu'on ne croit de dire s'il est matérialiste, ou sensationiste idéaliste, car les objets y sont nommés les *phantasmata sensientium*. En dehors de l'être sensible, qui est l'animal avec son corps, avec ses organes, par lesquels lui viennent ses idées, il existe des mouvements, unique réalité, dont les sensations sont en quelque sorte les porteurs, ainsi que de l'espace et du temps, qui ne sont eux-mêmes que des apparences (*phantasmata*). L'ancienne psychologie, toutes les notions réalistes qui y prenaient leur fondement, sont répudiées. Un nominalisme poussé à sa dernière extrémité considère les idées comme des mots, à signification toute concrète, dont les rapports logiques sont des produits de composition et de décomposition, assimilables à des sommes et à des différences. La logique est l'arithmétique des mots.

Pendant l'époque intermédiaire de l'œuvre philosophique de Hobbes et de celle de Berkeley, des penseurs moins renommés se montrèrent plus touchés que ne l'était Locke, leur contemporain, de la difficulté du problème de la perception externe. Ils étaient visiblement sous l'impression de la thèse violente de Hobbes sur le caractère phantasmatique de la représentation sensible, et d'ailleurs aussi peu portés que lui à accepter les idées générales pour les moyens de connaissance de la réalité. Mais l'influence d'une école platonicienne, alors et pour assez longtemps encore très vivace en Angleterre, et la théorie de la *vision en Dieu* de Malebranche, quand elle s'y répandit, suggérèrent à ces philosophes un moyen nouveau d'expliquer la perception, sans les obliger de revenir au réalisme des universaux. Ce moyen consistait à réduire l'*être des choses* à cette qualité : *être perçu*, en sorte qu'elles passassent à l'état d'idées. Ils virent clairement, en effet, qu'il ne peut y avoir pour la connaissance humaine aucune différence entre le cas où les objets externes seraient donnés en soi et sensibles pour nous, et celui où leurs apparences nous seraient offertes objectivement sans qu'il y eût aucune extériorité réelle de ces objets représentés. Mais alors il n'y aurait plus rien d'externe ? Ces penseurs ne distinguaient pas entre l'extériorité sensible (spatiale) et l'extériorité d'être (de conscience) et ne pensaient pas à la possibilité que des êtres conscients de degrés divers pussent être représentés les uns aux autres sous des formes sensibles, corporelles, en vertu de lois de la nature, sans transport d'espèces ni causalité transitive (doctrine monadologique et harmonie préétablie). La fausse imagination du réel comme sujet matériel en soi, sensible pour autrui, tel qu'il est en soi, fut précisément ce qui rendit le doute possible sur la réalité externe. Le principe de l'origine empirique de la connaissance se trouva, par un étrange renversement, la cause des premières tentatives de négation du monde extérieur, et c'est ainsi que se créa l'équivoque par laquelle la question de son existence est encore maintenant obscurcie.

Cette équivoque fut levée par Berkeley en un sens, corroborée dans un autre : — levée, dans l'œuvre de génie par laquelle il réfuta l'existence d'un sujet en soi des propriétés faussement identifiées avec la matière du monde extérieur, et qui n'appartiennent qu'à la représentation de son extériorité ; car on peut alors se rendre clairement compte de ce que c'est au juste qui est nié par cette thèse de l'immatérialisme, à tort accusée d'être la négation du monde extérieur ; — mais corroborée, parce que, tout en définissant les esprits, qui sont actifs et qui sentent, et ne sont pas des objets sensibles, Berkeley nia qu'il existât rien de pareil à des êtres sentants dans le monde extérieur, excepté l'homme, et attribua aux sensations elles-mêmes l'existence, en qualité d'idées ou signes que Dieu seul crée et communique aux esprits. Or, c'est là certainement transporter la nature dans l'acte de sa représentation donnée à l'homme, et nier son existence propre. Berkeley croyait ce système dicté par la méthode empiriste et par le sens commun :

« Suivant les principes ordinaires des philosophes, les perceptions que nous avons des choses ne nous assurent pas de leur existence. On nous enseigne à distinguer leur réelle nature de celle qui tombe sous nos sens. De là le scepticisme et les paradoxes. Ce n'est pas assez que nous voyions et touchions, que nous goûtions et odorions une chose, son absolue entité externe nous reste cachée. Quoique ce soit là une fiction de notre cerveau, nous l'avons faite inaccessible à toutes nos facultés. La sensibilité est fallacieuse, la raison défectueuse. Nous passons notre vie à douter des choses que les autres hommes connaissent avec évidence, et en croire d'autres dont ils se moquent et qu'ils méprisent. » (*Dialogues entre Hylas et Philonoüs*, Préface.)

Berkeley se trompa sur un point de fait et atteignit un résultat contraire à celui qu'il se proposait. Il confirma les doutes de ses prédécesseurs sur la nature des objets sensibles ; mais, sur ce qu'ils sont en réalité, il ne réussit pas à faire passer sa propre opinion pour autre que la plus contraire de toutes au sens commun. Son œuvre réelle fut d'amener à une plus grande clarté la thèse, que l'étendue et le mouvement, non plus que les autres qualités dites de la *matière*, n'existent pas réellement dans un sujet de ce nom, qu'elles sont des *idées*, et qu'elles constatent, à ce titre, l'existence des esprits auxquels ces idées ou ces images sont données : celle des esprits individuels, qui en ont des perceptions semblables, et celle de l'esprit universel, ou divin, à raison de leurs liaisons constantes entre elles et avec tout l'ensemble des phénomènes de l'univers. Telle est en effet, le plus brièvement possible, la thèse immatérialiste de Berkeley, réunie à sa démonstration de l'existence de Dieu, dont on n'a pas toujours bien apprécié la valeur, faute de se placer au point de vue idéaliste, qui rattache un concept d'unité de loi universelle au concept d'unité de l'esprit.

Mais la thèse immatérialiste, en nous montrant dans le monde un ensemble de représentations tout objectives, à la place du sujet en soi des propriétés mécaniques, qu'on avait coutume d'y supposer, ne saurait établir que le monde n'est rien que cela, qu'il n'est fait que de ces émissions de signes, ou images, que Dieu nous donne à percevoir. N'est-il pas naturel de supposer que, de même qu'il existe des esprits semblables à notre esprit individuel, sous les apparences des qualités sensibles, et qui nous sont représentés dans l'espace par elles, il existe, sous ces mêmes qualités et sous des conditions analogues, d'autres sujets que ceux-là, et qui sont assimilables aux esprits par des propriétés d'action et de passion, en d'autres sphères, pour d'autres fonctions que les nôtres. Ce fut une illusion singulière, chez Berkeley, de croire qu'il entrait dans le vrai sentiment populaire en formulant cette proposition : « ce ne sont pas les choses qui *ne sont que des idées*, comme le prétendent les sceptiques ; ce sont, au contraire, les idées *qui sont* les vraies choses. » Le jugement universel des hommes répugne également aux deux énoncés, il les confond même volontiers, et la tendance universelle, historiquement constatée, n'a pas été seulement de distinguer la chose de l'idée qu'on en a, mais encore de supposer des esprits dans les choses.

Substituant les idées aux choses, d'après cette formule : que les choses immédiatement perçues, c'est-à-dire les idées, sont les choses réelles, et reconnaissant la nécessité d'admettre, pour les idées, une cause indépendante de son propre esprit, « je conclus, dit Berkeley, qu'il existe une intelligence (*mind*) qui m'affecte à tous moments des impressions sensibles que je perçois ; non pas que je vois les choses en percevant ce qui les représente dans la substance intelligible de Dieu, car cela je ne le comprends pas, mais que les choses que je perçois sont connues par l'entendement et produites par la volonté d'un esprit infini (*infinite spirit*) ». Ce n'est rien de plus, ajoute-t-il, outre l'observation de notre propre intelligence, que ce que nous sommes obligés de reconnaître. Berkeley ne s'explique pas sur le mode d'action de la cause divine, en cette communication des idées que la volonté de Dieu fait percevoir aux hommes, S'il lui avait plu d'étudier d'autres parties de la doctrine de Malebranche que celle qui concerne la *vision en Dieu*, à laquelle il fait allusion, il aurait reconnu que la différence de cette doctrine et de la sienne était moindre qu'il ne lui semblait, car Malebranche croyait, lui aussi, que Dieu produit en nous, à tous moments, nos impressions sensibles (XXVII).

Les vraies différences (que Berkeley précisa, pour une des éditions des *Dialogues d'Hylas et de Philonoüs*) sont les suivantes : 1° Malebranche raisonne sur les idées les plus générales et les plus abstraites, dont Berkeley nie l'existence ; 2° Malebranche affirme l'existence *absolue* d'un monde externe, et Berkeley la nie ; 3° Malebranche soutient que nous sommes trompés par nos sens et ne connaissons pas la réelle nature des objets, et c'est précisément le contraire de l'opinion de Berkeley. Au fond, il ne s'agit partout que de la méthode des idées, générales, pour Malebranche, particulières et sensibles, pour Berkeley, qui met sous le nom de *notions* celles des idées générales dont l'emploi est forcé.

La définition exclusivement empirique de la matière de la connaissance créait un grand désavantage pour l'explication du gouvernement du monde par des lois générales, à laquelle Berkeley ne pouvait pourtant se soustraire. « L'intelligence au sein de laquelle existent les idées, dans les intervalles de temps où nous ne les percevons pas, est une *intelligence éternelle, omniprésente*, qui connaît et comprend toutes choses, et qui les présente (*exhibits*) à notre vue de la manière et suivant les règles qu'il a lui-même établies, et que nous appelons les *lois de la nature* » : cet énoncé de Berkeley n'apprend rien sur le mode de distribution empirique des idées aux sujets individuels, mode pour lequel il n'assigne que la volonté de Dieu informant chaque esprit particulier, et qui doit être en même temps une information commune à tous, avec la ferme apparence d'une constante et indépendante nature. Rien de plus simple, dans le système de Malebranche : Dieu étant l' « auteur de tous les effets », de ceux qu'il produit dans les corps, et de ceux qu'il produit dans les âmes, et agissant de part et d'autre d'après un plan général, accorde entre eux les deux ordres d'action par la loi des causes occasionnelles, qui, vue sous ce jour, a de grands rapports avec une *harmonie préétablie*. C'est, en effet, la prescience éternelle de Dieu qui permet l'établissement de la relation universelle pour tous les temps. Mais le système de Berkeley, dans les simples termes qu'on vient de voir, est indépendant de tout recours du philosophe au prédéterminisme des actions; il donne à penser que Dieu offre à la perception de chaque individu, à chaque moment, encore bien que non sans règle, les idées qui conviennent au cas où il se trouve sous toutes sortes de rapports. Et c'est bien encore là une espèce d'occasionalisme; mais on ne comprend pas comment la mise en accord de tous ces rapports qui, en tant que particuliers, ont leurs termes en Dieu directement, peut revêtir l'aspect invariable d'une loi naturelle.

Berkeley n'est nullement enclin au panthéisme théologique : « Je n'ai dit nulle part que Dieu fût le seul agent qui produit tous les mouvements dans les corps. J'ai nié, il est vrai, qu'il existât d'autres agents que les esprits, mais ceci s'accorde bien avec la reconnaissance des pouvoirs limités que les êtres pensants rationnels possèdent de produire des mouvements. Sans doute, ces pouvoirs dérivent de Dieu en dernier ressort, mais ne laissent pas d'être immédiatement sous la direction des volontés de ces êtres. C'est assez pour qu'ils soient responsables de tout ce qu'il peut entrer de mal dans leurs actions. » S'il en est ainsi, les mouvements n'étant pas autre chose que des idées données à percevoir à des esprits, à l'occasion de leurs volontés et de celles d'autrui, qui elles-mêmes ont procédé d'idées antérieures et d'actes antérieurs, il faut que Dieu, auteur des idées, les accommode sans cesse aux circonstances créées et continuellement modifiées par les volontés de ces êtres rationnels. De là une multitude immense de fonctions entremêlées de phénomènes, par lesquelles la dispensation divine des perceptions à procurer à chacun est provoquée, et auxquelles elle doit se subordonner d'après l'hypothèse.

Ce n'est pas encore là le plus difficile à concevoir, mais chaque mouvement introduit des changements et laisse des traces dans les rapports, dans les apparences des choses par rapport à d'autres choses qui n'ont pas varié de lieu, de temps ou de qualité. Si la chose changée ne présente pas, avant et après son changement, des apparences propres, perceptibles par elles-mêmes, si elle n'est jamais qu'une perception donnée à chacun par une cause, étrangère et supérieure, dans les circonstances où ses actes personnels exigent qu'il la reçoive, il devient incompréhensible que les apparences soient conservées quand l'observateur est absent, et se rétablissent pour lui quand il revient au lieu et dans les circonstances où il les attend. Les choses (ce sont les idées sensibles) existent donc ou n'existent pas selon qu'elles ont ou non des spectateurs actuels! Telle est la conséquence forcée de la négation de l'existence des corps. L'immatérialisme a un sens tout différent dans une doctrine des monades. La *matière des corps* est un terme équivoque. Le monadisme suppose des corps, et une matière des corps, que forment les monades. Il n'en est pas de même dans le système de Berkeley. Son *idéalisme* est un idéalisme *réaliste*.

On pourrait, à la rigueur, quoique incompréhensibles, à titre de phénomènes naturels réglés, appeler des *possibilités de sensations* pour les esprits les *idées-*

choses de Berkeley, puisqu'il les définissait par des perceptions que Dieu *peut* donner à chacun selon ses actes et ses relations comme esprit. Berkeley ne s'est pourtant pas servi de ce terme, et c'est Stuart Mill qui y a eu recours, lui, dont la théorie de la matière est, il est vrai, toute semblable à celle de Berkeley, en ce point, qu'elle exclut et la substance et toute matière assignable des corps, mais en diffère profondément en ce que la production divine des sensations est écartée, ainsi que tout recours transcendant, par ce philosophe. On ne saurait voir dès lors, pour les sensations, aucune raison de naître du dehors à l'esprit. La possibilité que Mill leur attribue est une abstraction pure et simple, et une entité, à sa manière : il n'envisage aucune loi sur laquelle cette possibilité soit fondée, mais seulement le fait mental de notre attente, lequel n'est qu'une association d'idées. La conception du monde sensible est ainsi retournée, prise à contresens : ce sont les choses stables, et qu'on retrouve toujours les mêmes indépendamment des témoins, ce sont celles-là qu'on regarde sous l'aspect de la simple possibilité, tandis que la réalité n'est rapportée qu'à l'apparence et à l'accident !

CHAPITRE XXXI

PENSÉES DE BERKELEY SUR LA MÉTHODE L'ESPRIT ET LA VOLONTÉ

Berkeley nous apparaît comme un génie resté isolé, dans cette grande école empiriste anglaise dont la source remonte aux hardis nominalistes du xive siècle, et qui à partir de Hobbes, très dogmatique, et absolument nominaliste aussi, au xvi°, et enfin après la fondation de la physiologie analytique et critique, se distingue par la répudiation des idées générales et des apriorisde l'entendement, et par l'œuvre systématique du déliement des idées. Le nominalisme, vrai et fécond tant qu'il eût principalement à combattre le réalisme, comme méthode de réalisation des universaux, dut naturellement incliner à l'empirisme par l'effet d'une confusion entre cette fonction d'êtres réels prêtée aux idées générales, et l'emploi de ces idées pour la représentation intellectuelle des phénomènes de l'esprit et de la nature envisagés dans leurs lois. De là vint, chez plusieurs, outre la guerre déclarée aux dogmes traditionnels, qui se prétendent démontrables et s'établissent contre la raison, une pente au matérialisme, par suite de la réduction des idées aux impressions et à l'expérience du sujet sensible.

Berkeley se montra à la fois ardent en sa foi religieuse et novateur radical en sa manière de poser les principes. Il resta assez attaché aux errements scolastiques pour composer un système du monde intelligible, qui serait assimilable aux plus célèbres doctrines du panthéisme théologique, si ce n'était que les sensations réalisées y prenaient la place des formes substantielles; et il y conserva la liberté d'action des esprits, la plus nettement caractérisée. Sans doute, il n'abandonna pas la prescience divine, mais il ne se servit de l'idée d'infinité que dans son acception morale, pour les attributs de perfection. Enfin Berkeley donna des définitions claires et positives des sujets de la perception et de l'action (XXX), de telle façon que le sens réaliste et panthéiste de la substance n'était plus applicable dans sa doctrine à Dieu et aux esprits.

Berkeley n'aurait pas été loin de reconnaître et d'appliquer partout, comme il le fait, au fond, à ces notions fondamentales, la méthode phénoméniste et relativiste, s'il n'avait subi à la fois l'influence de l'Église et, en philosophie, celle d'un extrême empirisme qui, ne permettant pas à la notion de loi de se formuler, ne laissait que le recours à Dieu direct pour toute explication de l'unité et de l'harmonie des phénomènes. On lit, en effet, dans un recueil de notes de Berkeley : *ad seipsum*, écrites à l'époque où il était encore étudiant au Collège de la Trinité, à Dublin, des sentences qui semblent d'un phénoménisme dissolvant, et d'autres qui les démentent en définissant la réalité par des opérations synthétiques de l'entendement. Il n'eût fallu que chercher le principe qui concilie ces deux opérations effectuées sur les idées.

Sentences dissolvantes : « Vous dites : il doit y avoir une substance pensante, quelque chose d'inconnu qui perçoit, qui supporte et relie les idées. Je dis, moi : faites voir qu'il est besoin d'une semblable chose...

« La substance d'un esprit, c'est agir, causer, vouloir, opérer...

« L'existence même des idées constitue l'âme. Conscience, perception, existence des idées sont la même chose, semble-t-il...

« Il n'y a pas deux idées dont la connexion soit nécessaire...

« Tout n'est que résultat de la liberté. Tout est volontaire...

« Demander si l'on peut vouloir en deux sens opposés, c'est une question absurde, car le mot pouvoir présuppose volition.

« Point d'idées générales; le contraire, source de confusion ou d'erreur en mathématiques...

« Si les hommes n'avaient pris les mots pour des choses, ils n'auraient jamais pensé à des idées abstraites...

« Qu'avons-nous affaire des idées générales? Nous ne les connaissons pas, nous ne les percevons pas...

« Question : que deviennent les *æternæ veritates?* Elles disparaissent...

« Je ne sais pas ce que les philosophes entendent par les choses considérées en elles-mêmes; non sens, jargon. »

On remarquera, car c'est le point où la dissociation des idées est la plus étonnante, que celle des sentences qui touche la question du libre arbitre, fait beaucoup plus que la trancher, car elle passe par-dessus le fait de la présence des motifs et de la délibération, inhérente à l'exercice de la liberté. Berkeley imagine la volonté individuelle pure et la liberté absolue. C'est aussi là le sens de son observation qui met le vouloir avant le pouvoir. Voici maintenant la contrepartie de la négation de l'universel et de l'abstrait :

« Je ne dois pas nommer l'entendement une faculté ou une partie de l'intelligence (*of the mind*). Je dois enfermer l'entendement et la volonté dans le mot esprit (*spirit*), par lequel j'entends tout ce qui est actif. Je ne dois pas dire que l'entendement ne diffère pas des idées particulières, ou la volonté des volitions particulières. L'esprit, l'intelligence n'est ni une volition ni une idée. Je dis qu'il n'y a de causes, à proprement parler, que spirituelles; rien d'actif que l'esprit...

« La volonté est *actus purus*, ou plutôt esprit pur, non imaginable, non intelligible, nullement objet de l'entendement, nullement percevable...

« Il me semble que la volonté et l'entendement, les volitions et les idées ne sauraient être séparées; qu'il ne se peut pas que l'un soit sans l'autre...

« Je pense que le jugement implique volition...

« C'est folie de chercher ce qui détermine la volonté...

« Demander si nous avons une idée de la volonté, ou d'une volition, c'est un non sens. Une idée ne saurait ressembler à rien qu'à une idée...

« Je ne dois donc pas dire que la volonté et l'entendement sont tout un, mais que l'un et l'autre sont des idées abstraites, c'est-à-dire rien du tout, n'étant point différents, même *ratione*, de l'esprit en tant que facultés, c'est-à-dire actif...

« Je ne dois pas donner à l'âme, ou intelligence, le nom scolastique d'*acte pur*, mais plutôt de pur esprit, ou être actif...

« Toutes les choses concevables pour nous sont : 1° des pensées ; 2° des pouvoirs de recevoir des pensées ; 3° des pouvoirs de causer des pensées : toutes choses dont aucune ne peut exister dans une chose inerte, insensible.

« Il n'existe proprement que des personnes, c'est-à-dire des choses conscientes. Toutes les autres choses ne sont pas tant des existences que des manières d'exister des personnes. »

Qu'il entre de la contradiction dans ces hardis tâtonnements d'un penseur de génie, et un emploi inévitable de ces idées abstraites qu'il dit *n'être rien*; qu'on y trouve une construction, par voie de synthèse, d'idées générales qui répondent à des réalités (l'idée de l'entendement, celle de la volonté, celle de l'esprit) quoique Berkeley dise *n'avoir point affaire aux idées générales et ne les pas connaître* parce qu'il *ne les perçoit pas*, rien n'est plus certain. Lui-même ne put éviter d'avouer dans son ouvrage des *principes de la connaissance*, que nous avons beaucoup de *notions* qui ne répondent à aucune des impressions sensibles auxquelles il avait pris, contre l'usage commun, le parti d'appliquer exclusivement le nom d'*idées*; et qu'après tout *il n'y a là qu'une question de mots*. L'usage, en cela très justifié, a continué de donner tort à sa terminologie, qui favorisait l'empirisme. Mais ce qui nous importe, c'est de remarquer combien ce philosophe était près, — bien plus près que ne le fut jamais Kant, embarrassé dans les arcanes de sa métaphysique des noumènes — de trouver la conciliation de la psychologie analytique et des synthèses de la connaissance. Il eût suffi que, réfléchissant aux contradictions spontanément jaillies de ses premières et fortes pensées géniales, il cherchât d'un côté comme de l'autre, dans les deux méthodes, l'erreur qui les rend opposées. Il aurait reconnu que ce n'est pas la méthode synthétique employée pour constituer l'être dans la pensée, qui est vicieuse, puisque lui-même n'a pu en découvrir une autre pour définir l'esprit, la volonté, l'âme, et même le corps, qu'il est forcé d'appeler un composé d'idées sensibles; que nulle relation de l'individuel au collectif et à l'universel ne saurait autrement se comprendre; mais que le vice n'est pas dans l'apriorisme; qu'il est dans le réalisme; qu'il provient de la fiction des entités, des substances et des formes substantielles, enfin de la réalisation des concepts étrangers à toute expérience : un point sur lequel Berkeley était on ne peu plus éclairé. Si, dans la méthode synthétique, il avait établi la distinction entre cette méthode elle-même et le réalisme attaché vicieusement à ses applications, il aurait applaudi au progrès qu'on devait à Descartes sous ce rapport, et peut-être aurait-il achevé l'œuvre de Descartes en remplaçant par des conceptions synthétiques, d'un ordre compatible avec l'expérience, avec le principe de relativité, les deux substances qui, identifiées ou séparées, chez Spinoza, chez Malebranche, conduisaient au panthéisme.

CHAPITRE XXXII

LE DÉLIEMENT DES IDÉES ET LE PRINCIPE DE LA SYNTHÈSE. HUME ET KANT

Berkeley ne soumit pas à une critique approfondie la nature de ses propres inspirations premières, de ces définitions superbes et paradoxales — qu'il avait hardiment jetées sur son cahier d'écolier, comme un défi secret porté à ses maîtres — des grandes fonctions intellectuelles et volontaires. Il ne s'aperçut pas qu'il usait lui-même de la méthode des idées générales pour se représenter des êtres réels, qui ne sont, qui ne peuvent être pour notre intelligence autre chose que des synthèses et des concepts, et qu'il maniait, pour les constituer à titre de réalités dans sa pensée, des idées abstraites, puisque la volonté et l'entendement, inséparables, comme il le dit, dans l'esprit, deviennent des abstractions quand on les distingue; ce que toutefois on ne peut éviter de faire. La méthode empiriste, la condamnation des idées générales ne pouvaient donc pas se défendre. En se demandant quelle était la différence d'une méthode synthétique légitime et de celle qu'il répudiait, Berkeley aurait trouvé que la première ne définissait pas des essences occultes, mais des êtres, en généralisant les qualités et les relations qui composent tout ce qui de l'être peut tomber sous la connaissance. Le principe de relativité, qui est la vraie raison d'être, souvent méconnue par les empiristes eux-mêmes, de leur répugnance pour les aprioris, se serait ainsi dégagé. La loi aurait pris la place de la substance, à titre de lien intelligible des phénomènes, substitué au *vinculum substantiale* des scolastiques.

Leibniz opérait une semblable transformation de la méthode synthétique substantialiste, en gardant, il est vrai, pour son *être simple*, c'est-à-dire pour la *monade*, le nom de *substance*, mais en le définissant par une synthèse de qualités ou relations internes, qui sont aussi des relations de cet être individuel aux autres êtres (XXVII). L'idée générale d'*être* suffit pour supporter l'idée de ces qualités et de ces relations sans recourir à l'image de la *substance*. Ces qualités sont la *force*, principe actif interne des changements, qui correspond à la *volonté* dans la définition de *l'esprit* de Berkeley; la *perception*, qui correspond à l'*entendement* de Berkeley; et l'*appétition*, que Berkeley ne distinguait pas. Ces deux philosophes suivent ainsi des procédés analogues, en ce qui touche une réelle élimination du sens ancien attribué à la substance. Si Berkeley omet le principe du désir, c'est qu'il voit dans l'activité la liberté, là où Leibniz voit la simple spontanéité, et il néglige la finalité pour n'envisager que ce qui lui paraît être le moteur principal. Leibniz spécule sur l'être en général; Berkeley, négateur de la réalité propre de la nature, rapporte exclusivement ses vues à la conscience, et même à la conscience de la personne. Au lieu du violent paradoxe de sa jeunesse : « Il n'existe proprement que des personnes » — dont on cherche vainement le correctif, dans ses *Principes de la connaissance*, ou dans ses *Dialogues*, — il aurait pu, méditant une autre de ses belles formules improvisées, être mis sur la voie d'une généralisation de la conscience, analogue à celle d'où sortit sans doute pour Leibniz la doctrine des monades et de l'harmonie préétablie. Cette formule, citée ci-dessus, est la définition des seules *choses concevables* : *les pensées, les pouvoirs d'en recevoir, les pouvoirs d'en donner*. Il faut comprendre, dans la pensée, le désir, ainsi d'ailleurs que le pose la terminologie de Descartes.

Les gradations de la pensée, en clarté, en distinction, en étendue, en conscience d'elles-mêmes, de leurs impressions et de leurs pouvoirs ressortent si manifestement du spectacle de la nature, que l'œuvre philosophique de la généralisation de l'idée de conscience, pour obtenir l'idée la plus compréhensive de l'être, devrait sembler facile. L'obstacle fut, pour Berkeley, la prévention de l'origine exclusivement empirique des connaissances, qui, après qu'il eût démontré la non existence d'une substance matérielle, le fit recourir à Dieu pour trouver la source et la cause des idées sensibles, des idées particulières, les seules dont il comprît, disait-il, la perception. Dans sa vieillesse, le besoin de concevoir l'ordre des idées émanées de Dieu, sous une forme qui représentât l'action divine sur le monde, non plus seulement sur les personnes, et dont la manifestation pût se nommer une nature, ramena sa pensée en arrière, au néoplatonisme, à une doctrine de l'Ame du monde, essence éthérée, feu vital invisible, moins différent peut-être qu'on ne voudrait le croire du feu artiste des stoïciens, et enfin aux hypostases. Cette théorie ou chaîne de raisonnements (*Siris*) à laquelle il donnait pour point de départ l'étude des « vertus de l'eau de goudron », pouvait à la rigueur se concilier avec l'immatérialisme, en considérant toute cette nature matérielle comme la vaste composition des signes ou symboles, formes sensibles dont tout l'être propre consiste dans la perception que Dieu et les esprits en ont.

Pendant que l'esprit de Berkeley suivait cette marche rétrograde, un philosophe plus jeune continuait, par une application rigoureuse aux synthèses psychologiques de l'ordre intellectuel, une critique dirigée par la méthode empiriste la plus pure. Le *Traité de la nature humaine* de Hume avait déjà paru depuis plusieurs années, quand Berkeley publia sa *Siris*, et ce *Traité*, mal accueilli comme il le fut alors et encore longtemps après, marquait la ligne que l'École anglaise allait suivre jusqu'à notre époque : il en formulait, aux termes près, les thèses principales; tandis que la *Siris* était le dernier signe de vie important de la méthode, renouvelée des anciens, qui avait défendu contre la philosophie de Hobbes la cause des idées générales, — malheureusement à l'aide d'hypothèses désormais inacceptables pour tout esprit scientifique. Hume reprit par le fondement l'analyse des idées, en se donnant pour principe la proposition, qu'il nomma *la grande découverte* de Berkeley : à savoir, qu'il n'existe que des idées particulières, auxquelles il ne faut que reconnaître un emploi approprié à leur nature, pour les faire servir de signes à toutes celles qui leur sont assimilables; et il se proposa de démontrer la proposition formulée dans le cahier de notes de Berkeley, — que très probablement il ne connaissait pas — : « Il n'y a pas deux idées dont la connexion soit nécessaire ». De là, la négation de la substance, quels qu'en soient les prétendus attributs; la négation de la conscience, en tant qu'elle désignerait quelque chose formant au-dessus des phénomènes le lien des faits de pensée, et la négation de la cause, si ce mot devait signifier la réalité d'une puissance liant un phénomène à un autre qui lui succède.

Hume refusait les caractères de *force*, *pouvoir* et *action* à la donnée du sentiment immédiat que nous traduisons par ces noms. Il eût été plus correct, sans nier l'existence de ce sentiment, de constater, entre un fait de conscience, indubitable, et le fait externe qui est la production d'un phénomène attendu, l'absence de tout autre phénomène assignable, établissant leur connexion. C'est là la simple vérité, et c'est aussi ce qui intéresse la philosophie, dans la thèse de Hume ; c'est la partie solide et de grande valeur de l'analyse critique, séparée de la partie vicieuse qui, chez Hume, aboutit à une déclaration de scepticisme. Chez Berkeley, qui, le premier, observe et déclare résolument la scission de l'effet et de la cause, le sentiment conserve sa force et son droit. Hume, lui, se dit sceptique de théorie, il avoue l'impuissance où il est de faire passer son doute à l'état de négation constante, régissant la pratique, mais il professe de ne pouvoir s'expliquer l'existence des deux mondes, le moi et la nature en rapport mutuel de causalité. Son scepticisme repose sur l'universelle dissociation des idées : « Toutes les perceptions distinctes sont des existences distinctes. — L'esprit ne perçoit jamais de connexion réelle entre des existences distinctes ». Mais l'esprit, dit-il, a une répugnance invincible à accepter ces deux propositions, *quoique démontrées* : une heure après la démonstration, quoi qu'on pense dans le moment, « on restera persuadé qu'il y a à la fois un monde externe et un monde interne ».

Demandons-nous ici comment ce philosophe qui s'estime si exempt de préjugés dogmatiques et réalistes ne s'est pas dit : Mes démonstrations ne renversent que des chimères : qu'est-ce, après tout, que ce pourrait être, ces connexions *réelles* ? quelle idée pourrais-je en avoir, en dehors des connexions de mes idées elles-mêmes, et autre que mes jugements, en rapport avec les phénomènes dont les ordres de liaison et de succession, tels que les offre l'expérience, constituent l'existence même et la réalité ? Chercher plus loin n'est plus s'enquérir de la connexion, mais de sa cause première et universelle, et ceci dépasse le domaine d'une philosophie tout analytique et empiriste. Comment se peut-il que, le philosophe dont l'effort s'est, au fond, dépensé à prouver que tout est relatif, et à ramener toutes les connexions à des rapports d'idées, se sente démonté par son succès, et que, mis à la fin en présence du principe de relativité dans toute sa portée, il ne s'aperçoive pas que ce principe est capable de relever les ruines que son application semble avoir faites ? L'unique raison de cette inconséquence est la pression obscurément exercée par la tradition des doctrines de l'absolu, sur l'esprit de ce penseur qui en est l'ardent adversaire : il se trouve avoir fait le vide autour de ses pensées, et ne voit plus à quoi se prendre quand il ne sait comment remplacer ce qu'il a renversé par quelque autre chose qui en garde la ressemblance.

Kant, successeur de Hume à meilleur titre encore qu'il ne l'estimait lui-même, a éprouvé le même sentiment d'effroi après avoir fait dans son esprit le même vide à sa manière, abandonné tout ce qu'il pouvait tenir d'enseignements du cartésianisme et de l'école de Leibniz et de Wolf sur les connexions des idées et des choses, et accepté, pour fondement de la méthode, ce principe qui ressemble beaucoup à une forme du principe de relativité : « Les catégories n'ont d'usage, relativement à la connaissance des choses, qu'autant que ces choses sont regardées comme des objets d'expérience possible ». Il est clair qu'il n'y a d'expérience possible que du relatif, et la cause et la substance étant des concepts catégoriques, c'est-à-dire des idées générales de relation, on peut bien s'en servir pour désigner des liens de phénomènes, soit d'après l'expérience soit dans l'imagination, ou par hypothèse, mais non pour introduire des entités hors de toute relation, termes abstraits et absolus qu'on réalise. La définition des catégories comme *lois* eût permis à Kant de réfuter le sophisme de l'inconnexion des idées, conclusion prétendue des analyses de Hume, et, par suite, de combattre son scepticisme sur le terrain logique, en même temps que lui interdire la restauration des entités en psychologie et en métaphysique. La réaction de Kant contre l'empirisme fut mal entendue, et contradictoire avec la juste concession qu'il faisait à l'adversaire. Éclaircissons d'abord ce dernier point.

Kant n'a pas seulement établi la thèse capitale de sa plus abstruse métaphysique par un emploi des catégories dont il niait la légitimité dès le début de la *Critique de la Raison pure*, en exposant sa méthode : ce vice logique a été assez généralement reconnu comme ruineux pour le système entier de ce grand ouvrage : c'est celui qui consiste à s'appuyer sur la loi de causalité, l'une des catégories, et, en tant que telle, inapplicable hors de l'expérience possible, pour démontrer l'existence d'objets *trancendantaux* (hors du temps et de l'espace), desquels dépendraient les phénomènes, qui ne sont, eux que nos représentations ; Kant n'a pas seulement violé en cela sa propre règle, il a, dans la définition même des catégories, et dans l'économie de leur composition, violé par avance le principe auquel il disait vouloir les soumettre. Il a donné à la *Relation* une place entre les catégories, simplement, au lieu de la poser comme leur forme commune ; c'était déjà déroger à sa règle. Il a parlé de la *Substance*, en tant que catégorie, comme d'une loi, mais d'une loi qui supposerait d'ailleurs l'existence du sujet en soi ; il a prêté à cette notion une signification réaliste, que le rapport logique d'un sujet à ses qualités, dans l'ordre de l'expérience possible, n'autorise pas. Et de même en ce qui concerne la *Causalité*.

La question de la causalité a tenu le premier rang parmi celles qu'a soulevées la critique de Kant, opposée à celle de Hume, et il n'y en a aucune où se voient mieux le fort et le faible de la correction apportée par le philosophe aprioriste à l'analyse du philosophe empiriste. Remarquons d'abord qu'elle est, pour eux, toute logique et formelle ; car ils sont tous deux entièrement acquis à l'opinion du parfait déterminisme des causes, *quoi que ce puisse être qu'une cause* : Hume, convaincu de la séquence invariable des phénomènes dans ce qu'on nomme leur causation, parce que l'expérience incline à ce qu'il croit, son esprit, par l'habitude, et à en juger de la sorte ; Kant, parce qu'il admet la validité des *jugements synthétiques a priori*, et que *la loi de causalité : Tout ce qui commence d'être a une cause*, lui apparaît comme un jugement de cette espèce. Qu'est-ce maintenant que ces sortes de jugements, quelle est leur force, quel est le sens logique, ou psychologique, ou métaphysique de celui qu'on énonce en ses termes ?

Il semble que nous ayons à reconnaître ici l'autre côté, le côté vrai et capital de la réaction de Kant contre Hume, et de la réfutation du scepticisme fondé sur l'inconnexion des idées ? C'est ce qui a lieu en un sens, mais à la condition de considérer la question du jugement d'une manière générale, et de passer ici condamnation sur l'exemple, sur le cas déplorable qui, malheureusement, depuis Kant, et par sa faute, a passé pour le type des *jugements synthétiques a priori*, et de ceux dont l'aveu s'impose ; alors que cependant, de la manière dont Kant le formule, il n'en est aucun qui ait été et qui soit demeuré plus disputé en philosophie. Kant opposa à la dissociation des idées de l'école empiriste les associations d'idées constantes, ou synthèses fondamentales qui, dans tous les grands ordres de rapports, sont en possession de fournir à l'esprit des jugements uniformes, et il établit, c'est son titre éminent comme logicien, que ces synthèses ne sont pas pour l'esprit des données de l'expérience, mais le produit de son opération sur ces données : des conditions mentales, logiquement antérieures aux impressions sensibles, et au défaut desquelles ces impressions ne sauraient devenir les idées objectives définies sous les rapports de l'antériorité et de la postériorité, de la coexistence, du tout et de la partie, de l'unité et du nombre, de l'identité et de la similitude, du genre, de l'espèce et de l'individu, etc. Ces synthèses concernent la question de l'*origine des idées*, comme on la nomme, et l'œuvre de Kant à ce sujet, devrait selon nous, passer pour définitive.

Autre chose sont les synthèses dénommées *jugements synthétiques a priori*, lorsque, transportées hors de la logique, elles en affirment les rapports d'ordre général en tant que lois imposées à l'esprit pour ses jugements de la possibilité, de la réalité et de la nécessité. Kant ne s'est pas assez rendu compte d'une vérité d'expérience, que l'histoire de la philosophie et celle du criticisme font aujourd'hui ressortir encore plus vivement que ne faisaient les anciens débats des écoles dogmatiques : c'est que ces principes *évidents*, ces axiomes, ces vérités éternelles et nécessaires, comme on les nommait jadis, voient leurs applications, leurs interprétations et enfin leur validité contestées selon que le requièrent les doctrines.

Le vrai sens à donner aux noms et aux concepts les plus importants est sujet à fléchir ; on peut les usurper, en changer la signification, dans l'intérêt d'écoles à concilier, en apparence, avec des écoles d'un esprit contraire. Kant a trop souvent oublié que toute synthèse apriorique est niable ; autrement, la philosophie pourrait se constituer synthétiquement d'un accord unanime. Et que signifierait la déclaration du criticiste, opposant la croyance au dogmatisme de l'ancienne métaphysique ? Comment se fait-il que l'auteur de la *Critique de la Raison pure* se soit le premier soustrait à la loi qu'il s'imposait, et qu'il ait habituellement présenté ses théories, même celles qu'il qualifiait de *raison pratique*, comme dictées par la *Raison pure a priori*, et sur des choses placées hors du temps, et incontrôlable elle-même en ses créations? Et quel accord a-t-il pu imaginer au point de vue de la croyance, entre ces deux parties d'une seule et même doctrine : celle où posant à la spéculation la borne de l'expérience possible, et se soumettant au principe de relativité, il formule la théorie des postulats de la *Raison pratique*, fondés sur la commune idée de la liberté ; et une autre où il établit sa doctrine, dite *transcendantale*, des *noumènes*, sujets en soi, dont nous ne possédons aucune sorte de représentation, selon lui, mais desquels nous tenons toutes nos représentations et nos actes libres, accomplis par eux et pour nous, hors du monde phénoménal ?

CHAPITRE XXXIII

LES NOUMÈNES DE KANT. L'IDÉALISME DE KANT

Les noumènes sont des êtres que Kant suppose exister en soi, hors de toute relation, indéfinissables, par conséquent, mais qui ne reçoivent pas moins de lui les fonctions capitales de cause et de substance. Les posant comme causes, il réclame d'eux un double service : 1° donnant au principe de causalité : *Tout phénomène a une cause*, le sens de déterminisme universel et absolu qu'il a toujours admis sans le justifier : *Toute cause est l'effet d'une cause antécédente*, il profite de ce que les noumènes sont par définition hors du temps et de l'espace, pour rejeter avec eux hors du temps et de l'espace le fondement réel du monde phénoménal. Il échappe ainsi à la contradiction qui résulterait de l'infinité actuelle de ce monde, en alléguant que ce monde n'est pas le monde réel, et que, du monde réel, on ne peut dire ni qu'il est fini, ni qu'il est infini. 2° Obligé de refuser toute place dans le monde phénoménal à l'action du libre arbitre, parce que le cours des phénomènes est invariable en vertu de ce même principe de causalité, Kant rapporte le fond réel de la liberté humaine à des noumènes. A quels noumènes, on ne peut savoir, puisqu'on ne peut les définir ; mais comme ils sont hors du temps, il n'y a nulle difficulté à leur rapporter sans contradiction, comme libres, des actes qui, dans la chaîne du temps, sont nécessaires. Seulement, les agents dans le temps sont mis en demeure de penser que leurs actes propres n'ont pas, en la représentation qui leur en est donnée, un sujet réel sous une apparence vraie, — à moins qu'ils n'aiment mieux croire la théorie fausse que tenir le temps pour une pure imagination.

La première, en fondement, de ces abstractions pures est celle que Kant appelle l'Inconditionné. « Si, dit-il, le Conditionné est donné, avec lui est aussi donnée la série entière des conditions, et, par conséquent, l'Inconditionné lui-même ». C'est là, selon Kant, un *jugement synthétique a priori*, en sorte qu'il se croit dispensé de le démontrer. Mais il ne réfléchit pas que le *Conditionné* est un terme général, et que l'existence des sujets conditionnés implique, à la vérité, celle de leurs conditions, et celle des sujets où ces conditions ont leur origine, mais non point l'existence de l'*Inconditionné*, comme de quelque chose de conçu sans conditions. L'Inconditionné est logiquement le terme corrélatif du Conditionné, mais l'un et l'autre sont des termes abstraits.

La question subsiste de savoir si la *série entière des conditions* est finie ou infinie, et dans quel sujet définissable elle obtient son unité.

Sous les noms de Relatif et d'Absolu, H. Spencer a reproduit l'argumentation fallacieuse de Kant : « Le Relatif étant le corrélatif de l'Absolu l'implique ». Mais c'est précisément parce qu'il en est le corrélatif abstrait, qu'il n'énonce qu'un rapport, et ne signifie rien quant à l'existence. Il y a des choses relatives, mais le Relatif n'est qu'un terme général. Si, par ce terme, on entend la totalité des choses relatives, alors et en ce sens, il n'a point de corrélatif et n'implique pas plus l'existence de quelque chose appelée l'Absolu, que l'Être, dans le sens de l'ensemble des êtres, n'implique l'existence du Non être.

A l'égard des noumènes comme substances, Kant exprime l'opinion que le sujet transcendantal des phénomènes externes, et le sujet transcendantal du sens interne, ne diffèrent peut-être pas entre eux par les mêmes attributs que diffèrent les uns des autres les phénomènes externes et les phénomènes internes. Il en donne cette raison, que l'espace, dans lequel sont situés les premiers, et le temps, sous lequel tombent les seconds sont de simples formes de l'Intuition, et non des attributs de choses subsistant par soi. Rien donc n'empêche, dit-il, que l'on regarde ces sujets comme semblables entre eux. Cette conjecture ne serait pas tout à fait à rejeter, suivant laquelle cela qui nous paraît être un corps serait doué d'un sens interne, et s'apparaîtrait à lui-même comme une âme (*Crit. d. l. R. P.*, 1re édition). La pensée de Kant est restée obscure, si ce n'est indéterminée, touchant l'unité ou le nombre, l'identité ou la diversité de nature des noumènes, considérés comme substrats de phénomènes. L'incertitude se comprend trop bien quand il s'agit de substances plus que mystérieuses, auxquelles on se défend de penser comme à des êtres constitués par des qualités impliquant des relations temporelles ou spatiales.

La question intéressante ici est celle de l'idéalisme. Kant a-t-il pu sérieusement, comme il l'a toujours prétendu, distinguer sa doctrine de celle de Berkeley, en ce qui concerne la réalité des objets sensibles, celle du monde extérieur, qu'ils nous représentent; ou n'a-t-il pas vraiment, comme lui, outre la thèse de l'immatérialisme (démontrée seulement par une autre méthode) nié l'existence d'une réelle matière des corps, indépendante de nos perceptions. Selon Kant, les représentations sensibles sont produites en nous par l'action de sujets qui n'appartiennent pas eux-mêmes au monde sensible (les noumènes); et il nomme *réel*, cependant, tout ce qui tombe sous les conditions matérielles de cette expérience des sens. En vertu de leur définition, les corps sont réels, parce qu'ils sont sensibles, mais cette définition n'est que nominale, et Kant ne fait pas autre chose que la reproduire en d'autres termes, au lieu de réfuter ce qu'il appelle *l'idéalisme empirique de Berkeley*, différent selon lui du sien propre, quand il démontre que c'est bien au sens externe, et non pas à l'interne seulement, qu'une telle réalité se rapporte. Il reste toujours qu'il s'agit pour lui d'une impression dont la cause est en des noumènes, de même qu'il s'agit pour Berkeley, d'une sensation que Dieu nous donne à percevoir. Ces noumènes étant hors du monde phénoménal, il n'y a rien dans le temps, ou dans l'espace, qui ne fût anéanti si la pensée humaine, dans laquelle les phénomènes sont représentés, venait à disparaître. La réalité du monde extérieur est donc bien niée, dans cette hypothèse, car la coutume de Kant, lorsqu'il parle du sujet des représentations dans l'espace, est de viser le sujet humain ou l'esprit, dans son universalité. On croirait volontiers qu'il parle d'un moi unique, loin de penser à l'univers comme lieu de la multitude des consciences de tous les degrés qui s'y représentent toutes dans le temps et dans l'espace.

En somme, pour l'un comme pour l'autre des deux philosophes, les représentés sensibles sont dénués de réalité en eux-mêmes. La réalité appartient aux représentations comme telles, dans le sujet qui les perçoit, et, éminemment, au sujet qui les produit. Ce dernier, selon Berkeley, est Dieu, l'esprit universel (XXX). C'est ici que les deux doctrines divergent radicalement. Kant a développé plusieurs points de vue sur l'essence divine: l'*Inconditionné*, si celui-là peut s'appeler Dieu, ce que nous ignorons, puis l'*Idéal de la Raison pure*, et enfin le dieu, *auteur du monde*, des postulats de la Raison Pratique (XXXVI), mais aucun d'eux, quoique le troisième réclame explicitement l'action providentielle, n'est pour Kant l'objet d'une théorie de la création des idées, non plus d'ailleurs que d'une spéculation analogue à ce panthéisme théologique dont la pensée plus ou moins ouvertement déclarée se résume à définir Dieu comme l'unique agent réel en toutes choses. Il est probable que Kant a été jeté dans la fiction des objets transcendantaux par la difficulté qu'il éprouvait, venant après la critique de la notion de substance, dans l'école empiriste, à découvrir un emploi définissable pour des substances dans le monde phénoménal. Mais le recours aux sujets transcendantaux, extrasensibles, loin de le faciliter, supprimait le rapport entre les principes et leurs effets, ou qualités, produits dans le temps et dans l'espace; car le passage du nouménal au phénoménal est un rapport dont on n'a point d'idée.

Nous avons remarqué, d'accord avec les interprètes du criticisme Kantien les plus attentifs à la logique, que ce système avait été renversé par son propre auteur, transportant, contrairement à la règle fondamentale du criticisme, les concepts catégoriques au rapport du monde avec les noumènes, objets situés par définition hors du domaine des catégories. L'impossibilité d'une telle méthode éclate d'elle-même, quand on porte ainsi la substance et la cause hors de l'expérience pour expliquer l'expérience ; car on est forcé de conserver à ces idées de relation l'unique sens que leur donnent la connaissance et le maniement logique des rapports des phénomènes, et on ne saurait dire ce que cette chose en soi peut être, et quelle sorte d'existence et d'action est la sienne, dans le monde nouménal, pour devenir cause dans le monde phénoménal, et de quel droit on jette hors du temps et de l'espace le vrai sujet d'une pensée discursive (dans le temps) ou d'une image représentée (dans l'espace)? Ce ne sont là que des rapports indéterminés et vides, sous des noms uniquement faits cependant pour marquer des déterminations; ce sont des rapports nominaux, qu'on ne peut pas même dire imaginés, car ils n'ont pas d'images. La descente du monde de l'expérience, engendré par le monde nouménal, reste plus qu'incompréhensible, si nous lui appliquons pour un moment le langage des doctrines de l'émanation. Mais ce n'est pas même à des hypostases définies que nous conduit la doctrine de Kant pour franchir le passage du noumène au phénomène. Elle ne nous offre aucun moyen de transition et se réfugie dans l'ignorance.

CHAPITRE XXXIV

LES ANTINOMIES DE KANT. SA THÉORIE DE L'INFINI

C'est dans la théorie de l'infini qu'il faut chercher le nœud de la question du rapport à concevoir, dans la métaphysique Kantienne, entre ces deux règnes de l'être : — l'Inconditionné et universel conditionnant, hors du temps et de l'espace ; — le monde phénoménal, ordre des êtres conscients, qui vivent dans le temps, et pour lesquels l'espace est une représentation renfermant toutes leurs représentations tant coexistantes que successives. En effet, selon que l'on admettra l'infinité actuelle des temps écoulés, c'est-à-dire l'absence de commencement de la série des phénomènes successifs qui ont composé et composent le monde en son intégrité, et l'absence de bornes à leur dissémination dans l'espace, ou que l'on regardera le monde comme ayant commencé et l'extension des phénomènes dans l'espace comme étant actuellement et ayant été en tout temps limitée, on devra se faire des idées différentes du rapport de l'Inconditionné conditionnant universel, admis par Kant, à l'ensemble des conditions qui s'y rattachent.

Dans la première hypothèse, l'Inconditionné a pu précéder le monde, — autant qu'on peut comprendre que ce qui n'est pas dans le temps *précède* quelque chose, — et qu'il est la cause externe du monde. Dans la seconde hypothèse, l'Inconditionné doit être inévitablement pensé comme la cause immanente de tous les phénomènes dont il est la condition, et qui sont conditionnés les uns par les autres, en cet ordre universel que, hors du temps lui-même, il fait être dans le temps.

L'hypothèse qui réunit l'être et son développement

à la cause et à ses effets, et les identifie, est manifestement la doctrine du panthéisme théologique (XXIII-XXVII) doctrine affirmée et à la fois contredite à l'aide de certaines réserves, par les grands docteurs scolastiques, et amenée à sa plus forte expression par Spinoza, qui supprima les réserves : création, libre arbitre et finalité. Le trait profond et caractéristique du Spinosisme, en ce qui concerne l'Inconditionné et son rapport au monde phénoménal, est la théorie de l'infini, suivant laquelle Dieu, substance unique et nature nécessaire, est l'Être hors du temps et de l'espace en tant que phénomènes; car il n'admet en soi aucune division ; tandis que le monde phénoménal est constitué par ses propres modes, divisés à l'infini en extension et en succession, dont quelque partie est perçue en nos pensées *inadéquates* (XXVII).

Kant avait, dans les points de sa métaphysique abusivement compris sous le titre de *Critique*, auxquels il était le plus attaché, des difficultés considérables pour se prononcer sur une théorie de l'infini. Il avait des motifs, d'une part, pour s'opposer aux arguments invoqués en faveur de l'existence nécessaire des bornes aux phénomènes réalisés dans l'espace, et de la donnée d'un commencement des phénomènes dans le temps ; et il en avait, d'une autre part, pour redouter le commun point de vue du procès à l'infini des phénomènes, et l'usage qu'on en fait dans les écoles empiristes. Cependant le principe de l'*exclusi medii* rend l'option forcée entre l'affirmation et la négation de ce nombre déterminé que toute somme effectuée doit offrir, sous laquelle des deux catégories, espace ou temps, que l'on range des faits réels et donnés, soumis à la loi du nombre.

La vraie raison de Kant en faveur de l'infini actuel est le dogme, il faut bien lui donner ce nom, du déterminisme universel du monde phénoménal, qu'il a constamment et partout regardé comme étant hors de question. Quoi qu'il pensât du prédéterminisme et de sa cause mystérieuse, donnée dans l'Inconditionné, il est certain qu'il envisageait l'ensemble des conditions comme un tout solidaire, l'état du monde, à chaque instant, impliquant toute la suite passée de ses états antécédents, et toute la suite de ses états futurs, ce qui d'ailleurs est conforme à une vue logique suffisamment approfondie du principe de causalité en son acception déterministe (XXIII). Cette acception est aussi l'acception Kantienne, qui devrait, comme on l'a vu (XXXIII), se formuler en ces termes : *Toute cause est l'effet d'une cause antécédente*, et non dans les termes équivoques du *jugement synthétique a priori* : *Tout ce qui commence d'exister a une cause*. Le principe entendu selon la pensée de Kant implique l'infinité actuelle du monde phénoménal sous les deux catégories que nous avons définies : sous celle de la succession parce que la régression des causes est sans terme, et sous celle du nombre des phénomènes dans l'espace parce qu'ils sont, par hypothèse multipliés autant que l'espace s'étend, et que le concept de l'espace n'a pas de bornes. Nous disons : la pensée de Kant implique ; il faut ajouter : en supposant que les phénomènes en question *sont réels et distincts*, condition sans laquelle on ne saurait leur appliquer logiquement la loi du nombre.

Il semble donc que tout portait Kant du côté de la théorie infinitiste. Mais, à se déclarer nettement pour le procès à l'infini des phénomènes, il y avait un double inconvénient, suivant qu'on choisissait une manière ou une autre de le comprendre : la plus ordinaire se rencontre, dans l'histoire de la métaphysique, chez les philosophes qui, tout en appliquant le principe de causalité dans le même sens que Kant, n'en approfondissent pas la conséquence, se tiennent au point de vue empirique des causes phénoménales, et veulent ignorer les questions, insondables suivant eux, du fondement universel et de la somme totale des phénomènes qui, pour l'idée d'une expérience possible, n'en auraient aucune. Telle est en général la pensée des atomistes, depuis Démocrite et Epicure (IV et XII). Elle ne pouvait convenir à Kant, qui regardait comme chose démontrée le rattachement « de l'ensemble des conditions à un inconditionné ». Il avait donc à concilier l'infinité de la série des causes, s'il se décidait à l'admettre, avec l'existence de la cause suprême universelle, et se trouvait inévitablement conduit à se poser la question de l'extériorité ou de l'immanence de cette cause. Il ne pouvait plus laisser dans une complète indétermination ni la nature de la *Chose en soi*, cet inconnu, ni son rapport avec les phénomènes, après qu'il aurait identifié, en la déclarant infinie, la série entière de ceux-ci, dans le temps et dans l'espace, avec tout ce qu'il est possible de penser comme existant, et que, pour l'Inconditionné, nulle place alors n'eût été laissée au dehors ni au dedans. Il n'aurait pu faire autrement que de recourir à quelqu'une des doctrines panthéistes qui satisfont à l'idée maîtresse de la conciliation de l'absolu pur et de son enveloppement et développement de phénomènes par l'intermédiaire de l'infini.

Le problème étant donc, pour Kant, d'éviter l'option, qui semble logiquement forcée, entre la possibilité qu'il existe une infinité actuelle de choses réelles et distinctes, et la nécessité que toute somme de choses réelles et distinctes soit un nombre déterminé, il commença par se persuader que chacune de ces thèses contradictoires est séparément démontrable par des arguments de valeur équivalente, en sorte que, pour le penseur non prévenu, le doute resterait le parti le plus raisonnable à prendre sur la question. De là sont venues les célèbres *antinomies de la Raison pure*. Les deux premières, qui sont aussi les plus claires et les plus décisives dans la matière, portent exactement sur la possibilité d'un ensemble de choses dont le tout serait à la fois infini et actuellement donné. Qu'il s'agisse de bornes à l'extension des phénomènes dans l'espace, et d'une limite posée par un premier terme à leur régression dans le temps (comme dans la première antinomie, où la nécessité de l'arrêt est affirmée par la thèse et niée par l'antithèse), — ou bien que le débat s'établisse, d'une part, entre la possibilité niée que les éléments d'un composé donné ne forment pas ensemble un nombre fini, et l'existence affirmée, de l'autre part, de composés donnés et formés d'éléments sans nombre (thèse et antithèse de la deuxième antinomie), — la question est unique et toujours la même : le concept de la somme infinie actuelle de parties, — de quelque genre qu'elles soient, — actuellement données, est-il le concept de l'*interminable terminé*, et ce concept est-il contradictoire en soi ? Or, il l'est certainement.

Kant, pour appuyer la thèse, en chacune de ces deux antinomies, fait valoir l'impossibilité de l'*interminable terminé*, et donne par là de cette thèse une démonstration par l'absurde rigoureusement valable, à moins de nier l'application du principe de contradiction à la définition du réel. Il se garde d'en faire la remarque. Il est cependant certain qu'il ne dispose point d'arguments de la même nature et de la même valeur pour appuyer l'antithèse ; il recourt à des allégations et à des raisonnements d'une espèce commune, aisément réfutables. Il n'est donc nullement fondé à regarder comme équivalents au point de vue de la *raison pure* les motifs apportés des deux côtés.

Par exemple, sur le point capital, sur le procès à l'infini

des phénomènes, opposé à la thèse du commencement (antithèse de la première antinomie), Kant allègue cette raison : que « le commencement est une existence précédée d'un temps où la chose n'est pas, et, dit-il, il n'y a pas, en un temps vide, la naissance possible de quelque chose, parce qu'aucune partie de ce temps ne contient plutôt qu'une autre une condition de l'existence qui l'emporte sur celle de la non existence ». La doctrine propre de Kant suffirait pour mettre à néant cette position de la question. L'auteur de l'esthétique transcendantale n'a pas le droit de poser la fiction réaliste d'un temps *vide*, et de raisonner sur ce qui pourrait ou ne pourrait pas s'y passer pour qu'il devînt un temps *occupé par la représentation*. C'est en effet le temps qui suppose la représentation, comme la représentation, le temps. Et le philosophe qui croit à l'Inconditionné et à des noumènes hors du temps aurait lui-même à expliquer comment par l'œuvre du *dehors du temps* il a pu venir quelque chose *dans le temps*.

Mais la vraie position logique de la question est à prendre dans le principe de relativité. Si on demande comment *de rien quelque chose a pu naître*, nous répondrons que cette formule est vicieuse : elle suppose elle-même, en effet, que *rien est quelque chose*. La causalité est une relation entre deux termes définis ; si celui des deux qui est la cause est défini par une négation, il est nié comme réel, la relation disparaît, et par conséquent la question. Le commencement et la cause première doivent se définir par des relations à ce qui suit et à ce qui dépend. Demander la cause de la cause première et l'antécédent de ce qui est le commencement, c'est la thèse du procès à l'infini posée en pétition de principe et cette thèse conduit, comme nous l'avons montré, à la contradiction de l'*interminable terminé*.

Kant persuadé que la thèse et l'antithèse étaient également défendables, et les antinomies véritables, au point de vue de la raison, avait à expliquer rationnellement leur existence. Il n'y avait pour cela qu'un moyen si l'on ne voulait conclure au doute sur la question de l'infini. Le raisonnement qui argue de la contradiction, pour nier la possibilité d'un ensemble ou d'un composé de parties ou d'éléments qui ne formeraient pas une somme déterminée et un nombre, est suspendu à cette condition : que les parties ou éléments soient réels et distincts, afin d'être sujets à la numération ; il faut que leur totalité soit, d'une part, supposée acquise et actuellement constituée, et, d'autre part, formellement pensée comme ineffectuable, le compte des unités étant interminable, de quelque manière qu'on les conçoive réunies, *pourvu* qu'on les distingue. La ressource unique pour maintenir l'antinomie et échapper à la nécessité logique de nier l'infinité actuelle est donc de nier la distinction réelle des parties du tout infini, et c'est bien le moyen auquel a recouru Kant, quoiqu'il l'ait présenté en d'autres termes. Les parties ou éléments auxquels on a affaire sont les phénomènes, quand la question est de savoir si le monde est fini ou infini dans le temps et dans l'espace. Le monde est le composé des phénomènes, sous les deux catégories. Kant ne dit pas, avec Spinoza, que les divisions, tant de la durée que de l'étendue, sont de simples imaginations qui existent dans l'âme, et n'existent dans la substance que comme cette âme elle-même, et comme les idées qu'elle a du corps, toutes choses qui sont des modes de pensée et d'étendue de cet être éternel, infini, unique, indivisible et ne le divisent pas réellement (XXVII). Il dit que les phénomènes sont dans l'espace, lequel est dans la représentation, et n'existent pas en soi ; que n'étant pas des choses en soi, on ne saurait dire que le monde, leur composé, soit fini, ou qu'il soit infini ; que la question y est sans application. Quant à la chose en soi, hors du temps et de l'espace, elle ne la concerne point.

Telle est la solution du problème posé par les antinomies kantiennes. Il est permis de se demander si elle diffère beaucoup du système de l'*Ethique*, pour l'idée qu'elle donne de la réalité de *ce qui n'est pas en soi*, comparativement à *ce qui est en soi*? Ceux qui manquent de dispositions pour la croyance à l'*en soi*, spinosiste ou kantienne que paraisse la physionomie qu'on lui prête, ceux-là reconnaissent assez d'*en soi* dans les phénomènes pour que la question du fini ou de l'infini de leurs composés leur semble applicable.

La doctrine des antinomies de la raison est restée sans influence sur les disciples de Kant, qui, en général, ont professé plus ou moins ouvertement l'éternité du monde phénoménal et la parfaite réalité des phénomènes. C'est l'écossais Hamilton qui a donné suite et mis fin à l'histoire de ce système de contradictions, en admettant à la fois, et contradictoirement à Kant, que l'option était logiquement forcée entre la thèse et l'antithèse, quoiqu'elles fussent également répugnantes pour la raison, et non pas tant bien que mal démontrables toutes deux par des raisons opposées. Sur ce point de l'incompréhensibilité, Hamilton fut suivi par son disciple en métaphysique, H. Spencer, qui regarda les « vérités ultimes de la science » comme à la fois inconcevables et très certaines, et opposées d'ailleurs à la doctrine du commencement et de la création. Hamilton, au contraire, avait demandé à sa foi théiste de déterminer sa croyance en faveur de cette thèse dont il ne reconnaissait pas la force logique. Mais la grande majorité des philosophes du xixe siècle a professé la doctrine de l'infinité et de l'éternité du monde phénoménal. Seuls, ceux qui ont posé nettement un inconditionné inconcevable, hors de ce monde, auraient eu à rendre concevable le passage de l'Absolu au Relatif autrement qu'en décrivant son évolution sous telles ou telles dénominations, comme l'ont fait Schelling, Hegel ou H. Spencer. Et Kant, le premier, y était obligé, tout en laissant la nature de l'évolution disponible pour l'imagination constructive de ses successeurs.

CHAPITRE XXXV

LA LIBERTÉ FONCTION DU NOUMÈNE. PROBLÈME DE LA CHUTE

La doctrine des noumènes n'aurait pas eu seulement à rendre compte de la descente intellectuelle du monde, si Kant avait trouvé bon de faire mieux entendre son sentiment sur ce sujet épineux ; il y avait aussi la descente morale à expliquer, sur laquelle on a de lui de mystérieuses amorces. Le siège de la liberté de l'homme est un noumène. Éclaircissons d'abord ce point.

« L'union de la causalité par la liberté avec la causalité mécanisme de la nature, toutes deux établies, l'une par la loi morale, l'autre par la loi naturelle, en un même sujet, qui est l'homme, est impossible à moins qu'on ne se représente ce sujet comme un être en soi, sous le premier rapport, comme un phénomène, sous le second. En ce cas, l'être en soi est représenté dans la conscience *pure;* le phénomène, dans la conscience empirique. Autrement la raison tombe en contradiction avec elle-même. » (*Préface de la Critique de la Raison pratique.*)

La contradiction n'est évitée qu'à une condition, omise par Kant. De deux choses l'une : ou la succession des phénomènes est réelle, ou elle n'est qu'une apparence attachée aux phénomènes. Dans la première hypothèse, deux phénomènes contradictoires ne peuvent pas être une même affection *du même sujet*, il faut qu'ils diffèrent par le temps ; il ne se peut donc pas qu'un phénomène appartenant à ce sujet, et qui dépend de ses antécédents — c'est le cas de la *causalité, mécanisme de la nature*, — soit chez lui la même affection qu'un phénomène indépendant de ses antécédents — tel que le veut la *causalité par liberté*. — Le même serait affirmé et nié du même, *en même temps*, sous le même rapport, aux termes de la formule logique de la contradiction. L'union de l'être nouménal et de l'être phénoménal dans le même sujet, auteur du même acte, emporte cette conséquence. L'un est dans le temps, l'autre est hors du temps, la contradiction ne peut être levée qu'à la condition de nier la réalité de ce rapport de temps. La réalité de la *loi naturelle*, sous sa forme de *causalité mécanique de la nature*, tombe du même coup.

Ou Kant ne s'est pas rendu compte de la contradiction, mais cela doit paraître peu probable, ou il ne lui a pas convenu d'exprimer sa pensée tout entière sur la nature du temps et des phénomènes. Quoi qu'il en soit, il prit pied de cette théorie pour essayer une réponse à l'objection, la plus grave, dit-il, qu'on eut adressée à la *Critique de la Raison pure*, et échapper au reproche d'avoir « nié en théorie, et affirmé pour la connaissance pratique, la réalité objective des catégories appliquées aux noumènes », et d'avoir soutenu « le paradoxe de se considérer comme un noumène, en tant que sujet libre, et comme phénomène, en sa conscience empirique, relativement à la nature ». La difficulté lui semble écartée par cette raison : qu'il n'entend point que cet « usage suprasensible des catégories » amène « aucune extension de la connaissance suprasensible » ; il ne sert que pour un usage pratique ; et Kant avoue et déclare que la réalité du monde intelligible n'est pas ainsi fournie par la spéculation, en théorie, et qu'elle ne saurait l'être; qu'elle n'est vraiment donnée que par le principe de la moralité, duquel dépend la reconnaissance de la liberté. « Seul, le concept de la liberté nous permet de trouver, sans sortir de nous-même, l'inconditionné et l'intelligible réclamés par le conditionné et le sensible. Notre raison, grâce à la loi pratique suprême inconditionnée, se reconnaît l'être (c'est sa propre personne) qui a conscience de soi comme appartenant au pur entendement, et détermine comme tel son activité. On comprend pourquoi, dans tout le pouvoir de la raison, il n'y a que le pouvoir pratique qui puisse nous transporter ainsi au delà du monde des sens et nous fournir un ordre et une liaison suprasensibles, qui pour cela même ne peuvent être étendus qu'autant qu'il est tout juste nécessaire pour le pur point de vue pratique. » (*Crit. d. l. R. prat.*, l. I, ch. III).

Ce *transport* du phénomène au noumène, qui devait avoir, selon Kant, l'usage pratique pour borne, est un acte si peu pratique, qu'il exige, on vient de le voir, la considération d'un seul et même fait comme libre hors du temps, et nécessité dans le temps, et cela, bien que ce dernier aspect soit justement celui où l'homme pratique envisage sa liberté, — quand il y croit. Et il a fallu, pour remplacer ce libre arbitre supprimé, supposer, tout en prétendant « ne fournir aucune extension à la connaissance suprasensible, » l'existence d'êtres hors du temps et de l'espace ! De tels êtres étaient déjà requis pour faire l'office de substances et de causes agissant dans l'espace, et expliquer la sensibilité ; ce sont maintenant les personnes, et non plus les communes entités du réalisme, qu'il s'agit de transporter dans le monde nouménal, sans toutefois qu'elles aient à rompre avec le phénoménal ; et Kant les fait passer hors du temps pour exercer de là leurs actions. Et ce serait ne rien ajouter à la connaissance, et n'appliquer point les rapports catégoriques hors de l'expérience possible !

La question du passage métaphysique de l'ordre des noumènes à l'ordre des phénomènes s'imposait, en dépit de sa déclaration de ne vouloir ajouter rien à la connaissance spéculative, à la pensée intime du philosophe qui admettait l'existence et le rapport des deux mondes. Kant n'a pas communiqué au public les conjectures qui ont pu être les siennes sur le mystère de la descente de l'être en soi dans le phénomène, ou de l'origine de la nature, ou de sa corruption. La division de l'être, la chute des âmes, la déchéance de l'homme, ces versions diverses de la tradition et de la spéculation sur l'origine du mal ne l'ont pas pressé de se prononcer entre elles ; ou peut-être a-t-il cru sincèrement se maintenir dans les bornes de sa méthode en posant le noumène de la liberté, *pour le besoin pratique*, et renonçant ensuite à résoudre la contradiction du rapport du noumène intemporel au temps et aux phénomènes. Il a seulement flétri de sa juste réprobation celle des doctrines théologiques suivant laquelle le péché serait un héritage. Encore là, c'est à la position du problème, c'est à une énigme qu'il s'est arrêté, dans une vue singulière de l'impossibilité de l'entrée du mal dans la nature de l'homme.

« Le péché consiste dans l'acte de la préférence accordée aux impulsions des sens sur le mobile de la loi morale. Un tel acte étant commun et journalier chez tout homme peut se dire inné ». Kant conclut de cette observation que nous ne devons pas rechercher l'origine temporelle du péché, parce qu'il faudrait remonter de transgression en transgression de la loi, et qu'on se trouverait toujours en présence du même penchant à expliquer :

« Il faut que le premier homme ait péché au sortir de l'innocence. » Une telle position de la question serait conforme à la manière ordinaire de se représenter le libre arbitre, c'est-à-dire sur son théâtre naturel, dans l'ordre des relations des agents moraux, en une société donnée, sous les conditions empiriques faites à la vie humaine par les lois physiques et les passions. Mais Kant n'admettant pas de liberté dans le monde temporel, ou des phénomènes, ne pouvait pas se placer sur ce terrain. L'origine du mal lui paraissant donc inassignable dans l'ordre naturel, il n'avait plus à la demander qu'à l'ordre rationnel pur, à la métaphysique. Mais, arrivé là, il déclare la source inaccessible, de cet arbitre dépravé qui prend pour règle les mobiles inférieurs. Les origines sont supposées dans le bien. La raison suprême des normes s'est donc heurtée à l'acceptation des normes mauvaises ; l'homme a dû être l'auteur de sa propre corruption, sans quoi elle ne pourrait lui être imputée ; « mais la difficulté n'est pas moindre de dire pourquoi ce mal qui est notre œuvre a corrompu en nous la norme suprême de l'action, que d'assigner la cause la plus reculée d'une propriété constitutive de notre nature » (*La religion dans les limites de la raison*, ch. I, 1-6).

C'est ainsi que Kant renonce à rendre compte, au point de vue métaphysique, en dehors des relations humaines et sociales, de ce libre arbitre, de ce pouvoir des contraires dans l'agir, dont la signification et l'exercice sont, en effet, inséparables de ces relations. L'idée propre de la liberté lui est comme inintelligible. Appliquée au noumène, il voit l'acte unique et nécessaire : détermination spontanée de la raison et de la loi morale. Appliquée au phénomène, c'est encore déterminé qu'il trouve l'homme, sujet cette fois aux entraînements mauvais. Il ne peut regarder que comme une sorte de fait absurde, — supposé qu'il fallût regarder la chute originelle de l'être en soi dans le phénomène comme l'origine du mal, — ce fait : que la raison qui commande étant présente à cet être, quelque autre mobile fût survenu et l'eût entraîné. La loi morale, qui essentiellement oblige, n'aurait pas obligé ! Kant s'est arrêté là, il a laissé à Schopenhauer l'hypothèse formelle de la descente de la Volonté dans le Vouloir-vivre : origine de la causalité phénoménale, et des représentations dans le temps et dans l'espace, et du déterminisme temporel qui fait apparaître l'unité radicale de l'être sous la forme illusoire de la multitude des créatures divisées et successives.

Une doctrine analogue à celle-là ne pouvait guère ne se laisser nulle part deviner, si Kant ne la taisait qu'afin de paraître user de l'hypothèse du noumène exclusivement « pour la pratique », sans en posséder « aucune connaissance théorique ». Nous en trouvons un indice dans un des rares passages où il se montre moins préoccupé d'éviter l'apparence de faire de la métaphysique *trancendante* :

« La nécessité physique, qui ne peut s'accorder avec la liberté du sujet, s'attache exclusivement aux déterminations de cette chose qui est soumise aux *déterminations temporelles*, par conséquent aux seules déterminations de l'agent comme phénomène. En cela, les raisons déterminantes de chacune de ses actions résident dans ce qui appartient au temps passé, *et n'est plus en son pouvoir*, — et à quoi doivent se rapporter aussi, suivant son propre jugement, ses actions déjà accomplies et le caractère déterminable pour lui en conséquence. — Mais le même sujet qui, par un autre côté de lui-même, a conscience de soi comme d'une chose en soi, envisage son existence *en tant qu'elle n'est pas soumise aux déterminations temporelles*, et lui-même comme pouvant n'être déterminé que par des lois qu'il se prescrit lui-même par la raison. Dans cette existence propre, il n'est rien pour lui qui précède la détermination de sa volonté; toute action, toute détermination de son existence comme chose sensible sont à envisager dans la conscience de son être intelligible, uniquement comme conséquence de sa causalité en tant que noumène, jamais comme la raison de cette causalité. A ce point de vue, l'être raisonnable peut dire à bon droit de toute action illégitime dont il est l'auteur, et qui, en tant que phénomène, est suffisamment déterminée dans le passé, et, à cet égard, absolument nécessaire, qu'il aurait pu ne pas la commettre. Elle appartient, en effet, avec tous les phénomènes du passé, par lesquels elle est déterminée, à un certain phénomène unique de son caractère propre, qu'il se donne, et à raison duquel il s'attribue, comme à une cause indépendante de toute sensibilité, la causalité de la suite entière des phénomènes temporels » (*Crit. d. l. R. pr.*, livre Ier, ch. III).

L'unité du sujet, noumène d'une part, phénomène de l'autre, dans l'exécution d'un même acte, exige, pour être concevable, que nous considérions un moment unique : celui où la liberté du sujet, déterminant le fait constitutif de son caractère, produit en un seul acte toute la série des apparences, successivement déterminables les unes par les autres, qui composent son existence phénoménale insérée dans le cours général des phénomènes. Ce moment est celui où Schopenhauer place simultanément l'origine des idées, celle des espèces et des caractères de tous les êtres, avec la production de ce monde phénoménal dans lequel doivent se produire les prestiges de la causalité et de la matière, créés par l'erreur de la Volonté (XLIII). Il nous semble que Kant, quel que soit le sens, grammaticalement équivoque, de *trois mots* de la dernière phrase que nous venons de citer [1], présente

---

[1] Ces trois mots : *das sie bestimmt*, que nous traduisons, suivant en cela Barni et la traduction latine de Bœrne : *par lesquels elle est dé-*

à son lecteur une hypothèse analogue, ou qui, en tous cas, l'oblige à concevoir la prédétermination universelle des actes humains, celle du cours entier du monde temporel en ce qui les concerne, comme renfermée en un seul instant : l'instant, sans doute, de l'origine des choses. Mais une conception du monde noumenal, prise en sa généralité, pouvait dévier et permettre des points de vue d'un genre tout différent, selon l'esprit qui animerait des disciples. Par le fait, et sans le vouloir, Kant a ouvert en métaphysique une carrière nouvelle aux systèmes d'émanation.

CHAPITRE XXXVI

L'IDÉE DE DIEU SELON KANT. LES IDÉES DE LA RAISON. LES POSTULATS

La *Critique de la Raison pure* nous conduit à regarder le monde empirique comme un système de représenta-

terminée, (*quibus ea determinatur*), reçoivent à volonté, en allemand, le sens exactement contradictoire : *qu'elle détermine*, et ce dernier sens a été préféré en effet par M. Picavet, le plus récent traducteur français de la *Critique de la raison pratique* (p. 177). Nous faisons cette remarque pour relever l'étonnante singularité d'une théorie qui permet véritablement l'un des deux sens, *ou l'autre*, à volonté, des trois mots, quelle qu'ait pu être la direction de la pensée propre de Kant, en les écrivant. Nous croyons sans peine que le point de vue des phénomènes est le plus naturel. C'est l'acte désigné comme l'aboutissement de tout le passé, *par lequel cet acte est déterminé*; mais le point de vue du noumène n'est pas moins celui que Kant nous impose également : l'acte, cause unique de tous ces phénomènes du passé *qu'il détermine* tout en les paraissant suivre temporellement. Le mot de l'énigme, c'est que la loi de succession n'est qu'une apparence, et, pour aller plus au fond, c'est que le noumène lui-même est *un* pour tous les hommes. Il ne se pourrait pas autrement que leurs actes temporels fussent impliqués les uns par les autres, comme l'exige le déterminisme qui les fait tous solidaires. On peut donc ainsi remonter de la théorie de la liberté de Kant au panthéisme théologique, à moins qu'on ne préfère la doctrine de la chute universelle de la Volonté, de Schopenhauer.

tions dans l'espace et dans le temps, qui, eux-mêmes, *sont en nous*, et à nous compter nous-mêmes, avec tout ce qui informe notre conscience, au nombre de ces phénomènes entraînés par la nécessité. L'acte de reconnaître en même temps cette conscience comme un noumène, cet acte lui-même est un de ces phénomènes, selon la propre déclaration de Kant. Enfin, les démonstrations de Dieu et de l'immortalité données par les métaphysiciens, ne sont que nos propres idées, auxquelles nous prêtons la vertu, que logiquement elles n'ont pas, de prouver la réalité externe de leurs objets.

D'une autre part, la *Critique de la Raison pratique*, la notion du devoir, la reconnaissance de la liberté, que la loi morale implique, nous conduisent à rapporter notre conscience à un sujet en soi, hors des phénomènes. Cette idée, d'origine et d'usage tout pratiques, ne répond pas pour nous à une connaissance théorique réelle, en sorte que nous ne saurions la dire plus démontrée que l'ancienne notion de l'âme-substance. Toutefois « le concept de la liberté est le seul qui nous dispense de sortir de nous-même pour trouver l'absolu et l'intelligible en correspondance avec le conditionné et le sensible. C'est notre propre raison qui, grâce à la loi suprême absolument pratique, et à la nature de cette loi consciente, se connaît comme appartenant au monde purement intelligible, et détermine en même temps ce qu'il lui appartient de faire en cette qualité. On peut ainsi comprendre que, de toute la faculté rationnelle, il n'y ait que la rationnelle pratique qui puisse nous transporter au delà du monde sensible et nous fournir des connaissances d'un ordre et d'une connexion suprasensibles ». Kant ajoute, et cela s'accorde mal avec la nature des *connaissances*, — il leur donne cette fois ce nom, — qu' « elles ne peuvent, *pour cette raison même*, être étendues qu'autant qu'on le trouve nécessaire pour l'objet purement pratique à se proposer ».

On ne comprend pas par quelle sorte de privilège il réclamerait notre confiance *pratique*, cet absolu que, *sans sortir de nous*, nous trouverions en correspondance avec notre être conditionné ; car il n'a certes pas une meilleure garantie à nous offrir de son existence, hors de nos représentations phénoménales, que ces idées de Dieu et de l'âme dont la correspondance à des objets réels ne sauraient, selon Kant, se conclure sans paralogisme. On ne saisit pas mieux comment l'usage pratique pourrait être séparé de l'acceptation théorique. Si nous ne pensons pas être en possession de sa vérité, sur quel fondement donnerons-nous, à un concept, une autorité sur nos actions ? et si nous agissons d'après une conviction, est-il moins naturel et moins légitime d'en regarder l'objet supposé comme une connaissance d'ordre intellectuel que comme une règle de vie ? La distinction ne serait justifiée que s'il existait pour le sujet en question un jugement susceptible de se confondre avec une intuition immédiate. La méthode de Kant ne s'opposerait donc pas à la doctrine de la vision directe, interne, de la vérité en soi ! Mais s'il n'y a point évidence, s'il peut y avoir croyance seulement, pour nos affirmations transcendantes, que dire de ce continuel effort de l'auteur de la *Critique de la Raison pure* pour mettre en suspicion les conclusions tirées de nos idées à la réalité de leurs objets qui ont passé pour les plus rationnelles, et puis tant de hardiesse à donner pour des produits de la Raison pure des idées absolues, dispensées de fournir des titres à notre croyance ?

Cette suspension singulière entre la méthode critique et des affirmations très dogmatiques se montre dans la manière dont Kant a présenté les *postulats de la Raison pratique*, et formulé l'idée de Dieu à ce point de vue ; car il n'a recommandé ces thèses que pour leur *usage pratique*, le seul valable selon lui, et c'était les déprécier théoriquement. Ailleurs, au lieu d'une définition de Dieu positive, il a avancé différentes vues de la divinité pour satisfaire à différentes indications intellectuelles ou morales. On peut distinguer comme trois étages de sa pensée sur ce chapitre.

Pour le dieu des postulats, c'est *l'idéal du souverain bien* qui pose la question pratique. Cet idéal est l'accord constant d'une volonté moralement bonne avec le bonheur. La loi morale se fait sentir à notre cœur, et notre volonté est libre, parce que l'obligation n'aurait pas de sens si l'action était toujours prédéterminée et nécessaire. C'est le premier postulat. Il domine toute la Raison pratique.

D'une autre part, le bonheur serait « la satisfaction de tous nos penchants en extension, intensité et durée », et nous savons par l'expérience que nos satisfactions ne dépendent pas en général de la moralité de notre conduite. De là les deux postulats qui suivent celui du libre arbitre, et qui seuls permettent de concevoir la possibilité d'un accord, actuellement impossible : l'immortalité et Dieu.

Une vie future et Dieu sont les conditions de l'harmonie entre le devoir constamment obéi et le bonheur, car il y faut une disposition providentielle : « un monde intelligible gouverné par un sage créateur », dit Kant, qui reconnaît formellement qu'un tel monde suppose l'*intelligence* et la *volonté* d'un *auteur de la nature*.

Le postulat de la divinité, avec cette explication, n'empêche pas Kant de se prononcer presque partout contre l'*anthropomorphisme*. Il dit cependant quelque part que « nous sommes autorisés à concevoir la cause du monde suivant une subtile espèce d'anthropomorphisme (sans laquelle il nous serait impossible d'en rien penser) comme un être doué d'entendement, avec des sentiments de plaisir et de déplaisir, avec le désir et la volonté par conséquent[1] ». La vérité, dont l'étymologie du mot devrait imposer l'aveu, c'est que l'idée de Dieu est le plus nettement *anthropomorphique*, quand elle prend les qualités caractéristiques de l'esprit humain pour les élever à la perfection. L'idée de Dieu donnée dans le postulat Kantien est ouvertement anthropomorphique en ce sens, et la création y est admise aussi; sans discussion métaphysique, en termes généraux. Mais, dans sa *dialectique transcendantale*, Kant explique qu'en admettant cette « idée fondamentale d'un auteur suprême, *il* n'admet pas l'existence et la connaissance d'un tel être, mais de son idée seulement, et que, en réalité, *il* ne dérive rien de cet être, mais seulement de son idée, c'est-à-dire de la nature des choses du monde selon cette idée ».

Aux questions de *nécessité* de *nature* et d'*infinité*, à juste titre écartées du postulat, se rapporte une deuxième idée de Dieu, qu'on trouve approuvée dans la *Critique de la Raison pure*, et acceptée, toujours sans garantie d'une connaissance de théorie qui s'y adapte réellement, et néanmoins en une qualité qui manquait au postulat de la divinité : la qualité d'*idéal de la Raison pure*. Il s'agit d'un « idéal sans défaut qui termine et couronne, dit Kant, la connaissance humaine. La réalité objective de ce concept ne peut pas être prouvée, mais ne peut pas non plus être réfutée. Il a son origine dans la *théologie transcendantale;* il ne serait en cela que problématique encore, mais il s'emploie à déterminer le concept de la *théologie morale* ».

Les prédicats transcendantaux de l'Être suprême, dans ce concept, sont : « la nécessité, l'infinité, l'unité,

---

[1] *Critique de la Raison pure*, appendice à la *Dialectique transcendantale, sub fin.*

l'existence hors du monde (non comme âme du monde), l'éternité sans les conditions du temps, l'omniprésence sans les conditions de l'espace, la toute-puissance, etc. ». Cette définition de Dieu est la conclusion donnée par Kant à toute la suite des sections de son grand ouvrage qui sont consacrées à la démonstration de l'illogicité radicale des preuves *ontologique, cosmologique* et *physico-théologique* de l'existence de Dieu, et à la *critique de toute théologie fondée sur les principes spéculatifs de la raison*; elle rétablit donc les thèses mêmes qui viennent d'être réfutées, tout en rejetant les preuves que l'École en prétendait donner; et elle nous les présente comme bonnes pour déterminer le concept trop vague de la *théologie morale* (celui du *postulat de la Raison pratique*). Mais alors on ne voit plus ce qui manquerait à ces preuves elles-mêmes, pour opérer la conviction d'un philosophe qui ne se ferait pas l'esclave des purs principes spéculatifs, mais qui mettrait sa confiance dans la raison pratique. Et ce philosophe n'est-il pas Kant ?

La réalité objective de ce concept ne peut être ni prouvée, ni réfutée, dit Kant. Prouvée, assurément, elle ne le saurait; la *Critique de la Raison pure* s'inscrit irréprochablement contre les prétentions démonstratives. Mais réfutée, pour avoir le droit de soutenir qu'elle ne l'est pas, il faudrait que Kant eût montré lui-même que l'idée de l'éternité est intelligible sans son rapport avec celle du temps; l'idée de l'omniprésence, hors des conditions de l'espace, et que la thèse de l'infinité n'est pas l'union contradictoire de l'idée d'un assemblage sans terme avec l'idée du même assemblage terminé ; il faudrait qu'il eût montré cela, ou enseigné clairement que le principe de contradiction n'est pas le régulateur légitime de nos idées, et que la contradiction intrinsèque de notre pensée, partout ailleurs condamnée, pour qui veut se comprendre, est justement ce qu'il faut pour définir les attributs de Dieu !

Ces idées de la raison n'étant pas *objectivement* certaines, dans le langage de Kant,—*subjectivement*, comme nous disons nous-même, c'est-à-dire comme propriétés d'un sujet, — en existe-t-il une autre enfin, dont la valeur théorique soit indubitable à ses yeux ? Celle-là serait le troisième et le plus haut mode de son idée de Dieu, sinon de son formel aveu, au moins comparativement à la vieille doctrine des hypostases. « Toutes les questions qu'élève la Raison pure et qui tiennent à sa nature et à sa constitution, non à la nature des choses, doivent, dit-il, être résolues ». Voici la première de ces questions : « Y a-t-il quelque chose de différent du monde, qui contienne le fondement de l'ordre du monde et de son union selon des lois générales ? Notre réponse est : *Certainement, telle chose existe.* Car le monde est une somme de phénomènes, il doit donc y avoir pour lui un fondement transcendantal, c'est-à-dire un fondement que seul le pur entendement est à même de penser. Lorsque, en second lieu, on se demande si cet Être est une Substance de la plus grande réalité, si elle est nécessaire, etc., la réponse est qu'*une semblable question est entièrement dénuée de sens*. Aucune des catégories au moyen desquelles je peux essayer de me former un concept d'un tel objet n'admet d'usage qui ne soit empirique, et n'a de signification qu'autant qu'elle est appliquée aux objets de l'expérience possible, c'est-à-dire au monde des sens. En dehors de ce champ, elles sont de purs titres de concepts, que nous pouvons bien admettre, mais par lesquels nous n'obtenons pas la faculté de comprendre quelque chose ». Nous avons vu comment Kant entendait répondre à cette interdiction en ce qui touche les grands concepts théologiques et l'anthropomorphisme. Nous sommes à présent renvoyés à l'Inconditionné pur. La critique de cette idée trouve sa meilleure place dans l'étude de la quatrième et dernière des *antinomies de la Raison pure*.

La thèse est ainsi conçue : « Il existe un être absolument nécessaire qui se rapporte au monde ou comme une de ses parties, ou comme cause »; et l'antithèse : « Il n'existe ni dans le monde, comme une de ses parties, un être absolument nécessaire; ni hors de lui, et qui soit sa cause ». La discussion porte sur l'opposition de deux aspects des choses : d'une part, le monde sensible et la série des conditions, et des conditions de ces conditions, qui pour notre intelligence, ne se peut terminer; d'une autre part, l'existence d'un principe et d'une cause qui devraient être conçus sans condition. « Cette cause intelligible, dit Kant, ne signifie que le fondement transcendantal, et pour nous inconnu, de la possibilité de la série sensible en général ; et l'existence de ce fondement, indépendante de toutes les conditions de la série sensible, et par rapport à elle inconditionnellement nécessaire, n'est nullement opposée à la contingence illimitée de cette série et à la régression sans fin de ses conditions empiriques ». Telle est la « *solution de l'idée cosmologique de la totalité de la dépendance des phénomènes par rapport à leur existence en général* »; elle n'est compréhensible que si l'on se souvient de regarder le monde sensible comme un assemblage de représentations qui n'existent point en soi; autrement elle impliquerait cette contradiction : une existence qui se dépasse elle-même pour devenir la condition qui la fait exister.

Le cas est analogue, pour celles des antinomies qui portent spécialement sur le monde en tant que composé de phénomènes sans fin dans l'espace et dans le temps. Kant a dû, pour s'en affranchir, considérer le monde comme n'étant ni fini ni infini, en cette composition, et c'est ce qui ne se peut comprendre que d'un composé dont les parties ne seraient pas réelles et distinctes, c'est-à-dire d'un indivisible (XXXIV).

Le monde empirique, ainsi expliqué, est un pur système d'apparences. Le conditionnement des phénomènes les uns par les autres, en série régressive, ne saurait avoir plus de réalité qu'ils n'en ont eux-mêmes en qualité d'existences temporelles. Ce conditionnement remonte et se renferme en son auteur, l'Inconditionné, Noumène souverain, tellement inconnu, qu'il n'a pas même, comme le noumène de la conscience libre, — Kant en fait la remarque, — sa place intelligible dans la série des conditions, mais s'impose comme idée pure à la raison. On pourrait dire toutefois — et c'est à quoi Kant ne paraît pas avoir songé, — que, s'il ne paraît pas avoir une place, c'est peut-être qu'il la prend *toute*. Le grand noumène serait unique et universel. L'abîme de l'Inconditionné se comblerait par les infinis du panthéisme théologique.

Il s'impose à la Raison, dit Kant, mais c'est *à titre de concept*, et sans nous donner la connaissance de quelque chose. Qu'est-ce que s'imposer à la raison de cette manière ? Les concepts négatifs jouissent seuls de ce titre logique. Ne séparons pas la raison des principes de l'entendement, qui ne s'en distinguent pas *intelligiblement* ; concilions nos jugements avec la loi de relativité, avec le principe de contradiction, et nous rejetterons une méthode qui fait d'un concept logique négatif l'entité par excellence (XXXII). Alors nous arrêterons la série des conditions dont se compose le monde à l'Être suprême qui les embrasse, et que nous ne pouvons définir lui-même que par des relations parce qu'il n'existe de connaissance que du relatif (XXXIV).

CHAPITRE XXXVII

RÉSUMÉ DES VUES DE KANT SUR LA PERSONNE ET LE MONDE

La continuelle divergence, dans tout le cours des *Critiques* de la *Raison pure*, et de la *Raison pratique*, entre le point de vue empirique, déclaré le seul qui assure des connaissances *réelles*, et le point de vue *transcendantal*, ou de l'*Idée* comme objet d'une sorte de réalisation spéciale à l'usage de la *Raison pure*, explique les interprétations contradictoires de la doctrine de Kant, et les reproches, opposés les uns aux autres, qui lui sont faits depuis son apparition :

Il a manqué à sa propre méthode en appliquant les lois de l'entendement hors de l'expérience possible et de tout l'ordre du relatif, et supposé des actions de sujets extra-temporels sur le monde phénoménal ;

Il a nié la signification idéaliste de sa théorie du monde externe, quoique défini comme un ensemble de représentations qui existent dans l'espace, qui lui-même n'existe qu'en nous ;

Il a prétendu donner satisfaction, en formulant les postulats de la *Raison pratique*, aux sentiments théistes et immortalistes, tandis qu'il ruinait, en théorie, les arguments capables de les appuyer ;

Il a réservé une place, à titre d'*Idéal de la Raison pure*, à un infini divin qui, outre les contradictions inhérentes à la plus commune théologie infinitiste, restitue, à ce point de vue, le même Dieu dont il a traité les preuves de paralogismes ;

Il a visé, selon ses propres paroles, à remplacer le savoir par la croyance, en matière métaphysique, et toutefois maintenu en fait une opposition radicale entre *le connaître*, cette fin, à proprement parler, selon lui, inaccessible, et *le croire*, en tant qu'affection exclusivement morale, au lieu de chercher la synthèse de la vérité rationnellement abordable et de la foi, toujours requise pour ce qui dépasse les constatations empiriques ;

Il a, enfin, paru justifier le jugement superficiel de certains critiques, incapables de faire sortir autre chose que le scepticisme de tant de détours et de tant de contradictions fuyantes où il nous égare, en même temps qu'il posait, grâce aux noumènes des substances des corps, à celui de l'universel inconditionné, à ceux des agents libres hors du monde empirique, les obscures assises de tout futur émanatisme dogmatique dont l'auteur se croirait capable de définir ce que le maître avait laissé d'inconnu et déclaré inconnaissable en son exploration transcendantale.

La difficulté de la reconnaissance d'une méthode vraiment rationnelle, pour le criticisme, était l'absolutisme accoutumé des notions, en faveur desquelles on investissait la *raison* du pouvoir, refusé au commun *entendement*, de s'affranchir de la relativité de la connaissance. Il s'était formé une école d'admirateurs tardifs et superficiels de l'*Éthique*, pour qui le Dieu de Spinoza, non plus impersonnel seulement, mais abstrait et vague, n'était que l'obscure enseigne d'un panthéisme sans théologie qui pouvait, selon les penchants, prendre un aspect de réalisme idéaliste, ou de réalisme naturaliste. La doctrine de la personnalité divine, conservée avec ses contradictions par tous ceux qu'intimidait l'Église, était, au fond, ou en grande partie abandonnée par les philosophes. Et une vraie doctrine de la personnalité humaine ne pouvait trouver son fondement, le monde phénoménal se voir soumis à la conscience, les vues légitimes de la raison pratique paraître justifiées en théorie, tant que les philosophies de l'infini et de l'absolu s'opposeraient par le crédit de leurs entités à la découverte de la méthode des lois.

« Nous n'avons point de concepts, point d'éléments pour la connaissance, sans intuition sensible, et ne pouvons connaître aucun objet comme chose en soi, mais seulement comme phénomène. » (Préface de la *Crit. de la Raison pure*, 2ᵉ édit.). En regard de ce principe de sa méthode, qu'il n'a jamais retiré, Kant établit deux sortes d'êtres en soi : les uns assument, en se l'appropriant, la liberté de nos actes en tant que noumènes ; un autre, — ou bien est-ce le même et n'y en aurait-il qu'un au fond ? — auteur de l'enchaînement universel et de l'ensemble des conditions des choses qui ne sont pas en soi, annule cette même liberté comme source de phénomènes, parce qu'ils sont tous prédéterminés. Au simple point de vue de la réalité accessible au bon sens, ce que devient la personne humaine, ou sa conscience propre, est insaisissable, soit hors du temps, soit dans le temps ; et la personne divine, — qui serait alors l'union du conditionnant universel à une conscience personnelle possible, — qu'elle soit rapportée au monde, ou qu'elle soit rapportée à soi, se conçoit encore moins, puisque cet être est supposé sans relations à soi-même qui le définiraient.

Vue d'un côté, cette doctrine est assimilable à celle du prédéterminisme théologique : elle y tient par la négation de la réalité du temps, négation qui est le vrai principe logique, bien que secret, de toutes deux. Mais la théologie avait cet avantage, qu'elle devait au dogme de la création, de conserver sa réalité à l'être phénoménal, en sorte que la formule de la piété exaltée : *Tout ce qui est dans le temps n'est que néant*, n'était pas sentie dans toute sa force, même par ceux qui admettaient la doctrine du tout-être et du tout-faire de Dieu. La métaphysique de Kant a vidé le ciel et la terre. Enfermer le monde phénoménal dans la représentation, sans supposer en même temps que les sujets naturels autres que l'homme sont comme lui des fonctions représentatives, des consciences de degrés divers, inférieures à la conscience humaine ; regarder les représentations, en leurs groupements et leurs enchaînements dans le temps comme ne formant pas des existences temporelles distinctes, parce que le temps n'est qu'un mode de représentation qui divise ce qui en soi est uni, c'est définir les êtres empiriques, vainement appelés réels, comme un système d'apparences liées. Spinoza n'arrivait pas lui-même si clairement à ce résultat : on ne le fait ressortir des théorèmes de l'*Éthique*, qu'en opérant la réduction des modes infinis de la substance à son être en soi, qui est indivisible. Mais il apparaît, dans la métaphysique de Kant, à ce sommet de la spéculation affranchie du principe de relativité, dans l'*idée* de ce qui est au-dessus de toute *idée possible*, l'absolu, inaccessible même aux concepts infinis des plus communs panthéistes. Car ce dernier idéal reste encore, aux yeux de Kant, comme celui de la Raison pratique, subordonné à la considération des besoins mentals de l'homme, et n'atteint pas le dernier échelon de la Raison pure.

La fondation de la philosophie criticiste demeure malgré tout l'œuvre de ce prodigieux penseur. A la critique de Hume, qui se terminait à la dissolution des idées, par la réfutation des principes de connexion auxquels on s'était fié jusque-là dans les différentes écoles, Kant a opposé la méthode des synthèses intellectuelles, la définition des lois essentielles de l'entendement : conditions, formes ou règles des perceptions empiriques. Une partie capitale de cette réforme de la métaphysique est la réfutation de la méthode de démonstration des principes ou des thèses synthétiques irréductibles, soit des sciences, soit de la philosophie, par les voies exclusives de l'expérience, de l'analyse des idées et du raisonnement. Cette critique aurait dû entraîner l'abandon du pur intellectualisme, la reconnaissance de la croyance, avec ceux de ses éléments humains qui se réunissent sous les titres de passion et de volonté, comme d'inéluctables coefficients pratiques de toute affirmation de théorie et de toute certitude. Mais le dogmatisme rationaliste de Kant s'éloigne tout entier du principe de la croyance rationnelle, de même que son transcendantalisme est la négation du principe de relativité. Ces deux principes sont fondamentaux, au contraire, pour la méthode néocriticiste (LII).

Les admirables formules de la loi morale de Kant, ses postulats, ses théories du droit et de l'état juridique de paix des nations se rattachent irréprochablement à l'étude des hautes synthèses de l'esprit, quoiqu'il se soit efforcé d'élever l'*impératif catégorique* à un degré d'abstraction supérieur à la pratique possible.

L'*esthétique transcendantale*, théorie définitive de l'espace et du temps, comme souverains caractères de l'objectivité externe, et de l'objectivité interne, peut être regardée comme l'achèvement psychologique du concept leibnitien de la monade en tant que perceptive. Cette doctrine est aussi la correction nécessaire apportée à l'idéalisme de Berkeley, dont la théorie de la perception empirique, ne pouvant trouver une place pour la forme générale de la représentation de l'extériorité, laissait la notion de l'étendue inexpliquée.

Ces éminents mérites du criticisme Kantien sont au-dessus de tout éloge. Ils ont transformé les problèmes philosophiques. Ils expliquent la place sans rivale qu'on accorde dans l'histoire de la philosophie, depuis un siècle, à une œuvre si étrangère par son côté spéculatif aux tendances positives de notre époque.

LIVRE IX

LE MATÉRIALISME ET L'ATHÉISME

CHAPITRE XXXVIII

ORIGINES DU MATÉRIALISME MODERNE. DÉFINITIONS

La révolution cartésienne de la philosophie se composait de deux parties tout à fait différentes, et qui pouvaient devenir opposées en s'étendant : l'une était la réforme de la méthode; elle exigeait la répudiation du réalisme scolastique des universaux et des formes substantielles, sauf à reconnaître seulement deux sujets généraux de propriétés en correspondance mutuelle constante, mais irréductibles mutuellement. L'autre était l'application d'une méthode nouvelle à la reconstruction de la doctrine théologique sur des fondements rationnels. Il ne s'agissait pas de toucher à des mystères qu'on tenait à la fois pour révélés et pour incompréhensibles, mais d'éclaircir les principes d'origine spéculative concernant Dieu et la création. L'école cartésienne avait reçu, malgré ce qu'elle conservait du réalisme des substances, une direction idéaliste, dont la source était la définition de la Pensée comme origine et condition de toute perception, tant objective que subjective. Un litige s'y trouvait ouvert, pour les disciples, sur le problème de la « communication des substances » et de la nature des causes (XXVI-XXVII).

La philosophie criticiste naquit, avec Kant, dans la ligne même de la spéculation synthétique, après que l'école critique empiriste, en Angleterre, eût soumis la notion de substance à l'analyse, découvert pour l'idéalisme un terrain nouveau, dans l'étude de la sensation qu'on regarde ordinairement comme le fait même par lequel se constate la réalité externe, et affaibli, d'une autre part, la valeur des arguments par lesquels l'apriorisme se flatte de donner aux objets des idées générales la certitude des vérités positives obtenues par les méthodes analytiques. Kant formula la distinction nette des jugements analytiques et de ceux qui affirment des synthèses d'idées, soit d'après l'expérience, soit en vertu d'un acte intellectuel dépendant de la constitution de l'entendement, et n'admettent pas de démonstrations fondées sur le principe de contradiction ; mais ni cette belle théorie, ni celle de l'espace, forme de l'intuition objective, qui présentait l'idéalisme sous un jour tout nouveau, ne lui ouvrirent le chemin d'une doctrine de la nature ; il ne découvrit pas la notion logique de l'être, qui permet de nier les substances en donnant les lois pour lien aux phénomènes ; il ne reconnut pas l'autorité du principe de contradiction pour exclure de tout sujet réel les qualités contradictoires ; il essaya de remplacer les abstractions *transcendantes* de la vieille métaphysique par d'autres abstractions appelées *transcendantales* ; et ce réalisme, cet absolutisme nouveau ne pouvaient pas ruiner, au fond, le panthéisme théologique, encore moins faciliter à la théologie l'admission d'un anthropomorphisme rationnel.

Dans l'intervalle de l'œuvre de Descartes à l'œuvre de Kant, un grave changement s'était fait dans les esprits, dont l'école psychologique anglaise était l'agent principal, et l'émancipation protestante une cause générale, plus reculée. Considérons seulement les idées philosophiques, signe capital pour des temps d'intolérance, où tout ouvrage saillant qui se publie dénote une tendance dont l'autorité n'a pu arrêter la manifestation : on doit relever comme un grand fait dans l'histoire des idées la succession des philosophes *esprits forts*, d'où procéda l'esprit dominant du xviiie siècle. Un courant d'interprétation libre des doctrines reçues, puis de répulsion et de haine pour la foi contrainte, se forma, grandit vers le temps de la Révolution de 1688, et gagna la France après son abaissement politique et la mort de Louis XIV. Jusqu'alors, l'athéisme avait eu en grande partie, chez l'athée, le caractère du *libertinage*, dans le sens où ce mot se trouve aujourd'hui réduit : on ne séparait pas l'idée des observances religieuses de celle d'une obligation morale, et de la soumission à une loi civile, de sorte que l'athée ne s'avouant d'aucune religion semblait ne pouvoir être d'aucune société. Le droit d'imposer la religion était assumé, sans qu'on songeât à s'en étonner, par des églises elles-mêmes nées de la révolte, et maintenant associées au pouvoir civil. La moralité de l'athée, son mérite, son droit comme membre d'un état, sa supériorité en ce point sur le superstitieux ou le fanatique, ces thèses des *Pensées sur la comète* de Bayle furent une grande nouveauté. Son *Dictionnaire historique et critique*, cette *Somme* merveilleusement intelligente des doctrines du genre humain soumises, avec leurs auteurs de tous les temps, au contrôle d'un libre esprit individuel, son *Commentaire philosophique sur ces paroles : Contrains-les d'entrer*, la *Lettre sur la tolérance*, de Locke, l'*Essai sur l'entendement*, de ce philosophe, application du libre examen à des questions de philosophie qui en impliquent d'autres de religion, tout cela n'est rien de moins que le procès général des dogmes, comme on dirait des opinions, devant un tribunal où chacun qui entend la cause est admis à siéger comme juge. Les conséquences de la libre institution d'un tel tribunal, si les pouvoirs publics ne le peuvent empêcher, sont les suivantes :

Premièrement, le prestige des pouvoirs diminuant à mesure que se fait la preuve de leur impuissance à commander aux esprits, et les passions contre eux se soulevant d'autant plus qu'ils persévèrent dans le système de persécution des dissidents, on contrôle leurs titres à la domination intellectuelle, on en découvre l'illogicité, on oppose la raison aux articles de foi, on prend en haine une autorité qui a régné par l'injustice et la cruauté, et le mépris s'étend à l'ensemble de la doctrine qui semble ne plus représenter, au lieu du savoir humain, que l'aveugle coutume, avec la crédulité en dernier fondement.

Secondement, à la recherche du savoir, dans la critique des idées générales, deux directions sont ouvertes : l'une qui a son mobile principal dans la réaction contre les dogmes religieux et soumet la pensée et ses lois à un examen qui les supprime, prenant tout du point de vue naturaliste ; l'autre, dont les auteurs, plus méthodiques, animés souvent des mêmes sentiments, interdisent encore à leur psychologie les principes non réductibles à l'observation sensible, et, ne parvenant pas à faire sortir de leurs analyses des notions capables de suppléer les substances des écoles aprioristes, se voient condamnés à laisser finalement dans l'indétermination l'idée générale de l'esprit, quoique inévitable, impliquée par la recherche même. C'est là qu'est resté le plus sérieux embarras de l'empirisme, pour les philosophes de cette école qui n'ont pas voulu recourir aux hypothèses du réalisme physiologique, du matérialisme, inconciliable avec l'idéalisme des sensations. Et cependant cet idéalisme a lui-même une affinité secrète avec le matérialisme, en ce qu'il ne reconnaît pas le *sujet* conscient dans les fondements de l'être, alors qu'il persiste à envisager l'*objet*. Le matérialisme et l'athéisme, qui rarement s'en sépare, ou professés, ou plus volontiers supposés, non déclarés, sont les termes extrêmes de cette « libre-pensée » secrètement dominée par un sentiment de révolte contre l'absurdité des dogmes théologiques, et contre les horreurs de l'histoire des religions. Le soi-disant libre-penseur n'est pas affranchi pour cela de la servitude des principes absolutistes, dont l'empire, dans ces mêmes dogmes, annulait logiquement ce qu'ils renfermaient de favorable au principe de personnalité en Dieu et dans l'homme.

Il est à propos de placer ici des définitions précises de l'athéisme et du matérialisme, comme opinions contradictoires du principe de personnalité. Nous ne le ferons pas sans exprimer un regret sur la nécessité à laquelle nous soumet l'imperfection de la terminologie philosophique, d'employer, pour désigner les partisans exclusifs du principe d'universalité, attachés à un idéal de progrès et de sacrifice, quoique négateurs de la conscience individuelle à l'origine et à la fin des choses, ce même nom d'*athée* qu'on applique avec un caractère odieux aux hommes qui ne reconnaissent aucun principe moral, ou rien au monde qui doive gouverner les sentiments individuels. Nous ne jugeons pas ceux-ci, nous définissons l'athéisme, suivant l'exigence de notre plan, pour l'expression de notre pensée : la doctrine, quelle qu'elle soit dans ce qu'elle établit de positif, qui nie la conscience et la volonté comme enveloppant l'ordre général des choses, et n'admet d'existence individuelle que pour des êtres transitoires formant des espèces plus ou moins semblables à celles qui tombent actuellement sous notre expérience.

Le matérialisme consiste, en son acception la plus simple, dans l'hypothèse de l'existence réelle, ou en soi, de certains sujets corporels qui n'auraient rien en eux, ou dans leurs éléments de composition, qui possédât à aucun degré la conscience de soi. Dans une acception doctrinale, le matérialisme est l'hypothèse ajoutée, suivant laquelle de tels corps, antérieurs à toute conscience dans l'ordre du temps, auraient donné naissance aux êtres vivants et aux êtres conscients. L'immatérialisme, forme définitive de la philosophie de l'esprit, renverse la seconde hypothèse, en démontrant contre la première, et contre le réalisme instinctif de l'imagination, que la conscience, condition de la connaissance, est aussi la condition du connaissable.

CHAPITRE XXXIX

APERÇU HISTORIQUE DES IDÉES DE DIEU ET DE MATIÈRE

Les religions polythéistes n'exprimèrent pas dans leurs cosmogonies l'idée d'un réalisme matérialiste pur qui eût été un athéisme, entièrement étranger à l'esprit antique. Les notions naturelles de la matière étaient spiritistes et à la fois physiologiques; on imaginait la fécondation de certaines matrices primitives par des dieux ou esprits divins, symboles de puissances diverses. Les théogonies représentaient des suites engendrées de qualités et de pouvoirs, physiques ou moraux, dont les sujets divinisés prenant un caractère anthropomorphique sont assimilables à la nature humaine idéalisée (II). Le gouvernement de la nature, ou de telles de ses parties, et une action sur les destinées des nations, sur les succès et les revers des individus, étant attribués à ces dieux, et ces dieux regardés comme membres d'une certaine société, la question se posa de la suprématie que devait posséder l'un d'eux pour tenir en paix leurs puissances rivales; puis aux philosophes, celle de l'unité réelle de la nature divine, pour répondre à ce que le monde témoigne, mais surtout à ce que l'esprit réclame d'harmonie de desseins et de lois dans l'univers. On peut être certain qu'à un moment où le besoin d'unité et d'universalité se fit sentir avec plus de force que jamais il ne fit peut-être à l'esprit philosophique d'aucun peuple, le sentiment opposé des désordres de la nature et de la vie humaine empêcha seul que le monothéisme, c'est-à-dire la franche doctrine de l'intelligence et de la volonté d'une personne unique comme principe de l'univers, ne s'implantât en philosophie, où d'ailleurs son règne n'a jamais été sans trouble. Car le problème du mal domine secrètement tous les autres, en dicte des solutions; ce sont ses difficultés, et rien de plus, qui ont donné tant de force aux systèmes d'évolution contre la doctrine de la création. Ils auraient succombé sans cela aux embarras logiques de leurs hypothèses d'infinité et d'éternité des phénomènes.

La protestation contre le polythéisme est très voisine de l'origine de la philosophie, dans l'esprit héllénique, et elle est en même temps dirigée contre l'anthropomorphisme, à cause de l'instabilité des phénomènes, de l'anarchie des éléments et des vices de l'homme. De là une protestation contre le principe même de la multiplicité et du changement : c'est l'éléatisme. Les cosmogonies prenaient l'origine des dieux dans la matière animée et progressive, les adversaires de ce polythéisme nièrent tout : le sujet, l'origine, la génération, les dieux ; ils s'enfermèrent dans la pensée de l'Être immuable, ils furent les premiers inventeurs de la Raison pure tournée contre la raison, faisant servir la Relation, unique instrument de ses opérations, à nier les relations. On connaît ce dire satirique d'un sage du vi[e] siècle, ce bon mot, dont les hégéliens devaient faire vingt-quatre siècles après un argument contre l'anthropomorphisme divin : que si les bœufs savaient dessiner ils donneraient à Dieu la forme du bœuf. La doctrine éléatique (III) n'est que l'extension à tout phénomène possible ou imaginable de la défense faite aux phénomènes spécialement humains de nous représenter quelque chose de semblable à l'Être pur.

Quand l'idée de Dieu, sans se perdre dans l'absolu éléatique, se sépara de l'idée du monde, et qu'aux attributs de la personnalité, réclamés par la religion, s'unirent ceux du Démiurge, plus tard du Créateur, le matérialisme, au sens de la seconde partie de notre définition fut rejeté par les auteurs de cette doctrine. Quoi qu'ils pensassent, en effet, de la nature divine en elle-même, son antériorité au développement des phénomènes sous sa dépendance se trouvait toujours posée pour eux, soit qu'un certain chaos d'éléments fût la matière donnée, ou le sujet, lui-même créé, du Cosmos œuvre divine. Alors l'hypothèse fondamentalement matérialiste, sous l'une de ces deux formes : hylozoïsme ou mécanisme, restait le système des philosophes qui se refusaient à suivre les progrès du théisme. Le nom d'athées s'applique justement à eux, dans le sens que nous avons défini, même s'ils admettent, comme on le faisait dans l'antiquité, des *dieux engendrés*, parce que la personnalité n'est pas pour eux un principe, et qu'ils attribuent tous les phénomènes à la Substance-Cause, objet de nos sens. Ou bien il faut que le philosophe recoure à un autre genre d'application de la méthode réaliste, et prenne, au lieu d'*une matière* et de ses forces inhérentes, *une idée*, ou symbolique ou abstraite, celle qui lui semblera propre à fournir un système intellectuel de déduction des phénomènes.

L'histoire de la philosophie ne présente que ces alternatives pour répondre à la question de l'origine des choses. Il y a seulement des subdivisions, telles, par exemple, que le matérialisme, ou panthéisme de la matière vivante, capable de se transformer et d'évoluer par elle-même, système qui a trouvé sa plus haute expression dans le stoïcisme et dans les doctrines de l'Ame du monde, et, d'un autre côté, l'atomisme créé par Démocrite et popularisé par Epicure. Tous deux admettent, quoique différemment, l'éternité des phénomènes, et tous deux le déterminisme universel (en ne tenant pas compte de l'expédient de la physique d'Epicure pour se sauver de l'étreinte du destin), parce que le déterminisme est l'unique mode intelligible de satisfaire à la loi de causalité et de régir les successions de phénomènes, quand on ne dispose pas d'un principe d'activité volontaire pour expliquer les commencements, les variations et les initiatives. Or l'atomisme épicurien n'a accordé ni intelligence, ni appétit ou volonté à l'atome.

Le réalisme intellectualiste ne s'est pas montré beaucoup moins éloigné, en général, que le réalisme matérialiste de chercher le fondement du réel dans la personnalité, quoique par la nature de son principe il semblât se rapprocher de la conscience. Mais c'est que, pour réaliser ce principe et en faire celui de l'univers, il a dû lui donner le caractère de substance universelle, ou de cause immanente, et la personnalité a été, pour ainsi dire, absorbée en même temps que l'individualité, par cette méthode.

Le panthéisme, — ou la doctrine vague, en ce qui touche l'idée de Dieu, à laquelle on donne volontiers ce nom, — a été pour les systèmes procédant du réalisme intellectualiste ce qu'est le matérialisme pour ceux dont le principe est où la substance universelle vivante, ou le sujet abstrait des propriétés mécaniques. La personnalité s'y est trouvée bannie, *en principe*, de l'idée de Dieu, parce que cette idée s'est confondue avec celle d'une hypostase prise pour support et pour unité du développement infini des phénomènes ; et la personnalité n'a pu entrer, *en principe*, dans l'idée de l'homme, dont les modes de vie et de pensée, rapportés à l'universel immanent, ne s'assemblent, à ce point de vue, que transitoirement, pour constituer l'individu empirique qui a sa conscience temporaire pour borne.

Ce panthéisme serait mieux nommé athéisme : l'universalisation y fait disparaître son objet en refusant, après l'avoir constitué en qualité de tout, de lui garder l'individualité nécessaire à l'existence. Ce vice de la synthèse divine était corrigé ou atténué dans les doctrines antiques, dont les auteurs restituaient de manière ou d'autre une divinité définie aux idées générales qu'ils réalisaient ; il l'est encore chez les grands mystiques, à cause du puissant subjectivisme de leur idée de Dieu, autant que possible uni à leur propre personne ; et il l'est même chez Spinoza, malgré l'intellectualisme de sa méthode, parce que les grands attributs de la Substance, unis et indivisibles en elle, constituent une unité à laquelle il se rapporte lui-même comme à son objet hors de lui, tout en la disant le sujet universel dont son âme n'est qu'un mode d'être infinitésimal ; et cette contradiction rétablit pour la conscience du philosophe un dieu qui, envisagé métaphysiquement, se présentait comme une abstraction. Mais les systèmes d'évolution d'une substance, d'une force ou d'une idée, qui ne se prêtent pas à ce retour de la conscience sur elle-même pour retrouver le dieu que la spéculation sur l'universel fait évanouir, ceux-là sont réellement athées, même en faisant un emploi nominal de la divinité.

Les disciples de Locke, que la réaction contre l'intolérance ecclésiastique et l'hostilité contre le dogme, poussèrent les premiers à joindre, à peu près ouvertement, à la libre-pensée la profession d'athéisme, se guidaient sur des maximes dont Berkeley nous a donné, dans son *Alciphron*, des aperçus qui nous expliquent comment il a pu croire qu'il lui serait possible de rendre au théisme chrétien son ancienne autorité en réfutant comme il faisait le matérialisme. Le réalisme vulgaire de la matière sensible, utilisé pour représenter un siège suffisant des phénomènes mentaux, était bien réellement, avec le déterminisme, tout le fondement que les amateurs philosophes de ce temps et leurs maîtres plus sérieux, tels qu'Anthony Collins, donnaient à la négation. Ces derniers dirigeaient contre les doctrines reçues dans l'Église, et contre les démonstrations des défenseurs de la « religion naturelle », des arguments qui étaient certes bien loin de reposer sur des prémisses mieux éclaircies que les prémisses des thèses adverses. Les analyses psychologiques nouvelles s'appuyaient sur des vues empiriques non justifiées. Mais Berkeley avait le tort de faire un seul bloc des intérêts dont il prenait la défense, et de compter sur la ruine de la substance matérielle pour sauver la théologie. Ce fut ce qu'il ne répudia pas de la théologie, qui lui devint un obstacle pour définir en philosophe les idées de l'esprit, de la personnalité et de la cause première (XXX). Son succès fut tout dans la méthode ; il apprit aux psychologues à remplacer leur constant sujet d'investigations, le sujet sensible-hypothétique, par les phénomènes de la perception : les impressions et les idées, comme devait les nommer Hume, en cela son disciple. Il préserva du matérialisme dogmatique l'école empirique, dont le principe de l'association des idées allait diriger les travaux et maintenir, au moins le plus souvent, les recherches dans les termes d'une étude de l'esprit.

Il est vrai qu'il a régné dans cette école une obscurité persistante sur ce qu'il fallait entendre par le sujet lui-même d'une telle étude. On n'y est pas fixé sur *la nature* de la pensée, ni disposé à reconnaître *la conscience* (et non *la cause de la conscience*) pour le principe même des phénomènes mentals, la condition de toute représentation, la loi fondamentale de l'existence, dont la personnalité est la plus haute expression. Un substantialisme confus s'oppose à l'acceptation de la loi comme l'unique objet de la connaissance, laquelle ne porte jamais que sur des relations; et naturellement, c'est au profit de la matière, au sens le plus confus et le plus commun du mot, que se soutient cet obscur réalisme de la substance. Le phénoménisme psychologique verse dans la physiologie, c'est-à-dire la philosophie dans une science subordonnée; car les physiologistes peuvent supposer *méthodiquement* une pure matière empirique des corps organisés, comme les géomètres le sujet géométrique de l'étendue et du mouvement. Les psychologues ne le peuvent pas.

Le matérialisme avait fait son apparition presque en même temps que la méthode de Descartes, en Hollande, et comme une tentative, mais vicieuse, de réduire à l'unité les deux substances entre lesquelles cette méthode partageait tous les modes de la connaisssance. La tendance unitaire inverse, profondément logique, en vertu du principe du *Cogito*, était celle d'où procéda l'idéalisme, et ce fut aussi celle qui prévalut chez Malebranche; mais Spinoza et Régis n'y obéirent pas, et le physiologiste Pierre Leroy, l'un des premiers disciples hollandais de Descartes, lui devint infidèle en remarquant qu'on pouvait faire légitimement passer tous les modes sous la matière, sujet unique, dès qu'on lui donne le titre de substance. A la même époque, Hobbes posait d'emblée la matière et le mouvement comme la réalité par excellence, en opposition avec les *phantasmata* des sens. Les phantasmata de ce philosophe étaient toutefois une intéressante ouverture à l'idéalisme dans la voie d'un sensationisme radical (XXX).

Le matérialisme était donc assez répandu avant que Locke présentât l'hypothèse de la matière pensante. Après que Berkeley et Hume eurent par leurs analyses, ôté tout intérêt à cette tentative qu'on pouvait dire antiméthodique, l'idéalisme équivalant pour l'opinion commune (et dans celle de Hume lui-même) à l'aveu forcé du scepticisme, priverait les deux partis à la fois de leurs armes réputées les meilleures. Et en effet, le doute philosophique avait souvent servi, depuis le siècle de la Renaissance, à défendre les mystères inintelligibles contre les attaques de la raison, par cet habile sophisme : que nos croyances les plus naturelles se trouvent ne pas renfermer de moindres incompréhensibilités, quand on entreprend d'en creuser le sujet profondément (XXV). Mais alors la polémique se transporta sur un terrain positif. La considération du fait universel, la Nature, empirique, non métaphysique, dont l'existence ne se peut écarter, remplaça les notions abstraites de substance ou matérielle ou spirituelle, comme sujet direct de comparaison avec les idées de Dieu et de création. Le problème de la théodicée fut en quelque sorte transposé par Hume, et soumis à l'analyse sous la forme d'une critique de la religion naturelle.

Les observations et les raisonnements sur ce que doit être un ordre des fins se présentent au premier plan, à ce point de vue. Ce ne serait pas une raison pour négliger les éléments de spéculation que la métaphysique et la psychologie attachent nécessairement à la question, parce que le jugement sur le bien et le mal dans le monde ne saurait être séparé des hypothèses sur le bien et le mal à l'origine des choses et sur la fin dernière où tendent les phénomènes. Mais les libres-penseurs du xviiie siècle, passionnés pour leur objet principal, la lutte contre la religion d'intolérance qui prétend soumettre et gouverner l'esprit, écartèrent systématiquement les vues profondes qui les auraient conduits sur le terrain de l'adversaire, et forcés d'en reconnaître la partie forte. Révoltés par l'absurdité et par l'iniquité des dogmes que l'Église enseigne, et qu'elle impose aux croyances chrétiennes, en ce qui touche le problème du mal, ils n'entreprirent ni une exégèse sérieuse de la théologie et de ses origines, ni une étude de ceux des points de doctrine et de tradition qui seraient conciliables avec la raison. Ils ne réussirent ainsi qu'à affaiblir, si ce n'est à ruiner tout à fait les sentiments théistes chez leurs disciples et dans la partie éclairée du peuple, tandis que l'autorité de la déraison, dont le clergé est investi, s'exerce autant que jamais sur la multitude ignorante, et paraît inébranlable.

CHAPITRE XL

CRITIQUE DU THÉISME CHEZ HUME, CHEZ VOLTAIRE CHEZ ROUSSEAU

Hume, en son *Histoire naturelle de la religion*, émit le premier, sur l'origine de l'idée de Dieu, en son sens universel, une opinion que des exégètes de l'Écriture ont fait valoir de notre temps, en vue de diminuer l'importance du monothéisme dans la tradition judaïque. La conception monothéiste se serait formée progressivement par suite de la suprématie d'attributs, et de l'exclusivisme d'adoration que la coutume, originairement idolâtrique, aurait peu à peu portés à ce point d'anéantir, au profit d'un certain Dieu national, la croyance, auparavant reçue, à de nombreuses divinités. L'explication n'atteint pas l'esprit monothéiste en son essence. Le monothéisme à l'état de pureté peut avoir distingué une tribu antique, que ses rapports et ses vicissitudes historiques conduisirent plus tard à des adorations multiples. La croyance primitive pouvait, en cette hypothèse, reparaître et se reconstituer avec le caractère d'une réaction, non comme la formation progressive de l'idée unitaire ; or, c'est précisément la marche qu'a paru suivre le prophétisme juif.

Il faut observer un autre fait, qui a l'avantage de se présenter dans la pleine lumière de l'histoire : c'est l'élaboration réfléchie et rationnelle, la marche constante de l'idée théiste qui, à la fois du côté des Grecs et chez les docteurs juifs, postérieurs au temps des prophètes, donna une force irrésistible à la doctrine de l'unité divine. Ce progrès de la pensée est précisément l'inverse de celui qui aurait fait attribuer la souveraineté du monde à un dieu national ; car il aboutit au syncrétisme, c'est-à-dire à la confusion des différents dieux nationaux.

Quant à la théorie générale qui, dans l'ouvrage de Hume, se rapporte à l'origine commune des religions envisagées dans l'idolâtrie ou dans le spiritisme les inductions psychologiques peuvent lui être favorables ainsi que l'histoire, mais non pas si absolument qu'elles excluent la possibilité d'une inspiration monothéiste chez tel penseur de la haute antiquité. La légende arabe d'Abraham, rapprochée de celle de la *Genèse*, répond d'une manière frappante à cette dernière hypothèse. La partie qui nous intéresse ici de l'*Histoire naturelle de la religion* traite une autre question, toute philosophique : quelle interprétation l'esprit de l'homme doit-il donner aux phénomènes qui, selon son expérience, laissent paraître en toutes choses des fins de la nature, et toutefois ne répondent pas à l'idée des biens qu'elles devraient comporter pour les êtres sensibles, si elles étaient dirigées intentionnellement aux fins de ces êtres.

« Dans tout ce qui frappe nos yeux, nous apercevons un plan, une intention, un dessein. Dès que notre connaissance est assez agrandie pour s'élever à la pensée de l'origine de ce système visible, nous devons embrasser avec la plus forte conviction l'idée d'une cause ou d'un auteur intelligent. Les méthodes uniformes qui ressortent de l'entière structure de l'univers nous conduisent naturellement, si ce n'est nécessairement, à concevoir cette intelligence comme une et individuelle, pourvu que les préjugés nés de l'éducation ne s'opposent pas à l'acceptation d'une théorie si raisonnable. » Mais, peu après : « Les biens et les maux, remarque le philosophe, sont universellement entremêlés et confondus : bonheur et misère, sagesse et folie, vertu et vice. Rien n'est pur et d'une seule venue. Toute chose avantageuse est accompagnée d'autres qui ne le sont pas. Il ne nous est pas possible, même dans les plus chimériques de nos souhaits, de nous former l'idée d'un état ou d'une situation désirables de tous points. Plus un bien est exquis, de ceux dont quelque petit spécimen nous est accordé, plus acéré est le mal qui lui est allié : c'est une de ces lois de la nature qui ne souffrent que peu d'exceptions. L'esprit le plus pénétrant confine à la folie, les plus grands éclats de joie produisent la plus profonde mélancolie, les plaisirs les plus ravissants sont suivis de la fatigue et des dégoûts les plus cruels, à l'espoir le plus flatteur succèdent les désappointements les plus terribles. »

Hume continue l'exposition des faits par le tableau des divagations religieuses, de la corruption des maximes, de l'infidélité des hommes à leurs principes : les plus corrompus et les plus pervers adoptent souvent les principes les plus rigoureux... « Cherchez cependant un peuple qui n'ait point de religion ; si vous le trouvez, soyez sûr qu'il ne diffère pas beaucoup des bêtes brutes... Tout est énigme et mystère, le doute, l'incertitude, la suspension du jugement, voilà les résultats de nos plus exactes recherches. » Le doute lui-même n'est pas tenable pour notre faible raison, « à moins d'opposer une superstition à une autre, et de trouver, pendant qu'elles luttent avec fureur, un refuge heureux dans les régions *obscures mais paisibles* de la philosophie ».

Hume veut donc ignorer que c'est une question de la philosophie aussi, que ce serait même essentiellement *la question* de la philosophie, abordée avec la claire notion de ce qu'elle renferme, traitée avec les ressources unies de la raison, de la morale et de la spéculation, de savoir quel jugement porter des biens et des maux, de leur dernier fondement dans la nature, et de ce qu'on peut présumer de la possibilité d'une *origine du mal*, ainsi que de la possibilité d'une fin des êtres, qui, rejoignant leur commencement, l'expliquerait conformément à l'idée générale du règne du bien dans le monde.

Sans s'éloigner du point de vue empirique des choses, Hume a cependant écrit un livre où il soumet à une remarquable analyse la question de la vraisemblance de la création, appréciée d'après le système des fins qui, dans l'ordre de l'univers, font penser à un créateur intelligent. L'ouvrage, posthume, et qui fut étouffé par un mode de publication à peu près clandestin, a la valeur d'un complément original des théories du *Traité de la nature humaine*, quoique l'auteur ait affaibli, comme il l'a fait aussi dans ses *Essais sur l'entendement*, le caractère phénoméniste de sa première manière, pour se rapprocher du naturalisme régnant dans son milieu. Il n'est pas de livre où soit mieux et plus nettement exposée que dans ces *Dialogues sur la religion naturelle*, la philosophie de la religion, telle que pouvait la comprendre un penseur génial, au moment où se trouvaient discréditées devant la raison affranchie toutes les doctrines relevant de la tradition théologique. Un demi siècle s'était écoulé depuis les controverses de Leibniz et de Bayle. On ne voulait plus entendre parler que de l'expérience.

Hume avait nié l'idée de cause en tant qu'idée réelle du *pouvoir* et de l'*action*, il l'avait remplacée par l'idée, que l'habitude crée, de la liaison de deux phénomènes dont l'un est invariablement suivi de l'autre. Cette thèse, et la méthode rigoureusement empirique dont elle dépend permettaient à son auteur de rejeter tout argument par lequel on prétendrait conclure logiquement d'une idée pure à l'existence de son objet. Aussi trouve-t-on dans les *Dialogues* un équivalent clair et exact (qu'on a trop peu remarqué) de la réfutation kantienne des deux grandes démonstrations aprioriques de l'existence de Dieu, tirées, l'une de l'idée de perfection, l'autre de l'idée de nécessité. *De l'idée au fait qui lui est extérieur, il ne saurait y avoir déduction.* La critique de la raison pure est née, comme cela devait être, de l'empirisme, et c'est du plus pur empirisme que cette partie du criticisme de Kant et son premier principe se sont inspirés.

La même méthode, en ôtant toute sa force à l'argument tiré de l'impossibilité du procès à l'infini des phénomènes, pour démontrer l'existence d'une cause *première*, laissait subsister la possibilité d'admettre une telle cause, mais n'indiquait nullement qu'elle dût, en ce cas, s'envisager dans une volonté mue par un dessein. On ne voyait plus d'empêchement ni pour le commencement pur, ni pour la succession sans ordre des phénomènes. La connexion n'était jamais qu'un fait. Mais ce fait constaté par l'expérience prenait dans l'esprit une valeur pour le moins comparable à celle d'un principe posé dogmatiquement, dès qu'on s'attribuait le droit de l'induction fondé sur l'attente. C'était comme si on fût revenu au principe de la causalité universelle et nécessaire, établi sur un fondement pratique. Ainsi la preuve de l'existence de Dieu par les anciennes théories était infirmée, et la nécessité se transportait de la *nature de Dieu* à la *nature des choses*. S'il fallait néanmoins, ou si l'on pouvait admettre un auteur intelligent du monde, la question dépendait uniquement de la valeur des faits d'ordre, et des marques de dessein qu'on reconnaîtrait dans l'œuvre supposée, parce que ce sont de tels signes qui dénotent l'intelligence dans les œuvres d'art. Mais on n'accepterait jamais que des arguments fournis par l'expérience. Stuart Mill n'a pas pris autrement la question pour la traiter, un siècle après Hume.

Hume aperçut tout d'abord une objection à cette méthode : c'était la même à peu près que Kant allait bientôt faire valoir contre la *preuve physico-théologique* : c'est que la disproportion est grande entre ce que l'expérience nous donne à connaître des œuvres de la nature dans lesquelles paraît quelque chose de semblable à l'art humain, et le système immense des mondes, la prodigieuse étendue des propriétés des corps. Kant tirait de là cette conséquence, que l'argument finaliste aurait à se compléter par les autres arguments, *s'ils étaient valables*, qui se tirent des idées de cause première, et de perfection (dans les *preuves cosmologique et ontologique*). Hume, lui, aurait dû se souvenir des thèses radicales, les siennes propres, qui lui défendaient de chercher, hors des données psychologiques, dans la nature, un siège de réelles déterminations de causalité, non moins que de finalité. Il se serait épargné la faute d'opposer à la doctrine de la création des hypothèses matérialistes réfutées d'avance par sa critique de la substance.

Au point de vue où il se renferme pour juger de la probabilité de la création d'après ce que l'expérience témoigne de la satisfaction donnée aux fins (telles que nous les comprenons) des créatures, Hume ne voit que le bonheur comme ayant dû être la condition et la règle de la disposition de toutes choses pour atteindre ces fins. Il a le droit de supposer que le Créateur n'a voulu que le bien, parce que l'idée que nous nous formons de l'Être suprême comme essentiellement bon est toujours sous-entendue ; mais c'est au contraire, une hypothèse qu'il fait, qu'il aurait à justifier, et dont il ne paraît pas avoir conscience, quand il suppose que le monde, créé bon, *devrait* être actuellement bon. C'est ne point tenir compte de la possibilité que les premiers êtres créés aient été investis d'une puissance propre, et que l'ordre de la création ait été institué tel, qu'il dût se concilier *à la fin* avec l'exercice quel qu'il fût du libre arbitre, don par lui-même excellent, sans lequel les créatures n'eussent été que des machines.

Hume a laissé, dans son analyse, cette lacune étonnante, qu'on ne saurait attribuer à l'oubli, en présence d'une idée comme celle de la chute originelle, qui tient dans l'histoire des religions une si grande place, et d'une autre encore, comme celle du libre arbitre, dont la chute dépend, et qui est un sujet de débats incessants en philosophie. Voyons-y plutôt la singularité significative d'un silence méprisant, que l'état de l'opinion parmi les libre-penseurs pouvait seul permettre.

Hume soumet au surplus la condition actuelle de l'homme à un examen ingénieux. Il détaille quatre points sur lesquels un puissant démiurge aurait pu l'établir plus favorable. C'est, en somme, un tableau des misères humaines semblable à ceux que Schopenhauer et Stuart Mill ont tracé un siècle après lui, et n'ont pu faire plus noir. Ce jugement pessimiste de la vie humaine, irréprochable, si l'on se tient au point de vue exclusif du bonheur, prend une signification particulière, chez un penseur dont l'humeur personnelle est plutôt souriante en son scepticisme. Des maux qui accablent les hommes, les uns, dit-il, leur viennent de la nature, les autres d'eux-mêmes ; mais ceux-ci ne viennent-ils pas de la nature aussi, de *la leur*, qu'ils ne se sont pas donnée, et ne dépendent-ils pas tous de certains vices originaires de constitution ou d'adaptation ? Il faudrait donc conclure à l'impuissance, à l'indifférence où à la malice de l'Auteur des choses, s'il y en a un, ou à l'intervention d'un mauvais principe. On est conduit à reconnaître une certaine probabilité aux opinions du genre manichéen. Hume indique cette conséquence, que Stuart Mill, suivant la même méthode et partant d'observations à peu près pareilles, devait envisager à son tour, non sans une faveur marquée. Il lui paraît que la nature de Dieu, jugée d'après la création, est plus éloignée des qualités morales de l'homme que de ses facultés intellectuelles, pourvu du moins qu'on ne suppose pas *infinie* l'intelligence divine, ce qui serait la rendre incompatible avec la personnalité et le dessein chez le Créateur. La doctrine qui exclut toutes limites de la nature divine, supprimant la personnalité, s'accorde mieux avec l'athéisme qu'avec la foi dans la Providence.

La conclusion formulée par celui des interlocuteurs de ces *Dialogues* qui tient le rôle du sceptique est vague et sans portée : « La cause, ou les causes, de l'ordre dans l'univers, soutiennent, dit-il, quelque analogie éloignée avec l'intelligence humaine ». Mais un autre interlocuteur, dont le caractère est présenté comme optimiste, persiste à opiner que « la plus conforme à notre nature, entre toutes les pensées qu'il est possible à l'imagination humaine de suggérer, est celle du véritable théisme. C'est une doctrine qui nous représente nous-mêmes comme l'ouvrage d'un être parfaitement bon et puissant qui nous a créés pour le bonheur, et qui, ayant mis en nous des désirs sans mesure du bien, prolongera notre existence pendant toute l'éternité, à travers une infinie variété de scènes de vie, afin de satisfaire ces désirs et de rendre notre félicité complète et durable ». Le sceptique objecte à ces naïves espérances les maux causés à l'humanité par les religions, toujours corruptibles et corrompues, attristantes en elles-mêmes par le principe de terreur où elles ont leur origine. Un troisième interlocuteur s'est retiré du débat, découragé, après avoir appuyé le scepticisme et le pessimisme du premier par une thèse d'agnosticisme mystique et par une sentence rigoureuse contre l'incapacité morale de l'homme. Ce dur raisonneur a accusé les illusions où l'on s'égare sur la possibilité d'une théologie anthropomorphique aimable, qui expliquerait plausiblement le mal ; il a soutenu, à l'encontre de ses deux adversaires, que la meilleure méthode en religion est encore une orthodoxie fondée sur l'éducation, la coutume et l'autorité.

Ces opinions représentent les attitudes diverses qu'un philosophe détaché de toute croyance pouvait observer autour de lui, à une époque où la religion intolérante et persécutrice, sans cesser d'être redoutable pour ses agresseurs, n'était plus suffisamment défendue contre la libre pensée par le ton de la société et par la police des gouvernements, et où la théologie, qui faisait jadis sa force, avait perdu le caractère de science, acquis désormais aux seules études laïques. La critique de Hume laisse percer, par de certains traits ou d'ironie, ou de respect trop affecté, à l'endroit des idées chrétiennes, une hostilité profonde qui part d'un sentiment très opposé à ce scepticisme dont il se couvre. Ce n'est plus là cet ancien pyrrhonisme, ennemi de la négation qui est une manière d'affirmer ; c'est de la négation vraie, au fond passionnée, et qui paraît ne tenir pas tant à de la répugnance pour le théisme en lui-même, et pour le plus délibérément anthropomorphique, qu'au dégoût des dogmes irrationnels ou odieux dont les théologiens l'ont surchargé. Mais une méthode radicalement empiriste, et le parti pris d'écarter l'hypothèse de la liberté de la créature, rendaient la justification de l'ordre, dans la création, impossible pour Hume. L'observation des faits bruts de la nature et de l'humanité, et la réduction de toute finalité au bonheur comme unique condition ne permettent pas de placer le bien, avec la puissance, à l'origine des phénomènes.

La même impossibilité, pour la même raison, existait dans l'esprit de Voltaire qui, à peu près au même temps, composait le plus éloquent et le plus vigoureux des écrits de sa vieillesse : *Il faut prendre un parti, ou le principe d'action*, terminé par une suite de *discours*, d'un *athée*, d'un *manichéen*, d'un *païen*, d'un *Juif* et d'un *Turc* sur la question de la cause première et de la raison d'être du mal. Seulement Voltaire, fort éloigné qu'il était du scepticisme, soutenait à la fois deux sentiments très arrêtés, qu'il ne voyait pas la possibilité de concilier. Il se montrait, comme dans ses précédents ouvrages, on ne peut plus décisif dans sa déclaration de croyance en un dieu démiurge, et en l'ordre de la création comme œuvre d'intelligence et de volonté, tandis que, d'une autre part, et avec plus d'énergie que jamais, il maintenait sur cette œuvre divine le jugement pessimiste qui avait éclaté dans son poème célèbre sur le *Désastre de Lisbonne*. Ce que nous devons remarquer dans ce jugement, c'est moins encore l'appréciation des misères de la vie humaine, et de la lamentable histoire de la vie des nations, que le sentiment singulièrement vif de la cruauté de cette loi principale de génération et de destruction des espèces, et de guerre universelle entre les organismes vivant et mourant les uns par les autres, pour laquelle les Lamarck et les Darwin ne devaient témoigner, dans le siècle suivant, que de l'admiration. Voltaire observe combien l'habitude et la coutume nous ont rendus insensibles à l'ignominie de la condition où nous tient la loi de la nature :

« Il n'est que trop certain que ce carnage dégoûtant, étalé sans cesse dans nos boucheries et dans nos cuisines, ne nous paraît pas un mal ; au contraire, nous regardons cette horreur, souvent pestilentielle, comme une bénédiction du Seigneur ; et nous avons encore des prières, dans lesquelles on le remercie de ces meurtres. Qu'y a-t-il pourtant de plus épouvantable que de se nourrir continuellement de cadavres ?

« Non seulement nous passons notre vie à tuer et à dévorer ce que nous avons tué, mais tous les animaux s'égorgent les uns les autres ; ils y sont portés par un attrait invincible, depuis les plus petits insectes jusqu'au rhinocéros et à l'éléphant ; la terre n'est qu'un vaste champ de guerres, d'embûches, de carnage, de destruction... Et ce qui est encore le plus cruel, c'est que dans cette horrible scène de meurtres toujours renouvelés on voit évidemment un dessein formé de perpétuer toutes les espèces par les cadavres sanglants de leurs ennemis mutuels. Ces victimes n'expirent qu'après que la nature a soigneusement pourvu à en fournir de nouvelles. Tout renaît pour le meurtre...

« Ni parmi nos moines, ni dans le concile de Trente, ni dans nos assemblées du clergé, ni dans nos académies, on ne s'est encore avisé de donner le nom de mal à cette boucherie universelle. On n'y a pas plus songé dans les conciles que dans les cabarets.

« Le Grand-Être est donc justifié chez nous de cette boucherie; ou bien il nous a pour complices.

« Voilà pour les bêtes; venons à l'homme. Si ce n'est pas un mal que le seul être sur la terre qui connaisse Dieu par ses pensées soit malheureux par ses pensées; si ce n'est pas un mal que cet adorateur de la divinité soit presque toujours injuste et souffrant, qu'il voie la vertu et qu'il commette le crime, qu'il soit si souvent trompeur et trompé, victime et bourreau de ses semblables; si tout cela n'est pas un mal affreux, je ne sais pas où le mal se trouvera.

« Les bêtes et les hommes souffrent presque sans relâche, et les hommes encore davantage, parce que non seulement leur don de penser est très souvent un tourment, mais parce que cette faculté de penser leur fait toujours craindre la mort que les bêtes ne prévoient point. L'homme est un être très misérable, qui a quelques heures de relâche, quelques minutes de satisfaction, et une longue suite de jours de douleurs dans sa courte vie. Tout le monde l'avoue, tout le monde le dit, et on a raison ».

La loi de la nature et la valeur matérielle de la vie n'ont rencontré que rarement un critique aussi profond que ce philosophe dont les jugements affectent habituellement la légèreté dans la forme. Schopenhauer (XLIII) s'est inspiré de ce pessimisme de Voltaire. Il l'a trouvé incompatible avec l'argument finaliste de la création. L'argument, développé par Voltaire, part du *fait de l'action*, dans le monde, et de la nécessité d'un *principe d'action*. L'intelligence et la volonté constituent ce principe, qui doit se conclure, comme cause, là où les effets observés sont l'ordre et la loi ; or, il faut avouer que l'induction perd beaucoup de sa force quand on ne peut ajouter aux perfections de l'ordre intellectuel, dans l'œuvre, la perfection morale : la bonté, ou que, supposant l'œuvre bonne, on n'a aucune explication à donner de sa corruption après sa sortie des mains de son auteur. Schopenhauer prit le parti de supposer la volonté créatrice antérieure à l'intelligence et à la conscience.

Voltaire était frappé du fait de l'unité de loi dans l'univers, et de la nécessité d'un principe unique intelligent pour donner la raison de ce fait ; il disait ne pas concevoir comment on pouvait combattre l'induction de l'œuvre d'art à l'existence de l'artiste. Et quand il s'agissait d'un rapport à trouver entre la nature de l'artiste universel et le règne de la douleur dans ses créations, il ne savait plus que déverser son mépris sur les tristes caricatures qu'il se plaisait à faire de quelques systèmes sur l'origine du mal, et conclure : « Revenons de ces inepties honteuses à ce grand mot d'Épicure qui alarme depuis si longtemps la terre entière, et auquel on ne peut répondre qu'en gémissant : *Ou Dieu a voulu empêcher le mal et il ne l'a pas pu, ou il l'a pu et ne l'a pas voulu, etc.* Il inclinait en somme à adopter une sorte de vue mitoyenne entre le renoncement à l'idéal de la toute puissance divine et le vieux sophisme théologique de l'inévitable imperfection de la créature, confondue avec son mal positif :

« Je demeurerai toujours un peu embarrassé sur l'origine du mal, mais je supposerai que le bon Oromase qui a tout fait n'a pu faire mieux. Il est impossible que je l'offense quand je lui dis : Vous avez fait tout ce qu'un être puissant, sage et bon pouvait faire. Ce n'est pas votre faute si vos ouvrages ne peuvent être aussi bons, aussi parfaits que vous-même. Une différence essentielle entre vous et vos créatures, c'est l'imperfection. Vous ne pouviez faire des dieux, etc., etc. ».

Mais cette vague conclusion est elle-même inconciliable avec le *principe d'action*, tel que Voltaire le comprend, qui soumet à un entier déterminisme tous les phénomènes, et attache à l'action du dieu démiurge la chaîne entière de la nécessité, d'une manière semblable à celle du panthéisme théologique, avec en sus l'éternité du monde, parallèle à celle de son auteur, et la négation de toute individualité réelle. L'âme, selon Voltaire, est un terme abstrait comme ceux qui désignent ce qu'on nomme ses facultés. C'est l'être réel appelé homme qui est le sujet des qualités et des actions, et cet être n'a d'autre existence que celle des faits empiriques, dont il est l'agent, que Dieu détermine : « J'entends, je vois, je touche, etc., et comment fais-je tout cela, sinon parce que le Grand Être a ainsi disposé toutes les choses ; parce que le principe d'action, la cause universelle, en un mot Dieu donne ces facultés... Si vous créez des idées parce que vous le voulez, vous êtes Dieu pour ce moment là ; car vous avez tous les attributs de Dieu : volonté, puissance, création. Or figurez-vous l'absurdité où vous tombez en vous faisant Dieu ! Il faut que vous choisissiez entre ces deux partis, ou d'être Dieu quand il vous plaît, ou de dépendre continuellement de Dieu. Le premier est extravagant, le second seul est raisonnable... Nous sommes des machines produites de tout temps les unes après les autres par l'éternel géomètre, ayant reçu du Grand Être un principe d'action que nous ne pouvons connaître, recevant tout, ne nous donnant rien, et mille millions de fois plus soumis à lui que l'argile ne l'est au potier qui la façonne. Encore une fois, ou l'homme est un Dieu, ou il est exactement tout ce que je viens de prononcer ».

Joignons à cette déclaration de Voltaire le principe de la raison suffisante de Leibniz, qu'il explique par le procès à l'infini du spinosisme, en ces termes : « le principe intelligent ne peut rien faire sans raison ; rien ne peut exister sans une raison antécédente et nécessaire ; cette raison antécédente et nécessaire a été éternellement ; donc l'univers est éternel » ; il nous devient impossible de découvrir en quoi le théisme de Voltaire diffère du panthéisme. Il nous dit d'une part, littéralement : « Le principe universel d'action fait tout en vous » ; Malebranche disait de même : « Dieu est la cause de tous les effets ». D'une autre part, en niant l'acte créateur formel, il fait, de cela qu'il a nommé la volonté, une éternelle nécessité, et n'a plus, au lieu d'un démiurge, que le Dieu de Spinoza. Il ne lui est plus possible de séparer, si nous ne pouvons dire maintenant la volonté de Dieu, disons sa nature, de la masse immense des phénomènes qui sont, dans le monde : le désordre, l'erreur et la douleur. La métaphysique joue de ces tours au sentiment ; car c'est bien du sentiment que procédait le théisme de Voltaire, mais d'un sentiment incomplet, où n'entraient point en regard de la grandeur de Dieu la dignité de l'homme, et en regard des misères humaines la notion du devoir, la doctrine de la liberté et du péché.

Le sentiment du mal moral fut, au contraire, la source du théisme de Rousseau, au moment où il eut à concilier, en son optimisme, comme Voltaire en son pessimisme, l'existence du mal avec la volonté de l'*auteur des choses*. Et d'abord, le point de départ de Rousseau, dans la spéculation très régulière dont la *Profession de foi du vicaire savoyard* trace le cours, est pris de la conscience, de l'aspect général de l'univers au point de vue de la conscience seulement, et de la *foi* qu'elle a dans le monde externe. Rousseau pose, sous les noms communs de corps et de matière, cette extériorité des objets, corrélative des sensations, et renonce à approfondir la nature des êtres matériels et de leur action sur le moi : « quand les objets de mes sensations ne seraient, dit-il, que des idées, toujours est-il que ces idées ne sont pas moi ».

Appliquant son attention à ce moi, Rousseau introduit aussitôt la distinction capitale du *sentir* et du *juger*, non pas simplement celle qu'avait entendue Locke, entre la *sensation*, toute passive, et la *réflexion*, opération de l'esprit sur les idées (XXVIII), mais celle que devait définir Kant, en sa théorie des concepts comme condition de nos perceptions, et non pas comme jugements inclus dans nos pures impressions sensibles. Voir les objets, dit Rousseau, ce n'est pas *voir* leurs rapports ; les voir en un certain nombre, ce n'est pas les nombrer. Et de même pour les autres catégories, comme nous les nommons aujourd'hui. De là, une idée claire de l'être actif et intelligent, qui a dans les données de l'expérience son objet, non sa cause ou son essence, et de là, par conséquent, une idée réelle de l'âme, indépendamment de la notion métaphysique de substance ; une idée de l'être, indépendamment de toute fiction réaliste.

Continuant à se tenir au point de vue psychologique, c'est dans la volonté que Rousseau voit la cause du mouvement, dont la nature ne lui offre que des effets enchaînés les uns aux autres : « car supposer un progrès de causes à l'infini, c'est n'en point supposer du tout... Il n'y a point de véritable action sans volonté. Voilà mon premier principe. Je crois donc qu'une volonté meut l'univers et anime la nature. Voilà mon premier dogme, ou *mon premier article de foi* ». C'est avec raison que la croyance est ainsi mentionnée au point où se produit en toute son ampleur l'affirmation du sujet externe. Cette affirmation n'est autre chose ici que l'entière généralisation de l'idée du moi *comme volonté*, et accompagnée de l'idée d'existence. La généralisation du moi *comme intelligence* va suivre.

« Comment une volonté produit-elle une action physique et corporelle, je n'en sais rien, mais j'éprouve en moi qu'elle la produit. Je veux agir et j'agis... Il ne m'est pas plus possible de concevoir comment mes sensations affectent mon âme... Le moyen d'union des deux substances me paraît incompréhensible ». Le mouvement n'est pas essentiel à la matière ; il lui est donné : donné de manière à réaliser dans les phénomènes une harmonie générale. On remarquera que ces propositions de Rousseau n'empruntent du substantialisme que le langage, puisqu'il entend bien n'avoir défini que les propriétés générales renfermées sous les noms ; il conclut : « Si la matière mue me montre une volonté, la matière mue suivant de certaines lois me montre une intelligence : c'est *mon second article de foi*. Agir, comparer, choisir sont des opérations d'un être actif et pensant : donc cet être existe... Cet être qui veut et qui peut, cet être actif par lui-même, cet être enfin quel qu'il soit qui meut l'univers et ordonne toutes choses, je l'appelle Dieu. Je joins à ce nom les idées d'intelligence, de puissance, de volonté, que j'ai rassemblées, et celle de bonté qui en est une suite nécessaire ; mais je n'en connais pas mieux l'Être auquel je l'ai donné... »

Rousseau insiste sur l'ignorance où il est de la nature et de la *substance* de cet Être qu'il vient pourtant de définir, et conclut : « Pénétré de mon insuffisance, *je ne raisonnerai jamais sur la nature de Dieu, que je n'y sois forcé par le sentiment de ses rapports avec moi* ». Il touche ainsi à l'aveu du principe de relativité comme condition et règle de la connaissance humaine. Il a déjà fait d'ailleurs de ce principe une application capitale, en écartant de l'idée de Dieu les attributs infinis, comme inintelligibles. Il en eût vraiment donné la formule, s'il eût réfléchi que l'idée de la nature d'un être est épuisée, pour notre pensée, quand nous avons énuméré toutes les qualités de cet être, et compris leur unité. Les mots *nature* ou *substance* ne sauraient ajouter rien à la définition. Nous ne pouvons connaître Dieu que par des rapports, et tous les rapports qui nous sont accessibles sont des rapports à nous ou à notre faculté de connaître qui est toute composée de relations.

Rousseau assure que l'attribut divin de bonté est une suite nécessaire des attributs réunis d'intelligence, de puissance et de volonté. Mais l'assertion, cette fois, est injustifiable. La bonté est d'un ordre différent. Cette erreur qu'il a commise en théorie, en un jugement de pure psychologie, a en quelque sorte pour pendant celle qu'on peut reprocher à Rousseau, dans le domaine de l'expérience, et qui fut la source de son optimisme si vivement opposé au pessimisme voltairien. L'harmonie du monde, envisagée au point de vue intellectuel des rapports qui le constituent, lui sembla ne faire qu'un avec l'ordre de Bonté ; le sentiment du beau dans la nature, dont il fut comme un révélateur pour les *civilisés* à mœurs éminemment citadines de son temps, ce sentiment profond et dominant lui fermait les yeux sur l'éloignement où les réalités de la vie universelle sont de la loi morale ; il ne voulait reconnaître la présence du mal que dans l'humanité, encore n'était-ce que dans les conditions sociales, non dans la nature humaine : « Quand pour connaître ma place individuelle dans mon espèce, j'en considère les divers rangs, et les hommes qui les remplissent, quel spectacle ! Le tableau de la nature ne m'offrait qu'harmonie et proportions, celui du genre humain ne m'offre que confusion, désordre ! Le concert règne entre les éléments, et les hommes sont dans le chaos ! Les animaux sont heureux, leur roi seul est misérable. O sagesse, où sont tes lois ? O Providence, est-ce ainsi que tu régis le monde ? Être bienfaisant qu'est devenu ton pouvoir ? Je vois le mal sur la terre ».

Ainsi la douleur et la mort, lois fondamentales des organismes, la guerre universelle des espèces, la peur, sentiment constant des animaux en toutes leurs rencontres, et le défaut d'adaptation suffisante de la matière et des forces naturelles au service des habitants du globe (et des autres mondes probablement, s'il y en a d'habités), ce ne seraient point là des maux. Il résulte de ce point de vue de Rousseau, que l'origine du mal, du mal confiné dans la société humaine, et dont l'homme auteur de cette société est l'agent, ne se pose plus comme un problème d'ordre universel, embrassant la vie et ses conditions dans leur ensemble. C'est exclusivement dans la civilisation qu'il faut l'envisager. De là les thèses célèbres de Rousseau : d'abord l'erreur historique sur les conditions matériellement favorables des premiers hommes (le *bonheur* du *sauvage*, pris pour l'homme en *l'état de nature*) ; l'erreur psychologique : l'amour propre et la pitié, sentiments attribués à l'homme primitif, à l'exclusion de la raison et du droit, notions dont la civilisation est issue ; le paradoxe antiphilosophique : que *la réflexion est un état contre nature*, et que *l'homme qui médite est un animal dépravé;* enfin, la théorie de l'histoire, résumée, pour ainsi dire, en ces mots sur la *perfectibilité*, don de l'individu qui se traduit par la dépravation dans l'espèce : « Il serait triste pour nous d'être forcés de convenir que cette faculté distinctive et presque illimitée est la source de tous les malheurs de l'homme ; que c'est elle qui le tire, à force de temps, de cette condition originaire, dans laquelle il coulait des jours tranquilles et innocents ; que c'est elle qui, faisant éclore avec les siècles ses lumières et ses erreurs, ses vices et ses vertus, le rend à la longue le tyran de lui-même et de la Nature ». Ce *triste* aveu, c'est proprement l'énoncé du système de Rousseau ; une fois l'hypothèse admise de l'homme innocent, bon et heureux, avant l'état social, rien n'est plus simple que de démontrer que l'état social l'a rendu méchant, puisqu'on a ainsi acquis le droit d'imputer à cet état les maux de tout genre, douleurs et crimes, dont les relations sociales fournissent le sujet et les occasions, et dont le progrès des sciences et des arts crée ou facilite les moyens : « *Les hommes sont méchants ;* une triste et continuelle expérience dispense de la preuve : cependant l'homme est naturellement bon, je crois l'avoir démontré ; qu'est-ce donc qui peut l'avoir dépravé à ce point, si ce n'est les changements survenus dans sa constitution, les progrès qu'il a faits et les connaissances qu'il a acquises ? » Et sur ce thème Rousseau a écrit quelques pages semblables aux plus fortes qui s'écrivent aujourd'hui, de différents points de vue, ou contre la société « actuelle » ou dans un esprit pessimiste (*Discours sur l'origine de l'inégalité*, note viie).

Ce n'est pas que la conclusion de Rousseau soit pessimiste, ni qu'il se plaigne de la Providence, ni qu'il veuille la ruine de la société, qu'on pourrait croire condamnée par le jugement porté sur elle. En ce qui concerne la société, le mal est fait et n'a point de remède.

Que ceux qui le peuvent se soustraient à la contagion des plus mauvaises coutumes; mais l'obéissance au Prince et aux lois est le parti de la sagesse, puisque on ne s'en peut passer dans l'état social. La question ainsi posée doit nous faire envisager l'homme individuellement, dans sa conscience et dans sa liberté, au regard du bien et du mal, en dehors de ce péché originel de l'espèce qui est l'institution sociale, et de toute autre hypothèse de déchéance antérieure à l'ordre présent de la nature, Rousseau n'en supposant aucune de ce genre. La Providence n'est pas à mettre en cause : il suffit que l'homme connaisse sa liberté et le devoir, Dieu punit ou récompense selon les œuvres. L'immortalité *est due* aux bons; elle leur sera donnée. Cette théorie simpliste, exposée par Rousseau avec une admirable éloquence, donne à la liberté et à l'immortalité l'aspect de croyances vives et pressantes pour le sentiment humain, mais elle échoue à rendre plausibles ces thèses : que *l'homme*, considéré individuellement — c'est bien ainsi qu'il faut l'entendre, quoique le langage incrimine *les hommes*, collectivement, — est le seul auteur responsable du mal moral dont il est l'agent; que les maux physiques eux-mêmes seraient peu de chose sans *nos* vices, et que la justice et la bonté de Dieu sont d'ailleurs satisfaites par les conditions présentes du monde. C'est une théodicée bien rétrécie, celle qui, détournant les yeux de ce monde mauvais, prend le malheureux individu, cet être si dégradé, si dépendant du mal qui n'est pas son œuvre, *et cela jusque dans celui dont il est moralement et matériellement l'auteur*, pour le mettre en présence de son créateur, comme s'il sortait immédiatement de ses mains avec la pleine connaissance de ses devoirs et avec tous les moyens de les remplir.

L'infirmité des vues de Rousseau sur l'ordre universel

ne diminue pas la valeur de ses thèses de la liberté, de la divinité et de l'immortalité, qui sont essentiellement celles que Kant devait bientôt formuler sous le titre de postulats de la raison pratique (XXXVI) : les mêmes quant à la méthode, car leur auteur invoque la croyance, non l'évidence, et déclare formellement ne pouvoir pas plus définir l'« essence de l'âme » que la « nature de Dieu »; et les mêmes au fond, parce que leur objet est la conciliation du devoir avec le bonheur, par l'immortalité, en supposant Dieu, qui *la doit* à l'homme de bien. Kant lui-même n'a pas cru à la possibilité d'une théodicée qui résolût, pour le monde et pour l'espèce humaine, le problème dont les postulats donnent la solution de raison pratique. Sa métaphysique a tendu à en détruire tous les fondements de théorie (XXXVII).

CHAPITRE XLI

LA CRITIQUE DU THÉISME CHEZ KANT.
LES VUES DE DIDEROT ET DE D'HOLBACH.
LA DOCTRINE DU PROGRÈS

Le criticisme kantien est la continuation tout autant que la correction de l'œuvre de Hume en ses négations. La correction est capitale en ce qui touche la méthode, la logique, la psychologie, la loi morale, mais elle a été sans résultat quant à la théorie de la personnalité, c'est-à-dire du rapport de la loi de conscience avec le principe, l'origine et la fin des phénomènes. Ce n'est pas comme on l'a si souvent dit, que le théisme, impliqué par la thèse *de raison pratique* de la divinité, soit logiquement démenti par la réfutation criticiste des *démonstrations* purement rationnelles de l'existence de Dieu : une telle interprétation du criticisme est profondément vicieuse ; mais c'est que toute la doctrine kantienne de la *Raison pure* converge à des vues sur la divinité et sur la nature, opposées au théisme. La marche spéculative de la philosophie en Allemagne, et de là en France, a été, selon toute apparence, déviée par cette aberration métaphysique du fondateur du criticisme.

La définition des synthèses aprioriques, par opposition à la liaison purement analytique des idées, ne préserva pas Kant de faire des applications arbitraires de cette grande distinction, et d'accorder la certitude à des jugements qui ne pouvaient être qu'hypothétiques selon sa méthode (XXXIII). Le plus important de ces jugements est celui sur lequel il se montra si dogmatique en partageant la prévention empirique du philosophe qui l'avait, disait-il « réveillé de son sommeil dogmatique », et en affirmant comme lui le déterminisme universel des phénomènes. Le rapprochement que cette doctrine de la séquence invariable établit entre l'empiriste et le rationaliste est un point capital, parce qu'il s'agit là pour tous deux de l'absolue nécessité de la nature, et non plus d'un prédéterminisme divin, comme auparavant sous le règne de la théologie. La liberté a beau être, chez Kant, la condition de la loi morale et le principe générateur des postulats de la Raison pratique, elle est exclue du monde phénoménal, qui est cependant le propre théâtre de l'obligation. C'est donc une atteinte portée à la conscience, en l'unique forme où elle se révèle à notre expérience, et c'est, sous ce rapport, le terrain livré au franc naturalisme. Le libre arbitre banni des phénomènes n'a de refuge qu'en des noumènes, agents hypothétiques d'abstruse théorie, que les agents temporels sont invités à chercher hors de l'enceinte du temps et de l'espace pour leur représenter les vrais supports d'une réalité dont ils n'ont eux-mêmes que l'ombre.

L'accord de Kant avec Hume, contre le théisme, se montre particulièrement dans la critique du principe de finalité, et de son emploi dans la question de l'origine du monde. « La loi téléologique, dit-il, dont la nature offre des applications sans nombre, ne prouve pas que la nature soit l'œuvre d'un auteur intelligent; nous constatons seulement, quand nous tirons une telle induction, la notion que nous possédons de la finalité en tant que dessein dans la personne d'un agent. Mais il n'est point inadmissible que les êtres soient sortis primitivement de la matière, où résiderait en ce cas un principe de finalité interne. » Hume ne prétendait pas autre chose, en ses *Dialogues*. La *Critique du jugement téléologique*, chez Kant, part d'une distinction entre les fins comme *intentionnelles*, et les fins comme dépendant d'un principe inconnu qui dirigerait le développement des êtres organisés, et qu'il qualifie de finalité. Mais le premier sens du mot *fin* est ici le seul recevable, l'autre pouvant se remplacer, ainsi que le constate l'analyse même de Kant, par des explications telles qu'en ont fourni les systèmes de Lamarck et de Darwin, et par conséquent s'annihiler, en perdant son acception psychologique et morale, pour n'en prendre aucune autre de définie. Kant admet, à titre de possibilité simplement, les deux points de vue, et les tient tous deux pour impossibles à établir en théorie. En cela donc, il garde au fond, avec une singulière différence de méthode et de langage, l'attitude sceptique de Hume. Il est vrai qu'il ne refuse pas une haute valeur pratique à la croyance en une finalité intentionnelle ou de dessein, dans la création. Mais si on consulte, ensuite, l'esprit général de sa spéculation métaphysique, on ne peut que la déclarer opposée à la thèse de la personnalité divine (*Critique du jugement*, § LXXI-LXXIV).

Si nous passons maintenant au jugement que Kant portait sur la valeur de la vie humaine empirique, abstraction faite de la doctrine de l'obligation, qui d'ailleurs n'a que peu d'influence, il le reconnaissait, sur la conduite de l'homme, nous trouverons qu'il ne faisait pas plus de cas que Hume des tentatives des auteurs de théodicée pour justifier la Providence des désordres de la nature : il était nettement pessimiste. On se fait ordinairement une autre idée de ses vues sur les mérites de l'espèce humaine, parce qu'il a traité avec faveur la thèse des progrès de l'humanité, et qu'il a écrit ce *Projet philosophique d'un traité de paix perpétuelle* dans lequel il présente un état juridique de fédération universelle des nations comme la fin rationnelle poursuivie par les sociétés humaines. Mais nous devons observer qu'il n'espérait les progrès de la paix et du bonheur que comme des effets à attendre du progrès dans l'observation de la justice. La marche inverse lui paraissait, à juste titre, illusoire ; et cependant il croyait l'obéissance à l'*impératif catégorique* au-dessus des forces morales de l'homme. Mais, comme il dépend de nous et de notre liberté (en théorie) de réaliser cette République universelle qui serait la forme politique de la paix humaine, nous sommes *en conscience obligés par ce motif de la croire réalisable*. C'est ainsi que Kant *veut* en admettre la possibilité, mais quand il se demande ensuite, en sa *Critique du jugement*, comment ce pourrait être là la fin réelle de l'histoire de l'humanité que nous voyons si perverse, et de cette *endémie* de la violence et de la ruse dont nulle société au monde n'a été préservée, il n'en peut entrevoir les vrais moyens que dans l'action de la Providence, ou de la Nature. Ce serait une certaine « nature des choses, dit-il, qui conduit forcément là où l'on ne va pas toujours volontiers » : Ce serait donc la nécessité ? hypothèse gratuite du philosophe, qui oublie en cette occasion que le devoir, réclamé d'autre part, voudrait l'exemption de contrainte dans les motifs de la paix.

Le recours à une nécessité matérielle pour assurer la voie du bonheur est d'autant plus inexplicable chez Kant, que l'homme, d'après lui, ne peut être une fin de la création qu'en qualité d'être moral; que le bonheur est subordonné à la moralité; que la valeur de la vie pour la sensibilité (avec le bonheur, objet constant de nos inclinations pour mesure) est *au-dessous de rien;* que nul homme, dans ces mêmes conditions, ne voudrait recommencer sa vie, et qu'enfin, « si la nature avait pour but le bonheur de notre espèce, fût-elle extérieurement aussi satisfaisante que possible, *elle ne l'atteindrait pas, parce que notre nature à nous n'en est pas capable* ». Cette déclaration est catégorique; elle nous montre combien l'espèce de *chiliasme* dont l'idée s'attache à la théorie de la fédération universelle de Kant a peu de racines en sa philosophie. Son *projet philosophique de paix perpétuelle* est un produit de la contagion des grandes espérances qui s'étaient partout répandues dans la seconde moitié du xviiie siècle.

Le mal radical, une déviation de la raison, une perversion incompréhensible dont le sujet s'enfonce dans les ténèbres de l'origine du temps, dans l'Inconditionné : une morale d'obligation, dont la faiblesse humaine est incapable d'observer la loi; une liberté qui semble donnée pour se prononcer entre des alternatives offertes, mais dont l'usage n'appartient pas à l'être temporel parce que ses actes sont enchaînés par le déterminisme invariable des phénomènes; enfin, des vues projetées sur un avenir immortel de direction vers l'idéal, mais sans que la fin en soit plus définie que le commencement, qu'elle devrait rejoindre pour former une évolution : telle est en résumé la doctrine de Kant. Deux grandes lacunes y demeurent : le règne du bien, à l'origine, y est indéfinissable, comme situé hors du temps et de l'espace, — et de là ressort l'impossibilité de concevoir ce qu'il pouvait être, et comment il a pu tomber dans les phénomènes ; — et le règne des fins, rapporté à l'ordre des conceptions humaines, représenté comme l'accord obtenu entre l'obéissance à la loi et le bonheur, ne saurait se définir en corrélation avec l'ordre initial, parce que l'ordre initial est posé dans l'absolu, tandis qu'une fin de bonheur suppose des relations d'entendement et de vie. Il devait arriver nécessairement que la théorie du monde phénoménal parût plausible en elle-même, hors de la métaphysique, avec des hypothèses ne dépassant point les possibilités à la portée de l'imagination. De là les vues jetées par Kant sur les voies secrètes de la *nature*, sur une finalité qui pourrait appartenir *à la nature* sans dessein d'aucune part, enfin sur des puissances supposables de la *matière*. Elles justifient la revendication des évolutionistes du xixe siècle, citant des passages de la *Critique du jugement*, écrits précisément dans le sens de leurs idées.

Si l'on met de côté, chez Kant, la métaphysique des noumènes et la doctrine de la liberté et du devoir, — qui n'a elle-même son fondement, à ses yeux, que dans cette métaphysique, puisqu'il reconnaît pour loi des phénomènes le pur déterminisme, — on devra avouer que les explications du monde qu'il regardait comme acceptables sont celles dont les philosophes français du xviiie siècle qualifiés de matérialistes et athées avaient fait l'unique sujet de leurs spéculations. Auprès de Voltaire et de Rousseau (XL), qui conservaient encore, le premier surtout beaucoup plus qu'il ne croyait lui-même, d'anciennes attaches métaphysiques, Diderot et d'Holbach n'admettaient d'être que la nature éternelle, ni de loi que l'universelle nécessité qui en détermine et enchaîne les productions. Et ils étaient tentés, parce que les idées d'unité et de but s'imposent à l'esprit, de la diviniser dans ses fins, ne le pouvant dans son essence, qui était quelque chose d'indéterminé, à leur point de vue. Si l'on accorde à cet indéterminé, sous le nom de matière, le don d'engendrer lui-même ses propriétés (quoique on ne leur suppose point de commencement) et de les mener progressivement à celles qui constituent la vie et la pensée, on a déjà par là même supposé un progrès dans l'idée de la nature, une finalité de fait, partant de la matière; et nous ne voyons plus pourquoi Kant n'aurait pu admettre, aussi bien que Diderot, la possibilité qu'un Dieu fût en train de se faire : un Dieu, une sorte de tout polyzoïque, organisé par l'union et par une adaptation mutuelle de toutes les fonctions des espèces animales : comme une sorte d'araignée immense, dont les fils, tirés de son corps et tendus de toutes parts, organisés et sensibles eux-mêmes, centraliseraient toutes les perceptions et gouverneraient tous les mouvements. Un tel Dieu pourrait même exister, en ce moment, en quelque région de l'espace; ou qui sait même s'il n'en a pas jadis existé un semblable qui maintenant serait mort ?

De telles vues ne semblent pas sérieuses ; qu'ont-elles cependant qui ne soit légitimement imaginable en combinant l'hypothèse matérialiste avec celle du progrès constant de l'organisation et de la centralisation croissante des organismes ? et, après tout, qu'imaginaient de bien différent les mythographes de l'antiquité, qui composaient des théogonies en partant du chaos comme matrice première ? Ils semblaient moins absurdes, parce qu'ils parlaient du passé, non de l'avenir et ne posaient pas expressément le monde éternel, et surtout peut-être parce qu'ils admettaient des principes féconds symboliques et donnaient satisfaction de cette manière aux penchants spiritualistes. Le matérialisme pur est un progrès dans l'abstraction, quoique il se donne à ses propres yeux l'apparence du contraire.

Diderot fut l'un des premiers initiateurs de l'évolutionisme sous la forme aujourd'hui la plus commune, celle d'une succession constamment progressive des espèces vivantes, modifiées d'âge en âge, et elles-mêmes nées des transformations progressives de la Matière, d'abord minérale, puis végétale et enfin animale. D'autres penseurs de la même époque, moins généralisateurs, se bornaient à l'hypothèse zoologique de la descendance, et faisaient remonter jusqu'aux animaux marins les ancêtres de l'homme. Lamarck devait donner une forme plus scientifique, quoique à l'aide de notions physiques aujourd'hui surannées, au matérialisme de Diderot, et, par des études zoologiques approfondies, à l'hypothèse générale du progrès des espèces. Il ne fixait à ce progrès point de limite antérieure. La matière était pour lui le principe, en ce qui touche l'histoire naturelle. Mais Lamarck était théiste, il croyait à la création, et s'éloignait en cela beaucoup des idées de Diderot et de d'Holbach, tout en adoptant celles du premier sur la génération spontanée et sur le transformisme de l'organisation, d'où naîtraient des besoins capables à leur tour d'engendrer des organes. L'*action des milieux*, tel est le terme général adopté par les naturalistes de l'école de Lamarck pour rendre compte du transformisme. La *sélection naturelle* a remplacé, ou seulement complété, selon quelques-uns, l'hypothèse de Lamarck par une autre qui a le mérite d'offrir des applications nombreuses, incontestables, dans le domaine de l'observation, et dont l'entière généralisation hypothétique est aisée. Il est toutefois remarquable que son inventeur, Ch. Darwin, n'ait pas tout d'abord élevé ses vues jusqu'à l'origine de l'organisation. Il a travaillé, il est vrai, à étendre à la psychologie animale les hypothèses du transformisme et de la continuité, mais n'a pas dépassé au surplus les bornes de l'histoire naturelle des espèces.

En dehors de la science, Diderot doit à ses grandes facultés d'imagination et de style d'être encore aujourd'hui le maître vanté et l'homme *représentatif* de ces purs artistes de lettres qu'on peut caractériser comme les matérialistes et les athées du genre sentimental, admirateurs en tout de la forme et du geste, du spectacle curieux de tous les beaux *dessus* de la nature, et indifférents à ses *dessous*. La morale de Diderot est la subordination de la justice à la passion, l'identification de la bienfaisance et de la vertu, la négation du devoir, en somme, chacun étant juge de ses sentiments et du droit qu'il a de les satisfaire en vue de ce qu'il estime être le bien. Et cette morale est dominée par la doctrine de la nécessité absolue, justifiant la conduite de chacun quelle qu'elle puisse être ; car la conduite est l'effet de l'action, ou de la réaction, que sa constitution particulière détermine en chaque organisme, à raison de ses relations. Si j'agis d'une manière, dit Diderot, « celui qui peut agir autrement n'est plus moi ».

La doctrine athée de d'Holbach (le *Système de la nature*) peut passer, si on la compare aux fantaisies de Diderot, pour une expression sérieuse de l'esprit exclusivement naturaliste, moral, utilitaire, scientifique et socialement progressiviste qui régnait sur de nombreux esprits vers la fin du xviiie siècle. D'Holbach avait surtout foi dans le progrès de la culture humaine, à l'inverse des jugements pessimistes de Rousseau sur la civilisation. Il croyait à la possibilité de substituer la science et la morale aux religions, ou encore de donner à la religion le caractère d'une prédication du *Dieu de la nature*. Ce Dieu, qu'on peut aussi bien appeler *Nature* tout court, être unique, éternel, mu et moteur sans distinction de l'actif et du passif, est le tout universel des phénomènes éternellement enchaînés. Il reçoit aussi la qualification de *somme des forces inconnues qui animent l'univers*, et ne laisse pas pour cela d'être personnifié dans le discours.

Les phénomènes commencèrent par des générations spontanées, et se développent par des affinités ou des répulsions d'éléments spécifiques. Les sensations et les passions sont les fonctions actives d'où naissent les opérations intellectuelles, avec un sens interne, auquel se rapportent les comparaisons et les jugements qui s'appliquent aux impressions; mais l'âme et l'organisation ne sont pas choses distinctes, et la nature ne donne naissance à aucune individualité qui ne soit périssable.

C'est au progrès des sciences que nous devons demander de nous instruire du comment de toutes ces choses. D'Holbach énonce sur ce point des idées fort rapprochées de celles qui devaient, au siècle suivant, caractériser le *positivisme;* il voudrait interdire les recherches sur les sujets qui lui semblent passer la mesure des connaissances que l'homme est capable d'atteindre. Il ne s'aperçoit pas qu'il tranche lui-même les plus grands de tous les sujets qui devraient, à ce point de vue, lui paraître incompréhensibles. Mais le positivisme plus tard ne fit pas autrement.

En morale, partant de la donnée empirique de l'amour propre et de la poursuite individuelle du bonheur, d'Holbach tourne son observation du côté de l'utilité raisonnée, et de la qualité et du choix des plaisirs. Il pose en fait l'accord entre les *réels intérêts* des hommes. Ce fait est la source, dit-il, de la *nécessité où nous sommes de nous procurer mutuellement le bonheur.* De la réflexion ou de l'irréflexion que nous apportons à la reconnaissance de cette nécessité dépendent en nos caractères la vertu ou le vice. Assurer et multiplier les applications, les conséquences à tirer d'une telle reconnaissance, au moyen d'une action commune, dans une société donnée, c'est réaliser le progrès. Cette formule marque chez d'Holbach un point de départ pour des vues sociales et même cosmopolitiques. Elle a son mérite dans une analyse correctement conduite au point de vue utilitaire, elle fait reposer sa valeur pratique sur la séduisante perspective du *progrès des lumières.*

Helvétius présente des vues analogues, dans son livre *de l'Esprit*, et les rattache à une insoutenable théorie de l'égalité native des esprits, de la toute-puissance de l'éducation pour diriger les passions et créer les caractères, et de celle de l'État et des lois pour engendrer les mœurs, commander les actes, et réaliser l'accord des passions personnelles avec l'intérêt commun. L'éducation et la législation peuvent établir le règne social de la vertu, les actions ne devant se nommer vertueuses ou vicieuses, chez l'individu, que selon que ses passions nées du plaisir ou de la peine, se trouvent dirigées dans un sens favorable ou contraire à l'utilité générale. Une théorie semblable, mais logiquement mieux expliquée et construite sur le principe de l'habitude et sur l'hypothèse de la nécessité, appliqués systématiquement à l'éducation pour présider à l'établissement d'une république parfaite, devait se retrouver en substance dans l'une des premières et des plus intéressantes doctrines socialistes nées au commencement du siècle suivant, celle de Robert Owen. A l'époque de d'Holbach et d'Helvétius, la franche utopie se montrait déjà comme une conséquence des mêmes idées morales, dans les plans sociaux de Morelly et de Mably, frère de Condillac. Elle s'inspirait seulement chez Mably de l'esprit stoïcien, des souvenirs de l'antiquité classique, et rappelait les vues de Rousseau sur les vices de la civilisation.

A l'exception de Rousseau et de Mably, la croyance au progrès de l'humanité était la principale inspiratrice des philosophies du xviiie siècle qui, adversaires irréconciliables de la société encore gouvernée par les principes du moyen âge, rêvaient des temps nouveaux. Cette croyance était née peu à peu des progrès réels que l'esprit humain avait accomplis depuis la Renaissance. Une première impulsion avait été donnée à la confiance en la raison humaine, à l'époque où l'esprit des penseurs prit conscience de sa force en attaquant avec une liberté croissante le réalisme du moyen âge et en discréditant les méthodes de l'École, et, après les méthodes, les dogmes. Ramus, protestant, et auteur d'une logique qui supplanta celle de l'École dans les pays protestants, Ramus mathématicien, grammairien, philologue, novateur en tout, pour la raison contre la routine, est le génie caractéristique de ce second moment de la Renaissance où le catholicisme noya dans le sang l'esprit de réforme, et ne put cependant replacer qu'imparfaitement la philosophie dans son ancienne sujétion. Un second élan vers la foi dans les méthodes rationnelles, et dans les progrès qu'on en pouvait attendre, eut lieu à la fin du xvie siècle et dans le xviie, par suite des grandes découvertes scientifiques qui changèrent à la fois les idées sur le monde matériel et sur ses lois réelles, et ouvrirent une vaste perspective sur les connaissances à attendre de l'application des méthodes expérimentale et mathématique. C'est à ce moment que se formula la croyance au progrès de l'humanité, mais tout d'abord à un point de vue qui se renfermait dans l'ordre des acquisitions de l'esprit dues à l'observation et au raisonnement, de nature à s'accumuler par les travaux et les découvertes successives des savants. Tel est le sens des aphorismes les plus anciens qu'on pourrait recueillir sur le progrès, et de celui qui appartient à Pascal. Il ne pouvait lui en donner un autre : « Toute la suite des hommes doit être considérée comme un même homme qui subsiste toujours et qui apprend continuellement. » Cette pensée n'est pas extraite des *Pensées*, mais d'un opuscule scientifique.

Ce fut toute autre chose quand Turgot, au siècle suivant, transporta l'application de l'idée de progrès, de la science elle-même, ou de sa matière, aux méthodes, au jugement et au choix des méthodes, et à des vues spéculatives sur leur portée au delà de leurs domaines circonscrits (XLVII). Le principe de l'empirisme embrassé par les philosophes du xviiie siècle, en favorisant le délaissement de la métaphysique et l'abaissement de la morale, amena la confusion du progrès des connaissances proprement dites, surtout matérielles, et de leurs applications; des avantages qu'elles procurent aux individus et à la société, avec le progrès de la moralité des personnes, de la raison et de la justice dans les relations humaines, et du droit dans l'organisation sociale et dans les rapports des nations. De là vinrent les grandes espérances, et les essais de théorie pour établir les principes ; l'admirable mouvement des esprits pour reconnaître et préparer un règne de la raison, et soustraire les hommes à l'empire d'une théologie absurde, superstitieuse et cruelle; puis l'ardente poursuite de toutes les libertés civiles et politiques, afin d'emporter la résistance des gouvernements et de fonder par la puissance des peuples les institutions d'équité sociale que leurs classes gouvernantes peuvent bien leur promettre, mais ne leur accordent jamais. Et de là enfin deux résultats contraires : une grande révolution, de réelles conquêtes de civilisation, dont quelques-unes durables, mais ensuite les excès populaires, l'inaptitude gouvernementale des assemblées, l'éloignement du peuple des mœurs de la liberté, les réactions politiques, la guerre partout, les restaurations, les *journées*, les empires, le retour des intérêts et des sentiments à des choses que l'on avait cru mortes. Et, quant à la théorie, dans tout le cours du xixe siècle, des systèmes socialistes, opposés les uns aux autres, entachés d'une commune pétition de principe : demander le règne de la justice au fonctionnement d'un ordre social dont l'établissement, le développement régulier, la durée, supposent l'existence, dans les caractères humains, des mêmes vertus dont on attend de lui qu'il rende l'exercice possible aux hommes. Condorcet, écrivant au milieu de la tourmente révolutionnaire, et plein de foi dans le progrès, avait essayé d'en vérifier l'hypothèse en esquissant la marche d'une certaine série historique qui lui semblait avoir été suivie par l'esprit humain avec une suffisante régularité; et il en tirait par induction les phénomènes sociaux de paix, de travail, de bon gouvernement et de garanties pour la vie humaine et la liberté qui devaient se développer au cours du siècle prochain. Ce siècle tout entier, révolu maintenant, a donné aux prévisions de Condorcet le plus triste démenti. Auguste Comte a repris, cinquante ans après, ce travail ingrat de systématisation de l'histoire empirique de l'humanité, en négligeant ou en interprétant à son gré les grands éléments de perturbation qu'elle présente, afin d'y faire paraître une continuité factice sur quelques points essentiels de la loi des événements; et Auguste Comte n'a pas été plus capable que Condorcet de classer dans sa philosophie de l'histoire les événements, dont il était le témoin, ou de prévoir ceux qui allaient se précipiter dans l'histoire de l'Europe.

Il semble qu'il y ait loin de l'hypothèse du progrès naturel et nécessaire de l'humanité à celle du progrès universel de la nature. Cependant la croyance à ce dernier genre de progrès est née chez beaucoup de penseurs des mêmes causes générales que la croyance au premier, et les deux hypothèses devaient à la fin se réunir en une même doctrine (XLVIII). L'abandon du système théologique par la philosophie du xviiie siècle porta simultanément sur deux sujets qui devraient être tenus séparés de toutes manières. L'un comprend la partie des dogmes irrationnels, qui sont une excroissance superstitieuse du christianisme, également condamnée par la psychologie, par l'expérience et par la critique historique : les prophéties, les miracles, les mystères, l'extension de la révélation religieuse à la révélation d'une métaphysique absurde; l'autre, — nous ne sortons pas des points communs à la philosophie et à la religion, — est la doctrine de la création du monde et de la fin ultime des phénomènes : elle exige une origine, un développement fini, la conception d'un cercle fermé, embrassant la vie universelle. Cette doctrine, loin de partager l'irrationalité du panthéisme théologique et des fictions hypostatiques, se conformait au principe de relativité. En la rejetant, sous l'influence des croyances infinitistes illogiquement rattachées à la constatation de l'immense étendue du monde par les observations astronomiques, l'école empiriste s'est forgé de véritables mystères à son usage, qu'elle a tournés contre la partie plus saine de la doctrine chrétienne. Le mystère de l'infini lui a imposé au lieu de la création et de l'ordre général de finalité du monde, le système du développement universel des phénomènes sans commencement et sans fin. L'évolution éternelle substituée à la création devait conduire à l'hypothèse du progrès de la nature comme loi de ce développement.

La première et la plus nette formule de la loi du progrès de la nature appartient à Leibniz, qui conservait, il est vrai, dans les mots la thèse de la création, mais qui n'admettait pas, au fond, la réalité des divisions du temps, ni, par suite, qu'il ne fût pas chimérique d'imaginer le monde créé plus tôt ou plus tard qu'il l'a été. Or c'était là nier, sans en convenir, qu'il l'eût été à aucun moment (XXVII). Leibniz ajoutait donc à sa conception infinitiste de l'action de Dieu dans l'univers une idée bien adaptée, en écrivant : « Si le monde n'est pas encore devenu le paradis », — ce qui peut paraître une objection à la théorie du progrès incessant de ses productions depuis qu'il est créé, — c'est que, « encore bien que de nombreuses substances soient déjà parvenues à un grand état de perfection, cependant, à cause de la divisibilité du continu à l'infini, il reste toujours, dans l'abîme des choses, des parties endormies, qui peuvent être éveillées, développées, conduites au mieux, et pour ainsi dire élevées à un état de culture plus avancé. Le progrès est ainsi sans terme ». Leibniz affirme que les faits partiels d'abaissement ou de destruction, observables dans la marche générale des phénomènes, sont suivis de mouvements de relèvement et de production, dont ils sont même des conditions. Il ajoute, parlant cette fois du progrès des personnes et des sociétés, que « physiquement, non moins que théologiquement, les afflictions, celles surtout des gens de bien, ont leur terme pour eux dans l'obtention d'un bien plus grand... et se trouvent ainsi être effectivement bonnes elles-mêmes comme étant les voies les plus courtes pour s'élever en perfection » (Leibniz, *De rerum originatione radicali*).

L'hypothèse du progrès de la nature est une introduction naturelle aux spéculations évolutionistes sur le passé et sur l'avenir. Sur le passé, Leibniz n'aurait pu lui-même s'y livrer sans mettre en danger sa thèse officielle de la création, car il est manifeste que la doctrine infinitiste engage le philosophe à faire remonter à l'infini l'origine des phénomènes. Quant à l'avenir, il avait plus de liberté. Il a pu émettre des idées du plus haut intérêt, dont sa monadologie lui fournissait la matière, sur les progrès de l'être en organisation. Il a établi la doctrine de l'union indissoluble des monades-âmes avec des corps organiques, et celle de l'indestructibilité d'une telle union, destinée à traverser l'infinie durée en prenant des formes successives. Elles ne se produisent point par des métensomatoses des âmes, mais par la voie des développements et enveloppements de semences, qui sont la vie et la mort des animaux, tous impérissables au fond à travers leurs métamorphoses. « Je croirais, dit Leibniz, que les âmes qui seront un jour âmes humaines, comme celles des autres espèces, ont été dans les semences, et dans les ancêtres jusqu'à Adam, et ont existé, par conséquent, depuis le commencement des choses, toujours dans une manière de corps organique. » Il n'est pas trop hardi de prendre en ce passage une perspective des vues réelles que Leibniz pouvait avoir sur un progrès naturel des espèces depuis les animaux, même inférieurs, jusqu'à l'animal de raison ; car il recourt à une sorte de miracle divin, qu'il nomme une *transcréation*, pour expliquer *l'élévation d'une âme sensitive au degré d'âme raisonnable*, à l'aide d'une opération particulière, immédiate, au moment de la génération de chacun des descendants d'Adam. Il dit bien qu'il a de *la peine à concevoir* un moyen naturel d'élever ainsi une âme, mais il se garde d'affirmer qu'il n'en saurait exister aucun. Observons en outre que l'hypothèse de la *transcréation* oblige à regarder le péché d'Adam comme lui ayant été absolument propre en tant qu'être raisonnable, et non transmissible (*Théodicée*, § 91).

Leibniz se représentait les composés organiques de monades qui constituent les *semences* des grands animaux, comme les corps mêmes de ces animaux sur une échelle moindre, et par là insensibles. Cette hypothèse de la préformation organique, adoptée par Haller et d'autres physiologistes, a été postérieurement démentie, l'observation ayant constaté la formation des organes par voie de différenciations successives. Mais ceci est d'un intérêt secondaire pour la métaphysique. La préexistence des germes, quelle que soit leur forme à l'état insensible, et la loi de finalité dans les phénomènes embryogéniques sont les points essentiels, et auraient suffi, sans l'hypothèse de *l'emboitement*, pour servir de fondement aux spéculations religieuses de *palingénésie philosophique* du naturaliste Charles Bonnet, disciple de Leibniz.

On peut dire en somme que Leibniz, si l'on écarte les restrictions ou les voiles dont l'orthodoxie théologique le força d'entourer ses pensées, fut l'initiateur de l'esprit évolutioniste qui s'étendit après lui, et qui se découvre chez Kant, nous l'avons vu, entre l'infinitisme, quoique inavoué, et l'inconditionné (XLI). Benoît de Maillet, auteur d'une hypothèse de descendance de l'homme des animaux marins, Robinet, qui se proposait de montrer la gradation naturelle des êtres en un progrès continu de l'organisation partant du minéral : — *Essais de la nature qui apprend à former l'homme*, — ne sont pas de grands philosophes, mais des idées semblables aux leurs fermentaient dans les esprits pendant tout le cours du xviiie siècle, et le commencement du xixe vit paraître la *Philosophie zoologique* de Lamarck, premier système scientifique de *l'origine des espèces*.

CHAPITRE XLII

ABANDON DU THÉISME
PAR LES DISCIPLES DE KANT

Quelles que soient les raisons qui ont dû engager Kant à s'abstenir de compléter un système dont les théories ébauchées dominent un peu partout son criticisme (XXXIII-XXXVII), il n'a pas laissé de soumettre le principe même de la métaphysique à cette méthode de l'évolution qui, depuis le déclin du néoplatonisme de la Renaissance, et grâce à la méthode synthétique de Descartes, de Spinoza, de Malebranche, et de Leibniz lui-même, quand on n'approfondissait pas trop les dessous de son infinitisme, semblait abandonnée. Autant le progrès fut grand, par l'œuvre de Kant, en ce qui touche la logique des concepts, la critique de la connaissance, la confirmation du principe de l'idéalisme, autant devons-nous juger rétrograde la restauration d'une méthode qui, prenant pour point de départ l'Absolu, dans lequel on implante une idée qu'on réalise, subordonne la conscience, la fait apparaître comme un produit de l'évolution, et par là même élimine la personnalité divine. Dans l'école allemande issue de Kant, on a composé différentes théories pour tirer ainsi de l'absolu le relatif, à l'aide de la contradiction familière aux émanatistes. On a supprimé seulement l'ancienne idée de la déchéance, ainsi que l'hypothèse de l'écart primitif de la raison, appréciation pessimiste du monde phénoménal qui appartenait au transcendantalisme kantien. L'idée de *développement* a fourni la forme donnée à la *manifestation* du noumène fondamental ; le *progrès* universel a été choisi pour la loi de la série des phénomènes, et le déterminisme pour le mode d'action de cette loi. Tous ces systèmes peuvent s'appeler, quelque nom que leurs auteurs aient trouvé bon d'affecter au principe des choses, des fictions de *Nature naturante* (ou *Idée réalisante*). Le public les a nommés panthéistes parce qu'il y voyait l'idée de Dieu absorbée dans l'idée de Tout ; mais l'idée de Dieu s'y est toujours montrée un embarras, et non point un secours pour expliquer la sortie du monde de l'Absolu et la marche des choses en tant que développement progressif.

Idée, ou Nature, ou Substance sont des termes qui conviendraient également bien à ces systèmes pour y désigner la racine profonde de la génération des choses. Même dans la doctrine de Fichte, dont l'*idéalisme subjectif* semble n'avoir pas d'abord affaire à la nature, on doit en somme reconnaître une sorte d'histoire de l'universalité des phénomènes ramenés à leur principe qui s'appelle mais qui n'est pas le Moi. L'être qui reçoit de Fichte ce nom n'est pas le moi individuel, une conscience, mais le moi absolu, dont le moi et le non-moi, qui en sortent en s'opposant et se limitant réciproquement, sont les produits sans qu'il s'agisse encore d'autre chose que de l'universel et de l'abstrait. Cette proposition de logique réaliste passe par-dessus le fait réel. Le fait est l'aperception empirique d'un rapport actuel de sujet à objet, dans une représentation individuelle qui se continue par une suite de représentations données sous la loi de succession et avec le concours d'autres relations catégoriques. La thèse de Fichte n'est donc point comparable à celle du *Cogito* cartésien ; elle en est l'inverse ; car l'induction : *ergo sum*, en cette dernière, conclut l'être substantiel de l'être phénoménal témoigné par la conscience, tandis que Fichte pose du premier jet le noumène d'un moi universel ; comme s'il pouvait y avoir une existence réelle pour cette essence logique en dehors d'une conscience positive, d'une personne, Dieu ou homme. Mais c'est qu'au fond ce noumène est pour lui la Chose et non la Personne.

Le moi ainsi compris est le principe d'une sorte d'émanation. Devenu intelligence par le moyen du non-moi qu'il s'oppose, le moi absolu découvre dans le développement de ce non-moi le monde. Comment il s'en distingue, et comment les individus et l'univers ne composent pas un moi *solipsiste* malgré les apparences, on ne le voit pas logiquement. Il faut que l'homme recoure à la loi morale, pour se reconnaître des semblables et pour poser le monde et Dieu. Dans un livre d'une inspiration très belle, où s'expriment les sentiments les plus élevés, que sa vie n'a point démentis (*La destination de l'homme : Douter, Savoir, Croire*), Fichte a remplacé la *science de la connaissance*, sa première ambition, par l'analyse psychologique. Partant alors du vrai moi, il a essayé, après Berkeley, une démonstration de la non-existence du monde externe non point, comme lui, par les arguments de l'immatérialisme et du relativisme, mais en soutenant la possibilité que le moi soit l'auteur de ses sensations et de ses idées, y compris l'idée de cause, qui est celle qu'applique le moi pour attribuer la production de ses propres phénomènes à un sujet étranger.

Ce solipsisme ne pouvant jamais être qu'une hypothèse forcée, n'a pas la valeur métaphysique de la théorie de Berkeley, qui, reconnaissant la force de la notion de cause externe, attribue à Dieu la production des idées. Fichte ne laisse pas de donner le titre de *savoir* à la deuxième partie de son ouvrage (un dialogue entre l'Esprit et le Moi) où il déduit les motifs de l'idéalisme *égoïste*. Dans la première partie, qui est consacrée à l'exposition des motifs de *douter*, c'est le conflit élevé dans la pensée entre la liberté et la nécessité, avant que l'*Esprit* ait démontré au *Moi* sa solitude, c'est l'impossibilité de résoudre ce problème, qui a motivé le désespoir du moi. L'*Esprit* n'a pu que l'aggraver, en obligeant le moi à tenir ses propres phénomènes pour illusoires, en tant qu'il a des sentiments et des idées qu'il rapporte à quelque autre chose qu'à soi. Le *croire* seul peut, avec le principe de l'action, la volonté, rétablir la quiétude du moi, et c'est le sujet de la troisième partie. On échapperait ainsi, par la notion de la « personnalité indépendante » au joug de la nécessité qui, en effet, ne pèse pas moins sur le moi, dans l'hypothèse où l'homme serait la victime d'une illusion interne, que dans celle où il serait le pur jouet d'un monde extérieur réel.

Mais, pour Fichte, la liberté n'est point le libre arbitre; il la refuse aux agents du mal, ne l'accorde qu'aux bons, et pose ainsi la nécessité du mal, dont la donnée est un fait. Il ne craint pas de peindre le monde avec de noires couleurs tout en le posant bon *a priori*. La doctrine du progrès est chargée de pallier la contradiction. C'est le progrès de la société humaine, d'abord, qui atteindra un jour la perfection, quoique Fichte ne montre point comment les hommes feront pour cesser d'être vicieux; puis c'est le progrès des vies individuelles, d'existences en existences toujours meilleures, et une marche sûre vers le Dieu inaccessible. Dieu est inaccessible parce qu'il est infini, ce qui n'empêche point que, de son côté, il n'atteigne et n'embrasse les mondes. Ce qui serait contradictoire en un sens, ne l'est pas dans l'autre : énigme expliquée au fond par l'unité de l'être. Les parties n'atteignent pas le tout; rien de plus juste. Mais c'est entre l'unité et l'infinité qu'est la contradiction.

La personnalité, dont l'établissement par l'œuvre de la croyance était annoncée, devient ainsi impossible à définir. Soit pour l'homme, soit pour Dieu, elle n'est plus qu'un mot : Dieu, comme infini, réclame l'illimitation de l'être, et à la fois l'intégralité ; et le moi individuel exige la limitation, si ce n'est qu'il s'anéantisse en perdant les attributs de l'intelligence. Le moi de Fichte reste toujours pour lui cet absolu qui, dans sa première doctrine *a priori*, tenait le double rôle de l'individuel et de l'universel. La liberté n'est que l'universelle spontanéité en ses divisions. Le retour à l'universel est la destinée ; le dévouement à l'universel doit être la loi. Le système demeure un monisme réel, dont le tort logique est de se donner pour le contraire de ce qu'il est.

Schelling suivit quelque temps les traces de Fichte, en interprétant par l'idée du moi absolu le fondement, inconnaissable, selon Kant, de l'origine des phénomènes. Ensuite il remplaça par un terme plus abstrait ce moi, dont la thèse à titre universel laissait trop percer la réelle signification, individualiste, quoi qu'on fasse. Le terme que Schelling y substitua, sous la dénomination d'*identité du sujet et de l'objet*, rappelait le *moi pur* de Fichte, mais en lui donnant de suite son entière portée : c'était la substance intégrale des choses et leur cause immanente, Schelling absorba dans cette conception le Dieu infini, indivisible, immuable de la théologie. Il en retrancha les attributs de la personnalité. Tel est l'*idéalisme transcendantal*, qu'il proposa au lieu du pur *idéalisme subjectif*. On devait en atteindre la connaissance et la preuve par un acte d'*intuition intellectuelle* capable de réaliser dans l'esprit cette *science de la connaissance* induement réclamée pour le *moi* de Fichte.

Du principe de l'identité, comme d'une sorte de substance, Schelling faisait descendre à la fois la nature et l'esprit par une évolution unique en deux lignes parallèles. C'était une manière de reprendre la méthode spinosiste du développement des attributs et modes de la substance, à cela près que, en place du rapport constant de deux ordres de phénomènes de la substance immuable, Schelling imaginait une double progression de nature naturante et naturée de cet être Universel lui-même. C'était une déformation de l'*Éthique* accommodée à la mode du progrès. Ce *système de la nature* avec ses développements physiques, œuvre nouvelle et brillante pour la tendance philosophique du moment, n'était pourtant qu'un réalisme naturaliste arbitraire, auquel on ne pouvait déjà trouver dans ce temps-là rien de scientifique pour le physicien ou le mathématicien. Schelling regardait le mouvement de l'esprit comme identique au mouvement de la nature : identique, mais différent. L'*identité des différents* a son fondement dans l'Absolu ; son développement lui-même est une *identité des contraires*. Comme dans la doctrine d'Héraclite d'Éphèse (V), l'opposition est en même temps l'union ; de la synthèse naissent les phénomènes. La liberté et la nécessité sont un seul et même attribut de tout être en sa production spontanée, à chaque moment de l'évolution ; et l'évolution est le devenir de Dieu, qui se termine à la personne humaine. C'est là que l'activité divine prend conscience de soi. C'est dans la Raison que se reconnaît, à l'avènement de l'homme, l'identité universelle où toutes choses ont leur origine et leur fin. La philosophie de Schelling a eu ce sens pour tous ceux qui ont pénétré, sous leur expression pompeuse, des idées qu'il avait des raisons que nul n'ignore de ne point formuler avec plus de clarté.

Le système de Hegel est essentiellement celui de Schelling ; il affecte seulement une forme dialectique de déduction qui lui est propre, avec une terminologie idéaliste toute nouvelle. Le principe est l'identification de l'Être et de l'Idée, mais c'est l'Idée qui prête son nom au sujet de l'évolution. Elle commence sa carrière en prenant les formes contradictoires de l'Être et du non-Être. Ce principe d'identité a sur le principe de l'*indifférence des différents* de Schelling un grand avantage : il donne lieu à la dérivation du principe du *Devenir*, synthèse de l'Être et du non-Être. Ce début de l'évolution de l'Idée offre d'ailleurs le modèle de la marche que suit Hegel dans tout le développement de son idéalisme réaliste, de contradiction en contradiction, et de synthèse en synthèse. La méthode est artificielle et sophistique, avec une terminologie faite exprès pour elle et qui n'est intelligible, dit-on, pour autant qu'elle l'est, qu'en langue allemande. La déduction de la nature est un problème impossible, et à peu près avoué tel pour cette philosophie. Le point d'arrivée de l'évolution est la réalisation de Dieu dans l'Homme, fin du devenir universel.

L'embarras de Hegel, à l'endroit où il avait à expliquer l'Idée en sa forme de Nature (*contradiction inconciliée*, comme il la nomme) était pour sa *logique objective* un fait fâcheux, auquel il ne trouva de remède que le dédain témoigné pour les phénomènes astronomiques, dont la génération ne s'obtient pas par la synthèse des contradictoires. Au surplus, le réalisme, dans l'acception scolastique la plus entière de cette méthode, fournit à Hegel, pour toutes les branches de la philosophie, les notions auxquelles il subordonne les phénomènes, et partout, en religion, en morale, en politique, dans l'art et dans l'histoire, le particulier et l'individuel rentrent à ses yeux dans l'universel, comme les qualités dans la substance. La liberté n'a point à souffrir, selon lui, de l'empire de l'universel ; car elle est identique à la nécessité. C'est ce qu'avait déjà professé Schelling. Liberté et nécessité s'identifient dans l'évolution ; et évolution de la nature, évolution de l'idée, ce sont des noms différents, ce ne sont pas des doctrines différentes, dans le système d'un tout solidaire qui évolue. Regardées d'une suffisante hauteur, on ne voit, en l'une comme en l'autre, que ce système d'évolution de *la Chose qui est tout;* par conséquent, un *système de la nature.* C'est bien d'ailleurs là ce que signifie l'*identité du réel et de l'idéel*, formule hégélienne.

Si nous comparons ces doctrines au néoplatonisme, dont — à n'avoir égard qu'à la reprise du principe de l'évolution, et à l'abandon de la méthode suivie depuis Descartes — elles sont de certains modes de restauration, nous remarquerons qu'elles ne mettent point réellement l'origine première en Dieu, comme faisaient les Plotin et les Proclus. Les termes de descente et de retour, consacrés par ces anciens philosophes, ne se retrouvent pas dans les vues des modernes, comme l'exigerait cependant l'application la plus rationnelle de la méthode évolutioniste. Il devrait exister entre l'origine et la fin des phénomènes un rapport métaphysique et moral. Au lieu de cette vue philosophique sérieuse, les évolutionistes disciples de Kant placent l'origine dans un terme universel, auquel ils ne peuvent donner pour signification, en le réalisant sans l'accompagner d'aucune idée morale, que l'*aséité*, sous tel ou tel aspect, toujours abstrait; et ils prennent pour fin la conscience, sans la supposer autre qu'à l'état transitoire et périssable que nous connaissons dans l'humanité présente, au sein d'un monde dont les conditions sont obscures et troubles. Il faudrait au moins, pour fermer le cycle universel, que l'homme fût invité clairement, comme il l'était par le néoplatonisme, à rentrer dans le mystique idéal divin où il a son origine. Fichte seul, à ce point de vue, peut être justement rapproché des anciens, avec une métaphysique si différente de la leur.

Les modernes manquent des moyens, que les néoplatoniciens avaient dans leur doctrine de séparation et de descente des âmes, et dans le polythéisme, pour montrer à l'homme une échelle accessible d'ascension au principe dont il est descendu. L'idéal abstrait de la raison théorique ne saurait, en dépit de la règle qu'on subit de garder le nom de Dieu comme titre honorifique d'un agent de l'évolution, tenir lieu de Dieu et de l'âme. Il n'a lui-même rien de fixe, pour le peu qu'il y a de penseurs dans l'humanité entière, qui lui prêtent ce sens impersonnel.

Le dieu premier des gnostiques et des alexandrins était une manière d'abstrait, lui aussi, mais c'est seulement par respect, et c'est par impuissance, à ce qu'ils croyaient, d'en atteindre l'idée, qu'en s'abstenant de le définir, ils le posaient comme une sorte d'indéterminé en soi. Ce qui le prouve, c'est le sentiment d'adoration qui s'adressait, et le nom de Père donné à ce premier principe de l'émanation pour lequel on n'admettait pas, *en théorie*, la fonction de cause. En fait, les hypostases, Intelligence et Ame du monde, étaient conçues comme des fonctions actives, s'exerçant dans les êtres qu'elles informent, tandis que les concepts réalisés qui les ont remplacées dans le prétendu panthéisme des disciples de Kant ne proposent que de froides explications, auxquelles on donne autant qu'on le peut une apparence scientifique, mais qui, fussent-elles vraiment avouées par la science positive, ne se rapporteraient que plus sûrement à des abstractions. La seule idée vivante et le seul Dieu, pourrait-on dire, en ces systèmes est l'hypothétique Progrès universel opposé à la croyance antique en la chute originelle ; mais ce progrès n'a ni origine, ni raison d'être ni fin ; il prend son fondement, pour tout le passé, dans une abstraction, telle que le moi absolu, ou l'indifférence des différents, ou l'identité de l'être et du non-être, et montre l'avenir dans on ne sait quel idéal d'humanité progressive, sans garantie pour la personnalité, sans rapport avec le principe métaphysique du commencement des phénomènes. Le déterminisme, qu'on suppose, sans en donner aucune raison, conduit par une finalité interne, est la preuve unique apportée en faveur d'un nouveau genre d'optimisme qui demande la justification du mal à l'attente des biens futurs dont ce mal serait la condition nécessaire. De là, dans certaines thèses d'histoire et de morale de cette école, les *platitudes* qui motivèrent les accusations d'hypocrisie portées par Schopenhauer contre les *professeurs* coupables de faire le silence sur ses ouvrages.

CHAPITRE XLIII

LE MONDE DE SCHOPENHAUER

Schopenhauer poursuivit, en métaphysique, le même objet que les trois principaux disciples de Kant : découvrir, définir le noumène inconnu qui soutient l'ordre entier des phénomènes ; mais il adopta la marche inverse de la leur, en cosmogonie, et fut plus fidèle à l'esprit profond du maître, ainsi d'ailleurs qu'à la plus commune tradition des écoles aprioristes, en ne prenant pas le mal pour un bien, et pour la condition du bien, mais en lui attribuant à proprement parler une origine. Une *origine du mal*, c'est l'idée la plus générale possible, mais formelle de la *chute* originelle. Seulement, Schopenhauer se trouva engagé, par l'effet de son parti pris métaphysique de chercher dans l'absolu l'origine du monde, à regarder la vie elle-même, la volonté de vivre, chez le vivant, comme le fait caractéristique de la déchéance. Cet incompréhensible écart de la Raison et de la Loi morale, que Kant avait obscurément imaginé chez le noumène, — mais Kant n'aurait pas dû dire le noumène complètement inconnaissable, s'il lui supposait l'attribut de la raison, — cet étrange *phénomène du noumène qui devient*, Schopenhauer l'envisagea dans l'acte de la Volonté devenant le Vouloir vivre. De ce fatal moment, s'il est possible d'assigner un moment là où le temps n'était pas encore, aurait pris naissance le monde des apparences, le monde de la multiplicité, du temps, de l'espace, et de la causalité qui est *la matière*. Mais la volonté une et simple subsiste toujours au fond, constamment libre de rentrer dans le pur état nouménal, par un acte moral de renonciation absolue, juste réparation de l'acte de péché qui l'en a fait sortir.

Schopenhauer a donné lui-même cette signification expresse à sa doctrine de la production du monde par un acte de l'être inconditionné, regardé d'abord, comme volonté pure. Il y a joint l'analyse des causes de la douleur, et la théorie bouddhique du nirvana. Il a par là embrassé l'unique sens qui pouvait être donné au nouménisme de Kant, quoi qu'en eût pu penser l'auteur lui-même de cette théorie de l'être *réel* hors du temps et de l'espace. Qu'il eût plu à ce dernier d'appeler *réel* aussi, d'une autre part, ce qui est empirique, ce n'était pas moins un résultat des plus hautes visées de la doctrine transcendantale, et du transport de la liberté hors du temps et de l'espace, de tenir pour de simples apparences les phénomènes développés sous nos yeux en contradiction de la réalité supérieure (XXXVII). C'est le premier point que sans doute Schopenhauer a dû reconnaître.

Le second est la franche déclaration des conditions misérables de la vie, des maux de la nature et de la société, et de l'incapacité naturelle où est l'homme de se gouverner par la justice, fait que Kant a partout reconnu, et qui est aggravé, non diminué, chez lui, par la possibilité logique et morale qu'il admet d'envisager, en dehors de toute expérience, l'idéal de la République universelle et du *Règne des fins*.

Un troisième point se rapporte à la thèse kantienne du *mal radical*, à laquelle s'adapterait à merveille le nom de *chute de la volonté*, en tant qu'incompréhensible séparation de l'agent rationnel d'avec la raison, son mobile par définition, selon Kant. Ce fait originaire du monde phénoménal, thèse de première importance, quoique laissée sans développement par le maître, aurait dû tout au moins interdire à des disciples ces théories d'évolution progressive du monde parti de *l'être du néant*, qui ont été un caractère commun de leurs vues spéculatives, si diverses en apparence. Schopenhauer s'est montré le vrai disciple, excepté dans la morale, son bouddhisme formel lui ayant imposé, au lieu de la justice, le principe de la pitié pour règle suprême des actes des créatures souffrantes dont l'être est un.

Le quatrième et dernier point, sur lequel l'accord complet et caractéristique de Kant et de Schopenhauer est constaté par ce dernier, dans son Mémoire sur le libre arbitre, est l'étonnante hypothèse qui fait coïncider et s'identifier l'acte de l'agent temporel, rigoureusement déterminé par ses antécédents de l'ordre du temps, avec l'acte libre du même agent en dehors de ces conditions. Schopenhauer déclare adopter cette « doctrine de la coexistence de la liberté et de la nécessité » : Si l'acte est libre, dit-il, c'est que l'homme fait toujours ce qu'il veut, quoique toujours déterminé ; c'est qu'il agit, quoique en des circonstances données et nécessaires, *selon ce qu'il est*, selon son essence et son caractère, qui appartiennent à son être hors de la nature. De là sa responsabilité morale. Mais la *coexistence* n'est que la simple *existence*, dans la pensée de Schopenhauer : l'écart entre l'acte phénoménal et celui qui institue en une seule fois le caractère de chaque homme est imaginaire ; les phénomènes qui impliquent la division de l'être ne sont tous que des produits de l'illusion générale d'où procède le monde de la matière et de la vie. C'est là sans doute ce que Kant n'avait pas voulu dire.

Schopenhauer, en sa doctrine de l'unité absolue de l'être, n'a point entendu favoriser l'éléatisme. Son inspiration est morale et mystique, plus qu'on ne l'a voulu croire. Son principe de la Volonté pure est, il est vrai, un concept de métaphysique réaliste, entaché du vice commun des doctrines de l'absolu ; mais, s'il pose ainsi la liberté dans l'abstrait, c'est cependant en lui donnant le sens d'une liberté d'option, nullement celui d'un développement spontané du néant de l'être comme d'une substance universelle ; car il insiste fortement sur le caractère de péché qu'il attribue à cet acte, à la fois premier, unique et incessamment continué du Vouloir-vivre, qui est le générateur du temps. Il déclare, avec non moins d'énergie, que les maux dont nous souffrons, et qui forment le tissu de la vie, sont la juste punition de la faute originelle, *une expiation qui est due*.

Tout acte d'option et de libre arbitre, encourant responsabilité, suppose un état antécédent d'intelligence et de passion chez l'agent ; l'idée nous vient donc ici, qu'il a dû, selon cette doctrine, exister un certain monde de la volonté consciente, avant le monde du Vouloir-vivre. Puis, passant de la question d'origine à la question de fin, — du péché d'où vient le monde, à l'extinction du Vouloir-vivre, qui en serait l'anéantissement, — on peut demander si le renoncement à la conscience, en nos présentes conditions de vie, ne serait pas pour nous la rentrée dans le monde pur de la Volonté, qui les a précédées? Sous cette dernière forme de la difficulté, Schopenhauer, qui nous semble avoir évité d'envisager en face la première, n'a pas refusé d'accueillir, ou à peu près, l'hypothèse : c'est à la dernière page, aux derniers mots de son grand ouvrage : *Le Monde comme Volonté et comme Représentation* :

« Nous le déclarons nettement », dit-il, après avoir expliqué comment la *négation de la volonté*, serait l'anéantissement du monde : « Ce qui reste après la suppression totale de la volonté, au point de vue de ceux que la volonté anime encore, c'est effectivement le néant; mais, à l'inverse, pour ceux qui ont converti et aboli la volonté, c'est notre monde actuel, si réel, avec tous ses soleils et toutes ses voies lactées, qui est le néant. » Et en note :

« C'est ce néant qui constitue le *Pratscha Paramita* des bouddhistes, le par-delà de la connaissance, le point où sujet et objet n'existent plus. »

En ce cas, la doctrine n'échappe pas à un dilemme : ou quelque chose existerait, pour l'homme, après la *conversion de sa volonté*, qui soutint un rapport avec ce qu'était sa conscience quand, le sujet se distinguant en lui de l'objet, le monde était sa représentation; — ou bien la suppression du temps, caractère de ce monde et de tous les phénomènes de conscience, est le passage à quelque chose qui leur étant complètement hétérogène n'admet plus aucun rapport avec eux. Suivant la première hypothèse, le principe de relativité s'appliquant, et la loi de personnalité se conservant, au moins de quelque manière, les idées de perfection et de bonheur, moralement attachées à l'idée de la fin des choses, appelleraient naturellement celle de l'accomplissement de la personne humaine, plutôt que de son anéantissement. Mais il ne faudrait plus regarder la loi de temps comme sans réalité. Le rapport entre l'état qui suit la conversion de la volonté, et le monde que cette conversion anéantit, n'est lui-même intelligible que comme un rapport de succession.

Suivant la seconde hypothèse, qui anéantit, en supprimant le temps, tout mode de penser, tout mode de vouloir, en un sens relatif et phénoménal, il n'y a nul rapport concevable entre un état de la *chose en soi* qui aurait *précédé* le monde de la représentation, et un état qui pourrait *suivre* ce monde au cas où la volonté viendrait à répudier la conscience. Avant et après n'ont aucun sens, tout est simultané et instantané, s'il n'y a pas de temps pour le noumène, et que tout ce qui tient du temps pour le phénomène soit illusoire. S'il y a un temps, il faut que le temps s'étende sur tout, que la succession soit une relation de la même extension que l'être; et il ne nous est plus permis alors de placer hors du temps un acte de volonté qui détermine le monde, et dans le temps un autre qui le réalise. Cette doctrine de l'absolu se retourne contre elle-même à son premier pas, en prenant pour attribut de la chose en soi la volonté, qui se définit aussitôt comme un relatif.

Le contresens éclate sous un autre aspect, en tant que l'acte du commencement prend le caractère moral d'une faute et d'une déchéance, car l'idée de la chute est essentiellement anthropomorphique. C'est une grande supériorité de la doctrine de Schopenhauer, quant au sentiment, que d'avoir donné au bouddhisme le péché originel pour principe ; mais c'en est le vice capital, de n'avoir pu seulement essayer de montrer, dans le vouloir-vivre, le sens moral, le caractère du péché. Quand on néglige cette question, suivant la coutume des critiques, on ne voit plus dans le monde de ce philosophe, que le système d'illusions dont se compose, selon lui, la vie universelle et, au-dessus de ce tout, le noumène. Mais le *noumène*, n'est, au fait, que l'*idée du noumène*, c'est-à-dire un phénomène aussi, et non pas mieux garanti que les autres phénomènes comme ayant le pouvoir de se surpasser lui-même pour démontrer son objet. Le jugement porté sur la vie, la théorie de la douleur, la réfutation de l'optimisme peuvent se prendre à part de la doctrine métaphysique, elles ont leur valeur propre, mais l'idée du monde de Schopenhauer n'est pas en soi bien différente, semble-t-il, de celle que nous donnent les doctrines du développement éternel et nécessaire d'un sujet unique dont les propriétés embrassent les phénomènes et leurs lois, et qui compose les êtres par ses modes, représentatifs d'un côté, représentés de l'autre. Les êtres ainsi constitués peuvent se nommer, indifféremment, ou réels, parce qu'ils sont donnés à l'expérience, ou apparents et illusoires, en ce sens qu'ils sont partiels, inadéquats, transitoires, et tous périssables. Mais c'est là précisément le système des philosophes dont Schopenhauer a été l'adversaire, excepté qu'il a fait énergiquement ressortir ce qu'ils avaient adroitement voilé sous leur optimisme, et ce que Kant s'était, en le posant, dissimulé de son mieux. Leurs *mondes* n'offraient eux-mêmes que des variantes de celui de Spinoza ; car, en présence de l'accord des doctrines en une conception d'unité universelle, les divergences sur les noms de la Substance ou de ses premiers attributs, et même sur la forme de développement des phénomènes, deviennent accessoires.

Schopenhauer avait donc, avec ces philosophes dont il a tant malmené la réputation, une communauté profonde de vues, en ce grand point de la définition du monde des phénomènes. Mais ils étaient optimistes, comme Spinoza, qui avait enseigné l'*amour intellectuel* d'un dieu, auteur cependant de tous les maux comme de tous les biens, et père de la douleur, autant que source unique de tous les modes de l'être ; et Schopenhauer, pessimiste, chercha une explication du mal, à l'origine et dans le cours entier de la vie des êtres, qui ne l'obligeât pas d'en affecter la substance même dont cette vie a procédé. Il aurait pu l'imputer à la liberté de l'être créé, en plaçant la personnalité créatrice au commencement, puisqu'il y plaçait la volonté : il préféra nommer Volonté le noumène de Kant, tout en le laissant inconnaissable en soi, comme situé au-dessus de toute conscience. Il s'éloigna donc du théisme, mais du panthéisme aussi, ne voulant pas appeler Dieu le Tout pitoyable qui est l'ensemble des œuvres du Vouloir-vivre.

« Nommer le monde Dieu, ce n'est pas l'expliquer, car il reste une énigme comme auparavant. » Rien n'est plus vrai que ce jugement ; c'est, en effet, le monde qui est proprement l'énigme ; on ne la résout pas en pensant que le mal est une conséquence mathématique des propriétés de Dieu, ennemi de lui-même, et détruisant, sous certains de ses modes, ce qu'il engendre sous certains autres. Mais le mal n'est pas rendu plus intelligible par la supposition que le monde n'est que notre représentation ; que ce dont nous avons conscience comme réel est illusoire ; et qu'il n'y a de vraiment réel que *cela* qui était *nous* avant que *nous* fussions conscients, avant que nous fussions. Car une telle réalité, nous n'y pouvons penser, encore est-ce sans pouvoir dire ce qu'elle est, que parce que nous sommes conscients. Il est vrai que, de cette façon, c'est *moi*, si nous considérons l'unité de l'être dans la volonté, qui deviens l'auteur de mon mal, et Dieu, si quelque chose peut porter ce nom, est exonéré de la responsabilité ; mais ni Dieu ni moi ne sommes plus rien dont je puisse me faire une idée.

A l'origine comme à la fin des choses apparentes, dans la *chose en soi*, la conscience, selon ce système, n'est pas, la représentation n'est pas ; la personnalité est la forme de l'illusion et du péché. On demande à la personne de se nier dans le propre principe de son existence, de s'anéantir ; on l'autorise à espérer, après l'extinction de la volonté, la révélation de quelque chose de supérieur, par cette raison, qu'il n'y a pas de néant absolu, que le néant est un terme relatif, et que l'évanouissement d'un ordre d'existence doit être la manifestation d'un autre ; mais l'application du principe de relativité n'est pas logique ici, de la part du philosophe qui, après avoir établi dans l'absolu le fondement de son système, ne peut que nous y ramener quand il exige de nous la renonciation à la conscience, et, par conséquent, la répudiation de toute forme qu'il nous soit possible de donner à nos espérances.

Telle est la doctrine que nous devons regarder comme le véritable *pessimisme* de Schopenhauer, et non pas le sentiment aigu qu'il a eu du mal, et son exposition, si fortement déduite, des conditions irrémédiables de notre monde de douleur. Cette doctrine du Monde *comme volonté et comme représentation* nous offre un système de la nature qui ne nous semble moins clair que celui sur lequel repose l'*Éthique* de Spinoza, que parce que nous nous dispensons de suivre Spinoza dans l'abîme de l'infini, de l'immuable et de l'un où plongent et se perdent les modes de l'existence spatiale et temporelle, divisée et changeante ; et c'est en effet ce dont les lecteurs de l'*Éthique* ont l'habitude. Le grand panthéiste peut présenter son monde sous une forme objective, aisément accessible, grâce au réalisme de l'étendue dont, fidèle à Descartes, il conserve la théorie nominale, tout en rapportant les propriétés géométriques des corps à la seule imagination. Au contraire, Schopenhauer, *idéaliste subjectif*, demande au moi de chacun de nous de se considérer comme le sujet du monde, ce qui n'est pas facile. La différence des deux systèmes paraît donc très grande, elle n'est pourtant que de point de vue. C'est bien un seul et même sujet universel que posent les deux philosophes, un sujet qui, en soi, est immuable et indivisé, et qui distribue son essence entre tous les modes d'être et de penser, divisés, successifs et changeants dont il est aussi la cause immanente. Les phénomènes sont présentés, des deux parts, comme rigoureusement déterminés dans l'espace et dans le temps par une cause unique et actuelle. Nous avons constaté la divergence des deux penseurs sur le jugement à porter de ce monde, éternel et adorable pour l'un, temporel, illusoire et exécrable aux yeux de l'autre; nous constatons maintenant l'accord : la réduction de l'individuel à l'universel, la négation de la conscience en tant qu'attribut de l'existence souveraine et caractère essentiel et perdurable de ceux des êtres qui la possèdent.

Ainsi les deux plus grands génies dogmatiques dont l'école aprioriste se puisse vanter, dans la plus grande opposition possible à la théologie traditionnelle, ont conclu à un être impersonnel, absolu, cause déterminante universelle des phénomènes enchaînés du temps et de l'espace. Les théologiens, avant eux, en leur idée de Dieu, n'avaient pas précisément évité cette conséquence de leurs thèses *De deo*, mais à ces thèses ils en avaient juxtaposé d'autres, descendues d'un autre principe, qui, pour des logiciens sans prévention en eussent été des contradictoires, et qu'ils croyaient ne plus en être, du moment que l'impossible accord, supposé réalisé, s'appelait *un mystère*. C'est à ce prix que la personnalité divine était sauvée. Malebranche et Leibniz avaient fait de merveilleux efforts pour conserver la réalité du relatif et du contingent en livrant à l'absolu tout ce que les phénomènes ont de réel. Kant a mis à l'essai les vues diverses de l'ordre relatif et pratique, et celles du prétendu rationnel pur, sans parvenir à la composition d'un idéal qui pût satisfaire à la fois les exigences contradictoires de sa pensée ; il a fait tout évanouir à la fin, en constituant l'être en soi, au sommet de la spéculation, dans le supratemporel et dans l'extraspatial ; et les plus illustres disciples de Kant n'avaient pas embrassé des principes moins incompatibles avec l'existence de la Personne à l'origine et à la fin des choses, que ne l'a été le principe incompréhensiblement appelé par Schopenhauer à réaliser le néant de la conscience sous le nom de Volonté.

CHAPITRE XLIV

L'IDÉALISME DANS L'ÉCOLE EMPIRISTE

La merveilleuse élaboration de la philosophie rationnelle apriorique n'a donc réussi qu'à construire des systèmes de la *Chose* antérieure à la conscience, pendant que les philosophes de second rang, et ceux qui avaient la charge de l'enseignement, profitaient de l'obscurité ou des équivoques laissées, — à dessein quelquefois, — dans les œuvres du génie, pour les glorifier et paraître les suivre, tout en conservant les formules consacrées du théisme, affaiblies par l'usage d'un certain éclectisme courant. Mais, pendant ce temps, l'école empiriste travaillait activement, de son côté, à ruiner les fondements de toute spéculation qui pût passer pour favorable à la conciliation du principe de personnalité avec la raison et avec la science.

La méthode de cette école, devenue exclusivement analytique en psychologie, depuis Hume, n'eût peut-être pas été si opposée par elle-même au principe de personnalité que l'étaient des doctrines synthétiques, divergentes entre elles, mais presque toutes panthéistes, étrangement multipliées à la suite de la révolution commencée par le criticisme kantien. Mais les purs psychologues avaient, malgré leur apparence de méthode empiriste, deux préjugés qu'ils tenaient pour aussi justifiés que s'ils s'étaient cru le droit d'affirmer des vérités absolues; et ils se donnaient l'avantage de les présenter à un public dégoûté de métaphysique, comme s'ils eussent été des *requisita* de l'expérience.

Le premier de ces préjugés est la conviction déterministe. L'accord existe sur ce point entre le pur empirisme et l'absolutisme synthétique. Hume n'a pas plus douté de la *séquence invariable*, que n'avait fait Hobbes, ni Stuart Mill plus que Kant, Hegel ou Schopenhauer. C'est cependant un grand et impardonnable abus, devant la logique, de regarder comme expérimentalement démontrée la nécessité de chaque liaison de phénomènes qui se montrent liés en leur succession ; car la succession seule est donnée à l'expérience, non la liaison, sous le rapport de la *prédétermination* des conséquents dans l'ordre du temps. La constance des liaisons, en quelque nombre de cas qu'elle se vérifie, n'est pas un argument légitime, au point de vue de l'empiriste, pour les cas où l'agent se représente comme également réalisables, dans un acte futur, à l'exclusion l'un de l'autre, deux conséquents contradictoires entre eux, pour succéder aux mêmes antécédents, *sans qu'il puisse lui être démontré, après l'événement, par aucun fait d'observation, qu'il s'est trompé, et que celui qui s'est produit était le seul des deux qui fût possible.*

Le second préjugé régnant dans l'école empiriste, et

le plus directement opposé à la reconnaissance du principe de personnalité, est cette fausse interprétation de la méthode de l'observation et de l'expérience, qui consiste à faire abstraction de la personne, observateur ou expérimentateur, et des lois de son entendement, pour juger de l'ordre et de la raison des faits. Les psychologues empiristes, après avoir combattu et ruiné le réalisme substantialiste, et généralement toute méthode, — ils s'en flattaient du moins, — qui crée des entités avec des abstractions, ont refusé à la pensée philosophique le droit de composer des synthèses de phénomènes. Les éléments de la connaissance, amenés pour eux à l'état de dissolution, ils ne reconnaissent pas dans la conscience l'agent qui les relie, qui définit, en la multiplicité des représentations, sa propre identité, et affirme les données du monde extérieur à l'aide des lois qu'il possède pour les percevoir et les classer. Faute d'admettre, au-dessus des sensations et des images associées empiriquement dans le temps, ou par des ressemblances, un règne intellectuel des relations dont l'application à l'expérience rend intelligibles les données de l'expérience, le philosophe, ne peut qu'être réduit, comme Hume, à l'aveu du scepticisme : conclusion logique, inévitable, de l'universel déliement des phénomènes. Stuart Mill, penseur d'une rare sincérité, a fait cette remarque, dont le sens était, pour lui, un renoncement à comprendre, mais qui, pour nous, signifie qu'on marche en sens contraire de la loi de la connaissance, quand on cherche à expliquer par quelque autre chose qu'elle-même cette conscience que toute connaissance possible suppose :

« Si nous regardons l'esprit comme une série de sentiments, nous sommes obligés de compléter la proposition en l'appelant une série de sentiments qui se connaît elle-même comme passée et comme à venir, et nous sommes réduits à l'alternative de croire que l'esprit, ou le moi, est autre chose que les séries de sentiments ou de possibilités de sentiment, ou bien d'admettre le paradoxe : que quelque chose qui *ex hypothesi* n'est qu'une série de sentiments peut se connaître soi-même en tant que série. »

La seconde branche de ce dilemme de Mill est mal nommée un paradoxe ; il faut y voir une contradiction fort nette : car si la série *n'est qu'une série*, elle ne peut pas être en même temps *quelqu'autre chose qu'une série*. Quant à la première proposition : *L'esprit ou le moi est autre chose que la série de sentiments*, Stuart Mill, s'il se fût mieux rendu compte du principe de relativité, qu'il a longuement discuté, ne se serait pas vu « en face de l'inexplicabilité finale », mais bien de la nécessité logique d'admettre comme relation constitutive du moi, objet et sujet, la synthèse de la multiplicité (série des sentiments) et de l'unité (conscience en acte) qui les assemble. Car cette loi est l'unique idée formelle que nous puissions avoir (en dehors de l'idée de substance) de la première condition de toute perception et de toute pensée. Stuart Mill aurait alors légitimé le phénoménisme, au point de vue scientifique, par la doctrine des lois.

L'associationisme, né des analyses psychologiques de Hume, avait à définir cette association des idées dont l'expérience devait être l'unique agent, pour ainsi dire. L'expérience passait déjà pour l'agent de la formation des idées elles-mêmes, par suite de la confusion qu'on faisait de la sensation proprement dite avec l'acte intellectuel de percevoir les rapports entre les objets sensibles : erreur capitale de l'empirisme. Il ne restait plus qu'à fixer l'espèce des rapports de fait sur lesquels l'expérience bâtit les associations en notre esprit. Hume avait désigné trois qualités qui lui paraissaient établir ces rapports « pour nous conduire d'une idée à une autre : *la ressemblance, la contiguïté de temps ou de lieu, la cause et l'effet* ». Les psychologues ses successeurs proposèrent d'inutiles variantes de cette division des cas d'association ; car il fallut à la fin s'apercevoir qu'ils n'en formaient tous qu'un seul : *l'association, par l'esprit, des idées dont les objets sont habituellement associés dans l'expérience*. L'explication de l'association par l'habitude était comme trouvée d'avance dans le rôle que Hume avait donné lui-même à l'habitude : il avait montré partout, dans cette loi, la génératrice de l'idée de connexion nécessaire qui se forme par l'observation des faits empiriques de jonction ou de répétition constante des phénomènes successifs dans le même ordre : il suffisait donc de voir dans l'association une sorte de causation interne des idées les unes par les autres, sans toutefois que l'idée de nécessité s'y ajoute.

Hume avait fait en outre cette réflexion : les principes de cohésion des idées simples, c'est-à-dire des idées qui naissent immédiatement de nos impressions « constituent une espèce de l'*attraction* qui, dans le monde mental, se montre aussi féconde en effets extraordinaires que dans le monde physique. Ses causes sont en grande partie inconnues et doivent se ramener à des qualités originelles de la nature humaine, que je ne prétends pas expliquer ». Cette réduction à un genre commun d'une espèce de liaison des idées, et d'une espèce de liaison des corps, liaisons effectuées en vertu de certaines *qualités* appartenant à la nature, nous fait envisager les idées comme données en elles-mêmes à l'état dispersé, ou atomique. C'est donc une sorte de physique des idées qui se trouvait inaugurée de cette manière. Un nouveau réalisme se produisait spéculativement, du fait du philosophe dont les analyses ruinaient d'autre part le réalisme de la matière. Les derniers disciples de l'école associationiste ont pris en partie le même chemin : ils se sont figuré que la nature humaine, en tant qu'esprit, est un composé de ces molécules spirituelles, les idées, rattachées elles-mêmes aux impressions sensibles. La vertu des combinaisons expliquerait les fonctions intellectuelles, comme dans la théorie atomistique des anciens ; il n'y aurait de changé que la définition de l'atome, devenu cette fois un élément spécifique de sentiment ou de pensée. Mais ces entités élémentaires, qu'il faut alors concevoir comme données en soi, sont une pure fiction réaliste ; car les plus simples de nos données réelles ne nous viennent, si nous considérons nos conditions externes, que moyennant l'existence et les fonctions de nos organes. Si nous considérons la pensée, elles ne nous sont présentées que sous la condition de notre conscience, qui se les rapporte sous la relation primitive et irréductible du sujet à l'objet, et puis sous les relations accessoires, mais indispensables, qui catégorisent les perceptions en ces différentes formes essentielles de l'intelligence : qualité et quantité, succession, causalité, etc. Les idées abstraites et celles qui s'acquièrent par raisonnement sont les produits d'une activité rapportée à ce même sujet. Rien de tout cela ne ressemble à des assemblages spontanés d'éléments doués de qualités attractives ou autres.

La conscience ne peut pas être la résultante d'une composition d'idées, qui toutes la présupposent. A son moindre degré imaginable, tout ce qu'il y a d'idées dont elle a la puissance l'implique elle-même en qualité de donnée préalable ; il faudrait qu'elle fût un composé de consciences inférieures, subordonnées. C'est bien ce qui a lieu en effet, par le moyen de l'organisation, mais de telle manière alors que composition signifie relation, actions mutuelles, existence distincte de chacun de ces êtres individuels dans un organisme, et non point fusion entre eux pour s'annihiler en formant un être nouveau, de la même nature. Il serait contradictoire, une conscience étant un rapport de soi à non-soi, individuel, indivisible, qu'elle pût naître de la réunion de plusieurs sujets semblables. Le simple procèderait du composé par l'anéantissement des composants!

CHAPITRE XLV

L'ASSOCIATIONISME. HARTLEY ET STUART MILL

L'espèce d'association suivant laquelle on suppose une formation de l'esprit, analogue à celle des combinaisons chimiques, nous représente une tentative pour matérialiser en quelque sorte l'idéalisme. On applique à de prétendus éléments d'idées la méthode réaliste, on imagine, sur le modèle des synthèses réelles des éléments spécifiques des corps d'où naissent des propriétés que n'offraient pas ces éléments, des assemblages inexpliqués de certains composants idéaux abstraits qui ne se peuvent observer hors de l'esprit lui-même, ni seulement être définis sans qu'on le suppose.

Un passage plus commun de l'idéalisme au matérialisme, mais alors avec l'idée commune de matière, a souvent lieu, quoique sans nécessité, à la faveur du parallélisme des phénomènes de conscience propres, et des phénomènes objectifs physiologiques. Ce parallélisme d'ordre général, en effet, s'étend jusqu'à une correspondance supposée entre les actes d'association dans les idées, et les actions des centres cérébraux pour se transmettre les impressions physiques qui les ont déjà intéressés ou simultanément, ou successivement. Cette hypothèse scientifique est légitime, à la condition de ne pas confondre une corrélation avec une identité. C'est au surplus, ce que n'a point fait Hartley qui, le premier a rapporté les sensations aux vibrations des nerfs sous l'action d'un fluide éthéré. Hartley ne répudiait pas les substances, comme Hume, son contemporain ; il ne définissait pas des genres particuliers d'association, il ne prétendait nullement expliquer par des associations les jugements principaux de l'esprit. « La doctrine des vibrations n'est pas, dit-il, opposée à l'immatérialité de l'âme » ; il se réfère au livre *de l'Homme* de Descartes, et va jusqu'à penser que ce philosophe aurait « vraisemblablement exécuté son propre plan (son plan à lui, Hartley), s'il avait été aussi bien informé que lui en anatomie, physiologie, pathologie *et philosophie en général* ». Il compare enfin sa doctrine des vibrations à « celles de l'harmonie préétablie de Leibniz, et des causes occasionnelles de Malebranche, qui sont toutes deux affranchies de la grande difficulté de supposer, d'accord avec le système scolastique, que l'âme, substance immatérielle, exerce sur le corps et subit de la part du corps, substance matérielle, une influence physique. La présente hypothèse est, dit-il, dans le même cas, elle admet simplement le fait de la connexion entre l'âme et le corps à l'égard de la sensation ». Toutefois, en ces derniers mots, Hartley exprime, il faut le dire, une intention que sa théorie n'a pas remplie. La preuve en est l'explication radicalement empiriste qu'il a donnée de l'origine et de la formation des idées.

Hartley distingue, il est vrai, entre les idées sensibles et les idées intellectuelles ; mais celles-ci, suivant lui, se forment de celles-là par des associations dans lesquelles l'esprit est passif, et celles-là, étant originaires des impressions reçues, dépendent du corps et de la manière dont il est affecté à travers les organes des sens, « dans la substance blanche médullaire du cerveau, dans la moelle épinière et dans les nerfs qui en viennent ». Des plus simples aux plus complexes, les idées procèdent toutes d'une seule substance, la corporelle, cause première pour l'homme ; l'autre a ses modes déterminés en conséquence. Cette opinion ne demandait aucun sacrifice aux croyances religieuses de Hartley, partisan d'un rigoureux déterminisme divin, pour le bien, comme pour le mal, et de la doctrine de Dieu agent unique ; mais, chez un psychologue qui ne se serait pas accordé la ressource de placer l'action de Dieu derrière les excitants physiques, c'eût été le parfait matérialisme posé en fondement de la psychologie.

Les vues de Hartley, en religion, tranchaient singulièrement avec ce matérialisme. Il pensait, distinguant l'âme du corps, sans la croire entièrement séparable des organes, que la mort est suivie d'un état d'inactivité, ou même d'insensibilité pour l'âme, jusqu'au jour de la résurrection, laquelle s'opèrerait en vertu de lois de la nature. L'intervalle immense de la mort et de la résurrection étant nul pour l'âme qui a cessé de penser, attendu que le temps est une simple relation, « les deux moments seront contigus pour elle, pensait-il, et l'homme entrera directement dans le ciel ou dans l'enfer aussitôt qu'il sortira de ce monde, *ce qui est la considération la plus alarmante* » (*On man*, etc., t. II, prop. 90). En dépit de la menace renfermée dans ces derniers mots, Hartley croyait à une fin dernière universelle de bonheur pour les créatures. Sa théorie de la mort et de la résurrection a cela de remarquable qu'elle se concilie avec celle qui convient à une monadologie, sauf, bien entendu, à définir comme il faut les éléments de la matière et des organes.

Ce psychologue n'a point visé, comme les associationistes ses successeurs, à remplacer les fonctions et, s'il se pouvait, l'esprit lui-même, par des associations passives d'idées. Son ouvrage est une étude de l'*association*, dans un sens psychologique et moral plus commun de cette loi, c'est-à-dire du pouvoir exercé sur l'individu et sur son caractère, par l'habitude, la coutume, l'autorité, l'éducation, etc., à la suite des idées qui se fixent les premières, pour l'imagination et dans la mémoire. L'objet qu'il se propose est de nous apprendre à former et à diriger nous-même nos associations. « Nous avons, dit-il, le pouvoir d'adapter notre constitution mentale aux circonstances, de corriger ce qui est mal et de perfectionner ce qui est bien. Notre bonheur ultime paraît être de nature spirituelle, et non corporelle, en sorte que la mort, ou le débarras de la partie grossière de notre corps, ne saurait arrêter notre progrès, mais doit plutôt nous avancer dans la poursuite de notre véritable fin. L'association tend à nous rendre tous finalement semblables ; de façon que, si l'un est heureux, tous doivent l'être. On peut montrer qu'elle agit pour les conduire tous à l'ultime et pur bonheur spirituel. »

Il y a lieu de rapprocher cette pensée de Hartley de l'opinion de Mill relative à notre pouvoir sur notre propre caractère, nonobstant le déterminisme, qu'il professait, lui aussi, et de ses vues également optimistes d'avenir humanitaire. Celles-ci se rattachaient à l'association dans le sens du système social de Robert Owen, tout entier fondé sur la formation du caractère humain par l'éducation. C'est seulement sur les traces de Hume, et par l'œuvre de James Mill, plus particulièrement, que l'école empiriste s'est appliquée à démontrer que la pensée avec toutes ses lois, sans demander à l'esprit autre chose qu'une suite d'impressions sensibles, est le simple produit de la formation des associations par l'expérience. Nous avons vu que, pour Stuart Mill, la difficulté s'était révélée clairement, de joindre les deux bouts, suivant cette méthode, c'est-à-dire de faire retrouver dans le résultat de la formation prétendue, ce que chacun appelle l'*esprit*, en sa connaissance de soi, toujours supposée par l'associationiste, et supposée sans être expliquée. Et Stuart Mill n'avait point trouvé que ce problème fut résoluble (XLIV).

CHAPITRE XLVI

LE TRANSFORMISME DE LA SENSATION. CONDILLAC ET LES IDÉOLOGUES

En France, où la psychologie de Berkeley n'avait pénétré que juste assez pour éveiller la curiosité par un « embarrassant paradoxe », et où, de la psychologie de Hume, on ne recueillait que ce qui pouvait servir la passion antithéologique, on était resté à Locke, à la question de la nature de l'âme, peut-être matérielle, en tout cas à l' « origine des idées par les sens »; et les « systèmes » étaient démodés. Prenant à Locke son point de départ, Condillac chercha, d'une autre manière que les psychologues anglais, une explication des fonctions intellectuelles qui permît l'élimination de l'intellect. Ce n'est pas que, lié par la coutume, il n'admît les substances, en disant ne savoir ce qu'elles sont et ne connaître que des phénomènes; et qu'il n'admît également, le libre arbitre. Sa psychologie est toute en dehors de la dette ainsi payée à la tradition; elle opère une formation progressive de l'intelligence, avec la sensation comme simple fait élémentaire. La distinction de Locke entre les idées de pure sensation et les idées de réflexion devient inutile ; la sensation se fait d'elle-même réflexion, mémoire, attention, comparaison, imagination, passion, volonté, par certaines transformations qu'elle subit, et à l'aide du langage et des signes. Ce que c'est qu'une *transformation*, et de quoi ses produits peuvent naître, ce singulier psychologue ne l'aurait su dire ; on ne peut le comprendre que moyennant la fiction d'un genre universel, la sensation, dont les espèces seraient des perceptions diverses et des opérations, dites actives, mais que leur origine et leur nature fondamentale forcent à envisager comme les formes du développement naturel d'une certaine *matière d'idées* qui se synthétisent spontanément et deviennent réfléchies. Ce transformisme de la sensation, ne s'avouant pas en tant que phénoménisme idéaliste, car Condillac admettait le jugement d'extériorité comme inhérent à la sensation, la matière d'idées ne faisait que garder la place de la matière commune, plus accessible à l'imagination, qui devait servir de base à l'*idéologie* de ses disciples. Quoi qu'il en soit, matière d'idées, ou matière au sens physiologique, le transformisme condillacien est une théorie d'impersonnalisme aussi caractérisée que l'associationisme composant l'intelligence avec un matériel d'idées atomiques. L'idéologie est une dépendance de la méthode réaliste.

Il est aisé de juger que Dieu ou l'âme ne peuvent être que des pièces de rapport dans une telle doctrine. Condillac leur laissant une place dans la sienne, a peut-être obéi à des considérations étrangères à la science ; il ne croyait pas les questions relatives à l'ordre du monde accessibles à la philosophie, telle qu'il la comprenait. Le mépris pour la métaphysique s'était répandu après Malebranche, le dernier, ou à peu près, des métaphysiciens profonds de notre nation. Il est permis de voir là une manière de prélude au *positivisme* qui devait, dans le siècle suivant, demander aux penseurs de se désintéresser de tout sujet inabordable aux méthodes scientifiques. Condillac était sur cette voie sans le savoir, en sa prétention de réduire toute connaissance à une analyse, et, par conséquent, au principe d'identité. Seulement, il faisait des synthèses, vraies ou fausses, en croyant faire des analyses. De même que toutes les idées, ramenées à leur source, n'étaient à ses yeux que des sensations, de même, réunies en propositions formelles, elles devaient trouver leurs preuves en des suites de jugements d'identité. Tout ce qui pouvait se penser pouvait se démontrer.

L'école dite idéologique, issue de Condillac, prolongea son règne en France jusqu'au moment où la réaction catholique, après la Révolution, ramena les esprits aux questions éliminées par le sensationisme. La faible réaction commençante des professeurs qui mirent à profit, pour l'enseignement, les écrits des philosophes écossais, adversaires de Hume, puis l'encouragement donné à l'étude de l'histoire des doctrines, tendirent à relever le crédit d'une philosophie plus profonde. Les idéologues, retenus par le préjugé de l'origine externe des idées, ne surent pas prendre, à ce moment, ou garder la direction d'un sérieux mouvement philosophique. Ils étaient restés étrangers, en dépit du nom qu'on leur donna, à l'idéalisme, où l'étude de Hume et certaines vues phénoménistes, très remarquées chez Condillac, auraient cependant pu les acheminer. Hostiles au spiritualisme, sans être affranchis du substantialisme, ils demandèrent à la physiologie cérébrale de leur fournir le sujet dont ils avaient besoin pour principe et cause des sensations, et par là des idées.

suivant ce que réclamait leur méthode. La physiologie, opposée à la psychologie, et mieux comprise du public ami de la science que les analyses de l'entendement ainsi faussées en principe, devint, amenant le matérialisme avec elle, l'enseigne visible de l'école de Condillac, qui, lui, ne s'était pas occupé de physiologie. Ceux des idéologues qui évitèrent cette pente tendirent à un spiritualisme de caractère mal déterminé, qui ne souffrait aucune comparaison avec les grandes doctrines du passé.

CHAPITRE XLVII

LE POSITIVISME. LA THÉORIE DES TROIS ÉTATS SUCCESSIFS DE L'ESPRIT HUMAIN. AUGUSTE COMTE

Si l'on réfléchit à la filiation scientifique d'Auguste Comte, aux principes d'origine empiriste et condillacienne que ce penseur admit dès le début de son *Cours de philosophie positive*, sans les soumettre au moindre examen, et enfin à la divergence ordinaire entre l'esprit général des physiologistes et le spiritualisme des maîtres appelés à la direction de l'enseignement, on trouvera juste de rattacher à l'école sensationiste l'inventeur du positivisme, quoique entièrement étranger, — et il le resta toute sa vie, — à l'étude de la philosophie chez les philosophes.

Mais le positivisme lui-même, en sa partie essentielle et dogmatique, est antérieur d'un demi-siècle à l'époque où il fut vulgarisé, et, de vingt-cinq ans pour le moins à celle ou Auguste Comte, se présentant au public

comme « élève de Saint-Simon » en donna la formule.
Dès les dernières années du xviii° siècle, le docteur
Burdin et Henri Saint-Simon méditaient, c'est ce dernier qui nous l'apprend, sur la loi historique en vertu
de laquelle le culte des idoles a été suivi du culte des
dieux naturels, et plus tard du monothéisme, lequel
devait être à présent remplacé par la doctrine des lois,
pour l'explication du monde. Une loi unique régissant
l'univers serait, selon ces penseurs, le dernier terme de
la conception à substituer au théisme. Les savants sont
les hommes voués à l'étude des lois, ils doivent en avoir
l'application, ils sont les prêtres de l'avenir.

L'idée première d'une succession historique de ce
genre appartenait à Turgot, auteur d'une définition de
trois modes de penser qui se seraient succédé dans
un certain ordre de progrès de l'esprit humain, et dont
le premier aurait créé les dieux, le second les essences
métaphysiques, tandis que le dernier venu, né de la
physique et des mathématiques, aurait pour sujet unique la liaison des phénomènes, pour méthode les hypothèses scientifiques vérifiables par l'expérience.

Le positivisme, envisagé dans cette idée première,
est le produit de la critique des dogmes irrationnels,
et du sentiment qui se répandait de l'impuissance de la
théologie traditionnelle à conserver son empire, et à
fournir la règle morale de la société moderne. La chute
des anciennes institutions, d'une part, qui parut plus
complète qu'elle ne devait et ne pouvait l'être, et la
défaite lamentable du libéralisme à l'issue de la révolution, de l'autre, portèrent des penseurs à croire à
l'urgence d'une nouvelle autorité morale dominant et
dirigeant, au nom d'une vérité certaine, les opinions
et la politique. La loi des états successifs de l'esprit
parut désigner d'elle-même le siège naturel de cette
autorité, grâce à la certitude des connaissances qui

s'obtiennent par la méthode mathématique et par la méthode expérimentale, et puis au progrès des sciences. L'état définitif devait être l'*état positif*, l'état d'esprit du savant professionnel.

Auguste Comte définit la loi des *trois états*, au début de son ouvrage capital, après sa sortie de l'école Saint-Simonienne (qui s'était alors engagée dans une tout autre direction) : « Cette loi consiste en ce que chacune de nos conceptions capitales, chaque branche de nos connaissances passe *successivement* par trois états théoriques différents : l'état théologique, ou fictif ; l'état métaphysique, ou abstrait ; l'état scientifique, ou positif. En d'autres termes, l'esprit humain, par sa nature, emploie *successivement* dans chacune de ses recherches trois méthodes de philosopher, dont le caractère est essentiellement différent, et même radicalement opposé : d'abord, la méthode théologique, ensuite la méthode métaphysique, et enfin la méthode positive. De là trois sortes de philosophies, ou de conceptions sur l'ensemble des phénomènes, qui s'excluent mutuellement : la première est le point de départ nécessaire de l'intelligence humaine, la troisième son état fixe et définitif ; la seconde est uniquement destinée à servir de transition. »

Examinons l'idée de ce *point de départ nécessaire*. « Dans l'état théologique, dit Auguste Comte, l'esprit humain dirigeant naturellement ses recherches vers la nature intime des êtres, les causes premières et finales de tous les effets qui le frappent, en un mot vers les connaissances absolues, se représente les phénomènes comme produits par *l'action directe et continue d'agents surnaturels*, plus ou moins nombreux, dont *l'intervention arbitraire* explique toutes les anomalies apparentes de l'univers. » — Il importe de constater qu'encore bien que Comte ne se serve pas à cet endroit des mots *volonté*, *conscience* ou *personne* pour désigner les agents surnaturels, objets d'une croyance théologique, il sous-entend ces caractères de la divinité ; il suppose même que l'état théologique est le seul dans lequel ils soient admis. Les définitions des deux autres états ne laissent aucune place à la croyance en l'action possible d'une ou de plusieurs personnes pour l'explication des phénomènes.

La qualité de personne est explicitement mentionnée, en effet, dans la définition du « système théologique parvenu à la plus haute perfection dont il soit susceptible : à savoir quand il a substitué l'action providentielle d'un être unique au jeu varié des nombreuses divinités indépendantes qui avaient été imaginées primitivement ». Sur ce point, il y aurait à remarquer combien il est illogique de prendre le *monothéisme*, avec la Providence, pour le point de perfection d'un polythéisme d'*agents surnaturels, directs, arbitraires*, que la mythologie et son exégèse en tout temps nous présentent, au contraire, comme des *forces naturelles* personnifiées. Mais, quoi qu'il en soit, ce n'est que gratuitement qu'on peut condamner à disparaître, en vertu d'une loi de l'esprit humain, la croyance en un seul Dieu, personne suprême, et dans le gouvernement divin du monde : croyance qui n'est infirmée par aucun argument positif tiré de l'expérience ou des sciences, seuls moyens du savoir aux yeux d'Auguste Comte, et qui continue d'être amplement représentée dans le monde, même scientifique. Le théisme affranchi de la superstition des interventions divines arbitraires dans les lois naturelles, se concilie avec l'esprit scientifique en cela précisément qu'il n'a plus rien à démêler avec les sciences. Et il n'exclut nullement l'esprit positif, là où l'esprit positif est à sa place. Voyons maintenant ce qu'il en est de l'*état métaphysique*. Comte le caractérise en ces termes :

« Dans l'état métaphysique, qui n'est au fond qu'une simple modification générale du premier (sc. du théologique), les agents surnaturels sont remplacés par des forces abstraites, véritables entités (abstractions personnifiées) inhérentes aux divers êtres du monde, et conçues comme capables d'engendrer par elles-mêmes tous les phénomènes observés, dont l'explication consiste alors à assigner pour chacun l'entité correspondante. » — L'état ou, pour mieux dire, la disposition d'esprit ainsi caractérisée déborde de tous les côtés, par ses applications, les sujets de la partie de la philosophie, la *métaphysique*, dont Comte a pris le nom pour définir cette seconde méthode, qu'il dit être une modification de la première, et qu'il juge transitoire. C'est celle que, dans tout le cours de la présente étude, nous avons nommée le *réalisme*. Elle consiste à prendre des qualités, ou leurs noms, pour des causes, à attribuer la réalité et des actions physiques à des essences constituées par des abstractions. Elle n'est point une modification des croyances théologiques en elles-mêmes, mais elle s'emploie à la formation de certains concepts de divinité, d'après les attributs par lesquels se définissent les dieux. Et elle n'est point transitoire, mais ses applications se reconnaissent en tout temps et en toutes sortes de sujets.

Le réalisme est contemporain du plus ancien *état théologique*, quand on ne remonte pas jusqu'aux dieux fétiches. Il a dicté, concurremment avec les phénomènes d'ordre général, ou forces naturelles, des concepts de vertus et de puissances divinement personnifiées, dans les mythologies antiques de toutes les nations, tant aryennes que sémitiques. Il a fourni une part de créations analogues aux plus anciennes formes de spiritisme qui nous soient connues, dans la Chine et le Japon, dans la Chaldée antique, dans le mazdéisme. Ses produits figurent dans les cosmogonies des mythographes de la Grèce, et dans les doctrines des philosophes : les Pythagore, les Héraclite, etc., et même les Démocrite, les Épicure, qui n'ont fait que réaliser des idées géométriques. Consacré dans la métaphysique par Platon, dans la physique par Aristote, il a pris un grand essor dans les deux doctrines, alexandrine et chrétienne, des hypostases, et prolongé bien au delà du moyen âge son règne établi par la scolastique. Il n'a pas épargné la physique moderne. Encore après que Galilée, Descartes et Newton avaient créé cette méthode scientifique dont les bornes ont paru à Comte celles des connaissances humaines, l'*état métaphysique* a constaté sa durée par de nombreuses fictions de théorie, dans la terminologie des sciences, dans le langage transformiste, que les savants sont sujets à employer avec une signification réaliste, et que H. Spencer a adopté, le croyant rigoureux. Enfin la philosophie, la politique, les discussions journalières de la presse en toutes matières, constatent par de fâcheuses personnifications d'idées abstraites, de faits généraux et de partis politiques, la conservation des habitudes réalistes de l'esprit. Le positivisme lui-même, en son langage, n'en est pas exempt.

« Le dernier terme du système métaphysique consiste, dit Comte, à concevoir au lieu des entités particulières une seule grande entité générale, la *nature*, envisagée comme la source unique de tous les phénomènes » ; et il met cette entité en parallèle avec le dernier terme du système théologique : « l'action providentielle d'un être unique » ; après quoi il ajoute, — illusion vraiment extraordinaire, qui le fait revenir, en ce qu'elle a de plus caractéristique, à l'erreur qu'il pense éviter : — « Pareillement, la perfection du système positif, vers laquelle il tend sans cesse, quoiqu'il soit très probable qu'il ne doive jamais l'atteindre, serait de pouvoir se représenter tous les divers phénomènes observables comme des cas particuliers d'un seul fait général, *tel que celui de la gravitation par exemple.* » Or, on peut mettre au défi le savant de définir la gravitation universelle en simple qualité de *fait*. La gravitation universelle est une *loi*, sa formule implique la définition de la masse et les rapports mathématiques de temps, d'espace et de vitesse, toutes idées abstraites, dont l'expérience ne saurait atteindre les sujets réels. C'est une violente abstraction qu'en définitive on mettrait à la place ou de la nature ou de la conscience universelle, si par impossible on arrivait jamais à formuler tous les phénomènes de la nature et ceux de la conscience sous l'aspect des relations variables des distances mutuelles des corps, suivant de certaines lois de nombre.

Il n'est point vrai que la *nature, entité générale*, soit le *dernier terme du système métaphysique.* Le mot *nature* est le plus souvent usité pour désigner une source générale des choses, sans prétendre la définir. Dans l'intention de ceux qui pensent expressément au sens de ce mot comme applicable à la raison dernière du monde, il désigne le fait universel, générateur et engendré, exempt de dépendance externe. Il semble donc que le *système positif* devrait en admettre l'idée comme celle du *fait de tous les faits*, fait positif par excellence ! Au contraire, les grands auteurs de systèmes métaphysiques, philosophes illustres dont les conceptions les plus générales répondent par leur abstraction au caractère attribué par Comte à l'état métaphysique, ont cherché quelque chose qui, placé au-dessus de la nature, en fût le principe ou l'origine. Antérieurement au xviie siècle pour les scolastiques, l'objet était d'établir des intermédiaires entre Dieu et la nature, en définissant les essences immatérielles que Dieu emploie à modeler ou informer la matière, à constituer les espèces. L'école cartésienne et Spinoza, et Leibniz, ont fait rentrer les modes de la nature dans les substances créées et conservées par Dieu. Berkeley a supprimé la matière, et rapporté aux esprits les qualités sensibles. Kant a fait dépendre d'un inconditionné, hors des phénomènes, toutes les déterminations phénoménales. Les plus célèbres de ses disciples ont déduit de cet inconditionné, par eux diversement qualifié, la nature. Rien de tout cela, quoique l'œuvre de la grande suite des penseurs qui reçoivent essentiellement le titre de métaphysiciens, ne ressemble à ce que Comte exprime quand il dit que le *terme du système métaphysique* est la Nature, entité générale, source unique des phénomènes. Le *dernier terme* ainsi défini s'accorde, au contraire, pour la méthode, nous l'avons déjà remarqué, avec celui que Comte a imaginé en donnant le *fait de la gravitation* pour exemple du fait général que le système positif accompli pourrait regarder comme son terme, s'il était possible de *se représenter tous les phénomènes comme des cas particuliers de celui-là*.

La définition formelle de l'esprit positif nous conduit au même résultat : « Dans l'état positif, l'esprit humain reconnaissant l'impossibilité d'obtenir des notions absolues renonce à chercher l'origine et la destination de l'univers, et à reconnaître les causes intimes des phénomènes, pour s'attacher uniquement à découvrir, par l'usage bien combiné du raisonnement et de l'observation, leurs lois effectives, c'est-à-dire leurs relations invariables de successions et de similitude. L'explication des faits, réduite alors à ses termes réels, n'est plus désormais que la liaison établie entre les divers phénomènes particuliers et quelques faits généraux dont les progrès des sciences tendent de plus en plus à diminuer le nombre. » Comte définissant ainsi, comme l'idéal d'une connaissance positive de l'univers, la représentation de tous les phénomènes en qualité de cas particuliers d'un seul fait général, réunit nécessairement sous ce nom de *fait*, qui sans cela serait impropre, l'infinité des phénomènes, sous l'hypothèse d'un déterminisme éternel, universel. Et qu'est-ce que ce fait, si ce n'est la nature, avec ce sens, à tort prêté par lui au terme idéal de la métaphysique, d'un monde considéré comme l'ensemble des choses et de leurs connexions invariables ? une incompréhensible entité, comme il l'aurait nommée, si on lui en avait proposé le concept avec tout ce qu'il implique de postulats sur l'infini, la substance et la cause, qu'il voulait ignorer ?

Le mérite éminent de Comte a été d'enseigner le principe que les philosophes de l'école empiriste pure, Hume et ses successeurs, n'avaient pas su déduire clairement de leur méthode, le principe de relativité. Comte a reconnu la nature exacte de la méthode des sciences expérimentales, de celle que ses inventeurs, sans la bien formuler, ont eue pour guide de leurs plus grandes découvertes, et qui consiste essentiellement à substituer à la recherche des essences et des causes la détermination des lois des phénomènes. Son erreur est d'avoir envisagé la perfection de l'esprit positif dans la répudiation des idées, ou croyances, qui ne peuvent être ni démontrées pour l'expérience ou pour la raison pure, ni refutées, et n'admettent pas le contrôle scientifique. C'était confondre la personne morale du savant avec la profession. La profession consiste à observer fidèlement les règles imposées à chaque genre d'investigations, en matière de constatation des faits et de leurs rapports, et à se rendre un compte rigoureux des inductions ou hypothèses qu'on ne peut se défendre de mêler aux théories. Ce serait manquer au devoir, en ce service social de la recherche de la vérité, que d'étendre la portée inductive des lois, soit pour affirmer, soit pour nier, au delà des limites de chaque sujet défini qui a ses données dans l'expérience et ses principes dans la logique. Comte reconnut que les questions d'origine première et de fin, et les hypothèses ontologiques sont hors du domaine des sciences, et inaccessibles à leurs méthodes. Il en condamna l'étude, parce qu'il ne la vit poursuivie par les philosophes que sous l'empire des doctrines absolutistes. On peut dire qu'il ne fut pas trompé par le principe de relativité, mais, au contraire, qu'il n'en poussa pas assez loin l'application ; car il aurait évité son erreur, si, par la critique de la connaissance et de la croyance, il eût été mis sur la voie de reconnaître la possibilité d'une doctrine générale du savoir qui ne placerait pas ses objets dans l'absolu, mais dans l'esprit et dans ses lois. Les sciences non plus n'en possèdent pas d'une autre nature.

Demeuré systématiquement étranger à l'étude de l'esprit et à la critique de la raison, Comte crut pouvoir décider arbitrairement de ce qui est accessible ou inaccessible au savoir. D'un côté, il admit sans examen des thèses, telles que la négation de toute contingence, l'affirmation de la substance matérielle, et celle de l'origine empirique des idées mathématiques ; de l'autre, il nia la possibilité d'une psychologie, même empirique, et, jusque dans les sciences de son ressort, voulut mettre l'interdit sur des théories d'un genre qu'il était seul, entre tous les mathématiciens, à juger non positif : le calcul des chances et l'astronomie stellaire. Il ne pensa jamais qu'il eût à apporter une raison quelconque pour démontrer aux hommes qu'ils devaient abandonner toute préoccupation d'objets dont il ne pouvait pas dire que l'existence fût impossible, mais seulement l'accès défendu à une certaine méthode, et qui leur paraissent à eux les plus importants. Il n'en avait pas d'autre que sa croyance propre en cette chimérique *loi des trois états* qui prescrit le matérialisme et l'athéisme pour condition *a priori* de tout exercice futur de l'esprit humain. Nous n'avons pas ici à suivre Comte dans la partie de sa carrière philosophique où, renonçant à découvrir la loi de l'humanité dans l'étude *objective* de l'histoire, il composa de toutes pièces, pour les races futures, une religion nouvelle sous l'inspiration de son propre état *subjectif*. Cette œuvre de Comte est intéressante, mais, en dehors du fait à constater : que les objets du culte positiviste sont, comme il le dit, des créations d'un esprit revenu de la raison au fétichisme, elle n'a pas sa place dans une étude historique de l'enchaînement des idées métaphysiques.

CHAPITRE XLVIII

LE POSITIVISME ÉVOLUTIONISTE. HERBERT SPENCER

L'idée qui avait fait faute à Comte pour poser le fondement du système du monde, et en réduire le développement à l'unité, mais une idée que, sans aucun doute, Comte eût rejetée comme entachée de métaphysique, s'est offerte à un philosophe dont on a souvent rapproché la doctrine du positivisme, quoiqu'elle en repousse les thèses essentielles. Entre les deux penseurs, il y a ce rapport : que H. Spencer édifie, comme l'auteur de la philosophie positive, son système sur la science, telle au moins qu'il en interprète certaines lois. Mais il va beaucoup plus loin que lui, en ce que, des principes de la science qu'il prend pour accordés, il ne déduit pas simplement la philosophie *positive* — une philosophie qui est une méthode bornant *a priori* la science possible, — mais bien le *savoir complètement unifié*. L'œuvre que Comte tenait pour l'objet idéal, mais irréalisable de la science, a paru exécutable à H. Spencer, grâce à un progrès considérable obtenu dans la conception de la physique générale, vers les dernières années de la vie de Comte. L'inaccessible semblait s'être mis à la portée du philosophe positif. Il ne fallait que définir une substance, une matière universelle qui fût aussi la force universelle, et remplacer par une évolution de cette substance, et par ses transformations *scientifiques*, la loi unique dont Comte avait admis la possibilité.

La philosophie de H. Spencer se relie d'une façon remarquable au Kantisme, par le concept du principe inconditionné, inconnaissable du monde (XXXIII), en même temps qu'au positivisme, qui se déclare agnosticiste en cette question d'origine des choses ; et l'on peut rapprocher aussi H. Spencer, comme auteur d'un système d'évolution, des principaux disciples immédiats de Kant, qui furent aussi des évolutionistes, quoique établissant sur de tout autres principes que devait le faire H. Spencer les assises métaphysiques du savoir universel.

Le passage de Kant à H. Spencer a lieu, en métaphysique, par l'intermédiaire de Hamilton, de qui H. Spencer tint sa thèse réaliste, et la théorie des *vérités ultimes inconcevables*. Hamilton, se posant le problème des prétendues antinomies de la raison sur les points capitaux mêmes qui sont discutés dans la *Critique de la Raison pure*, ne concluait pas, à l'exemple de Kant, que la thèse et l'antithèse, également démontrables à ce qu'il semble, étaient l'une comme l'autre, inapplicables à l'être réel (au *noumène*), et portaient sur de simples apparences du domaine du temps et de l'espace : d'où la dispense d'opter entre les deux. Il pensa qu'elles étaient, non pas également démontrables, mais également inconcevables, quoique contradictoires l'une de l'autre, et qu'il fallait néanmoins, vu cette contradiction, que l'une fût vraie et l'autre fausse. En ce respect, d'ailleurs louable, du principe de contradiction, Hamilton n'oublia qu'une chose : c'est d'appliquer ce même principe au discernement des raisons qu'on met en avant, d'un côté, pour la thèse, de l'autre, pour l'antithèse (XXXIV); et il fit son choix par sentiment, indépendamment de la raison, là où la raison consultée ne pouvait, selon lui, conseiller que l'abstention du jugement. En ne la suivant pas, il fut obligé de croire le monde fondé sur des principes inconcevables, et, en fixant entre eux son choix en faveur de celle des deux branches des antinomies où siègent les attributs infinis de Dieu, il rendit, conformément d'ailleurs aux errements théologiques, et contre son intention, la personnalité divine inintelligible.

H. Spencer procède de Hamilton en la partie métaphysique de ses principes, mais il se tient à l'Inconnaissable, et ne se croit pas forcé d'opter entre des inconcevables mutuellement contradictoires, ni de résoudre les contradictions. Ignorer lui suffit. Au-dessus du principe physique de la constitution du monde, et de la loi de son évolution, il fait régner l'Absolu, dont l'existence est démontrée, suivant lui, par celle du Relatif (XXXIII). Inconcevable par essence, l'Absolu répond à des modes d'être, inconcevables comme lui, qui s'appellent Matière, Mouvement, Force, et sont des « symboles de la réalité inconnue ». L'Espace et le Temps, de même que la Matière, quand nous cherchons à pénétrer leur nature intime, c'est à des absurdités que nous sommes conduits : il n'en faut pas moins les tenir pour des réalités, et les déclarer des objets pour nous d'une croyance invincible, dont l'explication rationnelle est hors d'atteinte. L'étude du mouvement ne mène qu'à d' « alternatives impossibilités de penser ». Enfin, la Force est incompréhensible, tant en elle-même que dans son mode d'exercice, car nous ne pouvons ni éviter d'y penser comme à quelque chose de sensible, ni nous la représenter sans absurdité d'après nos sensations. « Ces idées scientifiques ultimes sont toutes représentatives de réalités qui ne peuvent être comprises. »

H. Spencer appelle *réalisme transfiguré* cette étrange manière de combiner l'idée de l'inconcevable avec celle du réel. Elle est, en effet, le résultat de l'alliance du plus commun réalisme, qui suppose une chose en soi derrière la qualité sensible, avec le réalisme métaphysique, qui transporte cette même chose hors du monde, faute de pouvoir la regarder comme en soi dans l'ordre de l'expérience. Empiriste, mais reconnaissant les contradictions du réalisme matérialiste, et à la fois rebelle à l'idéalisme selon Berkeley, il ne se voit que la ressource de prendre les idées générales relatives à l'espace et au temps (qu'il nomme *idées scientifiques ultimes*) pour des symboles de quelque chose d'inconnu. L'absurdité de ces inexplicables symboles subsiste, en vertu des analyses mêmes du philosophe qui nous donne leurs idées à la fois comme inconcevables et comme représentatives de réalité.

Le vice fondamental du système ressort, avec le parti pris de nier le principe de personnalité, — car c'est une manière de le nier que de le dire inconnaissable, — quand H. Spencer émet cette étonnante proposition : « La personnalité, dont chacun est conscient, et dont l'existence est pour chacun un fait plus certain de beaucoup que tous les autres faits, est cependant *une chose qui ne peut vraiment point être connue*. La connaissance en est interdite par la nature de la pensée. » L'idée de la conscience, dont tout autre idée possible dépend, serait donc, comme les idées de matière et de force, le symbole d'un inconnaissable? En voici la raison :

« L'acte mental dans lequel le soi est perçu implique un sujet percevant et un objet perçu. Si donc l'objet perçu est *le soi*, quel est le sujet qui perçoit? Ou, si c'est le vrai soi qui pense, quel est l'autre soi, qui est pensé? *Evidemment*, une vraie connaissance de soi implique *un état* dans lequel le sujet et l'objet sont identifiés, et *cet état*, c'est l'anéantissement du sujet et de l'objet. » — C'est nous qui soulignons, parce que ce mot : *évidemment*, cet état qui est l'état d'on ne sait quoi, ce *soi* qui n'a plus ni sujet ni objet, et dès lors énonce un pur néant, nous offrent le curieux spécimen d'un réalisme prodigieusement naïf en son absurdité.

Le sophisme repose sur la supposition que l'objet et le sujet sont *deux choses;* car il en faut une troisième, et celle-ci fait évanouir les deux autres en les identifiant. N'est-ce pas là une démonstration par l'absurde du principe de relativité? L'application de ce principe n'est-elle pas forcée pour le plus simple bon sens, en ce point qui est l'origine et la condition de toute pensée? Le sujet et l'objet, dans l'acte mental, sont les termes d'un rapport. C'est ce rapport qui est la conscience, ou personnalité, laquelle n'est pas *une chose* dans le sens habituel, c'est-à-dire exclusivement objectif du mot *chose*. Non seulement ce rapport n'est pas inconnaissable, mais il est la connaissance prise dans sa source, la relation des relations ; et connaître n'est que poser des relations après celle-là, qui est la première de toutes.

Le raisonnement de Spencer sur l'idée de conscience est la négation indirecte de la conscience qui devient la chose inconnue, et par là, se trouve, comme il le montre bien, anéantie. Sa doctrine évolutioniste le conduit au même résultat, car tout en refusant de nommer matière plutôt qu'esprit cet inconnaissable d'où procède le monde, il prend pour point de départ de l'évolution, la matière, et, pour l'œuvre de l'évolution, la formation de l'esprit, laquelle présuppose ainsi la matière. L'esprit se modèle sur la matière, progressivement, pour en représenter les lois.

« L'esprit ne peut être compris que par son évolution. La vie est l'ajustement continu de l'interne à l'externe. » Elle est un accroissement continu, un progrès de l'organisation d'espèce en espèce. « En suivant cet accroissement, nous passons par une transition insensible des phénomènes de la vie, corporelle à ceux de la vie de l'esprit. » Cet externe initial au sein duquel les phénomènes mécaniques précèdent, dans l'évolution, les phénomènes de la vie, est la matière à l'état fluide, diffus et homogène, *la nébuleuse*, dont les transformations de la force, inhérente à la matière, donnent aux phénomènes leurs caractères physico-chimiques, biologiques et en dernier lieu de sentiment, d'émotion et de pensée. Le système ainsi résumé est ce que chacun appellera *matérialiste*, à moins qu'il ne se trouve un philosophe revendiquant pour lui cette qualification, assez entêté pour ne pas vouloir que quelque chose, qu'on ne sait pas, soit peut-être un excitant général des forces productives de la matière. Et ce système est *athée*, c'est-à-dire sans Dieu, parce que tout ce qu'il accorde à l'Inconditionné situé derrière le monde, c'est d'avoir le monde pour symbole, ce qui n'a pas de sens. En ce dernier point, H. Spencer diffère des évolutionistes, et des émanatistes formels, qui établissent des relations plus définies entre cet être sans relation et le déroulement des relations. Ici la logique donnerait plutôt raison à l'agnosticisme le plus net et le plus résolu.

Voyons maintenant comment le réalisme spencérien de la Force-Matière emploie les transformations de cette entité pour résoudre le problème universel déclaré par Comte insoluble, et « unifier intégralement le savoir ». Il y a longtemps, aurait dit Comte à Spencer, s'il eût vécu quelques années de plus pour s'instruire des découvertes relatives à l'équivalence mécanique des forces physiques : « il y a longtemps que la science a cessé de rêver telle chose qu'une force qui s'appliquerait à un mobile, le mettrait en mouvement, l'animerait pendant son mouvement. C'est une entité qu'il faut renvoyer au temps où l'on croyait les planètes mues par des dieux ou par des anges. Nous ne connaissons aujourd'hui que le phénomène du mouvement lui-même, rapport variable des positions respectives des corps ; puis les fonctions de ce rapport à l'égard de leurs propriétés physiques et physico-chimiques. Si les nouvelles découvertes se vérifient et s'étendent, » — ce *si* eût appartenu à Comte — « il se trouvera que notre Descartes avait raison, quand il embrassait d'une vue de génie une loi qu'il ne pouvait encore ni justifier ni préciser, et qu'il accompagnait d'une erreur grave, mais qui serait celle-ci en termes exacts : sous tous les phénomènes sensibles, il y a des mouvements moléculaires des corps ; ces mouvements de parties extrêmement divisées peuvent se changer mécaniquement en des mouvements de masse, ou, *vice versa*, les mouvements de masse se distribuer dans les parties du corps, sans que leurs quantités, leurs sommes, mesurées par une certaine fonction mathématique cessent d'être constantes ; et les qualités sensibles : lumière, chaleur, électricité, les affinités chimiques, sans doute aussi les modifications de l'esprit sont en corrélation de variations avec la forme de ces mouvements. Cette corrélation est analogue à celle qui est connue depuis longtemps dans les rapports des sensations sonores avec les vibrations des corps. Elle se vérifie aujourd'hui pour les sensations lumineuses, et semble devoir s'étendre à toutes les sensations. »

« Telle est eût continué Comte, après cette leçon donnée à Spencer, la signification scientifique, ou positive, de la théorie cartésienne, ou mécanique, de la physique générale. Imaginer, au lieu de cela, que les sensations et les idées sont de la *force transformée;* que « les forces physiques subissent des métamorphoses » ; que « les modes de l'Inconnaissable que nous appelons mouvement, chaleur, lumière, etc., sont transformables les uns dans les autres et dans ces modes de l'Inconnaissable que nous distinguons comme sensations, émotions, pensées, lesquels à leur tour sont retransformables en leurs formes originelles », c'est, sous ces noms de *forces, modes* ou *formes,* donnés à des phénomènes, restaurer les essences, les entités, et sortir des voies positives où la science est entrée il y a trois siècles. La découverte de l'*équivalent mécanique de la chaleur* est une belle confirmation de ma loi des trois états. Je vous engage à la méditer :

« En l'état théologique, les hommes se représentaient chaque corps planétaire comme guidé par un dieu qui lui faisait parcourir dans l'espace un cercle parfait. Aristote lui-même a cru cela, et Képler encore, remplaçant seulement le dieu par un ange et la sphère par une ellipse.

« En l'état métaphysique, les savants ont personnifié les forces, entités du genre abstrait, causes transitives, par lesquelles ils ont imaginé, comme vous, que les mobiles devaient être informés, grâce à la communication du mouvement, et tout le temps qu'ils le gardent.

« En l'état positif, aujourd'hui, *nous savons* que le mouvement lui-même, ses lois, ses fonctions et fonctions de fonctions constituent tout ce que l'intelligence peut ajouter de théorie à nos perceptions de la locomotion dans le temps et dans l'espace. »

C'est ainsi qu'Auguste Comte eût régenté H. Spencer en mettant à profit, pour sa loi des trois états, les découvertes nouvelles, et il eût été dans le vrai en ce qui touche l'interprétation des relations mécaniques et physiques, qui ressortissent réellement à l'ordre *positif* ou scientifique, et dont le philosophe évolutioniste n'a pas compris la vraie nature.

La force *transformée* est, après la force *réalisée*, une autre imagination, — le réalisme s'appliquant cette fois à l'image même des changements opérés dans les corps, — qui nous permet de remonter jusqu'à Héraclite d'Éphèse pour trouver l'expression générale de la doctrine qui a séduit H. Spencer. Le Feu avait, pour Héraclite, un sens à la fois empirique et symbolique, désignant la Matière en tant qu'active et continuellement fluente, force organisatrice du monde, immanente au monde, mais subordonnée à l'Æon qui préside à la série des évolutions. Telle est aussi l'idée de la Force-Matière, dont les transformations produisent tous les phénomènes en qualité de *symboles* de l'Inconnaissable. Le nom d'Æon s'adapte à merveille à ce principe inconditionné surmontant l'évolution. Il rappelle aussi le *Temps sans bornes*, fiction réaliste que le mazdéisme, au temps de décadence de cette religion, employait pour se représenter le plus ancien des êtres.

CHAPITRE XLIX

LA PERSONNALITÉ DANS LES SYSTÈMES ÉVOLUTIONISTES

La loi et la fin de l'évolution du système solaire, le progrès continu de l'organisation et de la vie, la formation de l'intelligence par l'adaptation de l'interne à l'externe, le principe de continuité, le sensationisme, en psychologie, chargé d'expliquer les degrés de la constitution héréditaire et progressive de l'esprit, l'ère de bonheur que l'humanité doit parcourir après l'accomplissement de l'adaptation, l'involution, enfin, qui doit faire rentrer le monde dans la Nébuleuse dont il est sorti, — sans qu'aucun produit individuel, quelles qu'aient été son élévation ou sa puissance, ait jamais pu se promettre la durée et un avenir au delà de ce que comportait son phénomène transitoire dans la chaîne universelle, invariable des phénomènes, — tous ces points de doctrine nous engageraient en des questions plus étendues que n'en soulève le petit nombre de problèmes souverains de la métaphysique auxquels notre sujet se borne. Concluons maintenant que, pareils, en cela, au système dont nous venons d'exposer sommairement les premiers principes, tous les systèmes évolutionistes à principes divers qui ont marqué dans l'histoire de la philosophie, depuis Kant, ont nié la personnalité en principe et ramené l'individuel à l'universel, tant à l'origine qu'à la fin du développement d'une loi d'existence portant tout entière sur un abstrait réalisé. H. Spencer n'a fait que donner à la méthode aprioriste, déjà entrée dans cette voie, la forme trompeuse, 1° d'une application de lois empruntées à la physique mécanique et mal interprétées, 2° d'un premier principe qui affectât le caractère positif d'une existence matérielle, et, qui reconnaissant, au-dessus de toutes les relations qui la définissent, l'Absolu, laissât à l'ensemble de l'édifice philosophique le caractère d'un produit.

Soit que l'on désigne le terme originaire absolu par le nom de Noumène, entité hors du temps et de l'espace, ou de Moi, mais sans l'individualité du moi, ou d'Identité des différents, ou d'idée indéterminée quant à l'être et au non être, ou de Volonté pure, sans conscience, soit enfin qu'on le nomme simplement l'*Inconnaissable*, on doit, sans s'inquiéter de la contradiction, prêter à cet *être en soi*, des relations, et le regarder, de manière ou d'autre, comme ce que les philosophes ont appelé cause, ou comme ce qu'ils ont appelé substance, en rapport avec le monde des phénomènes. On a reproché à Kant, comme une inconséquence en sa méthode criticiste, ce caractère obligé de tout absolutisme : le passage de l'absolu dans le relatif, c'est-à-dire la contradiction érigée en principe des choses. Les anciens émanatistes tâchaient d'éviter ce *saltus mortalis* en n'imaginant le rapport du relatif à l'absolu que dans l'un des deux termes, du côté de ce qui descend (ou de ce qui remonte), laissant l'autre terme, l'origine et la fin, dans l'immodifié, dans l'immodifiable. Si on ne voulait prendre ni le parti de déduire le monde phénoménal (comme dans le spinosisme, par exemple), ni le parti de l'émanation, que nous venons de définir, et qu'on refusât de s'expliquer sur la façon de *phénoménaliser ce noumène*, l'entité absolue qu'on mettrait à la tête du monde n'aurait plus aucun intérêt, ne serait que de parade, puisqu'on pourrait l'y laisser ou l'en retirer sans autre différence que la possibilité de quelque chose dont on avoue ne rien savoir. Examinons le choix donné à l'évolutionisme entre la méthode des émanatistes, et le système de la substance, à la fois cause immanente, comme principe du monde.

L'émanation offre en sa doctrine des hypostases (quel qu'en soit le vice logique) l'avantage de paraître établir une certaine forme de personnalité divine; l'action du premier principe comme cause finale pour le monde prend aisément l'aspect d'une cause efficiente, et semble justifier le nom de Père donné à ce *dieu premier*, à ce dieu *sans nom*, par Plotin. De plus, la doctrine des âmes immortelles, liée à la seconde et à la troisième hypostase introduit la personnalité comme élément essentiel dans le cours de l'évolution des êtres en ces deux sens : la descente et le retour des âmes individuelles. Mais l'évolutionisme moderne est éloigné de ces sentiments. La qualification de panthéiste, qu'on lui donne souvent, ne lui convient en aucune façon dans le sens où le même terme s'applique au néoplatonisme. Dieu est tout, en tant qu'il est l'universel, dans le système de l'émanation : il est le monde divin des intelligibles, il est l'Ame du monde, âme des âmes qui descendent d'elle; et les âmes descendent pour constituer de véritables individualités perdurables. C'est tout l'ordre de la création, la matière n'étant qu'une essence indéfinie, finalement négative. Dans l'évolutionisme moderne, au contraire, la matière, si ce n'est quelque abstraction qui en joue tout à fait le rôle, est le principe évolutif, et ce principe engendre incessamment des individualités passagères, limites mobiles d'une existence fluente, qui ne soutiennent pas un rapport propre et durable avec leur principe. La personnalité ne saurait avoir logiquement, dans les fins, une place et une valeur qu'elle n'a pas dans la cause première. Il n'y a d'ailleurs ni origine première, ni fin dernière, pour une évolution qui admet sans doute un commencement et un terme *des phénomènes qu'elle embrasse*, — c'est une condition que le mot lui-même implique, — mais dont le commencement n'est posé que par le terme d'une évolution antérieure, et dont le terme marque le commencement d'une autre, qui doit suivre.

La situation faite à ce système par les limites dans lesquelles l'enferme son concept, recule, sans la résoudre, la question d'origine, en ce sens, qu'il y aurait à apporter une définition de l'état initial. Cet état ne peut pas être laissé dans l'Inconnaissable, puisqu'il est le sujet du développement qu'on se propose de décrire. Or, on ne conçoit le monde comme développable que par le rattachement de ses modes d'existence à des modes généraux, de ses lois à une loi enveloppante, qui doit être nécessairement une forme de la connaissance. Admettons que ces lois soient distribuées en deux classes, sous les noms de *matière* et d'*esprit*, selon qu'elles concernent des rapports envisagés dans le monde qui nous est représenté objectivement, ou des rapports définis comme modes conscients de pensée, tels que nous les connaissons en un sujet qui pense. Nous ne pourrions pas sans contradiction les regarder comme appartenant à l'absolu inconnaissable, car ce serait le qualifier. C'est donc à l'état initial du monde qu'il faut les rapporter, ou les uns ou les autres, ou tous à la fois. Soit alors qu'on refuse de se prononcer entre l'esprit et la matière, ainsi que le fait H. Spencer, soit qu'avec Spinoza on les réunisse pour former une Substance-Cause, unique, indissoluble, soit enfin qu'on préfère pour ce tout une expression plus générale et plus abstraite, *si l'on ne rapporte pas, pour l'esprit, les idées, pour la matière, ses représentés, à une ou plusieurs consciences comme sujets*, ce sera toujours *la Chose dont le monde est fait*. Là où n'est pas *la personne* il ne peut y avoir que *la chose*. Le langage le plus commun établit entre ces deux termes une opposition que la réflexion la plus profonde confirme. Spinoza nomme la Chose Dieu : il accomplit l'effort métaphysique d'*aimer intellectuellement* cette chose où l'infinité de ses attributs et de ses modes éternellement enchaînés, il nous demande de nous unir par l'intuition et le sentiment, achevant l'œuvre de l'intelligence, à cette chose, Dieu, « qui s'aime lui-même, non en tant qu'infini, mais en tant qu'il se peut exprimer par l'essence de l'âme humaine considérée sous l'aspect de l'éternité » (*Ethique*, V, 36). Spinoza donne ainsi à sa doctrine une certaine parenté avec celle de l'émanation, dont il retranche seulement la forme d'évolution universelle, ou de descente et de retour des âmes. C'est comme un port de salut, qu'il ouvre à la personnalité perdue sur l'océan de l'existence. Cette doctrine reste donc supérieure à l'évolutionisme tel qu'il est compris aujourd'hui. L'esprit y prend, dans la *liberté humaine* de Spinoza, en cet affranchissement de la *servitude humaine* qui s'obtient par son identification avec la nécessité divine, le dédain des *connaissances inadéquates*. Possédant la pleine notion de cette âme, *pensée du corps*, dont les modes se développent parallèlement aux modes de l'étendue, la pensée se pose éternelle, et le sage atteint la béatitude. C'est la plus belle des doctrines de la Chose. Mieux que dans l'antiquité le stoïcien, le spinosiste vise à cette personnalité contradictoire, la contemplation de l'individuel et du temporel sous l'aspect de l'universel et de l'éternel, en consentant au sacrifice de sa conscience individuelle. Mais il n'y a de conscience qu'individuelle ; l'extinction de l'individualité serait celle de la représentation, même en Dieu, Dieu ne pouvant connaître sa création qu'autant qu'il s'en distingue.

LIVRE X

DE L'ÉTAT ACTUEL DE LA PHILOSOPHIE EN FRANCE

CHAPITRE L

DE L'ABOUTISSEMENT GÉNÉRAL DES ESPRITS SOIT A L'ÉCLECTISME, SOIT AU POSITIVISME

Nous ne pouvons entrer dans l'examen des opinions flottantes, et de l'enseignement public, mal déterminé, dans notre pays, touchant les questions précises du ressort de la métaphysique et de la psychologie, dont nous avons résumé l'histoire générale. Il suffira que nous nous rendions compte ici de la nature des sentiments qui représentent le mieux, en matière de philosophie, chez l'élite des penseurs indépendants, l'héritage des grands édifices dogmatiques du passé. Nous n'en trouverons guère d'autres, sur l'origine du monde et sur la destinée de l'homme, que ceux qui se rattachent par leurs tendances à l'esprit général d'un vague universalisme, conception d'une vie unique développée sans origine et sans fin, dans l'infini du temps et de l'espace. Au point de vue moral, le partage, mais inégal, des penchants pourrait s'indiquer entre le mode stoïcien du panthéisme de l'*Éthique*, et le mode de l'évolutionisme moderne, qui va plutôt à un épicurisme plus ou moins amalgamé d'altruisme sentimental. Mais nulle idée ne paraît plus éloignée des esprits que celle de regarder la personnalité comme le principe du monde et le pivot de la création. La première de ces doctrines, celle que nous rapprochons du stoïcisme, est optimiste de sa nature, et réclame le sacrifice de la conscience personnelle pour un but transcendant; la seconde arrive à son tour à l'optimisme, lorsque déterminant l'évolution entre certaines limites, elle fait servir l'hypothèse du progrès à définir non point une fin, mais une ère future qui, sans concerner les personnes actuellement données, les individus, toujours transitoires, les intéresse pourtant d'une façon, grâce à la réalisation promise des espérances de bonheur qu'ils conçoivent pour les futurs éphémères, leurs semblables. Les deux doctrines sont également hostiles à l'idée antique de la chute, à celle du platonisme émanatiste, et à celle que le christianisme a adoptée, et que les théologiens ont rendu répugnante par leurs interprétations. Le philosophème du Progrès, en étendant son application, de l'humanité à la nature, et jusqu'à la naissance de l'être, semble avoir ôté tout fondement à l'idée que, pour exister, le mal ait eu besoin de commencer.

En systématisant ainsi deux grands points de vue, nous n'oublions pas les penseurs, encore nombreux aujourd'hui, dont les idées philosophiques tiennent de plus ou moins près au cartésianisme ou à ses dérivations, qui comportent (celle de Spinoza exceptée) des concepts favorables à la personnalité en Dieu et dans l'homme. Favorables, leurs auteurs au moins l'ont ainsi entendu, et on l'a généralement admis. Cependant ces doctrines n'ont pas laissé après elles des écoles constituées. Deux causes, bien que contraires l'une à l'autre, les ont toutes empêchées d'établir leur règne pendant le XVIIIe siècle; elles sont restées des thèses célèbres, grande matière pour les historiens de la philosophie, mais dont les interprétations sont discutées, et dont les adhérents ne montrent ni fixité ni rigueur pour la définition des premiers principes. L'une de ces causes s'est rencontrée dans le mérite éminent même, et dans l'extrême élévation de certaines vues sur l'infinitisme divin (quoique irrationnel en lui-même), et sur l'ordre universel de création et de conservation du monde. En rajeunissant le fond panthéiste de la théologie, ces théories pouvaient donner une forme et une vie nouvelle aux anciennes hérésies, et rendre plus difficile le maintien des superstitions et de toutes les parties de bas anthropomorphisme dont l'Église ne croit pas que l'abandon fût avantageux, pour elle. Jamais l'Église, en son enseignement, n'a autorisé de la méthode cartésienne autre chose que certaines généralités, avec ceux des articles opposés à la scolastique qui ne contenaient pas de menaces d'amendements pour ses dogmes. Il est résulté de là que l'Église n'a rien fait pour favoriser la consécration de la grande philosophie théiste du xviie siècle, loin de là, et qu'affaiblie elle-même, en ce qui touche les théories, par la chute de la scolastique, nous la voyons chercher aujourd'hui à laquelle des doctrines du moyen âge il lui serait utile de se reprendre pour le soutien de l'orthodoxie théologique.

L'autre cause, inverse de la première, est, à la suite du mouvement anticatholique du xviiie siècle, la réaction contre des systèmes philosophiques que les nouveaux philosophes regardaient comme liés aux dogmes de l'Église, et que leurs auteurs y avaient en effet plus ou moins volontairement ajustés, bien au delà de ce que les principes communs du théisme auraient exigé. D'ailleurs cette réaction, dans sa forme générale, était l'empirisme, qui, en France, où la psychologie anglaise ne pénétra pas, ne produisit d'abord aucune œuvre originale, et s'employa tout entière à déprécier et à ridiculiser « les systèmes » quels qu'ils fussent. L'esprit public s'éloigna donc de la métaphysique et, en grande partie, de ce qu'on avait compris sous le nom de philosophie, dans le siècle précédent. C'est par le sentiment, ou par des raisonnements qui ne tenaient pas à des prémisses rationnelles bien arrêtées, que Rousseau, Voltaire, Diderot (XL-XLI) exercèrent sur leurs contemporains cette influence qui fit croire que *la philosophie* entrait pour la première fois dans le monde, et allait le conduire à la vérité et à la vertu. Après Condillac, la méthode empiriste parut un moment s'être constituée dans *l'idéologie* pour résoudre, le plus souvent par la négation, les questions ordinaires des anciennes doctrines que l'on continuait à traiter par le mépris.

Quand vint la réaction religieuse, antirévolutionnaire, on n'osa réhabiliter que jusqu'à un certain point les systèmes, ou seulement les principes aprioriques sur lesquels ils étaient fondés. On les affaiblit, ou on les mutila. Mais il se trouva surtout qu'on ne les comprenait plus. Maine de Biran passa pour avoir découvert Leibniz, qu'il regardait comme le théoricien de l'activité par excellence, et dont l'hypothèse de l'harmonie préétablie lui semblait inintelligible ! Cousin voulait qu'on se rattachât à Descartes, autant que le *danger des principes* le permettrait ; mais les idées capitales du cartésianisme sur l'esprit, la matière et la causalité devaient alors être laissées de côté ! Cousin pensait aussi que le scepticisme était le fond de la *Critique de la Raison pure*. Il propagea les idées panthéistes et déterministes de Schelling et de Hegel, sans les approfondir, et put ensuite les désavouer. Ces idées, en tant que systématiques et *construites*, n'ont été qu'un objet de curiosité, en France, mais l'esprit hégélien du devenir universel et du fatalisme historique s'y est, sous leur influence, fortement établi.

En somme, l'éclectisme a été une conséquence forcée de ce double fait : que nulle vue générale *a priori*, de celles qui avaient présidé à la grande élaboration philosophique du xviie siècle, n'avait survécu, et non seulement ne s'imposait, mais même n'était bien comprise, et que cependant on sentait la nécessité, en rejetant la méthode idéologique, rivée à l'empirisme et au sensationisme, de revenir aux anciens principes directeurs de la pensée philosophique. Mais il fallait les retrouver, les reconnaître, en entreprendre la critique. De cette situation sont nés très naturellement, et sur l'incitation même de Cousin, les travaux d'histoire de la philosophie qui seraient l'honneur de son école, si leurs auteurs avaient été plus capables de haute critique et avaient montré plus d'indépendance d'esprit. Le seul ouvrage de cette époque où se rencontrent ces qualités réunies, l'admirable restitution de la doctrine d'Aristote par Félix Ravaisson ne se rattache d'aucune manière à l'éclectisme.

Nous savons comment le positivisme est sorti du discrédit où la métaphysique était tombée auprès des penseurs soit les plus sensibles à son incertitude, soit hostiles à la théologie, son alliée, à un moment où manquaient toute méthode générale à lui opposer, toute critique des idées, hormis la prévention pour leur origine empirique, toujours admise sur l'autorité de Locke et de Condillac, mais impuissante à fournir les moyens d' « organiser » la philosophie. L'éclectisme, contemporain du positivisme, naquit, au contraire de la réaction contre l'empirisme. Ainsi le désir de retrouver les hautes traditions philosophiques, et leur total abandon, avec la confiance de remplacer par une méthode plus sûre les méthodes qui n'avaient pu les soutenir, s'unirent pour susciter ces deux essais de fondation d'une philosophie qui fût capable de prendre la direction des idées générales. La rivalité parut un moment se dessiner simplement dans ces deux sens; mais, ni d'un côté ni de l'autre, on n'était à la hauteur de l'entreprise. Toute une classe d'esprits restait en dehors, qui subissaient de vagues influences germaniques, ou celle de certaines branches de l'école Saint-Simonienne (dont le positivisme s'était détaché), et qui, tout gonflés de panthéisme, s'indignaient des timidités de l'éclectisme. Dans la méthode philosophique, d'intéressantes nouveautés, l'associationisme (en retard de près d'un siècle pour la France) et, bientôt après, l'évolutionisme allaient venir et compliquer l'ancienne matière des débats. Il aurait fallu à une école aspirant à gouverner le mouvement des idées un fondement logique, des principes bien explorés, nettement formulés, auxquels l'examen de toute question du ressort de la philosophie pût être rapporté. La condition essentielle faisait défaut de tous côtés.

Elle manquait au positivisme par le fait même de sa pensée génératrice : constituer la philosophie par l'assemblage des sciences; car l'assemblage ne fait pas le système; il faut à chaque science un fondement propre, et il faudrait pour leur réunion un fondement commun. Elles n'existent qu'à l'état divisé; chacune d'elles a ses données et ses postulats : les accepter sans examen serait renoncer à la reconnaissance de principes supérieurs qui les unissent en les justifiant; en entreprendre la critique, c'est faire de la philosophie indépendamment des sciences, contrairement à ce qu'on proposait. Le positivisme est tombé dans l'illusion commune des négateurs de la métaphysique, qui ne sauraient en combattre les thèses qu'en leur en opposant d'autres. Il a été condillacien et matérialiste, sans se croire obligé d'étudier les questions dont la controverse a suscité la doctrine des idées innées, d'un côté, ou l'idéalisme sensationiste, de l'autre. Il a été négateur des objets transcendants de la philosophie, en disant n'en être simplement et n'en vouloir être qu'ignorant ; et il a commis une pétition de principe, en supposant que leur affirmation et leur négation étaient également inabordables pour l'esprit humain, puisque la critique de la connaissance lui est restée étrangère. Il faisait d'une hypothèse historique, la prétendue loi des *trois états de l'esprit humain*, un dogme qui le dispensait de l'étude de l'esprit humain, lui-même. Mais alors même que la succession de ces états ne serait pas une chimère, il aurait fallu apporter la preuve que l'état *positif* était vraiment le dernier et définitif : induction arbitraire (XLVII).

L'éclectisme a, comme le positivisme, méconnu la nécessité d'étudier la nature et les principes du savoir. Bien plus que son rival, car il n'avait pas comme lui la loi historique pour recours, il est tombé dans le vice logique de prendre pour de la philosophie un agrégat de thèses juxtaposées. Au lieu d'une loi, c'est l'absence de loi qu'il croyait constater dans l'histoire des idées et des méthodes en philosophie. D'une certaine vue sommaire du partage des esprits, en divers temps, entre un même nombre de tendances définies, contradictoires entre elles, qui lui semblent, avant qu'il ait aucun critère pour en juger, également erronées, et qui ne représentent même point les plus profondes des scissions des esprits en logique et en métaphysique, l'éclectique conclut que tout le monde a tort ou raison dans le détail, que le vice commun est de suivre la logique en un sens exclusif et de trancher les questions capitales, mais que la vérité se trouve dans tel choix que le philosophe peut faire entre les opinions qu'il trouvera distribuées dans différents systèmes, sans en embrasser aucun.

C'est dire qu'on ne pose point de principe qui oblige, et que, si l'on en pose un ou plusieurs, capables de s'étendre à d'importantes suites de conséquences, on ne s'engage pas à suivre les raisonnements jusqu'où ils vont ; car autrement l'éclectisme ne serait pas, une fois le choix fait, une doctrine d'une autre nature que les autres, et différemment construite en somme. C'est avouer aussi que, si l'on n'établit pas certaines thèses de grande portée, avec une méthode à laquelle on s'assujétisse pour accepter ce qu'elles impliquent, et pour nier ce qu'elles contredisent, on ne possède non plus aucun moyen de relier logiquement les thèses dont on compose, nous allions dire le système qu'on adopte ; mais il n'y a pas de système, dans le sens méthodique, irrécusable du mot, il n'y a pas de logique pour l'éclectisme. Le fondateur de cette école le comprenait ainsi, car il engageait ses disciples, à *se défier de la logique*.

Quand on envisage cette philosophie dérisoire sous le point de vue de la preuve, c'est-à-dire de la croyance raisonnée, le choix des vérités devenant arbitraire à tout autre point de vue que celui des convenances accidentelles de l'enseignement, on s'aperçoit, non sans étonnement, qu'elle concorde avec le positivisme en un renoncement réel au traitement rationnel des questions transcendantes. Elle n'établit pas de ses propres forces les principes, en psychologie, en métaphysique. C'est donc une espèce de scepticisme, la même, au fond, qu'il y aurait toute raison d'ainsi nommer dans le positivisme, qui renonce à la science transcendante pour le même motif : celui de ne connaître pas un moyen rationnel de la fonder. Seulement, on sent bien que le positiviste nie l'objet de cette science, plutôt qu'il ne le met en doute, et c'est pour cela qu'on ne l'assimile point aux sceptiques qui professent la simple ignorance : tandis que l'éclectique prend ou laisse mettre des affirmations dogmatiques à sa charge sans causer à personne l'illusion de l'y croire attaché pour des raisons supérieures aux circonstances. Ce qu'il a tant reproché aux deux *Critiques* de Kant, qu'il disait contradictoires l'une de l'autre, c'est, au fond, d'avoir constitué une théorie des motifs du scepticisme, et cherché les moyens d'y échapper par une méthode nouvelle ; c'est d'avoir ainsi atteint profondément le prestige du vieux dogmatisme, au lieu de lui permettre de subsister comme une sorte de haute convention suppléant la conviction dans la chaire philosophique.

Cette attitude peu digne d'un penseur, chez le chef de l'école, et le vice profond de cet enseignement étaient accusés, tout auprès du maître lui-même, par un philosophe, son élève, qui cherchait avec plus d'ardeur que de succès à donner à l'éclectisme, qu'il sentait être un scepticisme inavoué, des titres scientifiques. Th. Jouffroy présentait la psychologie comme une histoire naturelle des facultés intellectuelles, d'où, par des inductions morales, le philosophe aurait à rejoindre les thèses de l'apriorisme. De cette manière, une suite imprévue paraissait donnée à l'*idéologie*, dans la voie ouverte par la réaction de l'école écossaise contre l'*idéalisme*. Le positivisme semblait trouver un concurrent à prétentions scientifiques, dans cette psychologie qu'il affectait de nier. Malheureusement pour ces sortes de tentatives, il manque aux principales idées du ressort de la psychologie et de la métaphysique de se rapporter à des objets qui comportent la représentation objective externe et reçoivent en conséquence l'application de la mathématique. La philosophie traitée comme une science d'observation est, tout autant que l'éclectisme, incapable de définir et de coordonner les idées. Par son essence même elle serait toujours impuissante à établir ses principes ou à justifier ses inductions.

CHAPITRE LI

LA PHILOSOPHIE CHEZ LES PENSEURS LES PLUS INFLUENTS DE LA SECONDE MOITIÉ DU XIX° SIÈCLE

Nous avons donné, suivant l'usage, à l'éclectisme et au positivisme le titre d'écoles, mais leur commun caractère est de n'avoir pu devenir des écoles, dans le sens sérieux du mot, telles que l'antiquité en a connu, ou qu'en ont approché l'apriorisme cartésien en France et l'empirisme idéaliste en Angleterre : écoles de travail et de production, avec des principes premiers fixes, étudiés dans leurs conséquences, — abstraction faite ici de la nature des principes reçus chez les unes et chez les autres. Nous avons reconnu la cause commune de cette impuissance, dans les deux directions essayées en France après l'épuisement du condillacisme, pour reconstituer la philosophie ou sur la tradition ou sur la science : c'est que, d'un côté, nulle vérité supérieure n'a été enseignée avec sincérité et conviction, nulle méthode, embrassant l'ensemble des questions de philosophie transcendante, en affirmant des solutions, et que, de l'autre, les questions elles-mêmes ont été répudiées. Un scepticisme fondamental s'est dégagé de cette situation. Le discrédit qui, au xviiie siècle, n'avait atteint que la métaphysique s'est étendu, chose nouvelle et caractéristique, sur la philosophie entière et sur tout ce qui lui ressemble, dans l'opinion du monde littéraire, à l'exception du petit nombre des philosophes eux-mêmes, professeurs ou penseurs isolés. La frivolité, le culte exclusif de l'imagination, ont réduit la logique, dans les idées et dans les lettres, à passer pour de la pédanterie. Cependant, comme il faut toujours que quelques esprits plus hautement doués gouvernent les autres en matière d'idées générales, et donnent le ton aux jugements du monde sur toutes choses, il s'est trouvé des écrivains pour exercer une action analogue à celles de Voltaire et de Rousseau, juste un siècle auparavant, toute comparaison écartée quant au génie des hommes et à la portée des œuvres. Si l'éclectisme et le positivisme n'ont pu constituer des écoles, ils ont au moins l'un et l'autre établi des tendances ; leur influence évidente, en partie avouée, règne sur les écrits des penseurs les plus vantés de la dernière partie du xixe siècle.

Voltaire et Rousseau enseignaient le déisme, l'un à raison de la finalité universelle observable dans l'ordre des causes, et aussi dans un intérêt de morale pratique, l'autre mû par un haut sentiment de justice et de Providence. Michelet et Quinet, écrivains influents à l'époque où la révolution de 1848 et ses conséquences fatales allaient modifier si profondément le cours de la pensée dans tous les partis, furent encore moins que n'avaient été les deux grands hommes du siècle précédent des philosophes proprement dits. Mais ils essayèrent de reprendre, en la portant sur un point nouveau, la lutte contre le catholicisme. L'intention n'était pas, chez eux, de combattre le sentiment religieux, quoique, au fait, leurs idées ne fussent guère de nature à leur permettre une action sur les esprits autre que négative à cet égard. Michelet était animé d'un sentiment panthéiste dont le vide, sous l'enflure, devait se montrer dans sa *Bible de l'humanité*. Sympathique au peuple et à ses douleurs, en sa belle histoire de France, en celle de la Révolution française, mais indulgent pour ses illusions, ses injustices et ses violences, séduit à la fois par la théorie des grands hommes et par celle de la volonté populaire, son œuvre est optimiste et fataliste en somme (au rebours de la grande œuvre historique du siècle précédent, l'*Essai sur les mœurs et l'esprit des nations*, qui ne se lit plus aujourd'hui). On se demande si le sentiment catholique n'est pas l'inspirateur secret, par contraste, de cet admirable écrivain qui lutte avec tant d'énergie contre la doctrine jésuitique du *perinde ac cadaver*, et qui est si nerveux, si passionné, se gouverne si peu par la raison ! L'esprit anarchique ou de révolte, on ne le sait que trop, et l'esprit du gouvernement des consciences se montrent partout comme une double face du système théocratique de l'Église. Le catholicisme et l'anarchie réagissent l'un sur l'autre.

Le compagnon de Michelet dans cet enseignement anticatholique, aux effets tristement passagers, Quinet dégagea progressivement son caractère personnel en un sens opposé, c'est-à-dire de règle morale et de justice. Il protesta contre le fatalisme, contre les thèses de justification du crime pour l'intérêt public qui déshonorent la plupart des théories historiques de notre temps. Il conseilla une alliance politique de la libre pensée avec le protestantisme, et exprima le regret que les hommes de la Révolution n'eussent pas réparé, en accordant la prééminence à l'Église protestante sur la catholique, — ainsi que Turgot en avait conçu l'idée, un siècle auparavant, — l'erreur française du xvie siècle et le crime du xviie contre le droit de la Réforme : regret vain; ces éloquents écrivains ne se rendaient pas compte de l'état réel de l'esprit populaire, moralement et foncièrement catholique, là même où il est le plus bruyamment irréligieux, hostile au dogme et au prêtre. Quinet n'étendait sa faveur qu'aux églises protestantes unitaires, mais on ne saurait dire que le pur théisme lui-même eût plus d'attraits pour la plupart des libres-penseurs auxquels il le recommandait, que le catholicisme ! Dans sa dernière œuvre, il se montra séduit par la doctrine de l'évolution et du progrès moral de l'humanité, sous la direction de la science. En l'absence de toute philosophie influente, la pensée des plus nobles esprits, à cette époque de douleurs patriotiques, se retournait du côté de la foi positiviste, dernier asile de leurs espérances trompées. Michelet lui-même, esprit si peu scientifique, y venait à la fin !

Le mouvement de la pensée en ce sens s'est marqué décidément chez les deux grands écrivains dont l'action, à la fin de ce siècle, a remplacé celle de Michelet et de Quinet avant 1848 : H. Taine et E. Renan. Taine essaya d'abord de s'ouvrir la grande voie de la spéculation, mais ne parvenant pas à composer le système intégral, premièrement rêvé, il garda le principe absolu qui devait en être le fondement, et voua la plus grande partie de ses travaux à l'esthétique et à l'histoire. Ce principe recteur est le déterminisme universel, avec l'athéisme implicitement affirmé par la réduction de l'univers à une loi inconsciente. Ce philosophe porta les premiers coups, ou les plus sensibles, à l'éclectisme, en ses principaux représentants, mais, revenant à Condillac et à la prétention de Condillac de fonder toute science et toute philosophie sur la pure analyse, il annonça, pour la conclusion anticipée de l'analyse poussée à bout, la définition du principe des choses à la façon de Schelling ou de Hegel ; il prédit la découverte d'une formule du monde, *axiome éternel* dont tout phénomène ne serait que le fait donné d'un cas particulier. L'idée générale de la conciliation de Hegel et de Condillac était une idée éclectique au souverain degré ; mais la méthode partait d'une idée positiviste, parce que l'auteur attendait des progrès de la science la formule du panthéisme naturaliste et mathématique. Il ne fallait, pour y parvenir, qu'étendre à l'histoire et à la morale la méthode des sciences naturelles, d'après ce principe que tout n'est que connexion et dépendance. L'ensemble des connexions est l'univers lui-même, la Chose qui est. Ce philosophe était donc éminemment *réaliste*, en même temps qu'éclectique sans le vouloir, et positiviste : l'*axiome éternel* est une *idée réalisée*, une abstraction, qu'il superposait à la nature en son vivant principe.

Voltaire et Rousseau, les philosophes du xviiie siècle, y compris les athées, avaient combattu le principe de la coutume, au profit du principe de la raison. En politique, ils avaient mis la notion de l'État, — de la loi rationnelle, du contrat social et des liens généraux de l'humanité, — au-dessus des divisions nationales et des rivalités de race et de langue. L'esprit de justice et de paix dictait l'idéal de ce temps. Mais le philosophe du xixe siècle a combattu le principe de raison, l'esprit classique et les traditions de l'antiquité républicaine, avili la Révolution française et ses hommes, renié ses conquêtes, recommandé les liens de la coutume en leur opposition à la centralisation et à l'unité civile. Profondément éloigné de l'esprit conservateur, d'une autre part, il prédisait la fin de la religion et voyait dans l'avenir une organisation sociale fondée sur la science et qui serait, au moral, quelque chose de plus qu'un simple progrès, presque une révolution du globe ! L'esprit positiviste (conservateur déclaré pour le présent) et l'esprit éclectique, conciliateur du présent et du passé, temporisateur, s'unissent à merveille pour bannir les convictions et les devoirs indépendants du temps ; ils peuvent jeter, par l'impuissance présente de conclure et d'agir, les opinions dans le trouble, et de là, peut-être dans l'indifférence, ou dans un scepticisme railleur. Mais ce ne fut point le cas de ce penseur qui, attristé par la contradiction qu'il croyait voir entre la loi du progrès et l'inexplicable état de la société actuelle, eût été bien plutôt porté vers un sombre pessimisme, sans sa foi robuste en l'avenir inconnu, garanti par la Science.

Tout autre fut la marche de l'esprit de Renan. Parti, lui aussi, de la confiance positiviste, après la rupture de ses liens de religion, on le vit à travers une suite de beaux travaux d'érudition et d'histoire, se créer peu à peu le caractère d'un écrivain humoristique, décidé, quoi qu'il eût à penser de ce pauvre monde, à la plus inaltérable bonne humeur. Ce fut, dans ses écrits, un étonnant mélange du plus grand sérieux avec le badinage, et des affirmations hardies avec le doute transcendant. Léger dans ses jugements, quoique pénétrant dans ses analyses, et souvent profond dans ses aperçus, il a cru voler plus haut que les philosophes en s'abandonnant à l'incessante contradiction de ses idées, dont la variété des points de vue lui semblait être la justification suffisante. Charmé du succès de cette belle méthode, il a été l'inventeur d'une affectation esthétique de détachement de sa propre opinion, qui s'accompagne de beaucoup de confiance et d'un air de supériorité, et il a su, dans ses jugements, concilier l'estime et le mépris avec un art particulier d'ironie que quelques-uns ont nommé le *renanisme*.

Ce genre littéraire est bien fait pour justifier le préjugé européen de la frivolité française, parce que l'humour ne s'y montre pas avec le mélange de sensibilité et de mélancolie qui en est un caractère chez d'autres nations. Et l'impression du lecteur n'est pas franche. Religieux à ce qu'il croyait, dans l'irréligion, d'autres disaient plus qu'irréligieux dans la révérence, l'auteur de l'*Histoire des origines du christianisme* n'a pu donner à son œuvre une conclusion ferme. De même, dans les sujets qui touchent à la philosophie, là où il faudrait de la précision et de la logique, il s'est montré hostile et dédaigneux. En somme, épris de *cette vanité que le monde a aimée et encouragée*, nous voulons dire *une certaine habileté dans l'art d'amener le cliquetis des mots et des idées*, — c'est ainsi qu'il qualifie son propre talent d'écriture plein de finesse et de naturel, — Renan a enjolivé par l'accompagnement de ce petit *carillon qui était en lui, et auquel le monde se plut*, d'éminentes qualités dont le monde n'a pour cette raison retiré que peu de profit : l'érudition, les connaissances solides dans l'histoire et dans les langues, et le goût de la haute critique. C'est que ni l'érudition, ni les dons de l'intelligence et la pénétration dans la critique ne renferment et ne suppléent l'esprit philosophique, ne fournissent les principes directeurs de la pensée, n'inspirent les sentiments.

Les sentiments, pour autant qu'ils n'étaient point des qualités natives, paraissent avoir beaucoup tenu, chez ce penseur, à son éducation ecclésiastique. On y reconnaît une certaine sécheresse, un certain utilitarisme, joints à la prétention d'un idéal qui n'est pas de l'humanité commune, à l'orgueil de la connaissance, au mépris de l'inférieur dans l'ordre de la pensée. Ses principales idées rectrices, il les trouva dans le milieu qu'il aborda au moment de son émancipation morale, à une époque de révolution politique et de surexcitation des esprits : ils furent ceux d'un positivisme exalté et d'un optimisme, qui, florissant dans sa jeune âme, en ce temps d'apogée de la doctrine du progrès, s'éleva un jour jusqu'à la prophétie non seulement de *l'organisation de la société*, mais de *l'organisation de Dieu par la science*. C'est à peu près l'idée de Taine sous la même influence.

Le positivisme, en ce sens général, est demeuré le fond des convictions du philosophe dilettante, — quoique dilettantisme et conviction soient des mots qui s'accorderaient difficilement chez tout autre ; — car il n'a cessé de penser que tout avancement social serait dû au progrès de la science, la métaphysique étant, comme la religion, une chimère, et de plus, moins utile que la religion. Sous ce rapport, on peut dire que l'éclectisme a eu, à côté du positivisme, sa part, et a fait son œuvre, quoique négative, dans l'esprit du linguiste et de l'érudit, en cela qu'il a préféré aux études philosophiques la critique historique, dont la méthode permet ou commande le doute, au lieu que la tâche de la philosophie serait de le surmonter. Mais l'enseignement des maîtres de l'éclectisme n'a pas dû la lui faire paraître en état de remplir cette tâche, et il ne se sentait certainement pas les dispositions d'esprit rationnelles nécessaires pour l'entreprendre lui-même.

Le positivisme de Renan se maintint donc, et son optimisme aussi, quoique d'un genre différent de celui des positivistes comtistes, et de celui des politiques socialistes. Le monde présent lui parut acceptable en somme, et plutôt satisfaisant qu'autre chose : opinion contraire à celle d'où procèdent les utopies, toujours inspirées par le juste sentiment du mal social actuel. Le spectacle des choses humaines, en leur désordre varié, était, disait-il, amusant, et les vices mêmes très excusables, dont certains seraient bons à conserver pour le peuple, qui n'a pas *comme nous* la ressource des plaisirs d'un genre distingué. On doit considérer d'ailleurs qu'il n'est pas prouvé que nos idées sur la moralité aient un fondement réel, et que la vertu ne soit pas une duperie dont le Grand Être nous rendrait victimes ! Le progrès indéfini de la science, la puissance sur la nature, qui en est la suite, la supériorité de quelques hommes élevés par le savoir et par l'indépendance de tout travail servile au-dessus de la masse *lourde* et bassement sensuelle des travailleurs, non la morale et le devoir, non la cité parfaite des libres et des égaux, tels seraient, s'il en est de prévoyables, les traits de l'histoire future de l'humanité.

La tyrannie des grands hommes de science, régnant par la terreur sur la planète, qu'ils détruiraient s'ils le voulaient, cet idéal dont la fantaisie ne rachète pas assez le caractère odieux, est celui qu'osait proposer aux Français du xixe siècle le plus *large* esprit, disait-on, qui fût parmi eux, et le plus populaire dans toute la classe lettrée, hormis les affidés de l'Église, cent ans après la Révolution française. Un phénomène moral analogue s'est produit en Allemagne, dans l'école de Schopenhauer, un siècle après que Kant avait résumé dans son *Essai philosophique sur la paix perpétuelle* toutes les espérances du xviiie sur l'avenir de justice et de paix, le *règne des fins*. En France, le même homme qui se laissait ainsi séduire à des imaginations néroniennes manifestait des retours, nous ne dirons pas aux sentiments, mais aux principes politiques de la révolution, qu'il avait professés dans son premier ouvrage (resté longtemps inédit), à sa sortie du séminaire. Il faisait de temps à autre des avances à la démocratie, et ne se croyait pas disqualifié pour servir la République. La contradiction elle-même, chez lui, se contredisait. Si un mot qui ne s'emploie guère, au moral, qu'en ce qui touche les vices du cœur, était de mise pour ceux de l'esprit, on pourrait dire que son esprit était profondément et désespérément corrompu.

La philosophie dont il avait enterré les grandes doctrines historiques pêle-mêle avec les dogmes et les symboles de la théologie, — et dont sa raison n'éprouva jamais le besoin de contrôler les systèmes sur l'origine et l'ordre de l'univers, avant de les rejeter en bloc, — la philosophie ne tentait pas son imagination dans ce qui touche le problème du commencement : comme s'il était assez clair que le monde est une chose qui de toute éternité va toute seule, à moins cependant qu'elle n'ait débuté par n'être rien, et se soit faite peu à peu d'elle-même. Mais le devenir de cette chose lui semblait ne pouvoir se passer d'un but. Un but pourquoi? pourquoi plus nécessaire qu'un commencement? Mais il se plaisait à envisager des possibilités pour un avenir empirique lointain. Et alors comment s'empêcher de mêler aux perspectives certaines idées qui s'inspirent d'une orgueilleuse préoccupation des intérêts humains! Ce philosophe sans philosophie en a effectivement émis de ce genre, dont l'hypothèse arbitraire du Progrès universel est le fondement, et qu'un critique sans indulgence pourrait bien appeler saugrenues. La principale envisage le devenir de Dieu, animal universel formé dans la suite des temps, comme un polypier infini, où toute vie se réunirait, dont toute vie serait une partie. Peut-être bien sera-ce un océan d'intelligence et de volupté, à l'être global duquel on est libre d'imaginer que les vivants actuels doivent se sentir heureux d'être sacrifiés, ou même encore dans lequel ils obtiendront une existence individuelle ressuscitée! Mais la vertu consolatoire de ce dernier aperçu, que Diderot, premier auteur de cette fantaisie théogonique (XLI), avait négligé, est contradictoire à la vue générale du travail de la nature pour la constitution d'un être universel. L'imagination d'un tel être, formé d'éléments infinis qui s'organisent spontanément dans l'infinité du temps, ne souffre pas, s'il doit être conscient, qu'on le suppose composé des unités de conscience individuelle, ou personnes, qu'il a produites au cours de sa formation ; car la conscience est indivisible, et, sans la personnalité, l'intelligence et le bonheur sont des mots dénués de sens.

La conclusion du théogoniste est une velléité de retour au bon sens, quand il nous avertit de ne prendre pas trop au sérieux ses idées ; car *nous ne savons pas*, dit-il ; « sachons attendre », — attendre quoi ? les décisions de la Science ? — « *Il n'y a peut-être rien au bout*; ou bien qui sait si la vérité n'est pas triste ? » Ce dernier mot de l'optimiste dilettante a été très remarqué ; il méritait de l'être. Ce sont, en effet, ceux qui trouvent le monde triste, qui doivent être le plus portés à croire que la vérité, si nous la savions, est pourtant belle. L'optimisme, au contraire, est le pur effet de l'insensibilité, à moins qu'il ne soit le parti pris d'un dogme de froide théorie.

L'ampleur et la sérénité du grand système de positivisme optimiste, évolutioniste (XLVIII), qui poursuivait son exposition en Angleterre, à la même époque, par l'œuvre de H. Spencer combinée avec celle de Ch. Darwin, formait, toute question de vérité à part, un grand contraste avec le délabrement intellectuel dont le système du dilettantisme en philosophie était la marque fâcheuse en France. Sans doute, le système de l'évolution de la nature, continuée par l'évolution dans l'histoire humaine, ne se rattache, en son principe d'agnosticisme, qu'à un absolu, soustrait à l'intelligence, et dépend, pour ce qu'on en peut connaître, de la Force-Matière et de ses transformations. Ce plan du monde est donc celui d'une doctrine athée, mais au moins, dans l'idéal qu'en son naturalisme optimiste, elle se propose comme la fin du progrès, cette doctrine se distingue à la fois par les sentiments de liberté de la démocratie moderne (protestantisme et révolution), et satisfait aux aspirations communes des sectes socialistes depuis Saint-Simon et Fourier, dans tout le cours du siècle.

L'évolutionisme ne s'est répandu en France que par de faibles ou vagues adhésions, sous des influences mêlées, sans pouvoir y constituer une école philosophique, et sans y provoquer de sérieux débats, ni dans sa partie physique, ni pour ses thèses de logique et de métaphysique. Seules, les idées générales d'évolution, et la tendance à ne considérer la vérité et les êtres que sous l'aspect du devenir, ont passé de plus en plus à l'état d'une méthode que de nombreux esprits regardent comme définitive, et que la plupart suivent désormais comme d'instinct. Mais cette tendance est l'effet d'une *évolution* mentale, — permettons-nous ici l'emploi du terme à la mode, — qui n'avait pas attendu pour se manifester de tous côtés, que H. Spencer eut *constitué intégralement le savoir* sur ce principe. Elle date spéculativement de l'importation de la philosophie de Schelling et de Hegel, et elle a, pour ses facteurs les plus actifs, les travaux historiques, qui sont, avec ceux de la science expérimentale, — naturellement progressive par la vertu propre de sa méthode d'élaboration, — le principal honneur du siècle dernier, mais dont l'esprit, peu à peu substitué partout à celui de la recherche de la vérité stable, a détrôné la philosophie. En somme, et hormis en histoire naturelle, où même encore il faut remarquer que Darwin et Lamarck, bien plutôt que Spencer, fournissent des hypothèses à nos savants, autrefois timides *baconiens*, l'évolutionnisme règne chez nous comme esprit général, non comme système. Des sytèmes généraux, ou n'en voit nulle part. Mais alors on ne connaît donc plus de principes capables d'en être les fondements, et de porter l'édifice de la philosophie élevée comme science par la méthode synthétique ? C'est donc l'éclectisme ?

C'est l'éclectisme, quoi qu'on puisse dire, l'éclectisme avec le genre de scepticisme réel qui lui appartient, mais avec cette différence, que, sans être soumis, dans l'état présent des choses, à une autorité doctrinale, non plus qu'à une surveillance qui mette de strictes limites à la liberté des professeurs, l'enseignement, toujours dogmatique dans sa forme, est ou réglé par des programmes, ou modéré dans tous les cas par une sorte de raison pratique de la chaire. Ce sont des convenances qui ont leur raison d'être dans ce fait, que les croyances courantes de la société, réelles ou seulement officielles qu'elles puissent être, seraient offensées par la déclaration ouverte que beaucoup d'entre les professeurs auraient à faire à leurs élèves de leurs opinions personnelles sur certains points capitaux, si c'était là ce qu'on leur demande. Dans l'enceinte de leurs obligations, ils font à leur usage un choix d'explications et d'arrangements de thèses, dont on ne saurait naturellement exiger de la plupart qu'ils sachent former un tout cohérent et vraiment philosophique. Comme il n'y a guère que des apparences d'écoles vivantes, assimilables aux écoles du temps passé, il ne se trouve pas non plus de réels disciples. Les maîtres continuent à s'occuper beaucoup d'histoire de la philosophie, mais ce n'est pas pour faire sortir, de l'examen des *doctrines, une doctrine* à leur opposer, et qui les juge toutes. Ceux qui s'estiment eux-mêmes les plus *avancés*, mais qui ne sont que les plus résignés à ne savoir ce qu'ils doivent croire, regardent la constitution de la philosophie comme une œuvre confiée au temps, et remise au progrès, qui résultera quelque jour peut-être d'une immense agglomération de connaissances, surtout expérimentales, mais qui n'est pas actuellement exécutable. Peu s'en faut cependant qu'ils ne comprennent, car ils s'en montrent quelquefois effrayés, que la tâche restera toujours impossible, de relier, sans en posséder le lien, des éléments de savoir que, suivant leur méthode, ils considèrent comme obtenus toujours à l'état délié. Ces philosophes confondent la philosophie avec la physique, ou ne sont que des positivistes inconscients.

Ceux donc d'entre les curieux de la pensée qui ne pensent point par eux-mêmes, les natures de disciples, trouvent peu de direction chez les maîtres. Un genre d'éclectisme assez répandu est celui qui préconise la conciliation des contradictoires : du relatif et de l'absolu, de phénoménisme et de la substance, du fini et de l'infini, du déterminisme et de la liberté. Il faudrait ajouter : *du principe de contradiction avec les thèses qui en impliquent la négation* ; car c'est là ce qu'on fait partout. Jamais l'usage, on dirait presque, jamais le sentiment de la logique n'est descendu aussi bas que nous le voyons aujourd'hui : effet probable de l'immense diffusion d'une presse périodique dont l'argumentation, improvisée pour les besoins du jour, est ordinairement appuyée sur des données menteuses, et composée de raisonnements sans précision ni méthode. La conciliation des contradictoires est, nous avons pu nous en convaincre au cours de notre étude historique, une obligation commune imposée aux doctrines réalistes de l'absolu, et ces doctrines, ce sont toutes celles qui traduisent en termes de philosophie dogmatique le panthéisme vague, autrement dit, l'athéisme discret, la plus répandue des opinions confuses de la libre pensée. Sa formule claire, que nous avons pris à tâche d'élucider par nos *Dilemmes*[1], est que l'individu et la personne ne sont dans le monde que des apparences passagères, et que l'univers est le développement de la Chose, inconnue en soi, manifestée dans l'infini du temps et de l'espace. La formule du personnalisme, la même que celle d'un véritable théisme, est que les idées de relation sont seules intelligibles, et, seules, peuvent définir intelligiblement la réalité, en cette équation de la pensée et de l'être qui est la vérité. Et la Relation est

---

[1] *Les Dilemmes de la métaphysique pure*, F. Alcan, édit., 1901.

le nom même de l'Intelligence prise dans l'abstrait, c'est-à-dire un nom de la Personne, mais considérée alors dans l'ensemble des lois qui président à toutes les modifications de la conscience et qui la supposent.

Nous avons apprécié librement et en toute sincérité le caractère et les idées de quelques penseurs dont nous avons été le contemporain, parce que leurs noms appartiennent à l'histoire et que leur influence s'est exercée sur le siècle écoulé. De ceux-là, nous avons seulement omis un philosophe, non pas français d'ailleurs, mais de langue française, métaphysicien éminent, et le seul qui eut vraiment droit à ce titre : Charles Secrétan. Il fut notre ami, adversaire en un point capital, allié en d'autres. Il ne convient pas que nous parlions ici de ceux qui vivent et travaillent à l'heure présente, et dont plusieurs seraient grandement à excepter des jugements d'ordre général que nous nous sommes permis. Mais ce n'est pas seulement une juste réserve qui est à faire, en ce qui touche les personnes ; nous devons dire que, à considérer l'ensemble du monde des lettres, la classe des philosophes est incontestablement la moins exposée aujourd'hui à des reproches encourus par un esprit de réaction profond qui a tout dominé pendant le xixe siècle, et qui menace visiblement de rendre au cléricalisme une grande partie de sa force passée. C'est même ce qui explique que les philosophes soient si peu populaires auprès des lettrés sans philosophie, et la philosophie si peu goûtée des historiens, et traitée par la critique avec légèreté. Mais la philosophie, depuis le déclin de l'éclectisme, depuis la publication du beau rapport de Félix Ravaisson, qui en présagea la fin, est dans la voie d'une renaissance. Un très réel esprit scientifique y a pénétré de tous côtés, et cela sans positivisme, même à ne consulter que ceux des travailleurs du champ des idées qui se refusent à élever leurs vues jusqu'aux souverains principes. Le matérialisme, contre lequel la doctrine spiritualiste était sans force, est entièrement désarmé par le progrès de l'idéalisme chez les esprits philosophiques. Il n'y a, croyons-nous, aucune exagération à dire que la révolution à laquelle nous assistons dans la manière dont les penseurs profonds conçoivent désormais le fond de l'existence a pour la philosophie une importance comparable à celle de l'apparition de la méthode de Descartes au xviie siècle. Elle ne met plus fin seulement au réalisme scolastique, qui a peu survécu à Descartes ; elle plane au-dessus de l'étude des principes en son ensemble, depuis le siècle des Thalès et des Pythagore. Mais l'idéalisme est lui-même resté, après Berkeley, après l'empirisme sensationiste, entaché d'un vice radical : il a été un *réalisme des idées*. Il faut qu'il s'élève à la pure méthode de la conscience, au personnalisme. On ne semble pas encore assez comprendre que c'est la conscience personnelle qui est à la fois la matière et l'agent des idées, leur condition *sine qua non* d'existence et d'élaboration, et non point les *idées* qui sont des *choses* dont se composent les consciences. Vienne donc le jour où le philosophe idéaliste ne sera plus exposé, en négligeant *la Personne* dans l'exposition théorique du monde de la pensée, au reproche adressé jadis par Aristote à Anaxagore, qui laissait de côté, dans son œuvre, autant qu'il le pouvait, l'*Intelligence*, sa propre découverte en tant que principe, et aurait voulu tout expliquer sans elle ! « Ces philosophes, dit Aristote, parlant de ceux qui posent des principes et ne s'en servent pas, ces philosophes n'ont pas l'air de savoir qu'ils disent ce qu'ils disent en effet ; car on ne les voit jamais, ou peu s'en faut, faire usage du principe. Anaxagore se sert de l'Intelligence comme d'une machine, etc. »

CHAPITRE LII

LE NÉOCRITICISME

Les premiers essais d'une philosophie qui, la première en France, depuis l'abandon de la méthode synthétique du xviie siècle, entreprit de chercher ses fondements dans une critique sérieuse de la connaissance furent contemporains des doctrines ou tendances diverses et opposées les unes aux autres que nous venons de passer rapidement en revue. Cette philosophie dût se rattacher d'abord, pour des raisons de méthode, à l'œuvre de Kant, qui avait inauguré en Allemagne, la critique de la métaphysique et de la psychologie, mais dont les intentions de réforme du savoir s'étaient presque aussitôt tournées à contresens par l'erreur de ses disciples, et par la sienne propre. De là vint le nom de néocriticisme donné à la doctrine qui ne devait cependant avoir dans la critique proprement dite que son point de départ (comme autrefois la réforme cartésienne de la méthode), et ses raisons de nier les principes avoués ou supposés par les opinions philosophiques en lutte sur le terrain dogmatique.

Le néocriticisme s'opposait premièrement à l'éclectisme, alors régnant dans l'enseignement public, système de choix arbitraire entre les doctrines, où l'examen ne descendait sur aucun point jusqu'à la racine des idées; où l'on n'admettait ni l'évidence à proprement parler, ni la croyance, pour l'établissement des principes, puisque l'évidence, pensait-on, ne pouvait se traduire en système, et que la croyance, on n'avouait point que ce fût à elle à déterminer le choix du penseur entre les grands principes contraires; où l'on prenait enfin cette position mitoyenne, sans profondeur, entre le matérialisme et l'idéalisme, appelée le spiritualisme, dans laquelle on n'entend faire droit ni à l'un ni à l'autre des deux points de vue opposés sur le principe de l'être et du connaître. Ce nom de *spiritualisme*, aujourd'hui que la doctrine est démodée, paraît, comme celui de *spiritisme*, devenir la propriété d'une école dont les notions remontent aux origines chaldéennes et chinoises : on y remplace l'esprit scientifique par la passion de l'*occulte*.

Le néocriticisme s'opposait au panthéisme, forme la plus commune, en ses vagues mais sincères aspirations, des tendances des ardents adversaires de l'éclectisme, penseurs attirés par l'ampleur et l'éclat des systèmes universalistes des disciples de Kant, et principalement de Hegel. Il combattait ces systèmes en leur esprit général, non, comme faisaient les éclectiques, par de vaines déclarations de n'en pas accepter des conséquences, qui étaient celles de leurs propres principes, autant qu'ils en avaient, mais par la réfutation rationnelle du réalisme substantialiste et du réalisme infinitiste, dont les éclectiques partageaient avec les panthéistes, tant théologiens que libres-penseurs, la doctrine, incompatible avec le principe de personnalité dans la conception du monde.

Le néocriticisme combattait le système du déterminisme universel, constant allié du panthéisme, de même que généralement professé dans l'école empiriste et par ceux des hommes de science qui ne veulent envisager, tout comme ils ne peuvent étudier, dans les phénomènes, que celles de leurs liaisons qui ont un caractère de nécessité. Le néocriticisme appuyait la thèse du libre arbitre, non, comme les éclectiques, sur la vaine affirmation d'une expérience interne que nous en aurions, — confusion entre l'expérience réelle de notre sentiment sur ce point, et l'expérience qu'il faudrait que nous eussions, et que nous n'avons nullement, de l'accord de ce sentiment avec la vérité, — mais sur une analyse psychologique de l'*acte de délibérer*, qui montre, dans le jugement et dans la volonté, des éléments inséparables des moments successifs de la délibération, comme de la conclusion ; sur l'illogicité de l'emploi du principe de contradiction pour prouver que les futurs sont tous prédéterminés ; sur la contradiction qu'il y a, au contraire, à admettre que tout phénomène est l'effet nécessaire et le seul possible des causes antécédentes, chacune desquelles est dans une semblable condition à l'égard de ses propres causes, parce qu'il résulterait d'une telle loi que le procès rétrogressif des causes est infini et que la somme des phénomènes actuellement écoulés est un infini numérique actuel, dont la conception est contradictoire en soi. La démonstration de la réalité du libre arbitre étant, d'une autre part, impossible, il n'y a qu'un acte de croyance qui, après examen de tous les motifs rationnels ou moraux, soit du déterminisme, soit du libre arbitre, puisse décider l'option du philosophe entre les deux hypothèses, entre les deux principes qui s'offrent à l'exclusion l'un de l'autre pour la direction de l'esprit, dans une question qui implique à la fois l'idée à se faire de la loi de l'univers et l'idée à se faire de la loi de la personne.

Le néocriticisme, prenant ainsi parti, par un acte de croyance rationnelle, dans les problèmes liés et solidaires du panthéisme et du déterminisme opposés au principe de la personnalité, devait se montrer l'adversaire des théories du progrès nécessaire de l'humanité dans l'ordre moral, et dans tout autre ordre que celui des connaissances mathématiques et physiques et de leurs applications industrielles ; il devait nier tout système et toute loi supposée de l'histoire qui, plaçant la vérité et le bien dans le flux du devenir, l'erreur et le mal dans la connaissance ou dans le pouvoir, relativement moindres, mais non dans des devoirs positifs, ne souffrent l'affirmation d'aucune vérité fixe et interdisent l'enseignement d'une morale invariable, œuvre de l'esprit *a priori*. De là les discussions et les polémiques de la *Critique philosophique* (revue fondée après les événements de 1870-1871) contre le fatalisme de l'école historique, le culte de la force et du succès, la Raison d'État et ses maximes, les jugements utilitaires et hypothétiques en morale et en politique, et toute violation de la justice et du droit qui s'estime justifiée par sa fin ou réclamée par l'intérêt public.

Le néocriticisme était donc essentiellement opposé au positivisme, qui est une doctrine toute fataliste, déduite d'une prétendue loi de l'histoire, niant tout droit apriorique, enfin visant à l'établissement d'un ordre social rigoureusement autoritaire et, pour ainsi dire, théocratique, encore que sans reconnaître aucun dieu, si ce n'est que l'humanité en soit un. Mais le néocriticisme posait, d'accord avec le positivisme, ce principe de philosophie première : que l'intelligence n'a pour matière de connaissances réelles que les phénomènes et les lois des phénomènes. Le positivisme faisait sortir ce principe de l'étude des sciences physiques, et du progrès de la méthode en ces sciences, progrès qui se formule visiblement par l'abandon de toute fiction d'essences ou qualités en soi pour expliquer les propriétés des corps, et de toute recherche des causes dans le sens réaliste de forces *transitives*, passant d'un sujet à un autre pour modifier son état. Le néocriticisme tirait la même conséquence du grand fait de la marche de l'esprit scientifique moderne, et de la critique des notions de substance et de cause, œuvre éminente de Berkeley et de Hume continuée, quoique mal approfondie, dans l'école empiriste, après ces deux philosophes.

Le néocriticisme était donc phénoméniste, mais il reprochait au positivisme, ainsi d'ailleurs qu'à l'école empiriste tout entière, de n'envisager les phénomènes et leurs lois que dans l'ordre expérimental, d'étudier les phénomènes de l'esprit avec des préventions matérialistes, et de méconnaître les lois propres de ces phénomènes; de continuer en cela les errements de la métaphysique réaliste, tout en niant les idées générales, et de n'admettre pas la nécessité des concepts pour la perception des rapports et pour la formation des idées, de rejeter les jugements synthétiques *a priori*, sans lesquels la connaissance se délie, ainsi que l'a si bien prouvé la critique de Hume, et enfin d'exclure la volonté et la croyance des éléments du jugement. Cette erreur réduit toute constatation de vérité générale à des inductions qu'on ne peut jamais dire certaines, puisque ni le général ne se peut déduire logiquement du particulier, ni aucun pur principe se démontrer de manière à forcer l'assentiment d'un philosophe qui le conteste.

Le néocriticisme tenait donc sa méthode, d'un côté, de la critique de Hume, qui n'avait pas su tirer de ses analyses le principe de relativité avec les applications de ce principe à l'établissement des lois de la conscience et de l'esprit, et, d'un autre côté, de la correction apportée à l'étude exclusivement analytique et par conséquent dissolvante de Hume par la théorie des *jugements synthétiques* de Kant, par celle des *formes de la sensibilité*, et par celle des *concepts de l'entendement*. Il gardait de Hume le phénoménisme, et posait le principe universel de la relation en ses déterminations diverses, formellement définies, qui sont les lois de l'intelligence, et qui répondent à ces fonctions caractéristiques de la représentation dont la conscience d'une personne est l'*unité vivante*. Kant avait dressé une table des catégories, c'est-à-dire de ces relations d'ordre général, mais sans les rapporter à la Relation, forme commune où elles ont leur *unité abstraite*, et en les supposant, au contraire, rapportées à des substances ou à des causes qui seraient elles-mêmes données indépendamment de toute relation. Le néocriticisme, méthode phénoméniste, ne concevant pas la connaissance appliquée à d'autres objets qu'aux lois des phénomènes, car la conscience est une loi, la première de toutes, et fondamentale, hors de laquelle il ne s'en peut penser de représentées, le néocriticisme rejetait les inventions métaphysiques de Kant : Inconditionné pur, noumènes, substances, ou êtres en soi, sans qualités; il rejetait la distinction de l'entendement d'avec une certaine *raison* qui aurait la tâche exclusive de s'appliquer aux *idées* de ces êtres; il niait les antinomies de la raison, et l'infini actuel, ou réel, que Kant consacrait dans ses théories par le fait seul de ne le pas nier comme contradictoire en soi, et le déterminisme universel et absolu des phénomènes, dont Kant prétendait faire concorder la loi dans le temps avec la liberté de la personne, être purement nouménal, situé hors du temps et de l'espace.

Toute cette ardue métaphysique de Kant restait complètement étrangère, pour le néocriticisme, ainsi d'ailleurs qu'elle l'était, et qu'elle l'est toujours au fond à la partie de la critique de ce philosophe dont le sujet porte à bon droit le titre de raison pratique. Au reste le public, en France, si l'on excepte les hommes à études tout à fait spéciales, l'a à peu près ignorée, et l'attention s'est toujours portée sur les points qu'il était si facile d'en séparer : à savoir, la critique (dans le sens négatif du mot) de l'ancienne métaphysique et de ses prétentions à l'évidence, ou aux démonstrations apodictiques; l'abandon des preuves exclusivement rationnelles de l'existence de Dieu et de la pure substance de l'âme; l'appel à la croyance comme inséparable de l'affirmation de l'existence réelle des sujets extérieurs, objets de la pensée ; le libre arbitre, postulat exigé pour la reconnaissance du devoir, et, par conséquent, fondement de la morale ; enfin, les deux postulats qui se rattachent à celui-là et qui sont liés entre eux : l'immortalité de la personne et l'existence de Dieu, conditions nécessaires de la conciliation des impératifs moraux avec la fin de bonheur, désir universel et constant mobile des actions humaines. Ces derniers postulats impliquent manifestement une Providence régissant l'univers, et la Providence, à son tour, implique les attributs de pensée et de volonté qui, considérés en leur application universelle, répondent à ce qu'on ne peut désigner clairement que par un seul nom : la personnalité divine.

Il résulte de là que l'anthropomorphisme, entendu en sa signification étymologique, et sans s'arrêter à une vaine question de mots, est une doctrine attachée aux postulats de la raison pratique. C'est ce que Kant a admis, ou à peu près, à certains endroits, et méconnu en d'autres. Il faut cependant le déclarer formellement, et rejeter tout ce que Kant a essayé de construire, soit à titre de purs noumènes, soit d'accord avec une métaphysique plus vulgaire, par condescendance à l'*idéal de la raison pure*, et qui donne des idées de Dieu incompatibles avec tout ce que nous connaissons ou pouvons concevoir d'une intelligence réelle et d'une volonté réelle. Kant, n'a pas, il est vrai, prétendu que les idées des êtres transcendantaux renfermassent la raison de croire à l'existence réelle de ces êtres ; il a au contraire eu soin partout d'assurer qu'il n'en est rien ; mais cela n'ôte point la parfaite contradiction, qu'il y a entre ces idées et celles que donnent les postulats de la raison pratique sur les mêmes sujets. Le nom de *néocriticisme*, rattachant la doctrine qu'il désigne au criticisme Kantien, n'est justifié qu'en deux points importants, d'une part la méthode, en ce qui concerne l'origine des idées, les concepts, la perception et l'esthétique de la perception, que Kant a nommée transcendantale ; d'une autre part, la théorie de la raison pratique, à condition d'écarter les objets transcendantaux (noumènes) et le déterminisme des phénomènes, et enfin cette partie de la doctrine du devoir où les impératifs moraux sont considérés comme absolus et rigoureusement séparés des motifs de l'ordre du sentiment. Au demeurant, la méthode relativiste et phénoméniste ; le principe de la croyance appliqué d'une manière plus conséquente aux affirmations de théorie qui se fondent sur la généralisation des lois de la conscience ; l'entière théorie des catégories, leurs définitions, leur classification, leur application logique à la réfutation de la possibilité d'un infini actuel, et à la démonstration de la nécessité logique d'un premier commencement des phénomènes ; enfin, la théorie de la causalité, affranchie de l'imagination réaliste des forces transitives, tous ces points de doctrine, dans le néocriticisme, sont étrangers, et la plupart opposés radicalement à la métaphysique de Kant.

Le développement des théories néocriticistes sur le principe de relativité et sur la nature de la loi de causalité a amené un intéressant rapprochement de ces théories et des admirables conceptions de Leibniz, dont Kant a si fort tenu à se montrer éloigné. Le relativisme appliqué à la notion de cause, après qu'on a renoncé à l'imagination des substances, et de l'action transitive de leurs qualités comme causes, conduit immédiatement au point de vue de l'harmonie préétablie, qui lui-même s'était présenté naturellement à la suite de l'hypothèse de *deux substances*, mais regardées comme sans action mutuelle (école cartésienne). De ce point de vue, qui est fondamental, le néocriticisme dérive de Leibniz, qu'il corrige, et, plus haut, de Descartes, et est en opposition complète avec le Kantisme. Le monadisme de Leibniz n'a que les apparences d'un substantialisme ; il subit, au fond les conditions du principe de relativité, parce que la définition de cette substance individuelle qui est la monade est celle d'une fonction de qualités définies et toutes relatives (XXVII).

Il est remarquable que le lieu de scission, pour ainsi dire du néocriticisme et de la philosophie Kantienne soit le même que si, pour comparaison, on le rapprochait de la doctrine de Descartes, et non plus du criticisme dans ce que Kant y a joint de dogmatique sous le couvert du transcendantalisme. En effet la séparation porte essentiellement, des deux parts, sur les dogmes de la substance infinie et du prédéterminisme. Ce dernier dogme est, en effet, professé par Kant, qui le formule de la façon la plus dure, et, imposé qu'il est à Descartes par celui de la prescience divine absolue des futurs, qu'il reconnaît très expressément, il n'est d'ailleurs point contredit chez lui, comme il est chez Kant, par une théorie du libre arbitre qui rejoint celle des théologiens après avoir paru s'en éloigner. Quant au dogme de la substance infinie, il ressort chez Descartes, d'un côté, de la doctrine générale des attributs infinis de Dieu, héritage de la théologie, et, de l'autre, d'une théorie du monde, et du plein de matière, où l'idée de la substance infinie est impliquée, quoiqu'elle puisse être écartée, nous l'avons dit ailleurs (XXVI), du point de vue le plus élevé, et le plus original de la métaphysique cartésienne. Le même dogme n'est que voilé, dans le transcendantalisme Kantien, par la déclaration que fait Kant de n'attribuer point aux fictions de ce transcendantalisme la valeur d'une connaissance réelle ; mais il y est contenu pour toute interprétation qu'on en puisse donner. On s'explique que les deux doctrines, aux deux époques, celle de Descartes, celle de Kant, aient donné naissance à des systèmes plus nettement arrêtés, décidément panthéistes : Spinoza, Schelling.

Il résulte de ces rapprochements, pour apprécier la position du néocriticisme dans l'histoire de la philosophie, un fait qui intéresse la tradition philosophique française : c'est que la doctrine néocriticiste peut se présenter avec autant de facilité, avec plus de clarté peut-être, si on la rattache, en remontant de deux siècles et demi environ le cours des idées, au premiers principes de Descartes, au lieu de le prendre à la suite du criticisme de Kant, où la marche et les révolutions des écoles lui ont marqué sa place. Ces principes sont :

Le doute méthodique;

La pensée individuelle (la conscience);

La pensée en tant qu'être (l'existence);

Le corps et la subordination des idées de corps;

La notion de cause et la limitation des puissances du moi;

L'induction de l'être identique et permanent de la pensée (l'âme);

L'induction de l'être parfait, et le principe de la cause éminente;

La création.

Examinons successivement ces points de doctrine sans y introduire d'autres changements que la substitution des termes d'une *croyance rationnelle* à ceux de l'évidence des *idées claires et distinctes* pour la preuve du vrai, et que l'emploi d'un langage, différent dans la forme, et de même sens au fond que le langage de Descartes. L'adoption du principe de la croyance rationnelle ôte toute leur force aux arguments du criticisme Kantien contre les démonstrations de l'existence de Dieu et de l'âme, fondées sur cette raison, que l'existence d'une idée n'est point par elle-même une preuve de l'existence de l'objet de cette idée.

Descartes a certainement été bien près d'une interprétation de l'*évidence*, ou, si l'on veut, du *sens commun*, en matière d'acceptation de certaines notions universelles, qui n'en fait guère qu'un synonyme de *commune croyance*. « Je ne pense pas, dit-il, qu'il ait jamais existé quelqu'un d'assez stupide pour avoir besoin d'*apprendre ce que c'est que l'existence avant de pouvoir conclure et affirmer qu'il est*; il en est de même pour la pensée et le doute. J'ajoute même qu'il ne peut se faire qu'on apprenne ces choses autrement que de soi-même, et qu'on en soit persuadé autrement que par sa propre expérience et par le témoignage que chacun trouve en lui-même quand il examine ces choses » (*Recherche de la vérité*). L'évidence et la croyance qui s'applique naturellement à la perception de certains rapports élémentaires désignent à peu près le même fait psychologique. « Lorsque j'ai dit, explique encore Descartes, à un autre endroit, que cette proposition : « Je pense donc je suis, est la première et la plus certaine qui se présente à celui qui conduit ses pensées par ordre, je n'ai pas pour cela nié qu'il ne fallût savoir auparant ce que c'est que pensée, certitude, existence, et que pour penser il faut être, et autres choses semblables : mais à cause que ce sont là des notions si simples que d'elles-mêmes elles ne nous font avoir la connaissance d'aucune chose qui existe, je n'ai pas jugé qu'elles dussent être mises en ligne de compte » (*Réponse aux objections de Gassendi*). Parcourons, à cette lumière de raison pratique, les points de doctrine que nous avons indiqués.

I. Le doute. — La recherche d'une vérité première est le point de départ logique de la métaphysique. Cette recherche implique la mise en suspicion de toute connaissance vraie qu'on pourrait supposer acquise. Ce doute méthodique, ou de théorie, doit être accompagné de la considération empirique de la diversité des opinions des philosophes, de leurs contradictions, et de ce que peuvent avoir de portée les arguments des pyrrhoniens contre la certitude. Ce premier point est indiscutable.

II. La pensée individuelle. — La donnée empirique de la conscience du moi, avec une représentation objective, quel que puisse être ou paraître l'objet représenté, est un fait antérieur et supérieur à toute autre affirmation possible, et en est la condition. La proposition qui pose *la pensée* en ces termes, est une énonciation identique, un rapport du même au même, avec l'unique distinction de l'objet et du sujet, qui constitue ce rapport : *Je pense*.

III. La pensée en tant qu'être. — L'être de la pensée n'exprime encore qu'une identité, si l'on se borne à la considération empirique et actuelle du fait de conscience, par cette raison que, par le mot *être*, on n'entend et on ne peut encore entendre, au point de l'analyse où nous sommes, que *penser*. Ce n'est pas : *pour penser il faut être*, que nous devrions dire, en parfaite rigueur, à cet endroit, mais bien : *pour être il faut penser, je suis la pensée, la pensée est moi*.

Mais la pensée se multiplie, se développe en modes successifs, qu'on appelle des *idées*, c'est-à-dire qui sont ses représentations dans le temps et sous d'autres rapports qui la diversifient tout en s'unissant dans l'unité de l'idée de la conscience elle-même, ou du moi. Encore en ce développement et en cette synthèse, si nous les considérons comme un fait purement empirique, ce fait complexe se témoigne à lui-même et ne souffre aucun doute; les pyrrhoniens ne l'ont nié ni pu nier; il était compris pour eux sous le nom du *phénomène*, matière de leurs propres controverses. Jusque-là donc nul acte de croyance n'est nécessaire *logiquement*, quoique il doive être bien entendu que, en réalité, il s'y en ajoute plus d'un.

IV. Le corps et la subordination de l'idée de corps quant a l'existence. — L'idée de corps est l'idée de la classe des objets représentés comme situés *dans l'espace*, où ils occupent des *étendues limitées* les unes par les autres, leur nature et leurs modifications étant telles que par le moyen et sous la condition de certaines de leurs parties, appelées des *organes*, certaines représentations spéciales sont données pour objets à la pensée, certaines *impressions* et certains *sentiments* prennent place parmi ses modes; et telles, d'une autre part, que certains des modes de la pensée, quand ils se produisent, sont suivis de certaines modifications des organes, et par là de celles des autres corps, ou parties de corps, liés aux organes. Ce sont deux ordres de phénomènes qui se montrent, pour une simple vue empirique, dans un état de dépendance réciproque en leurs modes et propriétés.

L'existence des corps ainsi témoignée empiriquement, sans que toutefois il s'ensuive aucune lumière sur ce qu'ils sont intrinsèquement, ou pour eux-mêmes, hors et indépendamment de notre conscience, cette existence ne saurait être affirmée avec la certitude que possèdent, pour la pensée, la pensée elle-même et son exercice, parce que la connaissance de celle-ci est impliquée logiquement par la connaissance de celle-là, et que la réciproque n'est pas vraie; car l'objet de la pensée, quel qu'il soit implique la pensée, mais la pensée n'implique logiquement la donnée externe d'aucun de ses objets. Le corps pourrait n'être qu'une représentation privée d'existence propre hors des modes de la pensée. Là donc est la place du premier acte de croyance qui s'attache naturellement à l'analyse des objets de la pensée : c'est l'affirmation du *non moi* comme *être extérieur*. Du côté de la logique pure, ce qu'on nomme *croyance* doit se nommer *hypothèse*; mais, du côté de la vivante conscience, l'acceptation de l'hypothèse contraire n'a été possible que dans le champ des abstractions. Tel est le rapport des deux interprétations du non moi.

V. La causalité et la limitation des puissances du moi. — Tout ce qui précède se rapporte à *la conscience*, considérée jusque-là comme unique. Une certaine relation de dépendance entre des modifications successives d'une pensée individuelle, ou une dépendance réciproque entre telles de ces modifications et d'autres qui se produisent dans le monde extérieur est la causalité. Le sens de l'idée de *cause* se tire essentiellement de la nature de certaines des premières de ces modifications : de celles qui ont pour caractères le désir et la volonté ; puis la pensée le transporte vaguement aux secondes, malgré l'absence de toute perception de qualités semblables au désir ou à la volonté, dans les corps. On attribue aux corps *des actions*. Certains corps seulement dont nous percevons des propriétés particulières que résume le terme d'*organisation*, sont unis à des qualités mentales qui approchent à divers degrés de celles de la pensée, et chez quelques-uns l'atteignent. Continuant à nous placer au point de vue de la conscience individuelle unique, nous dirons que cette conscience leur attribue ces qualités par induction, d'après des signes pareils à ceux qu'elle manifeste elle-même dans ses actions sur le monde extérieur, car elle ne saurait percevoir directement les actes mentals produits en rapport avec un autre moi que le sien. La vue générale du monde extérieur le fait apparaître comme un assemblage d'êtres, les uns organisés, les autres non, et ceux-ci matériellement plus étendus et nécessaires pour la vie des premiers, mais tous donnés en des relations de causalité extrêmement complexes, et de telle manière que le moi est dans un état de limitation et de dépendance sous tous les rapports ; il n'a d'assuré et bien à lui que la conscience actuelle de ce qu'il sent, il se trouve de toutes parts incertain et borné dans les connaissances qu'il peut atteindre des choses, et dans l'action qu'il peut exercer sur elles, et enfin dominé et écrasé par leur développement irrésistible.

VI. L'INDUCTION DE L'AME. — L'extrême limitation des puissances du moi, opposée à la force du sentiment qu'il a de son être et de sa vie, et à l'énergie de sa projection extérieure d'intelligence et de volonté, nous ramène à la question de son existence. Si son existence n'est que la synthèse empirique, ci-dessus définie, la seule certaine, des phénomènes d'une pensée modifiée et plus ou moins prolongée dans le temps ; si elle n'a de valeur que celle du fait de conscience répété et varié, dont le terme est marqué par d'autres phénomènes, elle n'est pas d'une importance appréciable pour le monde, et elle s'annihile d'elle-même en ce qui touche l'individu. Car l'universalité qui ne conserve pas les individualités qu'elle produit exclut l'individualité en principe et comme fin. L'individu lui-même, s'il se rend compte de ce que son être est dans cette hypothèse, comparativement à ce qu'en est l'idée conçue simple et sans limites, est obligé de conclure qu'il n'est théoriquement rien, une sensation qui fuit.

Mais si la synthèse des phénomènes du moi est regardée comme une loi de ces phénomènes qui, pour chacune des consciences individuelles, doit se perpétuer dans le temps sans jamais trouver sa borne dans les formes organiques qui lui sont actuellement liées, et dans leurs révolutions possibles, l'espèce d'induction par laquelle on passe ainsi de l'idée de la synthèse empirique à l'idée et à la croyance d'une fonction constituée *a priori*, ou à l'origine des choses, est à proprement parler la définition de l'*âme*. Nous n'avons point un autre concept que celui-là de l'*identité* et de la *permanence* du moi, termes consacrés pour son explication, et ce concept est le même et le seul qui répond, dans l'entendement, au nom de *substance*, donné à la pensée pour l'interprétation réaliste du mot *sum*, dans la formule *Cogito ergo sum*, quels que soient ou le terme abstrait ou l'image auxquels on a recours pour représenter l'*âme*.

Les questions de la distinction de l'âme et du corps, et de l'immortalité de l'âme, sont tranchées par l'indépendance du concept de l'âme ainsi définie, sans qu'il soit touché à celle du rapport de l'âme à l'organisme, non plus qu'aux lois qu'une croyance rationnelle peut envisager comme possibles pour rattacher à la permanence de cette fonction qui est l'âme une vie individuelle, dont la mort, phénomène de notre monde de l'expérience, ne trouble pas la perpétuité.

VII. L'induction de l'être parfait et le principe de la cause éminente. — C'est d'une souveraine croyance rationnelle à l'Un et au Bien comme fondement du monde quant à l'Essence (termes platoniciens) que dépend l'idée de l'Être parfait, c'est-à-dire doué (aux termes de Descartes) de toutes les perfections dont nous avons l'idée, sans comprendre d'où nous pouvons la tenir, si ce n'est de cet être lui-même. Sous l'aspect de la causalité, l'idée passe du sens de l'être au sens de l'action : Descartes pose en principe que toute perfection donnée *objectivement, ou par représentation,* dans nos idées, conformément à leur nature propre, doit exister *formellement et en effet* dans les causes de ces idées, conformément à la leur, et qu'ainsi il faut arriver à une *cause première* qui soit le patron de toutes. A ce point de vue, on peut penser que l'*existence et la cause* ne sont, en l'acception la plus générale, autre chose que ce que l'*idée de la perfection* implique ; et l'argument ontologique (XXVI) se montre spécieux en son inévitable pétition de principe. Le principe est au fond le même dont une intéressante formule a été opposée, de notre temps, au matérialisme, et aurait dû être, quoique elle ne l'ait pas été pour son auteur, une expression de la foi rationnelle en Dieu : *Le supérieur seul explique l'inférieur.* Quand elle s'affirme en se donnant formellement pour objet la personnalité divine comme Descartes l'entendait, qui ne pensait point à l'existence des idées produites par la cause première, autrement que comme à l'existence de l'Intelligence parfaite dont elles sont les modes originaux, et de la souveraine volonté qui les donne pour lois au monde, cette foi rationnelle conclut la doctrine de la création.

VIII. La création. — Là s'arrêtent les principes auxquels le néocriticisme aurait pu, à son début, se rattacher aussi bien ou mieux qu'il le fit à Kant sous d'autres rapports. Sa position, pour les deux cas, aurait été la même, c'est-à-dire que la question de l'infini et de la nature éternelle et nécessaire, thèses opposées à celles de la liberté et du pur premier commencement des phénomènes, et puis la question de la toute-puissance divine et de l'immanence de la cause créatrice dans le monde, thèses opposées à celle de la réelle extériorité du monde par rapport à Dieu, auraient suscité des deux côtés les mêmes difficultés, et exigé des vues nouvelles pour être résolues. Descartes, à raison de ce qu'il conservait de l'absolutisme théologique, et qui ne fit que se déclarer plus fortement dans son école, et Kant par l'ensemble de sa métaphysique, en dehors du criticisme proprement dit et des postulats de la raison pratique, tombaient dans les doctrines de l'infini et de la nécessité. Le néocriticisme était, au contraire, et du tout premier abord, fixé sur les principes de relativité et de liberté.

Nonobstant ces derniers points, bien arrêtés, le néocriticisme, au début, en posant la pensée avec la personnalité comme le principe du monde, en rejetant tout infini actuel et l'éternelle nécessité comme inconciliables avec la logique du relatif et des concepts, et en posant par suite, hardiment, la thèse du premier commencement des phénomènes, ne se prononçait pas sur le principe de la divine unité de conscience à l'origine des choses. Il semblait que l'hypothèse d'une pluralité de consciences fût également admissible, en tant que premier terme, en soi multiple, de l'existence à envisager pour notre connaissance, *là où la question est de poser la condition de la connaissance et non de définir ce qu'il y aurait à connaître.* C'était donc la négation de la création proprement dite, *e nihilo*, comme notion étrangère à l'entendement, non moins qu'à toute expérience imaginable. Mais cette question de l'unité, qui a toujours été regardée comme difficile en théologie rationnelle, fut éclaircie, dans le développement ultérieur du néocriticisme, par la considération idéaliste de l'unité des lois de l'esprit, qui, identique à l'unité des lois dans le monde, implique l'unité de l'esprit lui-même dont le monde est l'œuvre, et, de là, par induction, l'unité de conscience première. C'est d'une application du principe de l'idéalisme que ressort la démonstration.

Le point de vue logique de la question demeure le même, la doctrine de la création ne changeant rien à l'obligation logique de poser le créateur, en tant que cause *première*, comme ne pouvant se comprendre autrement que dans son rapport à la création, et pour le surplus comme la limite de notre connaissance, un terme initial que l'esprit ne peut embrasser et expliquer. C'est seulement par ce rapport au monde et à l'homme, en des idées toutes de relation, que s'expriment, en tant qu'intelligibles, les attributs de Dieu, et tout concept défini qu'il nous est donné de nous former de lui ou de son essence.

Toutes les thèses que le néocriticisme a soutenues sont descendues progressivement des deux théories fondamentales, celle du *principe de relativité*, qui a pour application le système des catégories : *Qualité Quantité, Position Succession, Devenir, Finalité, Causalité*, toutes subsumées sous la *Relation* dans l'ordre abstrait, et sous la *Personnalité*, dans le concret; et celle du *principe de limitation*, qui, étroitement lié au précédent par le principe logique de contradiction, interdit l'attribution de la réalité à tout sujet qui serait conçu comme un composé de modes, qualités, parties ou moments distincts, en nombre à la fois infini, interminable, et actuellement acquis ou donné en toutes ses unités. A la suite de ces principes est venue la critique négative de la substance des métaphysiciens, en tant que terme abstrait faussement réalisé, support fictif de phénomènes, qui devrait exister sans avoir ni qualités ni action quelconque définissant ce qu'il est en soi; et puis la démonstration de l'impossibilité de l'étendue en soi, et de la substance matérielle des corps, si on la considérait comme quelque chose de donné en sus des éléments et des propriétés sensibles des corps eux-mêmes; car il fallait, en ce cas, l'admettre comme douée de la propriété que réclame sa définition, c'est-à-dire toujours divisible en parties homogènes sans fin : et les corps seraient alors des composés infinis actuels, ce qui est contradictoire. Cette théorie, étendue à la réfutation de l'éternité antécédente des moments d'une existence donnée et écoulée dans le temps, était une nouveauté en philosophie, et de grande conséquence contre les systèmes transcendants ou transcendantaux de l'existence infinie, et venait à l'appui d'un concept de la personnalité de Dieu, intelligible et réelle.

La doctrine d'où partent ainsi à la fois pour constituer la méthode, et pour établir les thèses de la plus grande portée, la logique, la psychologie et la métaphysique unies et inséparables, cette doctrine est essentiellement l'*idéalisme*, et ce nom d'*idéalisme* est celui qui convient à la critique de la représentation mentale et à ses conséquences, exposées dans le premier des *Essais de critique générale*, ouvrage publié à une époque où toute philosophie en France, de quelque source qu'elle vint, était dans la dépendance de principes contraires et repoussait formellement le sien.

Cet idéalisme n'était point celui qui délie et dissout les idées et n'en veut connaître les éléments de composition qu'à l'état de phénomènes dont il se déclare incapable de refaire des synthèses. Il n'était pas davantage celui qui prend pour idées fondamentales des termes généraux abstraits, et au fond très complexes, qu'il réalise et qu'il investit de la fonction de principes ou causes premières de l'univers. C'était un idéalisme qui ne sépare point les phénomènes des lois par lesquelles s'opèrent les synthèses, et qui les fait remonter tous, par l'intermédiaire de leurs lois, à la conscience, synthèse suprême, quand elle est considérée dans la personnalité, son degré éminent. Mais les deux autres méthodes connues de l'idéalisme possèdent avec celle-ci une vérité commune : la réduction de la connaissance à son sujet mental, bien ou mal consulté et interprété d'ailleurs, et cette vérité était devenue étrangère aux penseurs français, depuis qu'ils s'étaient faits les disciples de Locke en psychologie.

La notion commune d'une matière indépendante de toute représentation, et la croyance en une faculté de l'être conscient, la perception sensible, qui nous donnerait la certitude de fait de l'existence réelle ou en soi d'une telle matière, étaient universellement reçues, que ce fût dans le spiritualisme traditionnel, théologique, ou dans l'éclectisme, et même dans le vague panthéisme importé d'Allemagne, ou que ce fût dans le matérialisme et dans le positivisme, qui en tenaient la thèse des idéologues. Les principaux systèmes issus du criticisme Kantien n'avaient pu faire école en France pour rien de plus que pour la propagation de l'esprit panthéiste et fataliste. Les analyses psychologiques de Berkeley et de Hume n'y avaient été qu'à peine connues, et incomprises, tandis que la psychologie de l'école écossaise, réaction contre l'idéalisme de ces philosophes, y avait été introduite pour le service de la réaction spiritualiste contre la philosophie du xviiie siècle. Une théorie de la « perception de la matière » s'offrait ainsi sans être associée à la doctrine matérialiste dont l'école idéologique accompagnait au fond sa démonstration de la même thèse.

Un penseur sorti de cette école et qui y gardait des racines réalistes en s'en éloignant par le sentiment, Maine de Biran essayait, vers le même temps de réaliser la volonté comme force par nous suscitée, dont nous aurions simultanément la pensée et la perception externe, avec la certitude de son action en tant que cause transitive opérant le mouvement dans les organes ; et cette théorie était vantée dans l'école éclectique comme une œuvre éminente venant « à la suite de Leibniz » établir dans ses droits le principe d'activité de l'esprit.

La tentative de Théodore Jouffroy de traiter la psychologie par la méthode des sciences naturelles, pour de là s'élever par induction aux vérités métaphysiques (L) se rattachait à l'école écossaise par la théorie de la perception externe, non moins que par celle des « facultés de l'âme » étudiées comme des qualités indépendantes, sans lien et sans unité. Reid, inventeur de cette méthode et auteur d'une réaction systématique contre l'idéalisme, à la fois de l'école cartésienne et de l'école empiriste anglaise, et, après lui, Dugald Stewart s'appliquèrent à remplacer les synthèses, les *connexions* d'idées, que Hume renonçait à justifier, par l'énumération et la description empirique des fonctions intellectuelles, sans aucune classification qui pût paraître scientifique et rendît compte des rapports qu'elles soutiennent entre elles, ou de la nature de l'ensemble qu'elles constituent en s'unissant. Car ces philosophes comptaient la mémoire, sans laquelle aucune autre n'est possible, et même la conscience, au nombre de ces facultés, dès lors aussi impropres à composer une substance de l'Esprit que l'étaient aux yeux de Hume, et que devaient l'être plus tard aux yeux de Stuart Mill, les *perceptions distinctes* et *existences distinctes* du premier, ou les *séries de sentiments* du second, qui, pour être la conscience, auraient à *se connaître en tant que séries* (XXXII et XLIV).

C'est par une telle méthode que ces empiristes d'un nouveau genre s'imaginaient enseigner la véritable constitution de l'esprit aux philosophes égarés à la suite de

Descartes et de Locke. Pour la substance de la matière, question parallèle, ils s'en remettaient soit au *sens commun*, soit à la *croyance*, terme mieux entendu pour leur objet, s'ils en eussent seulement fait une application plus logiquement justifiable ; mais ce n'est pas du monde extérieur, ce n'est pas des corps, sauf à définir le sens de ce mot, qu'ils entendaient affirmer l'existence réelle comme objet de croyance naturelle et inaliénable ; c'est des phénomènes sensibles qu'ils prétendaient assurer, à ce titre de sens commun, la nature contestée de qualités réelles appartenant à des êtres en soi, et nous faisant connaître ce qu'ils sont. Cette théorie de la « perception externe », adoptée par les maîtres de l'éclectisme, passa dans le pays de Descartes et Malebranche pour la condamnation de l'idéalisme. Elle pouvait y rejoindre sans inconvénient celle qui avait été enseignée dans l'école idéologique, et d'après laquelle l'existence propre et la nature des corps nous est démontrée par la résistance qu'ils opposent au mouvement de nos organes, ou que nous voulons leur communiquer par cet intermédiaire ; comme si nos idées d'étendue et d'existences externes, d'un côté, de force et de cause, de l'autre, que nous nous représentons dans ces sièges extérieurs, pouvaient être déduites de la donnée des sensations tactiles ou musculaires qui n'ont avec elles nul rapport logique et nulle ressemblance !

Cette théorie superficielle et si peu réfléchie de la perception entra avec des variantes dans les systèmes de psychologues empiristes que l'impossibilité de tirer de leurs principes une définition du fondement de l'intelligence, et de la nature de la réalité externe, a conduits à renverser les rôles entre la psychologie et la physiologie, et à revenir au fond à des doctrines dont ils semblaient éloignés par le sujet de leurs analyses. Le matérialisme s'offre ainsi comme une conclusion dernière donnée au phénoménisme. En Angleterre, H. Spencer, avec son « réalisme transfiguré », abandonne et croit réfuter l'immatérialisme de Berkeley, passe du côté des écossais, adversaires de Hume et restaure sans qu'il y paraisse, entre tant d'autres et de si profondes diversités d'ailleurs, la plus commune manière de voir sur la nature des corps. En France, Henri Taine (LI), portant les premiers coups, ou les plus sensibles, à l'éclectisme, associe, pour les lui opposer ensemble, l'idéologie au panthéisme allemand ; plus tard, entreprenant, sur les traces des psychologues anglais, l'analyse de l'intelligence, sans se trouver capable de la conduire à des conclusions fermes, que d'ailleurs sa méthode et la leur ne comportent pas, ce philosophe en vient à se demander si les *sensations* et les *images* ne pourraient pas bien n'être rien autre que *des cas plus compliqués du mouvement*. Ce retournement du véritable ordre psychologique, des idées, — le mouvement comme genre, embrassant la pensée, comme espèce, — malgré des formules célèbres d'un apparent phénoménisme, est une véritable négation de l'idéalisme, et ramène forcément l'opinion vulgaire de la perception externe, de l'existence en soi de l'espace, et de l'essence de la pure matière indépendante de la pensée. Si l'on ajoute à cela que mouvement et pensée pourraient aussi n'être que deux aspects d'une même chose, on met au fond de tout une substance sans définition, donc inintelligible. L'abandon du principe cartésien, ou l'ignorance de sa portée, un matérialisme fondamental des esprits en conséquence, tel se trouvait, nous l'avons dit, l'état du milieu philosophique en France, et dans toutes les écoles, au moment où l'idéalisme et le relativisme s'y produisirent en même temps que le système nouveau des catégories toutes rapportées à la Relation, sous la forme d'un *néocriticisme*.

La première initiation à la méthode relativiste était venue à l'auteur des *Essais de critique générale*, antérieurement à ses études philosophiques, de la lecture du *Cours de philosophie positive*, et de la réfutation qu'Auguste Comte faisait dans cet ouvrage, des théories physiques et chimiques dans lesquelles régnait, il y a soixante ans, la méthode des entités. L'étude des œuvres de Berkeley et de Hume l'instruisit plus tard des analyses psychologiques qui ont ruiné les fictions ontologiques des substances et des forces. Mais ni ces philosophes empiristes, ni Kant, restaurateur des synthèses logiques, mais toujours défenseur des substances, et en outre inventeur des noumènes, n'avaient songé à considérer les opérations synthétiques de l'entendement, du côté de la pensée, et les fonctions observables des phénomènes, d'une autre part, comme les lois où toute connaissance possible est renfermée, et d'où se tirent les définitions qui sont tout ce qu'il y a d'intelligible dans les êtres en tant que constitutif de leur essence. C'est donc là qu'est la première formule originale du néocriticisme.

La doctrine de la liberté, deuxième point capital et complément, à vrai dire, plus encore que correctif du premier, car il fait prendre place à la volonté, principe réel de la cause, dans le système de l'univers où régnerait sans cela le déterminisme absolu, cette doctrine est entrée dans le néocriticisme avec la forme très particulière qu'elle y a prise de croyance profondément raisonnée, et d'alternative imposée à l'esprit, grâce aux analyses de la *Recherche d'une première vérité*, de J. Lequier, dont le *double dilemme* obtiendrait s'il ne dépendait que de nous, la célébrité accordée aux découvertes si rares permises à l'ambition des philosophes. L'objet de ces dilemmes est de démontrer que l'hypothèse de la nécessité universelle (ou prédéterminisme absolu) oblige tout penseur qu'on suppose désintéressé *a priori* dans la question, à reconnaître que les deux opinions contradictoires l'une de l'autre qu'on voit régner sur ce sujet sont des conséquences également et au même titre nécessaires de cette loi, si elle est admise, en tant qu'elles sont, de fait et à toute époque, soutenues par de résolus partisans. Ces opinions ne laissent donc aucun choix possible entre elles, *qui soit tiré de la nature des choses*, et les démonstrations qu'on essaye de donner de l'une ou de l'autre, ne sauraient, étant contredites, passer pour être quelque chose de plus que ces mêmes opinions. De là donc, ou le doute du penseur qui n'a point de prévention dogmatique, ou un acte de foi rationnelle de sa part, après examen, acte qui sera *nécessairement* ou *un acte libre*, ou un *acte nécessaire*, mais qui n'aura pas en ce dernier cas plus de poids que l'acte de foi son contradictoire.

Telle est l'attitude logique que le néocriticisme a adoptée dans la question du libre arbitre et du déterminisme. Ses polémiques contre le déterminisme n'ont point visé à la démonstration, si ce n'est qu'il a fait voir que la donnée réelle d'un infini actuel (en soi contradictoire) est une conséquence de la régression à l'infini des phénomènes, lequel est lui-même une conséquence du *principe de causalité* comme l'entendent les déterministes : *toute cause est l'effet d'une cause antécédente*. L'infinitisme et le déterminisme sont des thèses liées logiquement. Au demeurant les polémiques du néocriticisme pour la défense du libre arbitre contre cette manière de comprendre la causalité ont eu pour but principal l'établissement de son vrai caractère psychologique, contre les objections tirées de la motivation du jugement, inséparable de la délibération et de la volonté réfléchie.

L'analyse de la notion de cause, après l'abandon définitif des substances (entre lesquelles, quoique réduites à deux, le cartésianisme ne pouvait déjà expliquer l'action mutuelle exigée pour leur communication) devait conduire le néocriticisme, qui ne pouvait accepter aucune fiction de forces transitives entre les êtres qu'il définissait comme des fonctions de phénomènes, à la doctrine même où le même problème conduisit Leibniz, c'est-à-dire à la doctrine de l'harmonie préétablie. Cette doctrine, presque toujours mal comprise, est quelque chose de plus qu'une hypothèse ; elle est la vue rationnelle du rapport entre deux êtres différents et tels, en telle situation, qu'une certaine modification dans l'un est constamment suivie dans l'autre d'une modification déterminée en vertu d'une loi de la nature. On n'a jamais pu, entre la cause et l'effet, ni établir l'identité, ni imaginer un intermédiaire qui résolût le problème de supprimer l'intervalle sans en introduire de nouveaux. Les causes proprement dites étant des phénomènes mentaux, de l'ordre du désir et de la volonté, car on ne comprendrait hors de là que des faits matériels de devenir coordonnés entre eux — et ce n'est pas ce qu'on entend par causes, — le concept de l'harmonie préétablie en appelle un autre, c'est celui des éléments conscients entre lesquels l'harmonie est donnée dans la nature, et ces éléments sont ceux que Leibniz a nommé des *monades*. Leibniz les a nommés aussi des *substances*, mais il les a définis par des relations constitutives internes : *activité spontanée perception et appétition*, qui répondent aux relations des uns avec les autres, et ce sont là proprement des fonctions telles que les comprend le néocriticisme pour définir les êtres ; ce ne sont pas des substances dans le sens réaliste du terme, quoique il n'y eût nul inconvénient et qu'il y eût certains avantages à s'en servir s'il était correctement appliqué et ne soulevait plus qu'une question de mots.

Le réel substantialisme de Leibniz n'est pas dans le monadisme et dans l'harmonie préétablie, qui sont parfaitement conciliables avec l'intervention des causes libres dans la contexture générale des déterminations par les lois naturelles; il est dans l'infinitisme et dans le prédéterminisme absolu, qui seuls font du monde de ce philosophe un tout éternel et solidaire, quelque chose comme une substance unique constituée par une infinité de substances mutuellement et invariablement conditionnées les unes par les autres et par l'acte éternel de Dieu. Et pourtant c'est sur le déterminisme propre des monades, de chacune et de toutes, que roule cette doctrine panthéiste, et nullement sur la déduction des propriétés et du développement d'une substance cosmique telle que l'envisage le spinosisme : Le système subsiste, mais entièrement transformé, si l'on rend la contingence aux monades, le libre arbitre aux âmes rationnelles, et si, bannissant les infinis de la spéculation, on renferme tous les rapports dans les limites que prescrit le principe de relativité.

C'est ainsi qu'il a été possible, en corrigeant les principes de Leibniz par la doctrine des catégories, de composer une *Nouvelle monadologie* où les conditions d'existence et de développement des consciences et des âmes ont été analysées, telles, que, dans le monde physique et moral, l'observation nous les présente, c'est-à-dire en dehors des traditions de l'École et des Pères de l'Église, et de ce funeste panthéisme théologique, inspirateur de la *Théodicée* de Leibniz et de son optimisme répugnant. Le problème des origines morales de l'humanité s'est offert sous un nouveau jour.

La doctrine de la raison pratique, dans le néocriticisme, n'était pas d'abord sortie du champ délimité par les postulats Kantiens : la question du mal et de son origine y restait sans solution ferme ; on la discutait, non comme directement abordable, mais pour en subordonner les difficultés à la confiance en la loi morale pour ce qui touche à l'ultime fin des êtres, dont l'origine première n'était pas davantage approfondie. Le complément réclamé par la métaphysique criticiste, et qui pouvait se présenter comme un quatrième postulat de la raison pratique, est l'hypothèse de la chute d'une humanité primitive, laquelle n'eût été autre elle-même, au fond, que le premier monde créé, l'Homme : non pas l'homme individu solitaire, comblé de perfections abstraites, sans relations morales définies, où le libre arbitre se pût exercer, le bien ou le mal se produire, mais la Société humaine instituée dans une nature parfaite et parfaitement adaptée à la vie perdurable des êtres. Il faut imaginer, à cet effet, les forces de la nature soumises dans leur intégrité à la connaissance, à la direction et à l'usage des agents rationnels, ainsi appelés à gouverner le grand milieu d'action et de jouissance qui leur était donné en toute propriété par le Créateur.

Une telle société d'hommes libres, immortels et heureux, vivant dans la justice, qui était l'ordre même de l'institution première : d'un côté, le cosmos mécanique et physiologique, de l'autre, l'esprit humain pur, intact, pourvu de toutes les notions relatives aux fonctions physiques et sociales et au gouvernement d'une nature toute appropriée aux fins humaines, a dû déchoir et se corrompre par l'action des mêmes lois psychologiques qui nous sont connues dans les rapports du jugement et de la volonté avec les passions. Ces lois sont celles qui par l'amour propre et l'injustice, dans l'intention ou dans l'action, engendrent l'injustice en retour, et la haine, et, dans toute la société grande ou petite, ont pour fin la guerre. Et elles étaient moralement liées à la liberté, et dès lors logiquement inévitables dans l'ordre créé, dès que l'être créé devait être à la fois libre et social, et appelé, contraint à recevoir son éducation dans l'épreuve du mal, s'il se trouvait incapable de persévérer dans le bien de son premier établissement.

La chute morale de l'humanité primitive, désobéissance à la Loi morale, si on la considère en son principe, a dû, dans l'hypothèse de l'harmonie primitive des forces cosmiques avec la destination de l'homme, et de leur gouvernement humain libre avec leur efficacité universellement favorable, amena la corruption, les désaffectations partielles du système, et finalement la ruine entière de l'adaptation de la nature à l'ordre de la raison, à la suite de l'emploi pernicieux des forces par ces agents voués au mal qui les avaient à leur discrétion pour s'entre-détruire. Le résultat de la subvention de l'ordre naturel dans les rapports essentiels des forces attractives et de la chaleur pour la constitution organique des fonctions de monades, fut l'entrée de la mort dans le monde, la désorganisation des corps vivants, la réduction des principes de l'être psychique à des germes insensibles, la dissociation des éléments physiques et sans doute *la nébuleuse*, à la place du système organisé unique qui avait été tout entier le domaine de l'homme dans l'espace actuellement occupé par le système solaire.

C'est là, dans *la nébuleuse*, que la mécanique céleste et les lois générales de la composition du mouvement en rapport avec la sensibilité nous montrent l'origine probable et l'établissement graduel des forces de la nature actuelle, et des corps organisés, sensibles. Ce monde où nous vivons, sous l'empire de ces forces encore désordonnées, soustraites au gouvernement humain, hormis en quelques faibles parties, est celui que l'ordre providentiel des destinées ne vouait pas tant à la punition de l'humanité, dont la chute pouvait être prévue, qu'il ne l'affectait d'avance à sa correction sur le théâtre de la connaissance du mal par la douleur sous le régime social de la Famille, de la Coutume, de l'État, et de la Religion : quadruple chaîne bien nécessaire dont l'individu est lié par la naissance et affranchi par la mort.

La cosmogonie du néocriticisme a pour pendant une eschatologie qui réintègre par des révolutions futures du monde, l'humanité au sein d'une nature céleste reconstituée, mais une humanité qui après l'expérience acquise de la liberté dans les conditions douloureuses créées par son premier exercice, et parvenue à la parfaite *connaissance du bien et du mal,* se trouve dans l'état accompli de la science de la vie. Car ni la révélation de la loi morale au cœur et à l'abstraite raison, ni les commandements et les avertissements, de si haut qu'ils viennent, ne sauraient remplacer la leçon des effets et des causes. L'expérience est intransmissible et la vérité pure, sans l'émotion, ne touche que théoriquement et ne modifie pas le caractère. C'est donc seulement après la carrière des épreuves que se peut atteindre pour l'humanité déchue ce plein retour au savoir et au pouvoir qui ne serait pas suivi d'une chute nouvelle.

L'âge d'or, le paradis terrestre, visions religieuses du bonheur, longtemps et unanimement placées par l'imagination à l'ouverture des temps, et aujourd'hui transportées dans l'avenir par des savants auxquels la science ne fournit pour une telle prédiction nulle méthode, n'ont pas plus leur réalisation écrite dans les destinées de notre terre qu'elles n'en ont eu une possible à l'époque des origines physiques et biologiques du globe. Les lois de la nature, en l'état où nous les connaissons, inadaptées à la vie immortelle des êtres, et positivement contraires au règne de la paix, sont cela même qui se nomme l'ordre du monde ; et la société, depuis qu'elle possède une histoire, par les guerres et les révolutions des empires, l'instabilité des républiques, la naissance et la mort des nations, les mœurs irrémédiables de l'antagonisme public et privé des individus, enfin la conservation du type prédateur dans l'espèce donne un constant démenti à l'espérance de la constitution future de l'État juridique universel, ou du règne de la pure fraternité.

Mais ce n'est pas la société, une abstraction, qui est en apprentissage sur la terre, ce sont les hommes, les individus rationnels, qui sont en apprentissage de la vie morale dans la société, et par rapport à elle, sur la terre ; et cette terre, où ils font individuellement leur apparition après l'entière dissolution du monde primitif et de la société parfaite dont ils furent des membres, peut n'être qu'un point de départ pour eux de plus d'une autre existence au cours de la traversée de la création remontant à son antique station de l'organisme parfait de l'univers et de l'entière harmonie des forces.

La doctrine criticiste prise dans son ensemble et menée à cette conclusion se termine à l'histoire hypothétique de la personne humaine et de la société humaine. Elle porte sur une théorie de la conscience, opposée aux systèmes de métaphysique réaliste, que nous avons appelés des philosophies de la Chose, ne reconnaissant dans les personnes que des modes transitoires ou des produits éphémères de ce grand Tout et de cette grande Cause aveugle. L'hypothèse qui complète la partie rigoureusement rationnelle de notre doctrine n'a point la prétention de l'égaler dans la mesure de croyance qu'elle comporte, mais plutôt de l'éclaircir en son esprit général. On peut dire d'elle ce que Platon dit, en son *Timée*, de sa théorie démiurgique du monde : « Si, près que tant d'autres ont parlé des dieux et de la production du monde, nous ne pouvons en donner une explication toujours d'accord avec elle-même et parfaitement exacte, ne t'en étonne pas, mais si nous t'en présentons une qui ne le cède à aucune autre en vraisemblance, tu dois t'en contenter, te souvenant que moi qui te parle et vous qui me jugez nous sommes tous des hommes, et que d'après notre nature, sur un tel sujet, nous devons accepter une explication vraisemblable, et n'en pas demander davantage ».

INDEX

Académie (La Nouvelle —), 112, 114, 116.
Acte et puissance, 70.
Alcinoüs, 54.
Ame, 209, 211, 240, 260, 353, 451.
— (Théorie de l'— chez Platon), 56.
Ame (Théorie de l'— chez Aristote), 71.
Ame (Théorie de l'— dans le stoïcisme), 107.
Ame (Théorie de l'— dans l'aristotélisme), 183.
Ame (Théorie de l'— dans le néoplatonisme), 134, 137, 145.
Ame (Théorie de l'— dans le christianisme), 157, 158, 160, 162.
Ame (Immortalité de l'—), 57, 75, 113, 158, 243, 292, 336, 353, 382.
Voyez Pensée, Monade, Substance.
Ammonius Saccas, 149.
Anaxagore, 27, 44.
Anaximandre, 31, 36.
Anaximène, 27, 37.
Anthropomorphisme, 292, 293.
Voyez Personnalité.
Antinomies (de la raison pure), 274, 281, 296, 398.
Apologétique (de la foi par le pyrrhonisme), 189, 191.
Arcésilas, 113, 114.
Aristippe, 96.
Aristote, 51, 53, 182, 183.
Associationisme, 337, 380.
Athéisme, 307, 310, 312, 314, 345, 402.
Atomisme, 32, 99, 102.
Augustinisme, 161, 172.

Bacon (de Vérulam), 178, 179.
Bayle, 234, 305.

Berkeley, 247, 253, 271, 313.
Bien (principe platonicien du —), 55, 61, 131.
Biran (Maine de —), 414, 456.
Boèce, 148, 173, 174.
Bonheur, 96, 98, 104, 111, 124, 292, 340, 352.
Bonnet (Charles), 354.
Bouddhisme, 139, 366, 368.
Boursier, 222.
Brahmanisme, 6, 8, 138, 140.
Bruno (Giordano), 181, 182, 193.

Campanella, 179.
Carnéade, 115.
Catégories (les — de l'entendement), 264, 267, 379, 454.
Causalité (principe de —), 262, 265, 272, 276, 279, 449, 457.
Certitude (le critère de —), 107, 113, 115.
Voyez Scepticisme, Croyance.
Césalpini, 183.
Chaos (l'idée du —), 2, 9, 13, 44, 56, 61.
Charron, 186.
Chose (l'idée de la —), 374, 409, 410, 433.
Christianisme (théologie du —), 149, 151, 153, 158, 162, 172, 176.
Chute (la — originelle), 156, 285, 364, 366, 369, 460.
Clarke, 229, 242.
Collins (Anthony), 313.
Commencement (l'idée du premier —), 2, 15, 66, 279.
Comte (Auguste), 350, 387, 395, 403.
Condillac, 384.
Condorcet, 350.
Conscience, *Voyez* Moi.
Contradiction, 136, 140, 143, 144, 154, 229, 224.

Contradiction (principe de —), 22, 24, 39, 87, 182, 360, 361, 433.
Corps (l'idée de —), 209, 211, 233, 246, 249, 448. *Voyez* Etendue, Extériorité, Organisme.
Cosmogonie, 5, 7, 11, 16, 226, 461.
Cournot, 170.
Cousin (Victor), 414, 417.
Création, 5, 9, 210, 220, 452, 459.
Criticisme (le — Kantien), 298, 301, 303, 337, 342.
Croyance, 94, 198, 298, 436, 438, 445, 448, 449, 458.
Cuss (cardinal de —), 182.

Damascius, 144.
Darwin, 326, 345.
Démiurgie (la — platonicienne), 54, 55, 59, 61, 132.
Démocrite, 31, 35, 99, 100.
Démonologie, 21, 40, 140, 162.
Descartes, 184, 187, 198, 199, 210, 219, 445.
Déterminisme, 116, 169, 217, 219, 242, 329, 338, 375.
Diderot, 343, 345, 429.
Dieu (l'idée de —), 202, 204, 206, 371, 452.
Dieu (l'idée de — chez Platon), 55, 61.
— (l'idée de — chez Aristote), 79, 81.
Dieu (l'idée de — chez les épicuriens), 102.
Dieu (l'idée de — chez les stoïciens), 105, 106, 118.
Dieu (l'idée de — dans le néoplatonisme), 137, 141, 144, 362.
Dieu (l'idée de — chez Descartes), 201, 208.
Dieu (l'idée de — chez Malebranche), 221, 223.
Dieu (l'idée de — chez Spinoza), 370.
— (— chez Leibniz), 226.
— (— chez Berkeley), 248, 251.
Dieu (l'idée de — chez Kant), 289, 292, 296.
Dieu (l'idée de — dans l'école de Kant), 147, 358, 360, 362.
Dieu (l'idée de — dans le néocriticisme), 431, 454.
Voyez Hypostases, Panthéisme, Monothéisme.
Dilemmes (les — de la métaphysique pure), 433.

Dilemmes (les — de Lequier), 456.
Diogène (d'Apollonie), 27, 30.
— (de Sinope), 102.
Doute (le — méthodique), 185, 446. *Voyez* Scepticisme.
Dualisme (le — moral), 83, 85, 89, 156.
Dualisme (le — de la substance), 200, 209, 213, 231, 233, 240, 448.
Dugald Stewart, 457.

Éclectisme, 411, 417, 431.
Écossaise (école —), 457.
Écoulement (universel des phénomènes), 39, 48, 53.
Égyptiens (mythe de l'origine chez les —), 3.
Éléatisme, 21, 24, 55, 132, 136, 144.
Éléments (des corps), 28, 32, 37, 41, 45, 179, 199, 200.
Émanation, 127, 132, 135, 408.
Empédocle, 40.
Empirisme, 245, 257, 262, 376, 378, 385.
Enfer, 162.
Entendement, *voyez* Raison et Catégories.
Épictète, 123.
Épicurisme, 96, 102.
Eschatologie, 461.
Espace, 65, 228, 241, 271, 280, 302. *Voyez* Étendue.
Espèces (progrès des —), 353, 354.
Esprit (et matière), 247, 249, 255, 257, 270, 409. *Voyez* Pensée, Intelligence.
Esprit (l'— saint), 133, 150.
États (théorie des trois — de l'esprit), 388, 404.
Étendue, 200, 231, 233, 239.
Éternité, 8, 55, 68, 172, 175, 208, 225, 229, 241, 269, 279.
Être (l'— pur), 22, 136, 143, 145. *Voyez* Inconditionné, Relativité.
Évidence, 198, 208, 446.
Évolution (idée générale de l'—), 2, 9, 20, 31, 36, 69, 362.
Évolution (systèmes d'—), 36, 38, 111, 119, 402, 408, 430.
Extase, 139, 146.
Extériorité, 246, 250, 271, 331, 448.

Feu (le — démiurgique), 38, 39.
Fichte, 356, 359.
Finalité, 76, 81, 321, 339, 342.
Force, 399, 402, 405.

Voyez Causalité.
Genèse, (livre de la —), 5, 9.
Germes (des corps organisés). 353, 354.
Geulincx, 209.
Gravitation, 393.

Hamilton, 281, 398.
Harmonie (préétablie), 220, 232, 251, 457.
Hartley, 381.
Hasard (le —), 101, 113, 170.
Hegel, 147, 360.
Hégésias, 98.
Helvetius, 347.
Héraclite (d'Ephèse), 38, 360, 405.
Hésiode (cosmogonie d'—), 13.
Hobbes, 245, 315.
Holbach (d'—), 345.
Homéoméries, 45.
Humanité, 459, 461.
Hume, 261, 266, 316, 339, 376, 377, 378, 440.
Hypostases, 130, 134, 143, 149, 154.

Idéalisme, 47, 54, 223, 233, 246, 252, 271, 374, 376, 435, 455.
Idées (les — platoniciennes), 53, 61, 131, 136, 144.
Idées (les — dans le cartésianisme), 200, 202, 209, 211, 212, 223.
Idées (les — chez Berkeley), 249, 250, 255, 257.
Identité (doctrine de l'—), 359, 360.
Idéologie, 386, 414, 419, 456.
Immatérialisme, 246, 248.
Immortalité, *voyez*, Ame.
Incarnation, 152, 153, 155.
Inconcevables (les vérités —), 398.
Inconditionné (le principe —), 269, 273, 274, 407.
Inconnaissable (l'—), 399, 400, 409.
Indifférence (la liberté d'—), 215.
Infini (l'idée de l'—), 18, 24, 37, 44, 192, 241, 275, 280.
Infini (le procès à l'—), 67, 69, 276.
Intellect (l'— actif, dans l'aristotélisme), 74, 81.
Intelligence, 44, 54, 131, 133, 136, 143, 250, 256, 452.

Jean (l'évangile de —), 152.
Jouffroy (Théodore), 419, 457.
Jugement, (synthétique *a priori*) 259, 263, 266, 268, 304.

Kant, 264, 268, 274, 289, 298, 337, 440, 444.

Lamarck, 326, 344, 354.
Leibniz, 170, 224, 352, 457.
Lequier (Jules), 456.
Libre arbitre, 58, 86, 219, 282, 286, 329, 338, 358, 366, 456.
Voyez Nécessité et Déterminisme.
Locke, 237, 239, 305.
Logos (le —), 132, 133, 152.

Mably, 348.
Maillet (Benoît), 354.
Mal (origine du —), 84, 87, 134, 156, 222, 285, 323, 328, 334, 341, 364, 367, 460.
Malebranche, 209, 221, 223, 246, 250.
Manichéisme, 161.
Marc-Aurèle, 123.
Matérialisme, 307, 308, 310, 344, 380, 408.
Matière, 13, 41, 57, 70, 133, 136, 138, 145, 200, 402, 409.
Voyez Corps, Force, Immatérialisme.
Messianiste (doctrine —), 151, 154.
Métaphysique (l'état d'esprit —), 391.
Voyez Réalisme.
Métensomatoses (doctrine des —), 43, 58, 138, 140.
Michelet (Jules), 421.
Mill (James), 383.
— (J. Stuart), 321, 323, 376, 383.
Moi (conscience du —), 198, 201, 204, 212, 246, 314, 356, 449.
Monade (la — pythagorique), 19, 20.
— (la — dans le leibnitianisme), 232, 260, 353.
Monadologie, 232, 458, 459.
Monde (l'idée du — chez les anciens), 1, 11, 76, 79, 105, 129, 134, 141.
Monde (le — chez les disciples de Descartes), 219, 225, 231.
Voyez Panthéisme.
Monothéisme, 5, 127, 151, 154, 155, 313, 317, 388, 390, 453.
Montaigne, 186, 190.
Moteur (le — immobile), 76.
Mouvement, 24, 33, 44, 55, 57, 65, 200, 209, 220, 231.
Mystère (le — en théologie), 151, 154, 155.
Mythologique (méthode — de l'esprit), 4, 7, 13, 15.

Nature (idée générale de la —), 340, 343, 345, 356, 360, 361, 393, 459, 460.
Nature (dans l'aristotélisme), 71.
— (dans le stoïcisme). 105, 111, 118, 124.
Nature (naturante et naturée), 36, 105, 231, 360, 370.
Nébuleuse (la —), 402, 406, 461.
Nécessité (la — et la liberté), 43, 117, 123, 227, 287, 345, 347, 366, 456.
Néocriticisme, 436, 454, 460.
Néoplatonisme, 134, 137, 181.
Nirvana, 135, 139, 145, 147, 365, 368.
Nombre (le — pythagorique), 18, 20, 53.
Noumènes, 268, 282, 288, 365.
Noûs (le — principe intellectuel et moteur), 44, 46.

Occasionnelles (les causes —), 209.
Optimisme, 39, 83, 85, 89, 119, 164, 225, 228, 334, 370.
Organisme, 233, 354, 449.
Origénisme, 158, 160.
Orphisme, 15.

Paix (idéal de la — perpétuelle), 340.
Panthéisme, 22, 37, 39, 105, 124, 141, 147, 166, 171, 176, 211, 312, 363, 371, 408, 458.
Panthéisme (le — théologique), 166, 175.
Paradis terrestre, 462.
Pari (le — moral), 191, 197.
Parménide (d'Élée), 22.
Pascal, 189, 198, 349.
Patrizzi, 181.
Paul (doctrine de saint), 151, 157.
Péché (le — originel), 43, 128, 156, 160, 161, 164, 460.
Voyez Mal, Chute.
Pensée (la —), 201, 212, 239, 260, 447, 448.
Perception, 209, 238, 246, 249, 456.
Perfectibilité, Voyez Progrès.
Perfection (idée de la —), 201, 204, 226, 293, 451, 462.
Personnalisme, 433, 435.
Personnalité, 208, 257, 312, 356, 372, 374, 377, 400, 406, 409, 463.
Personne (sens du mot —), 153, 155.
Pessimisme, 318, 326, 328, 340, 371, 372.
Phanès, 16.

Phénoménisme, 262, 264, 440.
Phérécyde (Cosmogonie de —), 14, 15.
Philon (d'Alexandrie), 130, 152.
Platon, 49, 51, 53.
Plotin 134, 137, 139, 173.
Polythéisme, 140, 151.
Pomponazzi, 183.
Positivisme, 346, 387, 415, 416, 424, 427, 439.
Postulats (les — de la raison pratique), 291, 459.
Prédéterminisme, 168, 171, 220.
Voyez Déterminisme.
Prescience (la — divine), 174, 214, 224.
Privation, 85, 120, 164, 224.
Proclus, 142, 146.
Progrès (le — de l'humanité), 78, 347, 349, 351, 358.
Progrès (le — dans la nature), 79, 351, 354, 363, 402, 429.
Protagoras, 47.
Providence (la — divine), 109, 116, 141.
Voyez Prescience.
Pyrrhon, 92, 93.
Pythagorisme, 16, 17.

Quinet (Edgard), 422.

Raison (la — pure), Voyez Croyance, Jugement, Catégories.
Raison (théorique et — pratique), 290, 293, 298, 300, 459.
Raison (la — suffisante), 67, 225, 227, 330.
Voyez Déterminisme.
Ravaisson (Félix), 415, 434.
Réalisme (Méthode métaphysique), 17, 23, 32, 44, 52, 57, 59, 107, 177, 391, 399.
Réalisme (Thèse de la réalité), Voyez Extériorité.
Réalisme (Le — transfiguré), 400.
Reid, 457.
Relativité (principe de —), 47, 50, 63, 259, 270, 333, 395, 401, 439, 443, 455.
Renan (Ernest), 425.
République (la — de Platon), 62.
Résurrection, 158, 382.
Robinet, 354.
Rousseau (J.-J.), 330, 336.

Sage (le — stoïcien), 104, 112, 121, 124.

Sanchez, 186.
Scepticisme, 47, 50, 91, 94, 115, 185, 187, 191.
Schelling, 351.
Schopenhauer, 328, 364, 366.
Sécrétan (Charles), 434.
Sensationisme, 240, 245, 247, 281, 285.
Socrate, 49, 50.
Solipsisme, 271, 357.
Sophistes (les — grecs), 47, 50, 92.
Spencer (Herbert), 270, 281, 397, 406, 409, 430.
Sphairos (le —), 23, 41, 43.
Spinoza, 213, 219, 230, 275, 370, 410.
Spiritisme, 4, 437.
Stoïcisme, 103, 108, 116, 119, 120, 122, 124.
Straton (de Lampsaque), 113.
Substance, 27, 36, 39, 70, 110, 200, 232, 240, 270, 333, 451, 458.
Symbolisme (méthode du —), *Voyez* Hypostases.
Syncrétisme, 126, 140, 142, 147.
Synthétique (méthode), 198, 199, 219.
— (Jugement — à *priori*), 266, 440.
Voyez Jugement.

Taine (Henri), 423, 459.
Telesio, 178.
Temps, 2, 15, 55, 66, 228, 300, 369.
Thalès (de Milet), 26.
Théisme (critique du —), 316, 337, 342, 371, 373, 390, 406.

Théodicée, 459, 461.
Théogonie, 5, 7, 13, 308, 343, 429.
Théurgie, 140, 142.
Thomas (d'Aquin), 161, 176.
Transcréation, 353.
Transformisme, 25, 28, 30, 31, 384
— (le — atomistique, 30, 32, 99, 100.
Transformisme (le — qualitatif), 2 29, 111.
Transformisme (le — chez H. Sper cer), 402.
Transmigration *Voyez*, Métensom tose.
Trinité, *Voyez* Hypostases.
Trompeur (le grand — de Descartes 208.
Turgot, 349, 388, 422.

Un (l'— pur), 22, 131, 136, 139, 1 143, 145.
Universaux (les —), 51, 212, 245, 2 446.
Utilitaire (le principe — en n rale), 96, 347.

Vertu (la — comme science), 58.
Volonté, 251, 256, 331, 365, 368.
Voyez Libre arbitre.
Voltaire, 325.

Xénophane (d'Élée), 15, 21, 127.

Zénon (d'Élée), 24.

TABLE DES MATIÈRES

LIVRE PREMIER
LE MONDE SUIVANT L'ANCIEN ESPRIT HELLÉNIQUE

I.	L'idée du monde dans la haute antiquité	1
II.	L'idée du monde dans les cosmogonies grecques.	11
III.	La métaphysique pythagoricienne. La métaphysique éléatique.	17
IV.	Ecole physiciste. Le transformisme vital, le transformisme mécanique. La théorie mécanique du monde	25
V.	Ecole physiciste. L'évolutionisme. Anaximandre. Héraclite. Empédocle. Anaxagore.	36
VI.	Les sophistes. Socrate.	46

LIVRE II
PLATON ET ARISTOTE

VII.	Platon. Les idées. Le démiurge. La théorie de l'âme	53
VIII.	Aristote. Réfutation de la théorie des idées. Le mouvement. Le temps. L'espace	63
IX.	Aristote. La nature. L'âme. L'intelligence. Dieu	70
X.	Le dualisme optimiste dans le platonisme et dans l'aristotélisme.	82

LIVRE III
PYRRHON. ÉPICURIENS. STOÏCIENS. ACADÉMICIENS

XI.	La raison d'être du scepticisme	91
XII.	Le physicisme épicurien. La tendance épicurienne pessimiste	95
XIII.	Le sentiment stoïcien. L'idée stoïcienne de la nature	103

XIV. Le déterminisme et le panthéisme stoïciens. 108
XV. L'opposition de la Nouvelle Académie. L'optimisme stoïcien. 112
XVI. Forme dernière de la morale stoïcienne 122

LIVRE IV

LA THÉOLOGIE NÉOPLATONICIENNE

XVII. Transition de la physique à la théologie 125
XVIII. Doctrine alexandrine des hypostases. Philon le juif . 130
XIX. Les hypostases de Plotin 134
XX. La théorie néoplatonicienne de Dieu et du monde . . 137

LIVRE V

LE NÉOPLATONISME CHRÉTIEN

XXI. Le système des hypostases dans le christianisme . . . 149
XXII. Les deux doctrines de l'origine du mal 156

LIVRE VI

LE PANTHÉISME THÉOLOGIQUE

XXIII. L'unique distinction du déterminisme universel absolu et du panthéisme théologique. 166
XXIV. La thèse de l'éternité simultanée et la thèse de la prescience absolue. 172
XXV. L'anarchie intellectuelle de la Renaissance. Le scepticisme. Pascal et Descartes 177

LIVRE VII

LA PHILOSOPHIE SYNTHÉTIQUE

XXVI. Descartes. La pensée et l'étendue. L'existence de Dieu. La création 199
XXVII. Le monde de Malebranche. Le monde de Spinoza. Le monde de Leibniz 219

LIVRE VIII

LA PHILOSOPHIE CRITIQUE

XXVIII. Transition de la méthode synthétique à la critique des idées 235
XXIX. Les analyses psychologiques de Locke. 239

XXX.	Hobbes et Berkeley. L'immatérialisme. Théorie de la perception des idées.	245
XXXI.	Pensées de Berkeley sur la méthode, l'esprit et la volonté.	253
XXXII.	Le déliement des idées et le principe de la synthèse. Hume et Kant	259
XXXIII.	Les noumènes de Kant. L'idéalisme de Kant. . .	268
XXXIV.	Les antinomies de Kant. Sa théorie de l'infini . .	274
XXXV.	La liberté, fonction du noumène. Problème de la chute	282
XXXVI.	L'idée de Dieu selon Kant. Les idées de la raison. Les postulats.	289
XXXVII.	Résumé des vues de Kant sur la personne et le monde.	298

LIVRE IX

LE MATÉRIALISME ET L'ATHÉISME

XXXVIII.	Origine du matérialisme moderne. Définitions . .	303
XXXIX.	Aperçu historique des idées de Dieu et de matière.	308
XL.	La critique du théisme chez Hume, chez Voltaire, chez Rousseau.	316
XLI.	La critique du théisme chez Kant. Les vues de Diderot et de d'Holbach. La doctrine du progrès .	337
XLII.	Abandon du théisme par les disciples de Kant. . .	355
XLIII.	Le monde de Schopenhauer.	364
XLIV.	L'idéalisme dans l'école empiriste	374
XLV.	L'associationisme. Hartley et Stuart Mill.	380
XLVI.	Le transformisme de la sensation. Condillac. Les idéologues	384
XLVII.	Le positivisme. La théorie des trois états de l'esprit humain. Auguste Comte	387
XLVIII.	Le positivisme évolutioniste. H. Spencer.	397
XLIX.	La personnalité dans les systèmes évolutionistes.	406

LIVRE X

DE L'ÉTAT ACTUEL DE LA PHILOSOPHIE EN FRANCE

L.	De l'aboutissement général des esprits, soit à l'éclectisme, soit au positivisme.	411
LI.	La philosophie chez les penseurs les plus influents de la seconde moitié du XIXe siècle. . .	420
LII.	Le néocriticisme	436

ÉVREUX, IMPRIMERIE DE CHARLES HÉRISSEY

FÉLIX ALCAN, ÉDITEUR
108, BOULEVARD SAINT-GERMAIN, PARIS, 6ᵉ

Bibliothèque de Philosophie contemporaine

EXTRAIT DU CATALOGUE

MÉTAPHYSIQUE

BERGSON, professeur au Collège de France. — **Essai sur les données immédiates de la conscience.** 1901. 3ᵉ édit. 1 vol. in-8 . 3 fr. 75
— **Matière et mémoire,** *essai sur le rapport du corps à l'esprit.* 1897. 1 vol. in-8. . . . . 5 fr. »
CARUS (P.). — **Le problème de la conscience du moi.** 1893. 1 vol. in-18, traduit de l'anglais par A. Monod. . . . . . 2 fr. 50
CONTA (Basile). — **Le fondement de la métaphysique,** traduit du roumain par M. Tescanu. 1890. 1 vol. in-18. . . . . 2 fr. 50
FONSEGRIVE, professeur au lycée Buffon. — **La causalité efficiente** 1893. 1 vol. in-12. . . . . 2 fr. 50
— **Essai sur le libre arbitre.** *Théorie, histoire.* 2ᵉ édit., 1896. 1 vol. in-8. . . . . 10 fr. »
FOUILLÉE (Alf.), de l'Institut. — **L'avenir de la métaphysique fondée sur l'expérience.** 1889. 1 vol. in-8. . . . . 5 fr. »
— **La liberté et le déterminisme.** 9ᵉ édit., 1895. 1 vol. in-8 7 fr. 50
LECLÈRE, docteur ès lettres. — **Essai critique sur le droit d'affirmer.** 1 vol. in-8 . . . . 5 fr. »
LIARD (L.), de l'Institut, directeur de l'enseignement supérieur au ministère de l'Instruction publique. — **La science positive et la métaphysique.** 4ᵉ édit. 1898. 1 vol. in-8 . . . . 7 fr. 50
PIAT (Abbé C.), professeur à l'école des Carmes. — **Destinée de l'homme.** 1898. 1 vol. in-8 . . . . 5 fr. »
RENOUVIER, de l'Institut. — **Les dilemmes de la métaphysique pure.** 1901. 1 vol. in-8 . . . . 5 fr. »
— **Histoire et solution des problèmes métaphysiques.** 1901. 1 vol. in-8 . . . . 7 fr. 50
SCHOPENHAUER. — **Le libre arbitre,** traduit par M. S. Reinach. 7ᵉ édit., 1896. 1 vol. in-18. . . . . 2 fr. 50
SPENCER (Herbert). — **Premiers principes,** trad. de Cazelles. 9ᵉ édit. 1901. 1 vol. in-8. . . . . 10 fr. »
TROUVEREZ (Emile), chargé du cours de l'Université de Toulouse. — **Le réalisme métaphysique.** 1896. 1 vol. in-8 . . . . . 5 fr. »

HISTOIRE ET SYSTÈMES PHILOSOPHIQUES

ADAM (Ch.), recteur de l'Académie de Dijon. — **La philosophie en France** (*première moitié du XIXᵉ siècle*). 1894. 1 vol. in 8 . 7 fr. 50
ALAUX, professeur à la Faculté des lettres d'Alger. — **Philosophie de V. Cousin.** 1864. 1 vol. in-18 . . . . 2 fr. 50
ALLIER (Raoul), agrégé de philosophie. — **La philosophie d'Ernest Renan.** 1895. 1 vol. in-18. . . . . 2 fr. 50
BARZELLOTTI, professeur d'histoire de la philosophie à l'Université de Rome. — **La philosophie de Taine.** 1900. 1 vol. in-8. . . 7 fr. 50
BEAUSSIRE (Emile), de l'Institut. — **Antécédents de l'hégélianisme dans la philosophie française.** 1865. 1 vol. in-18. 2 fr. 50
BOUTROUX (G.), de l'Institut, professeur à la Sorbonne. — **Etudes d'histoire de la philosophie.** 2ᵉ édit., 1901. 1 vol. in-8. . 7 fr. 50

BIBLIOTHÈQUE DE PHILOSOPHIE CONTEMPORAINE
Volumes in-8, brochés, à 5 fr., 7 fr. 50 et 10 fr.

EXTRAIT DU CATALOGUE

STUART MILL. — Mes mémoires, 3ᵉ éd. 5 fr.
— Système de logique. 2 vol. 20 fr.
— Essais sur la religion, 2ᵉ éd. 5 fr.
HERBERT SPENCER. Prem. principes. 8ᵉ éd. 10 fr.
— Principes de psychologie. 2 vol. 20 fr.
— Principes de biologie. 4ᵉ éd. 2 vol. 20 fr.
— Principes de sociologie. 4 vol. 36 fr.
— Essais sur le progrès. 5ᵉ éd. 7 fr. 50
— Essais de politique. 4ᵉ éd. 7 fr. 50
— Essais scientifiques. 3ᵉ éd. 7 fr. 50
— De l'éducation. 10ᵉ éd. 5 fr.
COLLINS. — Résumé de la phil. de Spencer. 10 fr.
PAUL JANET. — Causes finales. 4ᵉ édit. 10 fr.
— Histoire de la science politique dans ses rapports avec la morale, 3ᵉ éd. 2 vol. 20 fr.
— Œuvres phil. de Leibnitz. 2ᵉ éd. 2 vol. 20 fr.
TH. RIBOT. — Hérédité psychologique. 7 fr. 50
— Psychologie anglaise contemporaine. 7 fr. 50
— La psychologie allem. contemp. 7 fr. 50
— Psychologie des sentiments. 2ᵉ éd. 7 fr. 50
— L'Évolution des idées générales. 5 fr.
— L'imagination créatrice. 5 fr.
A. FOUILLÉE. Liberté et déterminisme. 7 fr. 50
— Systèmes de morale contemporains. 7 fr. 50
— Morale, art et religion, d'ap. Guyau 3 fr. 75
— L'avenir de la métaphysique. 2ᵉ éd. 5 fr.
— L'évolut. des idées-forces. 2ᵉ éd. 7 fr. 50
— Psychologie des idées-forces. 2 vol. 15 fr.
— Tempérament et Caractère. 2ᵉ éd. 7 fr. 50
— Le mouvement positiviste. 2ᵉ éd. 7 fr. 50
— Le mouvement idéaliste. 2ᵉ éd. 7 fr. 50
— Psychologie du peuple français. 7 fr. 50
— La France au point de vue moral. 7 fr. 50
DE LAVELEYE. — De la propriété. 10 fr.
— Le Gouv. dans la démocratie. 2 v. 3ᵉ éd. 15 fr.
BAIN. — Logique déd. et ind. 2 vol. 20 fr.
— Les sens et l'intelligence. 4ᵉ édit. 10 fr.
— Les émotions et la volonté. 10 fr.
— L'esprit et le corps. 4ᵉ édit. 6 fr.
— La science de l'éducation. 6ᵉ édit. 6 fr.
LIARD. — Descartes. 5 fr.
— Science positive et métaph. 4ᵉ éd. 7 fr. 50
GUYAU. Morale anglaise contemp, 3ᵉ éd. 7 fr. 50
— Probl. de l'esthétique cont. 3ᵉ éd. 7 fr. 50
— Morale sans obligation ni sanction. 5 fr.
— L'art au point de vue sociol. 2ᵉ éd. 5 fr.
— Hérédité et éducation. 3ᵉ édit. 5 fr.
— L'irréligion de l'avenir. 5ᵉ édit. 7 fr. 50
HUXLEY. — Hume, vie, philosophie. 5 fr.
E. NAVILLE. — La physique moderne. 5 fr.
H. MARION. — Solidarité morale. 5ᵉ éd. 5 fr.
SCHOPENHAUER. — Sagesse dans la vie. 5 fr.
— Principe de la raison suffisante. 5 fr.
— Le monde comme volonté. etc. 3 vol. 22 fr. 50
JAMES SULLY. — Le pessimisme. 2ᵉ édit. 7 fr. 50
— Études sur l'enfance. 10 fr.
PREYER. — Éléments de psychologie. 5 fr.
— L'âme de l'Enfant. 10 fr.
WUNDT. — Psychologie physiol. 2 vol. 20 fr.
E. DE ROBERTY. — L'ancienne et la nouvelle philosophie. 7 fr. 50
— La philosophie du siècle. 5 fr.
FONSEGRIVE. — Le libre arbitre. 2ᵉ éd. 10 fr.
PICAVET. — Les idéologues. 10 fr.
GAROFALO. — La criminologie. 4ᵉ édit. 7 fr. 50
— La superstition socialiste. 5 fr.
G. LYON. — L'idéalisme en Angleterre au XVIIIᵉ siècle. 7 fr. 50
P. SOURIAU. — L'esthét. du mouvement. 5 fr.
— La suggestion dans l'art. 5 fr.
F. PAULHAN. — L'activité mentale. 10 fr.
— Esprits logiques et esprits faux. 7 fr. 50
PIERRE JANET. — L'automatisme psych. 7 fr. 50
RICARDOU. — De l'idéal. 5 fr.
H. BERGSON. — Matière et mémoire. 5 fr.
— Données imméd. de la conscience. 3 fr. 75
ROMANES. — L'évolution mentale. 7 fr. 50
PILLON. — L'année philosophique. Années 1890 à 1900, chacune. 5 fr.

GURNEY, MYERS et PODMORE. — Hallucinations télépathiques, 3ᵉ édit. 7 fr. 50
L. PROAL. — Le crime et la peine. 3ᵉ éd. 10 fr.
— La criminalité politique. 5 fr.
— Le crime et le suicide passionnels. 10 fr.
NOVICOW. — Luttes entre sociétés hum. 10 fr.
— Les gaspillages des sociétés modernes. 5 fr.
DURKHEIM. — Division du travail social. 7 fr. 50
— Le suicide, étude sociologique. 7 fr. 50
— L'année sociologique. Années 1896-97, 1897-98, 1898-99, 1899-1900, chacune. 10 fr.
J. PAYOT. — Éduc. de la volonté. 12ᵉ éd. 10 fr.
— De la croyance. 5 fr.
CH. ADAM. — La Philosophie en France (Première moitié du XIXᵉ siècle). 7 fr. 50
NORDAU (MAX). — Dégénérescence. 2 vol. 17 fr. 50
— Les mensonges conventionnels. 6ᵉ éd. 5 fr.
AUBRY. — La contagion du meurtre. 2ᵉ éd. 5 fr.
GODFERNAUX. — Le sentiment et la pensée. 5 fr.
BRUNSCHWICG. — Spinoza. 3 fr. 75
— La modalité du jugement. 5 fr.
LÉVY-BRUHL. — Philosophie de Jacobi. 5 fr.
— Lettres de J.-S. Mill et d'Aug. Comte. 10 fr.
— Philosophie d'Aug. Comte. 7 fr. 50
BOIRAC. — L'idée de phénomène. 5 fr.
G. TARDE. — La logique sociale. 2ᵉ éd. 7 fr. 50
— Les lois de l'imitation. 2ᵉ éd. 7 fr. 50
— L'opposition universelle. 7 fr. 50
G. DE GREEF. — Transformisme sociol. 2ᵉ éd. 7 fr. 50
CRÉPIEUX-JAMIN. — Écrit. et Caract. 1ᵉ éd. 7 fr. 50
J. IZOULET. — La cité moderne. 6ᵉ éd. 10 fr.
LANG. — Mytes. Cultes et Religion. 10 fr.
SÉAILLES. — Essai sur le génie dans l'art. 2ᵉ éd. 5 fr.
V. BROCHARD — De l'Erreur. 5 fr.
AUG. COMTE. — Sociol., rés. p. Rigolage. 7 fr. 50
G. PLAT. — De personne humaine. 7 fr. 50
— La destinée de l'homme. 5 fr.
E. BOUTROUX. — Études d'histoire de la philosophie. 2ᵉ éd. 7 fr. 50
P. MALAPERT. — Les élém. du caractère. 5 fr.
A. BERTRAND. — L'enseignement intégral. 5 fr.
— Les études dans la démocratie. 5 fr.
H. LICHTENBERGER. — Richard Wagner. 10 fr.
J. PERÈ. — L'art et le réel. 3 fr. 75.
E. GOBLOT. — Classif. des sciences. 5 fr.
ESPINAS. — La philos. soc. au XVIIIᵉ s. 7 fr. 50
MAX MULLER. — Études de Mythologie. 12 fr. 50
THOMAS. — L'éducation des sentiments. 5 fr.
G. LE BON. — Psychol. du socialisme. 7 fr. 50
RAÜA. — De la méthode dans la psychologie des sentiments. 5 fr.
GÉBART-VAHET. — L'ignorance et l'irréflexion. 5 fr.
DUPRAT. — L'instabilité mentale. 5 fr.
HANNEQUIN. — L'hypothèse des atomes. 7 fr. 50
AD. COSTE. — Sociologie objective. 3 fr. 50
— L'expérience des peuples. 10 fr.
LALANDE. — Dissolution et évolution. 5 fr.
DE LA GRASSERIE. — Psych. des religions. 5 fr.
BOUGLÉ. — Les idées égalitaires. 3 fr. 75
F. ALENGRY. — Essai historique et critique sur la sociologie d'Aug. Comte. 10 fr.
DUMAS. — La tristesse et la joie. 7 fr. 50
OUVRÉ — Les formes littéraires de la pensée grecque. 10 fr.
G. RENARD. — La méthode scientifique de l'histoire littéraire. 10 fr.
STEIN. — La question sociale. 10 fr.
BARZELLOTTI. — La philosophie de Taine. 7 fr. 50
LECHARTIER. — David Hume. 5 fr.
RENOUVIER. — Dilemmes de la métaphysiq. 5 fr.
— Hist. et solut. des probl. métaphys. 7 fr. 50
LECLÈRE. — Le droit d'affirmer. 5 fr.
BOURDEAU. — Le problème de la mort. 3ᵉ éd. 5 fr.
— Le problème de la vie. 7 fr. 50
SIGHÈLE. — La Foule criminelle. 2ᵉ éd. 5 fr.
FOUCAULT. — La psychophysique. 7 fr. 50

Coulommiers. — Imp. PAUL BRODARD. — 120-1901.

www.ingramcontent.com/pod-product-compliance
Lightning Source LLC
Chambersburg PA
CBHW060229230426
43664CB00011B/1593